# 評伝 丸山眞男

## その思想と生涯

黒川みどり

有志舎

# はじめに

「ある意味では明治期の思想家のなかで今日彼ほどかつがれながら彼ほど理解されなかった、したがって本当の意味では私達の思想に影響を与えていない人は少いような気がします」というのは、丸山眞男が福沢諭吉について述べたものである（「福沢諭吉について」『図書』一九五八年一一月『集』⑦）。まさにその福沢の受容のされ方は丸山そのものといえるのではないか。さらにこのようにもいう。「福沢というのは日本の歴史的近代をいち早く批判した思想家だ」「日本の近代に対するあれくらい透徹した批判はない。明治以後の日本を批判した、むしろ江戸時代を美化してまでも批判している。それぐらい日本の歴史的近代を批判している。近代の理念は別です。そうじゃなくて日本の近代、歴史的になった近代のあれくらい批判した……。近代天皇制ですね、つまり」。そうして福沢と重ね合わせながら、自身についてこのように語っている。

「だから僕の戦後初期のものにはそこはやっぱり注釈が要るんです。というのは、分からないわけでしょ、その後の展開が。これからは本当の近代が始まるという、ある意味での楽観があったんです、僕の中に。高度成長期の日本の資本主義というものをやっぱり僕には見通せなかった。」

「だからこれから本当の近代は始まるという……。そこで近代肯定ととられてもしようがない面がある、戦後初期のヤツには。ただ近代の理念を言ったつもりなんですけれどね、僕は。日本は近代の理念というものをかつて実現したことはない、これからようやく実現される基盤ができた――本当に国体の崩壊とともに僕はそういう感じを持ちました。

それは間違っていないけど、しかし、現実にその後たどった過程は、近代の中の一種の純粋資本主義と言うのかな、そういう面はものすごく発展したわけですね。だけどそれ以外の面では、つまり僕が戦後初期に思っていたような基本的人権の理念とか、少数者の権利の尊重とか、そういうようなものはいっこうに伸びていないわけですよ。それから今のヤングを見たってね、少数者の「ノー」と言う勇気とか、そういうのはあまり根づいていない。ディスカッションに至ってはかえって退化している、敗戦直後に比べると。言葉が貧弱になっちゃってね、ボキャブラリーが。あの頃はみなディスカッションが盛んになっちゃって、ちょっと維新の直後に似ているんですよ、戦争直後は。「多事争論」でしょ」(「「権力の偏重」をめぐって」一九八八年八月『話文集』④)。

自らのあり方を端的に語った一節であり、戦後史を形作っていった歴史的近代、そして天皇制の徹底的な批判者であったという点で、明治の福沢と戦後の丸山はまったく同じ位相にあることが明らかである。また冒頭で述べたように、丸山と福沢はそれがなかなか理解されないという点でも共通している。

歴史家の安丸良夫は、一九六〇年代初めにおいても丸山に「近代主義」という批評や批判が投げかけられていたことと対比しながら、一九九〇年代なかばの丸山論を次の三つに整理している。第一は丸山正統派によるもので現代状況への批判として生かされるとする。第二は、丸山の理想主義と日本批評を空疎だとする右からの批判＝政治的現実主義である。そして第三は、丸山の理想主義と規範性がじつは国民国家を補足し支えているとする左からの批判＝国民国家批判論である。安丸は、「私がここで指摘したいと思うことは、九〇年代なかばの多彩な丸山論は、丸山の学問と思想とのいわばイデオロギー的評価に傾きすぎており、丸山の日本思想史研究の方法と内容に深く立ち入った批評は、どの立場からもほとんど欠けていたということである」と記す（安丸良夫「丸山思想史学と思惟様式論」、大隅和雄・平石直昭編『思想史家丸山眞男』二〇〇二年、ぺりかん社）。

一方で丸山眞男の思想・学問を研究するための条件整備も、丸山が死去した一九九六年の前後から急速に進み、丸山の生前に刊行が開始された『丸山眞男集』をはじめ、『座談』『講義録』『書簡集』『回顧談』『話文集』など、その後新たに発掘されたものも含めて相次いで発刊された。また、東京女子大学に丸山眞男記念比較思想資料センターが設けられ、丸山文庫においてデジタルアーカイブの閲覧も可能となった。

現時点では、丸山の資料の刊行や整理に従事した研究者たちによってむしろ第一の潮流の研究が世に問われていて、安丸がいうところの第三の潮流に位置する丸山批判は幾分後退したように思うが、そのことは直ちに丸山理解が浸透したことを意味するものではない。丸山眞男生誕百年の二〇一四年前後には、多くの丸山論が世に出たが、それらの多くは、やはり丸山の学問・思想を内在的に理解しそれを現在の社会の変革に活かそうとするものではなかった。それらは一九六〇年代からあった「近代主義」批判の延長線上から、あるいは新たに登場した国民国家批判やポストモダニズムの立場から、丸山を国民国家の枠組みのなかにあってジェンダーや植民地、マイノリティには視野の及ばない思想家であり、もはや克服すべき対象であるとするとらえ方が基調をなしていた。

　前述のように丸山論を整理した安丸自身が提示するのも、一言でいうならば戦後の「啓蒙的批判知」と位置づけてその限界性を問うものであり、安丸によれば、「日本の現実に対してさまざまな内実での〝近代〟を対置しようとする」「二項対立的な捉え方を自明のように前提」とするそれは、「広範な民衆の生活経験を必ずしもリアルに取り上げたものではなかった」ということになる。ただし、「戦後啓蒙は、敗戦による社会構造の転換という稀有のチャンスを生かして形成された、批判知の自立であった。そうした精神の自立性と批判性を、私個人としては首肯し、なんとかそれを継承したいと思っているのだが、しかしまたそのためには、戦後知の暗黙の諸前提が再検討されなければならないとも考えている」（安丸良夫「序章　戦後知の変貌」、安丸・喜安朗編『戦後知の可能性―歴史・宗教・民衆―』二〇一〇年、山川出版社）とも述べる安丸は、先に述べたような歴史学における批判のなかでは、最も内在的に丸山を乗り越えようとした研究者のひとりといえよう＊。

＊同じく歴史学のなかからの鹿野政直の評価があるが、それについては、拙稿「三　鹿野思想史と丸山政治思想史―ドレイ性の剔抉―」（赤澤史朗・北河賢三・黒川みどり・戸邉秀明編著『触発する歴史学―鹿野思想史と向き

あう――』二〇一七年、日本経済評論社）で述べた。

冒頭で述べたように、丸山もまた福沢と同様、歴史的近代、あるいは現実の近代の徹底的批判者――丸山は福沢について「よくまあ日本社会と日本人の思考の病理をここまで鋭くリアルに剔抉したものだという実感ですね」と述べている（「近代日本と福沢諭吉」一九八四年一一月『座談』⑨）――であり、精神構造としての天皇制がこの社会に深く根を張っていることに、最後まで批判を投じつづけた思想家である。今日、われわれが日常で直面しているさまざまな問題は、丸山が指摘してきた病理そのものなのだと私は考えている。それには、丸山の思想・論理構造に徹底的に内在して読み解くことが、今こそ必要とされているのではなかろうか。

本書は、丸山の思想形成から時系列で思想の全体像を描き出そうとするものである。丸山の言葉を借りるならば、歴史学という専門領域から〝「思想史」というグラウンドに降り立つ〟ことを試みたことになる。むろん、私の手が届かず重要でありながらとりこぼしたところも多々あることは承知だが、与えられた紙幅のなかでできるかぎり丁寧に全体像を明らかにすることをめざしたつもりである。そうすることによって、得手勝手な解釈や批判を脱して、丸山が追究したものを提示することに迫りうると考えたからである。それは、ほかならぬ、今日にいたるまで社会の根幹に根ざす精神構造としての天皇制を追究することである。

**評伝**

# 丸山眞男——その思想と生涯——

《目次》

## 五　ファシズム再来への危機感から「部落《むら》共同体」との対峙へ（一九五〇〜一九六〇年）……175

# 凡例

以下の書籍については略記を統一した。

『丸山眞男集』（全一六巻＋別巻、一九九五〜七年、別刊新訂増補二〇一五年、岩波書店）→『集』巻数

『丸山眞男座談』（全九冊、一九九八年、岩波書店）→『座談』巻数

『丸山眞男講義録』（全七冊、一九九八〜二〇〇〇年、別冊全二冊、二〇一七年、東京大学出版会）→『講義録』冊数、頁

『丸山眞男集　別集』（全五巻、第四巻まで刊行、二〇一四〜八年、岩波書店）→『別集』巻数

『丸山眞男書簡集』（全五巻、二〇〇三〜四年、みすず書房）→『書簡集』巻数

『丸山眞男話文集』（全四巻、二〇〇八〜九年、みすず書房）→『話文集』巻数

『丸山眞男話文集　続』（全四巻、二〇一四〜五年、みすず書房）→『話文集』続巻数

みすず書房編・丸山眞男『自己内対話―三冊のノートから―』（一九九八年、みすず書房）→『対話』頁

松沢弘陽・植手通有・平石直昭編『定本　丸山眞男回顧談』（上）（下）（二〇一六年、岩波現代文庫、二〇〇六年の単行本（上）（下）に平石直昭「解説―人生への追記」を加えて文庫化）→『回顧談』（上）（下）の別、頁

丸山眞男手帖の会『丸山眞男手帖』→『帖』号数

引用文中のルビ、傍点は原文どおりとした。

『丸山眞男集』別巻に詳細な年譜があり、また、『定本丸山眞男回顧談』〔下〕にも略年譜が付されているため、それらを併せて参照されたい。

# 一　誕生から一高時代まで（一九一四〜一九三四年）

## 下町での幼少年時代

丸山眞男は、一九一四年三月二二日、大阪府東成郡天王寺村（現在の大阪市阿倍野区）に、丸山幹治（号 侃堂《かんどう》）・セイの第二子（兄鐵雄、弟矩男《のりお》・邦男の四人兄弟）として生まれた（「一月一三日丸山眞男先生速記録」一九五九年一月『別集』②）（年譜）。父は『大阪朝日新聞』の記者で、折からニューヨーク特派員を命ぜられたため、母はそのための荷造りにいそしんでいて早産になったという（「如是閑さんと父と私」一九八五年一一月『集』⑯）。

父幹治は一九一六年にイギリスを経て帰国、一家は翌年五月に兵庫県兵庫村大字打出《うちで》（現在の芦屋市打出町）に移り、丸山が小学校に入学する一九二〇年には精道村大字芦屋（現在の芦屋市精道町）に転居している（「年譜」『集』別巻。以下、「年譜」と略記）。

丸山が四歳のとき、一九一八年夏に起こった米騒動については、近所の同じ丸山という姓の米屋とまちがえて襲撃されないように「電気を消して室のまん中へ一家が集まっているとき、玄関の外に松明の光が映り、どやどやと人が通って行く音が聞こえて何かこわかった」という、その「ただ一つの

図1　**左より眞男，父・幹治，兄・鐵雄**（丸山彰氏提供）

瞬間だけ脳裏にある」と回想している（「如是閑さんと父と私」『集』⑯）。

米騒動の渦中に『大阪朝日新聞』の報道により筆禍事件が引き起こされ、これによって通信部長であった父も退社の途を選んだことは、一家の暮らしにも影響を与えた。それは白虹事件として知られる寺内内閣による言論弾圧事件で、幹治は、村山龍平に替わって大阪朝日の社長となった上野理一に慰留されたが、それをことわって退社の途を選んだのであった。そのため「うちはその後ずいぶん貧乏しましたし、母も苦労しました」と丸山は語っている（「如是閑さんと父と私」『集』⑯）（「一月一三日　丸山眞男先生速記録」一九五九年一月『別集』②）。

幹治はその後、一九一九年一一月に創刊された『大正日日新聞』に加わったため、一家は芦屋に居を移すことになったが、『大正日日』は一九二〇年につぶれてしまい、半年余りの浪人期間を経て『読売新聞』の論説委員・経済部長となった。一九二一年春、一家は東京市四谷区麹町に転居したため、丸山は、四谷区立四谷第一尋常小学校に転校した。丸山が通った第一尋常小学校は鮫ヶ橋のスラム街の子供が三分の一を占めており、丸山は、「私たち兄弟がスラムの子供と遊ぶのを母が非常にいやがりましたが、私はスラムのどん底の子供ともよく遊びました」と回想している（「如是閑さんと父と私」『集』⑯）（「年譜」）。

一九二二年、一家は四谷区愛住町に引っ越した。母方の伯父で、政教社『日本及日本人』の社主であった井上亀六《きろく》（『回顧談』（上）三八）が、自分の家の近所に一戸建ての借家を見つけてくれたことによるもので、その近所には、井上のほかに、幹治や長谷川如是閑《にょぜかん》、そして井上とも長いつきあいであった古荘《ふるしょう》毅も住んでいた。古荘は、白虹事件で『大阪朝日』を退社した如是閑と大山郁夫が創刊した雑誌『我等』の営業や簿記をやっており、古荘一家とは子供同士が遊び友達だったという（「如是閑さんと父と私」『集』⑯）。丸山は、下町のそうしたつきあいのなかで子供時代を過ごした。

## 「恐るべき大震災」

丸山の子供時代の記憶に残る最初の事件は、一九二一年に原敬が東京駅頭で刺殺されたことであったというが（「一月一三日　丸山眞男先生速記録」『別集』②）、何といっても最大の事件は、一九二三年九月一日、首都圏を襲った関東大震災であった。

一日の夜は、井上の家の真向かいにある正法寺の境内に野宿をするが、翌日には、火の手が上がりつづけるなか、子供たちの安全を守るためにそこから避難することを考えねばならなくなった。一家のいる境内にやって来たのが、のちにプロレタリア画家となる柳瀬正夢《やなせまさむ》で、柳瀬は『我等』の同人として挿絵を描いていた。柳瀬は豊多摩郡戸塚町（現新宿区高田馬場）の大山郁夫の家に避難することを提案し、その連絡のため大山の家に向かったがそれっきり戻ってこなかった。大杉栄虐殺事件は九月一六日のことであるが、大山も憲兵に狙われており、「憲兵が来ていてごった返しで、大山さんの家に柳瀬さんは入れなかったらしい」と丸山は回想している*（「如是閑さんと父と私」『集』⑯）。

*大山は震災時には千葉県の千倉駅前にいた。彼の身に危険が及びかねないことが傍目にも歴然としていたため、早稲田大学総長であった高田早苗のはからいで無事帰宅した。ところが自宅に陸軍将校が押し寄せて、大山と大山宅に寄宿していた田部井健次を落合の憲兵隊屯所に連行し、新聞社が大山の行方を捜し始めたため事なきを得た。それが九月七日のことであり（田部井健次『大山郁夫』一九四七年、進路社、および黒川みどり『共同性の復権―大山郁夫研究―』二〇〇〇年、信山社、二一八～二一九を参照）、柳瀬が出かけたよりあとのことであるが、すでに周辺は近づきがたい状況だったということであろうか。

避難先として次に候補にあがったのが東中野の長谷川如是閑宅で、二里の道中を、古荘・井上一家、そして一九二一年にロシアに渡って消息不明となった大庭柯公《かこう》の帰りを待つその妻の一家が、古荘を先頭に子供も含めて十数人、深夜までかかって歩き通してたどり着いた。如是閑宅では、突然にもかかわらず歓待してもらい、一行は五日に四谷愛住町に戻った（「如是閑さんと父と私」一九七九年四月『集』⑯）。

如是閑の家に着くまでの道中、丸山たちの一行は、映画館に朝鮮人が逃げ込んだといって警察官が縄を張っている光景に出くわした。映画館の中から朝鮮人が爆弾を投げるという理由で、それが届く範囲の交通を途絶したのである。「それであとでお袋が話したけれども、長谷川さんのような冷静な人でも朝鮮人の話を一笑に付さなかった。だからパニックのときに流言蜚語はいかにおそろしいことかわかる」（「一月一三日　丸山眞男先生速記録」『別集』②）と回想しているように、朝鮮人虐殺事件は丸山の脳裏に強烈な経験として刻まれた。

　丸山は、この年の九月から一〇月にかけて書いた『恐るべき大震災大火災の思出』と題する文章を、「非売品」として仮綴じ製本して残している。当時のことが克明に記されており、九歳の少年が、自分自身の恐怖や苦労の体験に終始することなく他人の行動も視野におさめ、ときにはそれを批判的に見ていたことは驚異というほかない。たとえば、「付録五　今後の注意」と題して、「もし東京の人が、自分一人を思はないで此の東京市を思ふ心があつたら、あんな大火にならずにすんだであらう」と記し、「てばやく火をけす」ことをしなかったのは「大方の人は自分一人の命がたすかれば、この東京市はどんなになつてもかまふものかと言ふ心であつたに相ゐない」という（「みすず」編集部編『丸山眞男の世界』一九九七年、みすず書房、二九）。また、先にも触れたように朝鮮人への警戒心が丸山一家をもとらえていたなかで、四年生の少年がひとり、「付録二　自警団の暴行」と題して次のように記していたことはひときわ注目を引く。

　　今度の自警団はその役目をはたして居るのではなく、朝せん人なら誰でも来い。皆、打ころしてやると言ふ気だからいけない。朝せん人が、皆悪人ではない。その中、よいせん人がたくさん居る。それで、今度は朝せん人が、二百余名は打殺されてゐる。その中悪いせん人は、ほんのわづかである（同前、二七）。

また丸山はのちの回想で、「大杉栄の事件、これは甥を殺したでしょう。ほんの小さな子供心にもショックが大きかった。あれが強烈にそういう幼稚なる社会意識を喚起さ《（せ）》したですね」といい（「一月一三日　丸山眞男先生速記録」『別集』②）、また別の折にも、大杉栄と伊藤野枝、そして大杉の甥が憲兵大尉甘粕正彦に虐殺されたことを「あの甘粕大尉事件のショックは忘れられません」と語っている。併せて、自警団の人びととの会話のなかで「「主義者」という言葉がでてきたのをよくおぼえています」とも述べている*（「一哲学徒の苦難の道」一九六六年六～八月『座談』⑤）。

＊その文集の五番目には大杉栄の問題が用意されていたが、そこは空白になった。「いくらぼくが生意気でもね、小学校四年生でね、大杉栄のことが書けるはずがないですよ。だけど非常なショックだったから」と語っている（丸山眞男『自由について　七つの問答』聞き手 鶴見俊輔ほか、二〇〇五年、ＳＵＲＥ、八六）。

丸山にとって関東大震災は、後年ふり返っても、歴史上の転換点となった大事件として位置づけられるものであった。戦後の高見順との対談で、高見が「やや極端に言うと、ファッショ台頭のきっかけとなったとまで言えるような気がする」と言い軍部が自信をつけたことを指摘しているのを受けて、丸山は、次のように述べている。

それは逆に、受け取る民衆の側についても、そういうことが言えると思うんです。ぼくが震災に遭ったのは九歳のときですけれども、それはもう流言蜚語が乱れ飛んでいたのです。朝鮮人が暴動を起すという。そのときには、もう警察にたいする信頼というものは全くないのです。それが辻々に銃剣をつけた兵隊が立つようになったら途端にみんなが落ちついちゃったのを子供心に覚えています。軍というものにたいする何か神秘的な信仰、そういったものが、むろん新たにそのときできたのではないけれど、少くもあの機会によみがえったわけですね。

「だから震災さえなかったら、ぼくの学校がああいう規則ずくめの軍国主義的教育をやったって、われわれの生活自身はそれと離れた自由主義的な生活心理を持っていたように、あのままずっとゆけば、昭和のあの暗黒時代は無かったかもしれない」とさえいうように（「インテリゲンツィアと歴史的立場」一九四九年一二月『座談』①）、関東大震災のできごとのなかにファシズムへの転機をみていたのである。

## 立川文庫と活動写真での人生勉強

丸山の小学校上級時代は、「お伽噺」から「童話」に替わるときであり、丸山の読んだ「ほとんど最後の古典的なお伽噺が巌谷《いわや》小波《さざなみ》の『こがね丸』」で、「たいへん面白かった」という。同じころ、菊池寛・芥川龍之介編集『小学生全集』（全八八巻、一九二七～二九年、興文社）、そして『日本児童文庫』（全七六巻、一九二七～三〇年、アルス）も刊行され、「ぼくは、そのどっちかをとっていた」と語っている。立川《たつかわ》文庫（一九一一～二四年、立川文明堂）も四歳違いの兄鐵雄の影響で「隠れ読み」していた。家に揃っていたので「小学校のときから耽読し」ており、「したがって、『真田十勇士』な

図2　**左から眞男、弟・矩男**（丸山彰氏提供）

んかを素材にしたチャンバラ映画も、小学校のときから見ていました」と回想している（『回顧談』（上）八六〜八七）。

当時は活動写真の時代であった。それに登場する「チャンバラ〃もの」で「学校帰りの子供の足を惹きつけていた」のが尾上松之助扮する「目玉の松ちゃん」だった。ちょうどそれが明治末に登場して河部五郎・阪東妻三郎・大河内伝次郎らの顔ぶれに移行していたころにあたり、学校では、短い休み時間を使って「インスタントのチャンバラごっこ」をしていた。先にも述べたような商店とスラムの子供で占められている、「およそ「優良校」や「お坊ちゃん学校」の雰囲気から遠かった」（「映画とわたくし」一九七九年四月『集』⑪）世界でこそ得られた経験であったといえよう。

丸山は、「小学校の終わりから中学、高等学校まで、映画に耽溺した時代は、観ていないのを数えた方が早いくらい」の映画好きだった。「映画なるものを見た最初の記憶は、父につれられて震災前の浅草に行った折」「一九二一年から二三年の間のいつごろか」のことであった。映画は「父兄同伴が規則」であったにもかかわらず、これも兄の影響で、「非合法」で一週間に何回と観に行った。新宿にあった外国映画専門の高級映画館である武蔵野館にはとても行けなかったが浅草は安いので、てっぺんのとりわけ安い席で観ていた（「映画とわたくし」『集』⑪）（『回顧談』（上）九五～九六）。

父には小学校のときから、四谷にある「喜《き》よし」という有名な寄席にもよく連れて行ってもらった。父がそこで教えてくれたのは、文章を書かせたら誰にも負けないという自負とともに、「芸を磨く」ことの大切さであった（『回顧談』（上）二八）。

丸山は、「学校と家庭、どっちでも教われなかった人生勉強を立川文庫から活動大写真にいたるまでのなかでやった。とくに映画はそうです」（『回顧談』（上）九八）といい、その人生勉強に導いてくれたのが兄鐵雄であった。丸山は後年、「こういうのは全部兄の影響なのです。だからぼくは、亡くなった（一九八八年死去――引用者）兄貴に非常に感謝しているのです。もし兄貴なかりせば、ある意味でぼくは非常に平凡な、府立一中のあんまり秀才でもないけれども、模範生だったかもしれない。それが拗ねてしまって、一中に対しても反抗し、校風に対しても反抗した。兄貴の影響で、悪いことは全部兄貴に教わった。その悪いことは探偵小説をはじめとして、みんな人生にとって非常にプラスになっています」と語っている（『回顧談』（上）九六）。

また丸山は、小学校のころから母の影響で短歌をつくっており、百人一首も母から教わった。母は「小学校時代から短歌雑誌のレギュラーの投稿者」であった。丸山は「鑑賞のほうが主」だったとはいうが、「ときどきつくって、その歌が小学生雑誌なんかに載ったこともあります。要するに、好きだったという、ただそれだけのことです。日記みたいなものを見ますと、下手くそだけれど、ときどき歌が載っています」という。そしてそれは中学時代にも継続された（『回顧談』（上）八三〜八六）。

## 府立一中時代――侵略戦争への地ならしのなかで――

一九二六年春、丸山は、四谷第一小学校を卒業して東京府立第一中学校に入学した。丸山によれば当時は、中学校から改めて高等学校に進学するコースよりも七年制高校の方が入るのが難しかった。丸山はそのなかでも私立の難関である七年制の武蔵高校を受験したところ筆記は受かったが、口述試験で、合格したあかつきに入学するかどうかはほかの学校の都合で決めると答えたために不合格になった。しかし、一中から第一高等学校というコースを望んでいた母はむしろ一中入学を歓迎した（『回顧談』（上）二〇〜二一）。丸山にとって「高等学校は、わが青春の最もよき時代」だったが、「一中というのは、あまりよくないのです。印象がよくないし、自己イメージがよくない。うまく言えないのだけれど、典型的に生意気な都会っ子で、プラス優等生。さぞかし感じが悪かったろうと、今でもそういう自己嫌悪があるのです」と回想する（『回顧談』（上）二二）。

そのようなかで丸山が「偉い」と思う人物としてあげるのが、東洋史を教えていた東恩納寛惇《ひがしおんなかんじゅん》である。東恩納は伊波普猷《いはふゆう》とも交流があり沖縄研究でも大きな足跡を残した歴史家である。「非常にリベラル」で、田中義一内閣が不戦条約（一九二八年）に調印した直後だったこともあってか、戦争がなくなるかどうかを一時間授業を潰して議論させた。丸山も含めて生徒たちの多数が戦争はなくならないと考えていたなかで、東恩納は「私はなくなると思う」と言ったのが非常に印象に残っているという＊。また、当時の教科書のなかに「「意地の悪いアメリカ人は――」という言葉があって、「この言葉を消してください」と言って教科書から抹消させた。こういうことを外国に対して言ってはいけない、と。非常に印象的でした」と丸山はふり返っている（『回顧談』（上）三三）。リベラルを貫く東恩納の態度はもとよりであるが、それを見抜くことができた中学三年生丸山の研ぎ澄まされた人権感覚を物語るものでもあろう。

＊不戦条約については、後年、「正統と異端」研究会のなかでも論及されている。田中内閣が、「人民の名において」は国体に反するから日本には適用されないとして留保をつけて調印したことについて、「これはしかし、日本が想像する以上にぼくは大きな意味をもっている〔と思う〕」として次のように語っている。「人民の名において、主権国家を制限したわけでしょう。主権国家の行動を禁止したわけでしょう、戦争行動を。ということは、人民ってのはもはや国家内成員にとどまらない、ある場合には主権国家の行動を、対外行動を制約する、つまり国家の枠をこえた存在であるってことが、「人民の名において」ってのが正当性根拠になったということによって、非常に端的に示されている。（中略）つまり、各国の政府の自己制限ではないんです。政府は人民の代表にすぎないのであって、人民の名において厳粛に宣言するということで、国策の手段としての戦争は少なくも永遠に放棄する、いろんな留保にかかわらず」（「丸山眞男未発表関係資料翻刻　一九八八年五月二六日「正統と異端」研究会記録　丸山眞男・石田雄」『丸山眞男記念比較思想研究センター報告』第一七号、二〇二二年三月、七六）。

丸山が中学に在籍した一九二六年から三一年は、大正デモクラシーも終焉に近づき、来る侵略戦争への地ならしが着々と進行していたときであった。一九二五年から官公立の中学校以上に導入された

図3　**母・せい**（丸山彰氏提供）

軍事教練は、一中は名門校であるがゆえに少佐（相沢三郎）と退役軍人二人が来て行われた。三年生から銃を持つこととなり、『学友会雑誌』によく文章を載せていた丸山は、演習の記事を書く「従軍記者」の役割を充てられた。中学生にして父と同じ〝ジャーナリスト〟になれたわけで、「横暴な親父」から「あんなにいじめられていたのに、母親というものは、ぼくが従軍記者になったことが嬉しいわけです。ちょっと意外なくらい喜びました」と記している*（『回顧談』（上）三三～三四）。

＊父について次のような回想もある。「私が一般にジャーナリズム嫌いと思われているとすれば、なまじ家庭での親父を見ていたためかもしれませんね。いわば深層心理的になりますが、親父嫌いということです。父も戦争の前まではともかく社会的にはリベラリストで通っていたんですが、これが家庭に入ると、とくに母親にたいする態度は子どもの目には暴君そのもの。一体どこがリベラルなのかと思いました。それに自分のことは棚にあげて他人のこととなると、激しい攻撃になる。これもいやだった。年をとると、だんだん親父のいいところも分かってきましたが……」（「夜店と本店と―丸山眞男氏に聞く―」一九九五年七月『座談』⑨）。

一九二八年の第一回普選が行われた際に、労農党委員長であった大山郁夫は、香川県から立候補し厳しい弾圧のもと落選した（前掲拙著『共同性の復権』）。兄は「労農党の演説会とか、すごいところへ行って、「弁士中止」というのをさんざ聞いている」が、まだ中学三年生だった丸山は、近所の四谷第四小学校で社会民衆党から立候補した菊池寛の演説に行った。演説会のポスターには、横光利一・久米正雄ら錚々たる文士の名前が並んでおり、それらは小説好きであった丸山を引きつけた。丸山は一六歳と年齢を一つ上に偽って会場に入り、*「ジーッと見てい」たという（『回顧談』（上）三九〜四〇）。

＊「一哲学徒の苦難の道」（『座談』⑤）では、警官に年齢を尋ねられて正直に一五歳と答え、菊池寛の演説のところだけ入れてもらったと回想している。

それと並んで田中内閣のもとでの出来事の一つに丸山があげるのが、先の不戦条約である。その第一条の「人民ノ名ニ於テ」が国体に反すると民政党が問題にしたことは周知だが、大阪*から帰ってきた父が「国体」に拘泥する民政党を笑い飛ばし（「近代日本と陸羯南」一九六八年一〇月『座談』⑦）、また「満州某重大事件」では、田中を叱責して結果的に内閣を倒壊に導いた天皇を褒め称えたといったエピソードを紹介している。伯父の井上亀六が社主を務める『日本及日本人』は田中内閣攻撃の猛烈なキャンペーンをやり、父は、田中内閣が困るのが面白いから応援するといっていたという。丸山は、「私の家もそんな雰囲気でしたから、いわゆる国体という観念に対しては特別に畏敬とか、有難いといった感じはないのですね。しかし、かといって、皇室へのテロはもちろん、天皇制の廃止を真っ向からいわれると、何か非常に心理的にひっかかったんです」と、「どうも当時の気持をうまく説明できない」、そうした大日本帝国を批判的にみながらも天皇に対するふっきれぬ思いを語る（「一哲学徒の苦難の道」『座談』⑤）＊＊。ともあれ当時の状況を冷徹に眺めていた中学生丸山の洞察は、後述する「一九三三年の所感五点」（『別集』①）につながっていく＊＊＊。

＊丸山は「京城」と語っているが、父幹治は、一九二四年に『読売新聞』を辞め、『中外商業』を経て一九二五年から『京城日報』主筆となったものの、二八年一一月に『京城日報』も退社して『大阪毎日新聞』に移っているため、大阪である（「補注」『回顧談』（上）四三、三七三）。

＊＊米原謙は、知識人のなかに「国体論に対する疑惑」と「国民の情感」における天皇崇拝が両立しえたことを、丸山の例をも引きながら指摘しており、この思いもまさに、米原の表現を借りるならば丸山におけるそうした「二重性」が存在していたことを示すものといえよう（米原謙『国体論はなぜ生まれたか―明治国家の知の地形図―』二〇一五年、ミネルヴァ書房、五～六）。

＊＊＊丸山は、中学時代にレーニンが極東に持っていた権益を放棄すると宣言したこと（一九一九年のカラハン宣言ではないかとの編者による注釈あり）、孫文の連蘇容共（一九二四年）、人種平等規定を持ったスターリン憲法（一九三六年）、が印象に残ったことであると述べている（『回顧談』（下）一三六）。

「ぼく自身は中学生ですから、とくに思想的立場みたいなものはない。ただ、左のほうには長谷川如是閑がいたし、右のほうには伯父（井上亀六――引用者）が『日本及日本人』でいましたから、知らないうちに、非常に浅い意味ですけれども、一種の思想的な洗礼は受けたとは言えるでしょうね」（『回顧談』（上）四四）。井上については、「政教社の社主で国粋主義の雑誌を長く経営し、仏教経典にも造詣が深く、まるで修身教科書から抜けて来たような「人格者」として子供の眼には映っていた――また事実そうだった――」という（「映画とわたくし」『集』⑪）。如是閑、そして井上らの『日本及日本人』グループの思想的影響があったことは丸山がしばしば語っているところでもある。「ぼくは国家主義者でもなければ、左でもなければ、なんでもなかったと言った方が正確でしょうね」（『回顧談』（上）四五）と繰り返すが、「教育勅語とか、学校でつめこまれるドクトリンとしての国体に対しては中学のときから反発していました」という（「一哲学徒の苦難の道」『座談』⑤）。

他方、それに関わって父のこのような話も披露している。父は、学校というものをばかにしていたが、「日本という国は学校を出ていないとえらく損をする」というのは、東京専門学校出である自身の「実感」であった。* 父は、「学校を出たあとは、共産主義者になろうが何になろうがかまわない」と言っていたといい、「共産主義者という言葉さえつかった」ことに注目しつつ「非常にリベラルな考え」であったと評している（『回顧談』（上）四四）。丸山は、父のそのような姿勢のなかにも、単純に「左」か「国家主義」かといったことによっては切り捨てられないリベラリズムが潜んでいることをみてとっていたのだといえよう。丸山自身が、「父親と伯父は一種の政論記者です。ですから、政論というものに、知らないうちに関心があるのです」と述べているように、そうしたなかで培われてきた政治意識であったにちがいない。

＊父が徳富蘇峰の『新日本之青年』『将来之日本』を読んで信州松代を出奔して苦学するにいたったことは、「一月一三日　丸山眞男先生速記録」（『別集』②）で語られている。

父は勤務地が京城と大阪で一年に数回帰ってくるだけであったし、また新聞記者というのは経済的にも恵まれなかったため、母は兄弟たちを一人で切り盛りし「大変な苦労だった」と丸山はいう（「一月一三日　丸山眞男先生速記録」『別集』②）。

## 「精神的成長」の糧としての映画・戯曲・文学

そのようななかで丸山が嬉々として語るのが、小学校時代に引き続いての映画と戯曲の世界であった。一中の校則では「父兄同伴」なしに観に行くことは禁じられていたにもかかわらず芝園館（港区の芝園橋の近くにある）によく行った。「映画というのは、いまは考えられないほど非常に大きな意味を当時は持っていて、人生案内というのかな、ぼくにとっては大きな教師です。学校でも家庭でも教えられないことを映画から学びました」と丸山はいう（『回顧談』（上）二六）。丸山は自らを顧みつつ、「私自身は到底断固として「不良」の群に身を投ずるだけの度胸もなく、せいぜいちょっとばかり不良ぶる善良生——ある意味で一中の正統的な優等生よりももっと鼻持ちならぬ生徒——であったが、ともかく映画館というところが不良の巣窟だという世間のイメージは、私の中学時代にはまだ強く残っていた」と語る（「映画とわたくし」『集』⑪）。「私の少年時代から戦中までの、映画についての回想を思い浮ぶままに綴った」、そしてそれが「少青年期の私の精神的成長についての軌跡」と位置づける「映画とわたくし」（一九七九年四月『集』⑪）と題する「随筆」を書いているほどに、映画は中学時代も丸山にとって大きな位置を占めていた。

戦争映画で、「近代戦の戦闘についておおよそのイメージをティーン・エージャーの私に与えてくれたのは、まさに『ビッグ・パレード』であった」。一九二五年の作品であるが、早くも「戦争とはなんとも残酷非情なものだ」と思ったという。飛行船は帰還を急ぐために荷を棄て、「ついに兵士までもが、すこしでも船の重量を軽くしようと、「カイゼルと祖国のために」と叫んで、次々と死を決して飛行船から飛び降りる。（中略）見る見る画面に近づき一ぱいにひろがる飛行船の気嚢上部——次のシーンは連鎖爆発をおこし、メラメラと焔をひろげながらゆっくりと落ちてゆくツェッペリンの遠景……。思えばこれは神風特攻機が第二次大戦で実行したことの先取りであるが、むろん当時は、ただ巨大なスペクタクルの連続に息を呑んで見入るばかりであった」という。さらに彼はこのように述べる。

> さきの爆撃目標の意識的な誤導といい、飛行船からの兵士の飛び降りといい、このツェッペリンへの体当りといい、とうてい実話とは思われないが、それらを貫通して、一方では、撃墜した敵機に、敬礼するところにも現われていたような一種のインターナショナリズムと、他方では、戦争における自己犠牲の精神のロマンティックな讃美とが底流をなしていることは象徴的といえよう。なぜなら第二次大戦を素材とした戦争映画には、「敵」にたいするもっとむき出しの憎悪と、およそ美化する余地もないすさまじい破壊と血の臭いがたちこめており、そこには第一次大戦と第二次大戦との間の質的なちがいが制作者の意図をこえて表現されているからである（「映画とわたくし」『集』⑪）。

日本がやがて経験することになったありさまを、早くも中学生のときに映画というフィクションの世界のなかで見ていたのである。そしてそのことを、自ら次のように意味づけている。

> カール・シュミットのいう戦争概念の革命——戦争が戦闘員と非戦闘員との厳格な区別の上に立ち、一定のルールに従って行われる主権国家間の「決闘」であった段階から、もはや中立的第三

> 者の存在を許さず、一般市民を含む「敵」の無差別的な抹殺をおこなう総力戦争又は「絶対」戦争への転化は、すでに、第一次世界大戦にきざしてはいるが、その全貌は第二次大戦においてはじめて露呈されたのである。フィクションとしての戦争映画は、映画のもつ本来的な娯楽性のために、一層現実が誇張されるけれども、にもかかわらずそれなりに歴史的なリアリティを具えていたことをあらためて感じさせる（同前）。

丸山は、こうした第一次世界大戦のありようを映画を通して学び、その上で第二次世界大戦を経験することになったのである。中学五年のときに武蔵野館で封切られた『西部戦線異状なし』（一九三〇年）も、戦前だけで三回は見ているという。丸山にとって、いかに映画が精神的成長の糧になっているかが余すところなく語り尽くされている。日本映画で戦争ものがつくり出されるのは一九三七年以後であるが、「どうも特記するほど印象に残っている作品がない」といい、加えて「大学を卒業するころから、私自身、嘗てのように頻繁には映画館に足を運ばなくなった」という（同前）。

丸山は、「傾向映画」についても紙幅を割いて存分に語っている。傾向映画とは「左翼的傾向をもった映画」という意味であるが、当時にあっては「一応、価値中立的に用いられた」という。しかし映画となると製作は「何といっても資本と組織と設備がものをいう領域」であり、「だから「傾向映画」というのは明確な社会主義的意識をもって製作された「プロレタリア映画」だけを指すのではなくて、貧富の対立とか、労働争議における警察と経営者の癒着とか、さらに歴史物としては、封建的「忠義」の徳のイデオロギー性を暴露する、といった――つまり多かれ少なかれ社会的矛盾の摘発に主眼を置いた作品を、たとえそれがブルジョワ的なプロダクションによるものであろうとも、広く包含する用語であった」。丸山は、その「傾向映画」について次のように述べている。「日本の（広い意味での）傾向映画が、現代物よりは時代物により多く芸術的な傑作を残した、ということは、時代劇の場合には対象に対して、ある距離を設定する余裕があった、という当然の事情のほかに、階級闘争を描くといっても、かんじんの「階級」像が近代日本では不鮮明で、それだけ理論の天降りになりやすいのにたいして、徳川社会とか維新の動乱とかを扱えば「身分」制の矛盾が生々しいリアリティを帯びて観客に伝達される、というちがいが、その背景にあったような気がする」（同前）。丸山は、階級対立とはなんぞやということを、「理論の天降り」（後述）ではなくスクリーンに映し出された社会のありように即して理解していったのである。

文学については、「中学時代に私が好んで読んだのは、小説よりもむしろ戯曲作品」で、中村吉蔵、山本有三、菊池寛などであったという（「わたしの中学時代と文学」一九九三年九月『集』⑮）。読んだだけでなく、中学三年生のときには、同級生と同人雑誌を出しており、そこに丸山が書いたのはほとんど戯曲であった。父の書棚にあった『現代戯曲全集』（一九二四～二六年、国民図書）を読み、実際に築地小劇場の芝居を見たのは大学生になってからであった。『日本戯曲全集』全六八巻（一九二八年～三三年、春陽堂）を読んですっかり好きになったとの回想もある（『回顧談』（上）二九～三〇、九一）。

「中学生時代に好きだったのは小説よりも戯曲であったとはいえ、読んだ作品の数を比べれば当然ながら小説の方が多い」という（「わたしの中学時代と文学」『集』⑮）。丸山にとって「画期的」と映ったのは、いわゆる「円本」時代の到来で、改造社の「現代日本文学全集」に次いで、二年生のときに新潮社から「世界文学全集」（一九二七年）が出たことだった。「なにしろ世界の文学がはじめてあんなに網羅的に入ったというので、中学生にも話題になった」という（「読書の姿勢」一九六七年六月『座談』⑦）。

雑誌も、これまた兄の影響で『新青年』を、「母がもっともいやがって、まとめて没収されました」という目に遭いながらも愛読していた。「漱石は中学のとき、ぼくも大体読みましたね」といい、印象に残った作品として『坊ちゃん』『三四郎』をあげている（『回顧談』（上）八九～九三*）。深い感銘を受けた作品を短編のなかから選ぶならば、徳冨蘆花の『灰燼』（一九〇〇年連載開始）で、父所蔵の民友社発行の「袖珍本」で読んだ。西南戦争の西郷軍に加わり可愛《えの》獄から脱走して家に辿り着くが、「家名を汚す乱臣賊子と罵られて切腹を迫られ」、恃みの母も同様であったことに絶望し、自刃して果てるという一八歳の主人公の生涯に「私はたしかに感情移入していた」。そして丸山は、それから一〇年近くのちに起こった二・二六事件の青年将校たちが「逆賊」といわれているのをラジオで耳にし、この小説が「咄嗟に私の頭にひらめいた」という（「わたしの中学時代と文学」『集』⑮）。

＊戦後、丸山は、東大生に向けて書いた「何を読むべきか」（一九四六年七月二三日『集』③）のなかで、トルストイ、ドストエフスキー、ロマン・ロランとともに漱石をもあげている。

## 「深刻な挫折感」と一高入学

丸山は、四年生修了で第一高等学校を受験するが不合格となる。そのときの思いを、「顧みてぼくが味わったのは深刻な挫折感です。（中略）自分よりはるかに下の成績のものが入っていて、ぼくは落ちている。入った連中が得意になって真新しい白線帽をかぶって一中にやってくる。これは非常な屈辱感です」と語っている。伯父の井上亀六が「眞男、落ちてよかった。秀才じゃないほうがいいんだ。秀才が日本を毒した」と言ってくれたが、それも当時は意味がわからず、「ぼくを慰めるためにそう言ったのだと思っただけでした」。ところが四年修了で合格した生徒が一クラス分ぐらいいなくなったあとに残った五年生には「どうせ、おいらは落ちぶれ者よ」というところがあって、丸山にとってはむしろ面白かった。一中時代には総じてあまりよいイメージがないが、「五年生のときは楽しかった」といい、受験勉強は四年生のときにやっているので、武蔵野館や芝園館に通い、「本当によく遊んだ」という（『回顧談』（上）三七～三八）。

一九三一年春、丸山は府立第一中学校を卒業し、第一高等学校文科乙類に入学する。丸山は寮に入るが、実家がその年の五月、「西荻窪の家」（東京市外高井戸町中高井戸、翌年町名変更により杉並区西高井戸）に転居している。父は引き続き大阪にいた（「如是閑さんと父と私」⑯）。丸山は、「四年のときの入試失敗の挫折が大きかっただけに（中略）入学、とくに入寮の喜びは忘れられないです」と回想している（『回顧談』（上）五五～五六）。

しかし、その寮生活も丸山に、中学時代につづいて「自己嫌悪」をもたらす原因の一つとなった

図４　**1932 年，一高朶寮の前で**（「一高２年生のとき」との自筆裏書き，後列左から３人目が丸山，丸山彰氏提供）

（『回顧談』（上）五〇）。丸山は次のように述べている。

> はじめに経験した寮の生活は、寮歌に歌われているようなロマンティックな向陵というものから、およそ遠かったということも事実です。これは、なんといっても左翼運動が大きいですね。左翼運動の嵐が吹きすさんでいる。（中略）月に一度、各寮から代表が出て、総代会が開かれる。そこで激突するのです（『回顧談』（上）五六）。

当時は「左翼運動の最高潮の時代」であり、最初に入った東寮一二番は「イデオロギー的なもの」による「大分裂」が原因で、丸山は中寮一番を経て朶寮《だりょう》四番に移っている。「ぼくははっきりアンチ左翼なんです」、「ぼく個人は、二年のときでも、便所の落書きに「天皇制打倒」と書いてあると、生理的に不快な感じがしました」という丸山は、「東寮一二番の暗い空気に耐えられなくて」中学時代の親友のいた中寮一番に移ったが、その後、中寮一番の学生たちがはじめたホッケー会の創立に参加したことから、その会員として朶寮四番の部屋を与えられて移動する。丸山が「左翼運動に対して生理的な反発を持っていた」のは、左翼学生に多い軍人の息子たちが厳しい教育を受けてきて寮に入って自由になり「急速に左翼化する」のを目の当たりにして、「こっちは中学のときから、非常に素朴なものだけどなまじっか思想的洗礼を受けているから、急激に左翼化した連中に対して、なんだあいつら、という気がするわけです。それに、ビラやなんかが汚い」と感じたためであった（『回顧談』（上）五〇、五一、五五、六一）。丸山は後年、「伝統的人間関係への郷愁」に拘泥して「ツベルクリン反応陰性の天地」を礼賛することを批判しているが（→第六章）、それはこうした左右両方の思想に接し、それを血肉とすることの対極にあった。

丸山は、二年生のときに寮委員に選ばれた。その折に「大事件」が起こっており、寮で禁止されているストームをボート部が行い、それを制止した寮委員長を部員が殴ってしまったことから、ボート部に対する感情的反発も相俟って委員会は退寮処分という極刑を下す。ストームは一校の伝統で、集団で他の部屋に押し入るなどの蛮行をいう。結果は、学校がそれを取り消し一段下げて無期停学になった。「これは、ぼくにとっては非常に大きな傷になった（中略）。ちょっと極刑はひどいじゃないかと思いながら、副委員長のまくし立てるのに押されて、ノーと言わなかった」とふり返る（『回顧談』（上）六五）。また、後年の寮の委員だった人たちの集まりでその時の思い出話になり、そこでノーと言えなかったことが、「学問というのは決断をしなくていい。無限のプロセスだから」「自分が研究者になる一つの隠れた動機になった」と語ったことも紹介して、そのときのショックの大きさを伝えている（『回顧談』（上）六六）。* 丸山は、後述するように戦後も一貫して、折に触れノーと言える精神の重要性を強調し、また「どんな人間でも、また、国民全体のレヴェルでも、個々の集団の内部でも、個人がノーといえる権利」の保障をリベラリズムの原点に据えてきた（「討論・対決の思想」一九六八年六月『座談』⑦）。それにはこの原体験が重要な意味を持っていたのである。

＊座談「丸山先生を囲んで」（一九六六年一〇月）のなかでもこのことに言及し、「これが実に深い心の傷になった。俺はなんてだらしのない人間なんだということ、いざというときノーと言えない人間だということ……ですね」と語っている（「討論・対決の思想」『座談』⑦）。

なお、このかんの内面の葛藤は、一九六八年ごろに『春曙帖』に綴られた次の文章が明瞭に伝えている。

> 私自身は高校では、東寮十二番における陰うつな「左翼的」雰囲気にたえられないで、明朗な中寮一番に移ったほど、高校の学内の左翼的動向とは無縁であった。（中略）しかし、クラス内の思想的対立はクライマックスに達した。私は朶寮五番と東寮二番と双方につき合いがあり、図書館での読書も、リッケルトの「認識の対象」と、デボーリンやブハーリンとを併読するという奇妙なものだった。私は寮委員としては、寮内の非合法左翼運動の「取締」に一役買いながら、本富士署につかまった友人たちへの手拭いなどの差し入れに奔走した（『対話』一八〇）。

丸山はまた、「寮の自治というのは、同じ生徒の処罰権を持っているわけでしょう。大したものだとも言えるけれども、ティーンエージャーの子どもにとっては、ちょっと重荷すぎるのではないかという気がします」(『回顧談』(上)六七)と述べており、ティーンエイジャーはもとより、その年代に限らない「セルフガバメント」の難しさをも身をもって知る体験だったのではなかろうか。

丸山の「精神的成長」の糧であった映画については、「傾向映画」を代表するソ連映画の『人生案内』(一九三一年)を、高等学校の寮から有楽町の「邦楽座」まで見に行ったことが語られている。「幻灯字幕のなかに、「ソ連邦には一人の浮浪児あらしめてはならぬ——レーニン」という文字が写し出されたとき、真暗な観客席のそこここからパチパチと拍手が起ったのは、まことに印象的だった」という。臨席警官もいたにはちがいないが、「何しろ闇の中なので誰が拍手したかは見分けがつかない」ためそれを狙ってのことであった。丸山は、「これは現代では想像も困難な戦前の精神的空気を伝える小さなエピソード」といい、そのなかに人びとの抵抗の火種が存在していることをみてとった。そのような時局への抵抗は、映画よりも後述する築地小劇場(→第二章)の方により長く残り、映画の方は「左翼的な色彩を帯びたもの」が丸山が「大学に入るころ(一九三四年)にはすでにファンの前からまったく姿を消していた」(「映画とわたくし」『集』⑪)。

丸山は、ヒトラー・ユーゲントの英雄的行動を描いたナチの宣伝映画『ヒットラー青年』も観ており、そこでは「新らしき時代《ノイエ・ツァイト》」と「行動《タート》」という言葉が繰り返されていたという。「ファシズムがはじめから「反動」のふだをぶらさげて登場すると思ったら大間違いであり、況《いわ》んやナチといえばアウシュヴィッツというような「結末」だけを連想するのでは、歴史的動態はつかめない。ひよわなインテリの知的遊戯と訣別して「行動」によって「新らしき時代」を切り開くものこそわれわれなのだ、というそのラヂカリズムの色調にこそ、ナチの運動が青年をとらえた秘密があったのである」（「映画とわたくし」『集』⑪）と丸山はいい、ナチが権力を掌握する過程を、こうして映画によっても学んでいたのである。

一九二七年に発売されるようになった岩波文庫を盛んに買って読むようになったのは、この高等学校時代以後のことであるという（「読書の姿勢」『座談』⑦）。

### 重なる「挫折」——留置場体験——

丸山をより決定的に「自己嫌悪の感情」に陥らせたもう一つの「大事件」が、「いのちの初夜」と称する留置場体験であった（『回顧談』（上）五三）。「いのちの初夜」というのは、ハンセン病を患い隔離生活を余儀なくされてまもなく命を落とした北条民雄*の作品の題名である。当時にあってはハンセン病は不治の病に等しく隔離生活から解放される可能性はほぼ無いに等しかったのであり、その境遇にあった北条の体験に自分自身を重ねたことは、丸山にとってこの事件がいかに深刻なものであったかを物語っていよう。

＊北条民雄（一九一四―三七）は、一九三四年に東京の多磨全生園に入所し、自らの隔離生活の体験を綴った。一九三六年、第二回文学界賞を受けるが、翌年腸結核により死亡。丸山と同じ年齢の青年が隔離生活のもとで

二三歳にして命を落としたことも、この作品が彼の脳裏に深く刻まれる一因であったかもしれない。

一九三三年四月一〇日、二年次の試験が終わった春休みのことであった。丸山がホッケーの合宿で本郷通りを歩いていた際に「唯物論研究会創立記念大講演会・長谷川如是閑」というポスターが目にとまり、如是閑という名前にひかれてその近くの仏教青年会館で行われた演説会に行った（『回顧談』（上）六七）。唯物論研究会は、その前年一〇月に戸坂潤・三枝《さいぐさ》博音《ひろと》・岡邦雄らによって創立されたもので、唯物論の研究団体としたため如是閑のようにマルクス主義者でないものもそのメンバーとなっていた。結成時、丸山は高等学校二年生で、「よくおぼえているのは、唯研が最初から『ドイツ・イデオロギー』をとりあげていたこと」、「あのなかの生産諸力とか、「生活」関係とか、「マテアリアル」という用語とか、いろいろ多義的に使われていた基礎的範疇の検討をとりあげた」ことであった（「一哲学徒の苦難の道」『座談』⑤）。

演説会当日は戸坂が開会宣言を、そして如是閑が挨拶に立った。丸山は、「ただ如是閑との個人的関係で」出かけていったにすぎなかったが（「如是閑さんと父と私」『集』⑯）、丸山の存在は本富士署の特高の眼にとまってしまう。如是閑の演説は途中で「弁士中止」*となり、そのすぐあとに、丸山はもう一人の高校生と一緒に本富士署に連れていかれ、写真を撮られ指紋をとられて留置場に入れられてしまう（『回顧談』（上）六八～六九）。丸山自身も記しているように（「如是閑さんと父と私」『集』⑯）、一九三三年は治安維持法検挙者が最も多く、小林多喜二の東京築地署での虐殺事件、そして日本共産党指導者の佐野学・鍋山貞親による獄中からの転向声明を機に大量転向が起こった年でもあった。

＊如是閑の演説がどこまで行われたかについては丸山自身の記憶に齟齬があるが、事件の直後に記した「一九三三年の所感五点」（一九三三年『別集』①）には研究会の各部門の中心問題、会員増加率などまで述べられたとあり、それが事実を伝えているのではないかと考えられる（この点については『回顧談』（上）補註、三七五に詳しい）。

丸山が中に連れて行かれたのを覗いて看守に見つかった一高生がいて、その彼は踏んだり蹴ったりの暴力を受けた。丸山の拘留は「いきなり、そういうすごい光景を見せられた」ことからはじまった。そして最初の夜は、四畳半ぐらいのところに何十人という狭さで重ならないと眠れず、またシラミがたかってきて一睡もできなかった（『回顧談』（上）六九、七一）。

取調べの際に唯研に行った理由を問われ、弁士の如是閑は子供の時から家に出入りがあったことを話すと、特高は「ばかやろう。如是閑なんていうのは、戦争が始まったら真っ先に殺される人間だ」と言い放ったという（『回顧談』（上）七四）。丸山は「あの如是閑さんが虐殺されるのかと思うと目の前がまっ暗になった……」と述べている（「如是閑さんと父と私」『集』⑯）。

丸山を取り調べた特高（特別高等警察）は、丸山のことを「一高のキャップから派遣された大物だと思ったらし」く（「一月一三日　丸山眞男先生速記録」『別集』②）、「取調べは相当きびしかった」。しかし「わりあい早く釈放された」のは、いくら調べても「パルタイ〔共産党〕関係は出てこない」＊、「しかも係累を調べると父が新聞だから、おそらく、うるさいと思ったのかもしれない」（『回顧談』（上）七三）と述べている。とはいえ一部の回想では語られているように、丸山は特高から暴力も受けており、如是閑との関係を答える際に「目玉が飛び出るほどぶん殴られ」たと語っている。＊＊また丸

図5　**母と4人の兄弟，左から矩男・母・邦男・鐵雄・眞男**（1932年7月西高井戸の自宅庭にて，丸山彰氏提供）

山は、先の回想にもあったようにこの事件の半年ほど前、連行された一高の級友にカンパを集めて本富士署に手拭いなどの差し入れに行ったことがあり、そのことが「お前は前にもモップル活動をやったろう」と責められることになったという。モップルは、コミンテルンの指導のもとに組織された国際赤色救援会の日本支部となり日本赤色救援会と改称したものであったが、丸山のような組織とつながりをもたない「普通の個人的救援」まで〝モップル〟にされてしまったのであった（「如是閑さんと父と私」『集』⑯）。

＊「結局何にも出てこないというのが、結果において非常にたたったですね」（「一月一三日　丸山眞男先生速記録」『別集』②）、そして「何もやっていないのですから、出て来ないのはあたり前なのですけれど、何もやって

いないということは今後何をするかわからない、というのが、彼等の考え方であります。こういうふうに、内面の思想と外的な行動とを区別しないで、精神の内側に無限に踏込んで行く日本国家力の性格、というものを体験として知ったことは、結果論かもしれませんが、後の私の学問的関心を暗々裡に規定したように思います」（「南原先生を師として」一九七五年七月『集』⑩）。

＊＊ほかにも、「初め一高のときつかまったときは、気持ちが動顚していたから。ぶん殴られたりするでしょう、だから留置場の中に入ってきて泣いたですよ。おれという人間はなんてだらしない人間だと思ったね」（「一月一三日　丸山眞男先生速記録」『別集』②）という回想がある。さらに、押収された日記をもとに「君主制を否定しているではないか」と言われ、「私はあわてて、私は否定しておりませんと言おうとしたのですが、それより早く猛烈な罵声と鉄拳が私を見舞いました」と語る一節もある（「二十世紀最大のパラドックス」一九六五年一〇月『集』⑨）。また前述の一高生が受けた暴力を語った際に、聞き手（松沢弘陽）の「先生も踏んだり蹴ったりされたのですか」という問い対して、「そのときは、ぼくはなんにもされない」（傍点――引用者）と答えており（『回顧談』（上）七〇）、言外にほかではされたという意味を含んでいると読みとることができよう。この点に関しては、平石直昭氏から懇切なご教示を得た。

丸山は、「写真をとられ、指紋をとられ、これでブラックリストに載ってしまったので、それ以後特高とのおつき合いの時代が始ま」った（「如是閑さんと父と私」『集』⑯）。学校へ報告しなくていいと言っておきながら、一週間を経ずして学校から呼び出しがかかる、家族にも黙っていたが大学二年生のときに突如として特高が家に訪ねてきて、母は仰天し大阪にいた父も知るところとなった（『回顧談』（上）七四、七七）。「本富士署の特高は、学校に知らせなくても「いいよ、いいよ」と言ったけれど、実は僕の名前は、学校だけじゃなくて警察および憲兵関係の思想のブラックリストに載せられているということなんですね。そこらへんに目があって、ジーッと自分のほうを見ているのではないかという、それが実感です。だから戦後、特高警察がなくなったというのは、ぼくにとっては解放感だった」という（『回顧談』（上）七八）。この事件は、そのような重みをもって長期間にわたり丸山にのしかかってくることとなった。

　取調べの際に、丸山が持っていた「心の日記」と題していた日記が取り上げられてそれをもとに追及され、なかでも「ドストエフスキーの作家の日記より」について「日本の国体は果たして懐疑の坩堝の中で鍛えられているであろうか」と書きつけたところに対して、「貴様！君主制を否定するのか！」と言われた（『回顧談』（上）五三～五四、七三）。この経験は、後年、権力が「内面的な思想の忠誠」に踏み込むことへのことのほか強い警戒につながっていった点で重要な意味を持っており、丸山自身ものちに、「国家権力が精神の内面に土足で入りこんでくる。何にもしてないことが、何をするかわからないというので、却って危険視されるという、私のケース」について語っている（「日本思想史における「古層」の問題」一九七九年一〇月『集』⑪）。

　また、留置所体験は、「平生、まったく出会わないものと会う」という「非常に大きな経験」であった。感化院を脱走した少年、不渡り手形を出した子会社の社長、コソ泥、なかでも「感心したのは独立運動の朝鮮人」で、「取調べのたびごとに半殺し」という最も酷い拷問を受けていたが黙秘を続けていたという（『回顧談』（上）七一～七三）。丸山は後年の古在由重との対談のなかで、古在が、戦争中留置所で転向させるために拷問が行われた際に学歴の高い「特権的な囚人」は「殴られはしたが、その殴り方さえ全然違いますね。いちばんひどい目にあったのは朝鮮人です」というのに対して、

「私なんかのときもそうです。とくに朝鮮人はひどかった」と応答している（「一哲学徒の苦難の道」『座談』⑤）。先にも述べたように、丸山が自らに課せられた暴力についてあえて語らない場面が多いのは、朝鮮人に対するそのような思いがあったからではなかろうか。『春曙帖』にこのような回想も残されている。「いろいろの人種との「つき合い」は、軍隊体験にまさるとも劣らぬ深い人生についての経験をまだ満二十歳にも満たぬ私に植えつけてくれた。ただ、釈放される前に、東京高校の寡黙な学生から依頼されたルポをことわったことは、私の心の奥底の傷としていまでも残っている」（『対話』一八一）。

丸山は、一高生の寮歌を歌う声、本郷通りの賑わいを前にしたときの思いをこのようにも述べている。

> こうやっている間にあの中ではすごいことが行われてるのだと思うと、今の言葉でいえば実存的になるよ。だから僕はどんなすごい動乱とか、革命とか、そういう時代は僕らが歴史の本だけで読むと、人民が一斉に立ち上がってチャンバラやったように思うでしょう。（中略）それはたんなる少数者じゃなくて、革命が起こるには起こるだけの必然性はあるのだろうけれども、ほとんど大部分の国民の生活はまずユージュアルの生活、アクチーブズだけが権力と血みどろになってやっている。そういうものだという感じがする（「一月一三日　丸山眞男先生速記録」『別集』②）。

この事件は丸山に、戦闘的な運動の高揚に酔いしれるのではなく、その背後にある大衆を見据えるリアルな目を養わせる契機となり、一九六〇年安保闘争の評価にもつながっていったと考えられる。

ともかくもこの事件は自己嫌悪感を決定づけた。丸山はいう。「この高校時代の二つの事件が、ぼくの内部にある実に大きな挫折なんだな。「俺はだらしない人間だ。いざとなると、平常、読書力などを誇っていたのが、ちっとも自分のささえになっていない」という挫折感を十代で経験したんです*」（「丸山先生を囲んで」『座談』⑦）。そしてこの挫折感は、高校時代の事件と接続していっそう重く丸山にのしかかった。寮委員として「取締」に従事しながらつかまった友人に差し入れをするという「矛盾」が、この逮捕事件で「一挙に私の内部で噴出した」のであった。それは、丸山においては、留置所で涙を流す一方で、隣にいた戸谷敏之**と看守の目をかすめてヘーゲルや新カント派の話を交わす「余裕」を持っていたという「矛盾」と重ねられていた（『対話』一八〇）。「知性」が徹底してすべてに有効に働いてはいないことへの挫折感、そして自己嫌悪であった。丸山は、「日本ファシズムの思想と運動」（一九四八年『集』③）や「近代日本の知識人」（一九七七年『集』⑩）をはじめとする戦後の著作の随所で日本の知識人のひ弱さを指摘している。しかしその一方で、映画や文学に親しんだことも含めてこうした経験をも繰り返し語っているのは、それが知識人の形成に重要だという意識があるからであろう。

*このような回想もある。「留置場というのは絶対な孤独の世界です。ぎっしり詰め込まれているんですけれども、精神的には全く孤独でしょ。国家権力と自分しかいないという。そういうときに、オーバーに言えば、絶体絶命の危機に臨んだときに、学問とか知識とかいうものが、自分を支えるのに足りないという経験です」（『回顧談』（上）二一一）。

**のちに経済学者となり戦死を遂げる戸谷については、『回顧談』（上）七〇～七一に詳しく述べられている。

## 国家社会主義への失望

丸山が高等学校二年生から三年生のときに残した記録が、「一九三三年の所感五点」（『別集』①）として公開されている。その一つが、一九三三年一月下旬に書かれ、平石直昭が「二十歳前の青年による分析として驚くほど鋭い内容である」（「解説」『別集』①）と評するものである。

「軍部は今迄、政党政治の反対者たるに止まらず反資本主義的なそぶりを見せていた」が、それはそぶりであって「大財閥への干渉すら敢てしないではないか」。そのようななかでの丸山の危機感は、「軍部が今後その自己過大視病をますますつのらせて、全日本をあげて軍国化たらしめんとするならば、僕は断言する、日本の行衛《〔方〕》には破滅のみが横たわっている」と表現される。そして「これらの矛盾はすべて国内よりも国外に重点を置く所に生れる」と述べて、対外政策を批判の射程に置く。まず丸山は、「ファッショ団体」にも、「国粋主義より生れ出た盲目的反動的ショーヴィニスト」と「従来の第二、又は第三インターナショナルを背景とせる無産政党より抜け出た国家社会主義団体」との本質的違いに期待を込める。「最近迄、世界革命によって画一的にもたらされる国際社会主義は、それが現実からのまがう方なき飛躍であり空想である以上、結局切実なる大衆の要求に合致せずかえって階級的正義に反するとの見地からして国家社会主義に対して多大の同情を有していた」が、その国家社会主義が「国家の名を公然と冠する事」によって、「一般ショーヴィニズム」に駆り立てられ、またナショナリズムのためにソシアリズムをかなぐり捨てて「純粋日本主義」に屈服している。そのさまを前に丸山はいう。「たとえ社会主義運動が成功の結果に於てナショナルの方向をとる事となろうとも、少くも闘争の過程に於ては、ソシアリズムはあくまでインターナショナルの大旆《たいはい》をかざさなければならぬ。社会主義が、実現への徒《いたず》らなる近道を夢みて、ナショナリズムと結合を敢てすれば、その後に来たるものは、社会主義が国家主義に他愛もなく併呑されて行く悲惨な場面の展開に過ぎない」と。インターナショナリズムには与しないが、「切実なる大衆の要求」に根ざしているという理由で当初は国家社会主義に期待をもった丸山であったが、赤松克麿らの動向を見るにつけ、それに失望していくほかなかった。

　丸山は戦後に、「私はほとんど生理的と自分でも思うくらい、ファシズムやナチズムがきらいでしたが、やはりカール・シュミットの批判を正面から受けとめなければ、民主主義は強靱なものとならないと痛感しましたね」（「討論・対決の思想」『座談』⑦）と述べている。丸山によれば「ほとんど本能的なまでのナチぎらいになったのは、大学入学以後のことだったように思う」（『対話』一八一）といい、しだいにファシズムやナチズムへの嫌悪が増していった様子がみてとれる。

　続く「二月二十二日」の記録も、「封建的島国的ドグマの横行」を憂えつつ、「非常時なればこそ、百年の計をあやまらざる様、いくつかの方法を最も慎重に考慮した上で自己の所信をあくまで遂行する真の力の政治家こそ現代日本に最も要求されている所のものなのである」（傍点——引用者）（「一九三五年の所感五点」『別集』①）というのも、「右翼急進派」を危惧する点で同様であった。

　その五点のうちの四点目は、前述した留置場で取調べを受けたときのことを書きつけたものである。友人からの『巴里—伯林』の映画の誘いもことわって如是閑の演説を聴きに行ったことにはじまり、留置場に連れて行かれたところまでは詳しく記され、しかも衝立の向こうから聞こえてくる、一高生と間違えて検束されたらしい府立高校の生徒の取調べの様子は克明に記されているのだが、その文章はそれを聞きながら、特高にかんしゃくを起こされ「泣き出しそうな顔で口ごもりながら何べんも何べんも「すみません」を繰返した」ことで終わっている。その当座にあっては、そのあとに行われた自分の取調べの様子を文章に残さなかったことが、かえって丸山にとっていかに重いものであったかを物語っていよう。あるいは自分のありようも、「すみません」を繰り返すその青年の様子で十分に語りつくしたと考えられていたかもしれない。

# 二　研究者としての出発（一九三四～一九四四年）

## 東京帝国大学法学部入学

一九三四年三月、丸山は、第一高等学校文科乙類を卒業し、翌四月、東京帝国大学法学部政治学科に入学する*。昔は大学というところは「砂漠」だといわれていたが、「ぼくにとって講義は非常に面白くて、正直のところ、さすが大学だと思」ったといい、印象に残った講義のことを嬉々として語っている。なかでも「内容的に強烈な印象が残っている」のが、宮沢俊義の「憲法」の開講の辞であった。その授業を前年まで美濃部達吉がやっており、宮沢の東京帝国大学での初めての講義であると同時に、その年の晩秋から天皇機関説問題が起こってきて宮沢の講義も書き改められたため、その意味でも少なくとも戦前における「最高の講義を聴いた」という（『回顧談』（上）一一八～一二〇）。

＊高等文官試験を受けるつもりはなく、そもそもドイツ文学をやりたかったが高等学校の教授（菅虎雄）に、文学は自ずから読むことができるが大学では「その後勉強できないような学問をやれ」と厳しく言われて法学部にしたという。また父にも独学でできないものをやるように言われ、経済も選択肢にあったが、京都帝国大学経済学部に進んだ「兄貴の後塵を拝したくない」との思いがあり、「法律はかなわん」というので政治になったと語っている。高等学校で文科乙類を選んだ理由についても問われ、語学が好きで、一番難しかったからと答えている

（『回顧談』（上）一九〇～一九二）。

ほかにも横田喜三郎（国際法）、末弘厳《いず》太《た》郎《ろう》（民法）らの話が続くが*、丸山は、「三年間を通じてそうですけれど、ぼくが聴講した講義では、南原〔繁〕先生の政治学史を除いては、政治学の講義に比して圧倒的に法律の講義が面白かった」という（『回顧談』（上）一三二）。政治史の岡義武の講義はアジテーションが面白く、講義内容自体はあまり丸山の関心を引いたようではないが、「日本政治史について論文を提出したら、試験の際、考慮する」と言われたので書いた（『回顧談』（上）一五一～一五二）論文「明治政府の秩禄処分とその影響―武士階級の階級分化過程に関する一考察―」（一九三五年一月一一日脱稿『別集』①）が現存している。これが丸山の「処女論文」であり、大学に入ってから読んだ『日本資本主義発達史講座』（全七巻、一九三二年五月～三三年八月、岩波書店）が「非常にいい材料になった」と自らも語るとおり、そこに集った講座派の人びとの影響が色濃く反映されており、丸山の論文を講評をした岡も、「よく勉強」「大変結構」という絶賛の言葉を残すとともに（「明治政府の秩禄処分とその影響」『別集』①）、丸山のことを「マルキシストと思っていた」という（『回顧談』（上）一五二）。丸山がのちに語るところによれば、丸山は、コミンテルンの「三二年テーゼなどはもちろん知らなかった」けれども、『日本資本主義発達史講座』を「ほんとうに熟読したのは大学一年のとき」で「もっとも影響を受けた書物の一つ」であった。丸山にとってはコミンテルンや党の権威とは関わりなく、「全く日本資本主義の科学的分析という意味で、目からウロコが落ちる思いがしました」と語る（「一哲学徒の苦難の道―昭和思想史への証言―」一九六六年六～八月『座談』

⑤）。

＊丸山は、『東大春秋』第四巻第一号（一九三七年一〇月）に、山野冬男の筆名で、「法学部三教授批評」と題して、宮沢、我妻《わがつま》栄《さかえ》、横田のことを書いている（『集』①）。また我妻については、「きれぎれの思い出」（一九七四年六月『集』⑩）に詳しく述べられている。

論文は次のような内容であった。英国は「封建的貴族」が「旧特権の継続」ではなく「近代的生産様式に自らを適合せしめた」のに対して、日本は「封建大名が華族として維新後も社会の上層部分を占め得た」のは、「全く他力によってその旧特権を色々な形で保証された事による」とし、「彼等の「特権」、具体的には公債利子・配当による経済的保証」は、「いう迄もなく、全国農民からの、封建的苛烈さを帯びた地租によってであ」り、彼らは何ら生産行程に参加することのない「寄生的性質」を持っていた。他方、下級士族はプロレタリア化していくほかなく、それを決定的に促進したのは西南戦争後の「紙幣暴落」であった。そして「結論」では、「士族の分化過程」の社会的背景としての秩禄処分と「地租改正による農民の不満」に言及される。それらの層が「武力以外の手段を以て専制政府に突撃せねばならな」いことが明らかとなったあとにとられた手段が「『舶来』の自由民権論」であり、その性格についての評価は、「かつて彼等（民権論者――引用者）を駆って幕府倒壊に赴かしめた同じ血が今や彼等を専制政府反対にかり立てているのである。ただ前の「尊皇攘夷」の旗印は今度は「自由民権」に書換えられているだけの事である」というものであった。ただし丸山は、「彼等の運動を全反動的と解してはならない。それは明治政府の二重性を忘れた議論である。彼等の「民権」運動が明治政府の秩禄廃止（中略）に対する反作用たる限りに於てまさにそれは「反動的」であったが、他面、益々官僚的・専制的性質を濃厚にせんとする薩長政権をその猛烈を極めた運動によって脅かし、以て議会開設を促進せしめた点に於て、まぎれもなく進歩的な役割をつとめたのであった」と述べる。「明治政府の二重性」すなわち少なくとも観念的には全国の下層武士の利益を代表しつつも「統一国家の完成・富国強兵策の遂行」という「抑々《そもそも》「公議輿論」尊重とは氷炭相容れざる」「封建的」反面」をもっていたことを思い起こすならば、民権運動が二重性をもつこともまた当然ということになる（「明治政府の秩禄処分とその影響」『別集』①）。今日、民権運動も所詮「国民」を目指す運動でありその点で藩閥政府と同様であったとする議論があるが、それを待たずとも丸山はすでに、民権運動の二面性をも十分すぎるほどに見てとっていたのである。

「資本主義の一般法則を日本にあてはめただけ」の「労農派では面白くない」が、丸山が多くを依拠した講座派については、日本資本主義の特性を問題にし、「半封建的な土地所有関係を基礎にして初めて非常に早期に独占資本主義ができたというのは、ぼくにとっては、他にない斬新な見解に思えました」と高い評価を与えている（『回顧談』（上）一六九）。

### マンハイムとの出会い／市民社会批判——緑会懸賞論文「政治学における国家の概念」——

つづいての論文が、一九三六年九月、三年生のときに『緑会雑誌』懸賞論文「政治学に於ける国家の問題」に応募した「政治学における国家の概念」であり、第二席A（第一席該当なし）に入選し、一二月に『緑会雑誌』第八号に掲載された（『集』①）。二年生のときにも蠟山政道《ろうやままさみち》出題の「デモクラシーの危機を論ず」に応募しようとして、ラスキやブライスなどのデモクラシーに関する本を集中的に読んだという。このときは提出はできなかったが、「ぼくにとっての大きな思い出」だと語っている（『回顧談』（上）一六二）。そして三年生での応募となった。

同論文ではまず、マンハイムに拠りつつ「思惟の存在被拘束性」が次のように提示される。「社会に於て我々は常に主体であり同時に客体である。だから我々が社会を思惟するとき、そこにはもはや観察の主体と客体の分離はありえない。かくて観察の所産は必然的に研究者を通じて彼の所属する社会に錨づけられることになる。この事実を我々は仮に、カール・マンハイムに従って思惟の存在被拘束性（Seinsverbundenheit）と呼ぼう」。しかしそのことによって「政治学の科学性」が否定されるものではなく、丸山は、しばしば「不偏不党」があたかも「科学性」の証しであるかのごとくにいわれることを念頭に置いて、ゲーテの言葉を引きつつ「党派的であることは必ずしも不公正を意味しない。否、現代の様な政治化《ポリチジールング》の時代には一切の政治的決定を避けることそれ自体が一つの政治的なポーズなのである」と、そもそも不偏不党というのはありえないことを喝破している（「政治学における国家の概念」『集』①）。戦後丸山が、「科学としての政治学」と題する論文を書き、また「政治的中立」を求めることがいかに権力による欺瞞であるかを繰り返し説いたことが、すでにこの論文で提示されている。

丸山の後年の回想に、「思想史を思想の論理的発展として「内側から」とらえる見方と、イデオロギーの社会的機能に着目する「外側から」の見方とを、どのような方法で結びつけるかについて悪戦苦闘していた私が、「溺れる者は藁《わら》をもつかむ」の比喩どおりに、とりすがったのが、カール・マンハイムの知識社会学であった」とある。「圧縮された文体で書かれた難解な原版 Ideologie und Utopie,1929 を苦労して読みながら、社会的土台と個々の政治的＝社会的諸観念の中間にあって両者の媒介の役を果すものとしてマンハイムが視座構造（Aspektstruktur）とか、思考範型（Denkmodelle）とか名づけているものに、また彼の普遍的イデオロギー概念（Der Begriff der allgemeinen Ideologie）という考え方に、大きな示唆を受けた」と述べている（「『日本政治思想史研究』英語版への著者序文」一九八三年六月『集』⑫）。そのマンハイムとの最初の出会いが、岡に提出した前述の論文を書いた大学三年生のころであった（「思想史の方法を模索して――一つの回想――」一九七八年九月『集』⑩）。

「政治的思惟とその社会的担い手《トレーガー》との関係」は「機械的固定的に考えてはならない事であ」り、「政治理論（乃至はその基礎としての思惟様式）の存在被拘束性とは、一定の政治理論乃至思惟様式は何等かの歴史的な社会層と常に結びついてのみ現実性をうることをいうのであって、決してそれが一つの社会層と運命を共にすることを意味するものではない」ことも述べられている。そして「同一の社会層が歴史的発展と共に、新らしい理念を導き入れると共に、他方に於て一定の政治的思惟乃至理念は歴史的に種々異った、時には相反発する社会層に順次にその担い手を見出して行くのである」という（「政治学における国家の概念」『集』①）。それは明らかにマルクス主義を意識してのことであろう。丸山は、「マルクス主義の方法論への私のコミットメントに対して、「水をさす」役割を果した点で、西南ドイツ学派の批判にもまして大きな意味をもった」マンハイムの知識社会学との出会いもまた「きわめて偶然的なもの」だという（「思想史の方法を模索して」『集』⑩）。

丸山にとって、存在被拘束性の正当性を確認することとなったもう一つの出会いがラスキであった。丸山が大学二年生でラスキを読んだ時は、ラスキが多元的国家論からマルクス主義に転向したころであり、丸山はマルクス主義はそれまでに勉強していたので、「ラスキのマルクス主義の理解なんて浅薄なものだという感じの方が強」く（『回顧談』（上）一四八）、ラスキからは多元的国家論の方を学んだという（「同人結成のころのこぼれ話」一九九二年六月『集』⑮）。丸山には、ラスキの『信仰・理性及び文明』が、国家論や政治論ではなく文明論を論じたという意味で「はじめて読むラスキ」であった（『回顧談』（上）一四九）。

丸山には、新カント派の南原の教えを受けるなかで「認識と価値判断を峻別することに対する懐疑がいつもあった。社会科学は、価値判断を排除して成り立つのかというのは学生時代からの疑問で、したがって南原先生に対する疑問でもあった」。そして「これは南原先生に対する誤解なのだけれど」とことわりつつ、「当為を峻別した完全な認識というのはできるのかという、まさにぼくが南原先生に提出した論文で言っている疑問です。社会科学では、認識主体と認識客体とは分離できないのではないか。認識すること自身が一つの実践になるのではないか。その宿命を負っているのではないか。影響といえばマルクス主義の影響になってしまうのかもしれませんけれども、その問題は学生時代から、ずっとつきまとっています」と述べている。丸山はそうした疑問を抱えていただけに、「実証主義の権化みたいに見えたラスキが単なる科学的認識、単なる実証的認識の腐敗を痛烈にやっつけている」、そして価値判断の問題を文明論のなかで大胆に入れてきたこと、それが丸山にとっての「新しいラスキ」であった（『回顧談』（上）一四九〜一五〇）。

丸山は社会科学的思惟がかくして変遷することを述べた上で、市民社会における個人主義的国家観が、第一次世界大戦後の独占資本の寡頭支配の成立を経てファシズム国家観の台頭を促すにいたる過程を論じていく。マルクスの『経済学批判』や、マルクス主義経済学者でドイツ社会民主党の理論的指導者であったヒルファディングの独占資本イデオロギーの分析などを援用しつつ、イタリア、ドイツがともに「民主化の地盤である立憲機構を破壊して市民社会を救い出す」道を歩んだことが示される（「政治学における国家の概念」『集』①）。後年丸山自身も、「あのころぼくは非常にマルクス主義に近づいていました。マルクス主義者ではなかったけれども（体系としてのマルクス主義の哲学にはいろいろ疑問をもっていましたから）。だけど、「弁証法的全体主義」といったとき、かなりマルクス主義的なものを予想していたのは事実です」と語っている*（「如是閑の時代と思想――丸山眞男氏に聞く――」一九九〇年一一月〜九一年二月『座談』⑨）。

＊存在被拘束性の問題もマルクスを引きたかったが、それを「いきなり持ってくるのは、まずいので」マンハイムを使って「知識社会学でもってちょっと煙幕を張ったのだ」といったことがあり、「半分は本当で、半分は嘘なのです」と語っている（『回顧談』（上）一六四）。

当該時期の丸山にあっては、市民社会はファシズム国家の受け皿として位置づけられていた。それはのちに丸山自身が、「まだ大学時代には、リベラル・デモクラシーとか新カント派的な二元論なんかは、市民社会を絶対化しているのでダメだというような論文を、南原繁先生に出しているくらいです。だから、むしろ初めから惚れていたというより、だんだん見直してきたんです」と告白しているとおりである（「普遍的原理の立場」一九六七年五月『座談』⑦）、そのようにして成立したファシズム国家のもとでの中間層、労働層の処遇、民族の位置づけ、強力な権力行使と権力の倫理的粉飾、などといった市民社会の特徴が洗い出されると同時に、「そこには独創的なものは全く存在せず、相撞着するごとき思想系統からの実に雑多な抜粋にすぎない」ことが示される。そうしてこの論文は、「個人は国家を媒介としてのみ具体的定立をえつつ、しかも絶えず国家に対して否定的独立を保持するごとき関係に立たねばならぬ。しかもそうした関係は市民社会の制約を受けている国家構造からは到底生じえないのである。そこに弁証法的な全体主義を今日の全体主義から区別する必要が生じてくる」と結ばれる（「政治学における国家の概念」『集』①）。

　のちに丸山は、当時の知識人の思想状況をふり返り、「一九三六《〔七カ〕》年以後になりますと、いまや自由主義から全体主義へという動向が世界史の必然であるという考え方が広まり、強くなってくる」。そうして歴史必然論でとらえていたマルクス主義者もその方向に流れていき、一九三九年八月の独ソ不可侵条約について日本では、「ますます自由主義から全体主義へ、あるいは国家社会主義への動向が世界史的必然だということがはっきりしたという見方と、ショックを受けて、ナチと結ぶソ連を非難していく考え方とに分かれた」と語っている。丸山を含む後者は少数であり、だからこそ丸山は、一九四一年にナチがふたたびソ連に侵攻した際には「家でバンザイを叫」んだのであった（『回顧談』（上）二〇一〜二〇二）。そして「ほとんど生理的と自分でも思うくらい、ファシズムやナチズムがきらい」（↓第一章）という丸山のこの論文はたしかに国家社会主義批判であったが、一方で市民社会を止揚したもう一つの「全体主義」を志向したものであった。

論文の選者を務めた南原は、「就中ファッシズム国家のイデオロギーの分析に於て徹ったものがあり、叙述又内容に富み、蓋し今回提出せられた論文中優れた一篇たるを失はぬ」と絶賛している。そして丸山も、「南原先生を一生の恩師とする機縁を作ったのがこの当選作だった」と述べている（「後記」『集』①）。丸山はこのようにも回想している。「二年と三年のときに、一生懸命勉強して緑会の懸賞論文を出そうとしたことは、ぼくにとって非常によかった。国家論と政治学は、ほとんどこの機会に読みました。英語またはドイツ語、および日本語も含めて。その後、日本政治思想史をやっていたから、漢文の勉強のほうが忙しくて、なかなか政治学の勉強ができないのです」（『回顧談』（上）一六五）。丸山の政治学の基礎は、すでにこのときに築かれていたのである。

## マルクス主義と向き合う

すでにみたように論文「政治学における国家の概念」、そして前述のレポート「明治政府の秩禄処分とその影響」にも、マルクス主義の影響が分析手法にくっきりと現れている。そのことは、一九七八年に守本順一郎への追悼に代え、丸山の「青年期からの思想史研究の道程」をふり返って書かれた「思想史の方法を模索して」（一九七八年九月『集』⑩）のなかにも述べられており、丸山によれば、「本格的にマルクス主義の社会科学（史学をふくむ）について勉強をはじめた」のは大学生時代であった。しかし、そのとき「マルクス主義はすでに「実践」から切断された一つの知的体系としてしか、見はるかす光景のなかに事実上存在し」なかったのであり、「私の精神生活のなかにマルクス主義の「学問」ががっしりと根を下して行ったその同じ時期に、私はコミュニズムからリベラリズムまでの昭和初頭の「イデオロギー」が目の前であわただしく後退してゆくザラザラした感触を素足の裏に覚えていた」という。

このように、丸山にとってのマルクス主義との出会い方は必ずしも幸福なものではなかったが、前に述べたように、大学時代には岡義武にレポートを提出するために『日本資本主義発達史講座』を読んで「深い感銘」を受けたことにより、「新カント派とマルクス主義とは、魅力と不満との在り場所がちょうど裏腹の関係に立って私の精神のなかに共存していた」というほどの存在になっていた（「思想史の方法を模索して」『集』⑩）。丸山においては、労農派の猪俣津南雄らの「単線進化論的」な説明よりも講座派の方が、大学時代に友人と信州を旅行したときに見た製糸工場や、東北の農村の寺にこもった際にみた農村の実態が「実に見事に解明されていると思った」のであった（「一哲学徒の苦難の道」『座談』⑤）。

また当時は、唯物論研究会の活動がもっとも花やかなりしころであり、丸山は前述の事件で「定期的に特高のご来訪を受けたり、憲兵隊に呼びだされたりして、小さくなってい」たが*、そのようななかで雑誌『唯物論研究』はもちろん『唯物論全書』（三笠書房）も読んでいたという（同前）。

現代の若い学問世代は、この回想から、自明の事柄に辿りつくのに何というまわりくどい路を経たものかという感想を持たれるかも知れません。あるいは、マルクス主義に「方法論的に」にもせよ、そんなにこだわりつづけたこと自体が、世代を問わず「しらけた」目には奇妙に映るでしょう。感想は自由です。ただ、私自身はこの「迂路」を経たことには、それだけの意味はあったと思いますし、マルクス主義にしても単なる一時停車駅ではなかったと思います（「思想史の方法を模索して」『集』⑩）。

丸山にとってマルクス主義は、このように述べるほどの大きな存在としてあり続けたのであった。**

*「助手になってからも牛込憲兵隊へ「何月何日、出頭されたし」と、呼び出しがある。当日行ってみると、なにしろ帝国大学助手ですからね、判任官です、お茶なんか出してきてね（笑）。それでね、ま、さすがに憲兵だな。もちろん私服で、ま、お茶おあがんなさいなんて言って」という回想もある（丸山眞男『自由について　七つの問答』二〇〇五年、SURE、九二）。

**また丸山はこのような言い方もしている。「ぼくらはマルクス主義をくぐっているわけです。マルクス主義をくぐって、それをイデオロギーの次元に留められる人と、そうはいかない人がいる。どっちが偉いとかではなくてね。学問の性質上、どうしてもマルクス主義の方法論と取り組まざるをえない場合、マルクス主義を卒業できない」（『回顧談』（下）二六五〜二六六）。

丸山は、大学を卒業したばかりのころにドストエフスキーの『悪霊』を読んで受けた衝撃を、のちのち繰り返し語っており、「『悪霊』を読んだ私はもう読まない私にはかえらなかった。私はドストエフスキーに強姦されたのである。そのときうけた傷からまだ私は立上れないでいる。それは私のなかにある心情的な左翼主義《ラヂカリズム》への傾斜にたえずブレーキをかけて来た。それだけでなく、本当にラヂカルな思想とは何かに目をさまさせられた」（『対話』五一）といい、「私なんかの精神の成長史では、決定的な意味を持っているね」（「読書の姿勢」一九六七年六月『座談』⑦）とさえも述べている*。

*一九四九年度に東京大学法学部で行われた講義のなかでも、ドストエフスキーに言及がなされており、ロシアにおけるツァーへの対抗運動が、上からの専制権力による西欧派と、農民たちの利害と結びついたスラブ派に分かれて展開されたことは日本思想史の分析にも重要な意味をもつものであるとする。その際に、その二つの相対立する精神が当時のインテリゲンチャのなかに混在しており、その典型がドストエフスキーであり、「ロシア・ナショナリズムがいかに政治的であると同時に宗教的であるか」をよく示しているものとして『悪霊』をあげている（『講義録』②五二一～二）。またこの読書経験は、のちに「スターリン批判」の批判を展開する際にも参照されている（「「スターリン批判」における政治の論理」一九五六年一一月『集』⑥）。

## 変転する時局のなかで——抵抗の精神としての自由主義の再認識——

丸山は、一九三七年三月に東京帝国大学法学部政治学科を卒業する。在学中の三年間は「非常な激動時」のため、「時代の雰囲気が、大学一年、二年、三年と、ぜんぶ違」った（『回顧談』（上）一九三）。入学したころは、「日本の政治的気候が急激に右旋回した時期であるが、それでも学園には一種の「社会科学愛好」の雰囲気が、知的なスノッブ根性と混り合って残存していた」という（「きれぎれの思い出」一九七四年六月『集』⑩）*。

*とはいえ、「大学に入ってみると、隣り（当時の一高は現在の農学部にあった）でいろいろ先輩からきいていた

話がまるでうそのようにちがってい」て、講義中にビラを回し合うようなこともまったくなく、右翼によって次々に事件が引き起こされていった様子を語っている（「一哲学徒の苦難の道」『座談』⑤）。

一九三五年に起こった天皇機関説問題は、丸山にとって重要な意味を持つ事件であった。事件の推進者である皇道派の、しかも国体明徴運動の「大推進者」でもある教育総監真崎甚三郎が、少なくとも丸山たちには「非常に大きくクローズアップされている」存在であったにもかかわらずのちの東京裁判で起訴されなかったのは、「天皇を生かした」のと同じく、東条英機の統制派の方をやっつけるというキーナン検事による政治的取引と映った（『回顧談』（上）一九三〜一九四）。全国の帝大の憲法担当教授は、天皇機関説事件のあとほとんど転向した（同前、一五八）。前述のとおり宮沢俊義の講義内容も一変したが、実は宮沢が辞職を迫られるスレスレのところにいたことを宮沢の定年退官の際に聞き、「正直な告白でぼくらは感動しました」とふり返っている（同前、一九四）。

後年の回想のなかで丸山は、「機関説がタブーになったということが、天皇制を「機構」としてとらえることが許されなくなったことです。天皇制は専ら心情の体系となった。そうなれば、無限界に精神の領域に国家が入ってくる。だから思想犯保護観察法ということにならざるをえない」と、前述の自らの留置場体験とも重ねつつ述べている（「三木清を語る」一九六六年一〇月『座談』⑦）。それは少なからず、当時の実感でもあっただろう。そして権力と倫理の相互移入の問題は、戦後に世に問われた「超国家主義の論理と心理」のモチーフとなっていく。

そのようななかにあって、河合栄治郎の講義は丸山の心に響くものであった。丸山は、「二年のときには、河合さんの特別講義「ドイツ社会民主党論」に精勤しました」と語っている。河合は講義でマルクス主義をめぐる修正主義論争を詳細に扱い、ローザ・ルクセンブルクを激賞したという。また「すでに一九世紀末においてＳＰＤ〔ドイツ社会民主党〕は変質していた」とも述べていたという（『回顧談』（上）一五八～一五九）。丸山が注目するのは、河合が、かつて「マルクス主義を第一の敵としてた」「思想善導教授」という立場を離れ、「国家主義を第一の敵とするというふうに変わっていった」ことであった。「ぼくはこの講義で河合さんを再認識しました」（同前、一六〇）、「高等学校のときは、思想善導教授というので、どっちかというといい感じをもっていなかったが、河合さんに対する評価は大学在学中に一八〇度変わりました」とも述べている（「一哲学徒の苦難の道」『座談』⑤）。このころのことを後年丸山は、鶴見俊輔との対談のなかで次のようにも語っており、河合に、けっしてムードに流されることのない強靱な抵抗の精神をみていたことがわかる。

> 常識として、わたしたちはすでに三〇年代において、とくにアメリカの恐慌以後は、いわゆる、ブルジョア民主主義というものに対する批判とか懐疑とか、そっちのほうをさんざん注ぎこまれていたわけだから、わたしたちの精神史から言えば、なだれを打った転向の時代に、かえって、ブルジョア民主主義とか自由主義とかいうものを見直した、というか再認識したといったほうが正しいんです。（中略）つまりマルクス主義にはコミットしなかったけれど、やっぱりムード的左翼だったから、河合栄治郎さんなんかの自由主義万々歳に対してはあまっちょろいなあ、と思っていた。ところが大学に入ると、なだれを打った左翼の転向時代で、しかもきのうまで勇ま

しい、ラディカルなことを言ってたやつが、たちまちわたしなんかをとび越して右がかったことを言い出し、やがて御稜威《みいつ》とか聖戦とかを口ばしるようになる。むしろ、いままでなまぬるいリベラルだと思っていた人のなかに、反動期になればなるほどシャンとしてくるという人がいる。むろんリベラルにもダラシないのが多かったけれど、とにかく平素口で言っている思想だけではわからないものだという感じを痛切に味わった（「普遍的原理の立場」『座談』⑦）。

「滝川事件以後、大学の顚落論がやかましかった」のも二年生のときのことであった。自由主義をテーマにした講演会もさかんに行われたという。折から「顚落自由主義の検討」（『中央公論』一九三五年五月）などが世に問われていた。そのようななかにあって、尾崎咢堂《がくどう》（行雄）の「復古主義批判」講演は「痛快をきわめ」るものであった。なかでも尾崎が、「われわれの私有財産は、天皇陛下といえども、法律によらずしては一指も触れさせたもうことはできない」と述べたことが「電撃のごとくぼくを襲った」と丸山はいう。日本の左翼も私有財産攻撃をしているなかで、「いかなる権力も侵すべからざる権利としての私有財産」をいうのはヨーロッパ的であり、「咢堂というのは本当の自由主義者、数少ない自由主義者だと思いました」と記す（『回顧談』（上）一七五〜一七八）。

ただし後年、松沢弘陽の質問に答えて、この件では「そんなに学問的反省をしたわけではな」く、「学問的に反省させられたのは南原〔繁〕先生です」と述べている。南原の拠って立つ新カント派には「非歴史的なものの持っている強み」、すなわち「非常にはっきり、時代のほうが間違っているのだ、時代は間違った方向に歩みつつあるということを、当たり前のこととして言える」のであり、「圧倒的に、時代がある方向に向いていますと、歴史主義だと、これが歴史の動向なんだという主張にかなわない」。南原を通してうけたのは、「歴史主義に対する反省」だったという（『回顧談』（上）二〇九～二一〇）。南原は、丸山のヘーゲルへの傾倒ぶりをみて、ドイツではヘーゲリアンがほとんどナチスの陣営に行き、抵抗しているのはカント派であるとして忠告しており（「思想史の方法を模索して」『集』⑩）、丸山は、それが南原から「私のいちばん学んだ点の一つ」だとも述べている（「一哲学徒の苦難の道」『座談』⑤）。マンハイムこそはイギリスに亡命という手段をとったが、丸山は、「眼前にする日本の知的光景においても、知識社会学者からマルクス主義者にいたるまで、その知的転向は、おおむね「階級」を「民族」に置きかえることによって、歴史的存在による意識の拘束性という同じ命題を掲げながら進行していたのです」という（「思想史の方法を模索して」『集』⑩）。

一九三六年、二・二六事件が起こったのも二年生の終わりであった。すでにＮＨＫ（社団法人日本放送協会）に勤めていた兄から午前中に第一報が入り「本郷にすっ飛んで行った」が、「何がどうなるかわからないという感じ」で「大変な日」であった。いかなるファシズムも初期においては急進的で反資本主義的なことをいうと考えていた丸山は、その夜、この事件は「根本的には進歩的だよ」という兄と「大激論」を交わしたという*。折から、その直前二月二一日には、美濃部達吉が右翼に狙撃されるという事件もあった（『回顧談』（上）一七九～一八一）。加えて「法・経両学部には、軍部や右翼に、前からにらまれていた教授が少なからずいたので、決起した軍隊が、東大にも押しかけてくるといううわさがあって、学内は無気味な緊張につつまれてました」と丸山は回想している（「一哲学徒の苦難の道」『座談』⑤)。

＊二・二六事件については、それから約二ヶ月後の三年生の四月に、南原が「開講の辞」で言及したことが記されている。青年将校の決起の動機は皇軍の私兵化に対する憤慨でありながら、皇軍を私兵化する行動をとった、と述べたことは、「戒厳令に基づく集会禁止はまだ完全には解除されず、言論も厳しい統制下におかれた状況で、いかに大学の講義とはいえ、二・二六事件についてこれほど明白な言及があったこと自体が、すでに特筆するに足りよう」と(「南原繁著作集第四巻　解説」一九七三年五月『集』⑩)(『回顧談』(上)一八二～一八三)。

### 助手就任

丸山が大学を卒業した一九三七年の夏には盧溝橋事件が起こり、それを転機として国家総動員法(一九三八年四月)や近衛新体制(一九四〇年六月)ができあがっていった(『回顧談』(上)一九九)。

大学三年生の秋の終わりごろに法学部助手募集の掲示を目にした丸山は、それに応募する気になって南原を訪ねた。正式に決まったのは卒業直前で、法学部で助手に採用されたのは五人、そのうち辻清明、佐藤功と丸山が政治系統の助手であった(『回顧談』(上)二一五～二一六)。丸山が南原に「頻繁に個人的接触を持った時期」の一つが、まさにこの助手として正式に師事していた一九三七年からの七、八年であった(「断想」一九七五年五月『集』⑩)。

丸山はヨーロッパを専攻分野としたかったが、南原から「日本あるいは中国の政治思想史をやれ」と言われた。「軍部や右翼と土俵で相撲をとるためにも、これからは日本や東洋の思想をちゃんと学問的にやることが必要だ」という理由であった。この点について丸山は、晩年近くの回想で、このように述べている。

先生は、ぼくがマルクス主義じゃないけど、自分より左ということは知ってたんです。だから解毒剤になると思っていたらしい。ぼくはマルクス主義の影響もあって、思想は社会の制約を受けるという考え方でしょ。先生はそういう考えでは思想史はわからないと、最初に僕に言いましたよ。（中略）これは最後まで、ぼくが先生と考え方のうえで違った点ですね。だから、丸山はヨーロッパの思想史をやらせたらダメだけど、そのイデオロギー論でいまの日本主義をやっつけたら解毒剤としていい、というお考えだったと思うんだな、たんなるぼくの推測ですが……（「同人結成のころのこぼれ話」『集』⑮）。

丸山がいよいよ助手に採用が決まると、南原は突然「順当に事が運べば君をスタッフの一人としたい」と「非常に重大な事」を切り出したという*。その際に丸山は、前述の唯物論研究会の講演会に出て特高につかまったことを告白するが、南原は「そんな程度の事は問題ではない」とさして気に留める様子も見えなかった。しかし「色々話す間に、一寸厳しい顔をされて「いやしくもこれから専門として学問を志す以上、方法論の上では君の今迄立っていた立場とか、これまでの勉強とかいうものを、一切白紙に戻して新しく出発せよ」ということをいわれました」と述べている。すでに助手になってまもなく南原から「思想の存在被拘束性」のことを批判されており**、ここでもそのことが含意されていたのであろうと丸山は述べている。先にあげた丸山の回想にあるように、この意見の違いが丸山

図6　**長野県発哺にて**（「発哺の女高師ヒュッテ前 1939.8 I「君、あの娘好きなんじゃないの」 M「うーん、さうでもないさ」」との自筆裏書き，丸山彰氏提供）

に与えられた専門分野に関わっていたと考えられる。丸山は、「初期マルクスの著作を読み、さらにマンハイムのソフィスティケートされた（正統マルクス主義者の用語でいえば修正主義的な）イデオロギー論に接していた私は、なにも先生のイメージにあるのが「存在拘束性の考え方」のすべてではあるまい、という不遜な思いから、学問的方法としては必ずしも先生の立場に従わずに来たことは、その後の諸論文に現われているとおりです」とも記している（「思想史の方法を模索して」一九七八年九月『集』⑩）。そしてまた前述したように、存在被拘束性と歴史主義の立場がもたらす危うさも認識していた。その南原の忠告に対して丸山は、「ともかくもこうして先生の教育者としての寛容さと、研究者としての厳しさ、という両面に、私ははからずも入門早々にして接したのであります」と敬意を貫いている（「南原先生を師として」『集』⑩）。

＊当時の法学部の助手には身分の保証がなかったので、南原から「田舎に行って中学の先生になるつもりはあるか」とも言われたとの回想もある（「同人結成のころのこぼれ話」『集』⑮）。

＊＊のちの回想でも丸山は、助手になってまもなくのころ、南原から「「思想の存在拘束性」という考え方では思想史はダメだな」とはっきりいわれたのを覚えて居ります」といい、それは「私が学生の時に書いたさきの緑会論文で、カール・マンハイムの「存在拘束性」という用語を引用したのでありますが、先生はそうした根本の方法論について恐らくいわれたものであろうと思います」と述べている（「南原先生を師として」『集』⑩）。

丸山は助手の三年間の時代を「まったく充実していましたね」というとおり、助手仲間で食事に行ったり勉強会をしたりと楽しそうな様子を語っている。なかんずく末弘厳太郎の研究室に「居候」していた戒能通孝《かいのうみちたか》からは、ウエーバーの『経済と社会』を教わる機会にもなった。また史料編纂所にいた歴史学者の小西四郎を呼んで明治維新史、幕末維新史を学び、さらには土屋喬雄《たかお》『日本経済史概説』の勉強会を行ったりもしたという（『回顧談』（上）二三六、二一七〜二一九、引用順）（「一哲学徒の苦難の道」『座談』⑤）。しかし、一方では専門の勉強に忙しくなり、また毎月『国家学会雑誌』の編集に追われるという日々でもあった（『回顧談』（上）二一九〜二二二）。

## 東洋政治思想史講座の開設と津田左右吉の受難

日中戦争が始まった一九三七年の暮れ＊には矢内原《やないはら》事件が、一九三九年一月には人民戦線事件が起こり、またいわゆる平賀粛学が行われた。平賀粛学とは、平賀譲東大総長のもとで、河合栄治郎の著書が発禁になったのを奇貨として、平賀、そして法学部長の田中耕太郎と経済学部長の舞出長五郎が、河合を犠牲にして土方成美ら革新派を一掃しようとした事件で、法学部教授会も、田中と、田中に原理原則から反対する南原、そして南原について革新派を擁護しようとする人びととの二つに分かれて対立が生じた事件であった＊＊（『回顧談』（上）二二四、二二六〜二二九）。

＊丸山は一九三七年暮れにスキーに行き、帰ったあと正月早々に肺炎になった。病床でとりわけ労農派一斉検挙の報道をみて、「ともかくこれはえらいことになったと思って、そのときすぐ弟を呼んで、苦しい息の下から……と言うとなんか軍歌みたいになっちゃうけれどもね（笑）、文庫を持ってこさせて、巻末に文庫のリストがついているでしょう、そのなかからまだ買ってないマルクス主義関係の書物にしるしをつけて、いまからすぐ神田へ行ってこれこれを買ってきてくれと言って、弟に買いにやらしたのよ。あとからいえば、思いすごしだったけれども、咄嗟に、文庫のそういう関係のものはたちまち絶版か、あるいは発売禁止になると思ったわけね」と語っている（「読書の姿勢」一九六七年六月『座談』⑦）。

＊＊法学部の学内での位置については、「法学部が現実に、自由主義教授のかたまりとして、いまでは想像を絶するぐらい、やられていたわけでしょう。〔中略〕オピニオン・リーダーは、あとは横田、それよりややシニカルだけれど宮沢、それから蠟山というところでしょう。あとの人は、極端に言えば無思想だな、我妻先生も含めて」（『回顧談』（上）二七四）と評している。

一九三九年、津田左右吉を東大法学部に招聘して行われた特別講義の際の事件は、丸山にとって、いつまでも心にひっかかる大きなできごととなった。

丸山がのちに担当することとなる東洋政治思想史講座の開設が一九三九年四月に決まり、同年一〇月三〇日から六回、津田による講義が行われた。その講座は、正式には政治学政治学史第三講座と称し、内部では東洋政治思想史といっていたものである。「政治学史」が西洋中心であったことから吉野作造の主唱で文部省に要請したのが最初であるが、それから歳月を経て当該時期に設置されたのは「時局」が関係していることは否定できなかった。それゆえ南原は、津田左右吉を第一回の講義担当者にすることで「時局講座」ではないことを示そうと考え、官学には出講しないといって固辞する津田に三顧の礼を尽くして実現したものであった（『回顧談』（上）二二九〜二三二）。

丸山は、戦後に津田の訃報（一九六一年一二月四日死去。丸山は渡米中であった）に接して書いた「ある日の津田博士と私」（一九六三年一〇月『集』⑨）に事件の詳細を記している。それによれば、年も押し詰まったころ、最終講義が終わったとたん質問の声があちこちからあがった。それは、「日本とシナを通ずる「東洋文化」なるものは存在せず」と断言する津田の論旨が聖戦の文化的意義を否定するものだという趣旨の抗議であった。質問がますます詰問調になるなかで、丸山は「ほとんど反射的に後方の席から講壇の方にとび出し」、「質問者たち」に対して、それらは学問的質問ではなく攻撃に終始しており津田に対して非礼である旨を告げた。丸山によれば「私の高飛車な調子に気を呑まれたのか、一瞬教室には重苦しい沈黙の空気が流れ」、丸山は津田を促して講師控え室に引き揚げたが、蓑田《みのだ》胸喜《むねき》らの原理日本社がつくった「学生協会」のメンバー十数人が講師控え室にやってきて津田を取り囲み、「質問」の嵐は数時間に及んだ。同席していた丸山は「博士がほとんど姿勢や表情を崩さないで、諄々とくりかえし、自分の立場を弁明される態度は、深く印象にのこっているが、当時の私にはその辛抱強さがむしろいらだたしく感じられた」と述べている。そうしてついに丸山は津田の腕をつかまえながら、「こんなファナティックな（中略）連中と話していてもきりがありません」と言って津田を室外に連れ出したのであった。

丸山には、控え室での津田とのやりとりのなかで忘れられないことがあった。一つは、「質問者たち」が津田の立場は唯物史観ではないかと迫ったのに対し、津田が「「唯物史観など学問じゃありませんよ」と軽く一蹴」したことであった。もう一つは、帰りに津田と食事をした際に、「ああいう連中がはびこるとそれこそ日本の皇室はあぶないですね」と津田が言ったことであった（「ある日の津田博士と私」『集』⑨）。この二つが丸山に「違和感を覚えさせた」のであるが、それは丸山自身も指摘しているとおり、戦前戦後をとおして津田に一貫しているものであった（『回顧談』（上）二三五）。

　帰宅後も自分の行動が「憤激のあまり慎重を欠いたのではないか」ということが気になって寝つかれなかった丸山は、翌朝、南原に報告して詫びを入れたところ「君はよくやった」と言われて事なきを得る。ところがそれから二ヶ月後、津田の四著作が発禁処分となり、一九四〇年三月には津田と発行元の岩波茂雄は出版法違反の疑いで起訴されることになった。津田事件として周知のものである。丸山にあっては、「冷静に見るならば」この一件がなくても「遅かれ早かれ同様な方向に進んだと思われる」としつつも、「あれでよかったのだという感情とともに、他方で津田博士になにか取返しのつかぬ迷惑を及ぼしたのではないかという気持がいつまでもくすぶりつづけていた」のであった（「ある日の津田博士と私」『集』⑨）。

### 人間の内面性の解放を求めて——徳川政治思想史研究——

　丸山の助手論文「近世儒教における徂徠学の特質並にその国学との関連」（『集』①）は、順次『国家学会雑誌』第五四巻二・三・四・五号（一九四〇年二・三・四・五月）に掲載されたものである。

助手の仕事である『国家学会雑誌』の編集に毎月一〇日は費やされるなかで執筆したものであり（『回顧談』（上）二二二）、「月のはじめの二〇日間で、次の号の分を書き上げなければならない。よくあれを続けて書けたと思いますね」とふり返っている。戦争中の切迫感を感じながらの執筆で、三号の予定がどうしても完結せず四号になり、助手論文が完成していないと助教授任用を教授会に提出できないため南原からも矢のような督促を受けながら完成にこぎ着けた（『回顧談』（上）二三七）。そして一九四〇年六月、丸山は東京帝国大学法学部助教授となった（「年譜」）。

　論文執筆中も、丸山はたえず召集令状がいつ来るかという心配と隣り合わせであった。「徴兵令の赤紙ってのはおかしなもので「来るかな、来るかな」と思ってるときには決して来ない。ちょっと忘れたときに来るんですね。ぼくが大学出た年、日華事変が始まって研究室に残った三人、佐藤功君、辻清明君、ぼくのうち、その年の夏に佐藤君にまず赤紙が来た。その次ぼくに来たけど、これは翌日解除になった。それから翌年辻君がやられて、助手の二年目の後半になるとぼくだけ―そういう状況だから継続的な目標が立てられないわけですよ。助手論文でも何でも赤紙の合い間をぬって書いてるって感じでしたね」（「丸山先生を囲んで」一九六六年一〇月『座談』⑦）。

　日本の思想史を専攻することになった丸山は、「すくなくとも学問的分業の上からいって」明治以前にさかのぼる必要があり、しかも政治思想となると儒教の勉強からはじめなければならなかった。「そこでしばらくは、手当り次第に江戸時代の漢文体で欠かれた儒書にぶつかっていった」。しかし「全然面白くな」く「つくづくいやにな」るなかで、*岡義武から「まあ、中世のスコラ哲学を勉強するようなつもりでやりなさい」と励まされつつも、南原は日本の思想についての専門知識がないため指導が得られないなか、「まったく自分でテーマをきめ、闇夜の手さぐりで方法や視角を考えていく以外にな」く、「まず徂徠を一生懸命読んで、そこから時代的に徂徠の前へ、そしてその後へと広げて考えていきました」と述べている（「「文明論之概略」を読む」一九八六年『集』⑬）。

＊「やるべきであるというより、もっと他律的で、南原〔繁〕先生に君はヨーロッパよりも日本の昔のことを勉強しろといわれて、はじめは一向に気のりしないでやったんです。ヨーロッパ思想史をやりたかったんですけれども事志とちがって……」とも語っている（「一哲学徒の苦難の道」『座談』⑤）。晩年のこのような語りもある。「日本政治思想史の研究は、たとえば倫理学と比べると、和辻哲郎さんの『日本倫理思想史』に匹敵するような本格的な通史の大著は今でもない。それほど学問的に後れている。なまじ明治後期以後、国体論が高唱されたので、学問的レヴェルは、それに反比例して低くなったのです。私も、研究室に残るときに「東洋政治思想史」をやってみろ、という南原〔繁〕先生に「あんな皇道哲学なんてのはいやです」と言ったんです。そしたら先生は「そういう議論が横行しているからこそ、ちゃんとした学問をやる必要がある」と言われた。だから私の本店の勉強はいわば他律的にはじまったのです。でも、やっているうちに、だんだん使命感みたいなものが出てきて、口はばったい言い草になりますが、「俺がやらなければ……」という気になりだしました」（「夜店と本店と―丸山眞男氏に聞く―」一九九五年七月『座談』⑨）。

この論文が書かれた背景については、一九五二年、戦前の徳川政治思想史に関する研究をまとめた『日本政治思想史研究』（東京大学出版会）の「あとがき」に詳しく、丸山は、「私は本書の校訂をしながら、これらの論稿がいかにそれが書かれた歴史的状況によって内面的に規定されているかをあらためて痛感させられた」と述べている。すなわち「近代の「超克」や「否定」が声高く叫ばれたなかで、明治維新の近代的側面、ひいては徳川封建社会における近代的要素の成熟に着目することは私だけではなく、およそファシズム的歴史学に対する強い抵抗感を意識した人々にとっていわば必死の拠点であったことも否定できぬ事実である。私が徳川思想史と取り組んだ一つのいわば超学問的動機もここにあったのであって、いかなる磐石のような体制もそれ自身に崩壊の内在的な必然性をもつことを徳川時代について——むろん思想史という限定された角度からではあるが——実証することは、当時の環境においてはそれ自体、大げさにいえば魂の救いであった」と＊。丸山は、「正統的なイデオロギーの解体過程を裏返せばそのまま近代的イデオロギーの成熟になるという機械的な偏向に陥ってしまった」といい、さらに後述の第三章の論文とも関わって、「一君万民思想に無制限ではないが、ともかく本質的には半封建的な要素を認め、これを評価するのはまさに当時の私の内部の考え方であった」と回想している。そのことは、それだけ近代への渇望が強かったことの証しといえよう（『集』⑤）＊＊。

図７　『日本政治思想史研究』

＊後年、丸山は、「やっぱり当時の時代にたいするプロテストとかいろんな意味もあって、結局、朱子学的な世界観が崩壊していった過程として捉えたわけです、思想史を」と述べている。また、徂徠が「戦争中は国体を忘れているけしからんやつ、とやられてた」「それでぼくはテーマに選んだんだけど、一つは、徂徠を。このやろうと思って」とも語っている（「Ⅳ

江戸時代における異端類型化の若干例」一九八七年七月二九日『別集』④)。なお、「普遍の意識欠く日本の思想」(一九六四年七月一五日『集』⑯)においても、執筆の動機が丁寧に語られている。

＊＊「あとがき」のなかで、丸山はもう一つの「欠陥」を述べている。すなわち当時の中国史家たちに共通していた「中国の停滞性」という認識を免れておらず、「何故中国は近代化に失敗して半植民地化され、日本は明治維新によって東洋唯一かつ最初の近代国家になったかという課題を思想史の面から追求していた」のであるが、その後日本の「近代国家」は「カッコ付の近代」であり、それを経験した日本と「それが成功しなかった中国」とにおいて、「大衆的地盤の近代化という点では、今日まさに逆の対比が生れつつある」と(『集』⑤)。竹内好はすでに「中国の近代と日本の近代—魯迅を手がかりとして—」(『東洋文化講座』第三巻、一九四八年一一月、のち「近代化とは何か(日本と中国の場合)」と改題)のなかでその点についての丸山に対する批判を展開しており(黒川みどり・山田智『評伝 竹内好』二〇二〇年、有志舎、一一一～一一六を参照)、丸山の自己批判はそれを意識したものだったと思われる。なお丸山は後年、「僕は、教え込む＝インドクトリネーションというのは本能的に嫌いなんです。マルクス主義のかなわないところは、インドクトリネーション、教え込む、そしてそれを学習するという。孔子さん、儒教もそうなんですね。(中略)僕の『日本政治思想史研究』の研究モティーフの一つは、それがどうやって壊れていくか」だったとも語っている(「天安門事件の後に　一九八九年六月—中国人留学生の質問に答える　第二回—」『話文集』④)。

丸山は徂徠、宣長の研究に取り組んだときの思いを、のちにこのように語っている。「ただ、中学の時から、漢文は好きだったんで、助手になって儒教古典から江戸時代の朱子学のものまでかたっぱしから読みました。面白くなくて閉口したんですけど、それは一つにはこちらの理解能力の浅さのせいですが、一つには当時儒教は東洋精神とか皇道の精髄とかいって、担がれていましたでしょ、だからそれにたいする反感もあった。宣長の国学も大いに担がれていましたけれど、その面白いところだけ取ろうと思ったんです」。そもそも宣長は徂徠に対して「中国崇拝はけしからんとやっつけてい」

ながら思考のうえでは影響を受けており、そういうところを引用した。また、戦争中は「誠」は「死に対する寂然浮動の覚悟」といわれたが、宣長によればそれは「漢意《からごころ》でウソだ」ということになり「死に対しては恐れるのが普通なんだ」と言っている、そういう箇所を引用したという。徂徠も「情欲を規制するのはとんでもないことだという朱子学批判」をしており、徂徠は「政治を独自に価値づけたあまり、人間の内面性を解放し」たということを明らかにし、その流れで宣長を論じたという。「当時はその面を強調するのは内心の抵抗なんですね。人欲を尊重しろということ自身がね、滅私奉公の時代のはかなき抵抗（笑い）。もう「このやろう、ざまあみろ」って思いながら引用しましたよ（笑い）」と丸山は回想している（「同人結成のころのこぼれ話」『集』⑮）。まさにファシズムへの抵抗の意図をもって書かれたものであった。*

＊丸山の学説の評価については、平石直昭による戦後の徳川政治思想史の研究史を丁寧に踏まえた本質的かつ詳細な批判を参照されたい（「戦中・戦後徂徠論批判―初期丸山・吉川両学説の検討を中心に―」『社会科学研究』第三九巻第一号、一九八七年）。平石論文が、丸山の徂徠における「公」「私」概念の理解を批判した点について、丸山は、「そのときのぼくは、国学は徂徠学の私的側面を継受した、ぜんぶ否定したのは公的な側面、治国平天下の側面であったというシェーマを描いたわけです。そこは、平石直昭くんに大いにやられているけれども」と述べている（『回顧談』（上）二四〇）。なおこの論文で、朱子学が幕府の体制教学となったと述べていることが尾藤正英（『日本封建思想史研究』一九六一年、青木書店）らによって批判され、それを受けて丸山は、東大法学部における一九六六年度・六七年度講義で自説を修正した。それについて詳しくは、平石直昭「解題」『講義録』⑥二八八～二九〇、ならびに平石「補論3　徳川体制と儒教との関係―津田学説と丸山学説の比較を中心に―」同『福澤諭吉と丸山眞男―近現代日本の思想的原点―』二〇二一年、北海道大学出版会）を参照。

## 儒教の「政治化」

論文「近世儒教における徂徠学の特質並にその国学との関連」（『集』①）によれば、近世儒教の発展は、その「内部的発展を通じて儒教思想自体が分解していき、まさに全く異質的な要素を自己の中から芽ぐんで行く過程」であった。「日本儒教の狭義の政治思想」は、「封建的制約」を受けつつもその「変革は表面的な政治論の奥深く思惟方法そのもののうちに目立たずしかし着々と進行していたのであ」り、したがって論文の課題は、「この過程を徂徠学にまで辿《たど》ることによって、それが、徂徠学における思惟方法を継受しながら之《これ》を全く転換せしめた宣長学の成立を如何に準備したかを窺うこと」にあった。すなわち、日本儒教における徂徠の登場にこそ思惟方法の変革の契機をみるのであり、それこそが近代の到来を準備するものであった。

「朱子学の基底に横わるオプティミスティックな連続的思惟は、実は徳川封建社会の百年の経過の裡に、いつとはなしに普遍性を喪失していた」にはちがいないが、なかんずく徂徠学の登場には他との「決定的な飛躍が存する」と述べるように、それは、一つは「政治的思惟の優位」という徂徠学の特質であった。徂徠が「その道多端なりと雖も、要は天下を安んずるに帰す」として「治国平天下」を「道の核心」に置いたことは、「進んで個人道徳を政治の手段化しようとする」ことであり、「これはまぎれもなく儒教道徳の「価値の転換」であ」り、丸山はそこに「マキャヴェルリの「君主論」に通ずるものをみる。植手通有がわかりやすく述べているように（植手「解題」『集』①）朱子学においては、自然と当為、物理と道理、自然法則と人間規範、宇宙秩序と社会秩序が連続し、それぞれ前者が後者に従属していたが、徂徠学は、物理と道理、自然法則と人間規範が分解する過程を示していて人間の情欲の解放がみられるとともに、政治が道徳から分離する。その点について丸山の説明はこうである。

> 究理と徳行と、徳行（修身斉家）と治国平天下とを直線的に連続せしめる朱子学においては、その理論的性格が非政治的であるが故に却って儒者の任務は政治的となり、私的道徳と政治との連鎖を断ち切った徂徠学においては儒教の本質を治国平天下に見出したが故に却って儒者の地位は非政治的なものとされるのである。そこではたかだか道を認識し之を叙述することのみが学者の業であり、道を実践し乃至は道を作為することはもっぱら政治的支配者の任務に移譲せられる。ゾルレンよりもまずザインをという徂徠学の方法論（古文辞学）は実にこうした立場の具体化にほかならぬ。われわれは彼の聖人概念がひとえに政治的に規定されていたことを想起しよう。私智の介入を排し、経典の文辞への忠実を主張する態度は、既に縷説した様に、聖人の神化の反面であった。彼は聖人をその政治的価値において絶対化し、「学問の要」を「卑《ひ》く辞と事とに求め」たことによって、逆に彼自らの地位を非政治化したのであった。

かくして「儒教と儒者との関係は朱子学と徂徠学においてまさしく正反対」であり、徂徠学は「あらゆる意味に於ける朱子学のアンチテーゼ」というわけである。

もう一つは、それを生んだ社会的背景においてである。「近世初頭における朱子学的思惟の普遍性」は「徳川封建社会の固定という地盤の上に可能ならしめられた」ものであり、徂徠学が誕生したのは元禄から享保の「転換期的現象」ゆえであった。丸山によれば「支配層における政治的思惟の優位」は、「一応安定した社会には起りえ」ず、「そこでの普遍的な意識形態は秩序のオプティミズムである」。それが「なんらかの社会的変動によって支配的立場にあった社会層が自らの生活的基礎を揺がされたとき、はじめて敏感な頭脳に危機の意識が胚胎し、ここに「政治的なるもの」《ダス・ポリーティッシェ》が思惟の前景に現れ来る」。「他方社会が救い難い程度にまで混乱し腐敗するや、政治的思惟は再び姿を消すに至る」という。

そして丸山はこのように述べる。

> それに代って蔓延するものは逃避であり頽廃であり隠蔽である。この中間の限界状況(Grenzsituation)にのみ、現実を直視する真摯な政治的思惟は存立しうる。徂徠はまさにこの状況に置かれることによって、(中略)朱子学のオプティミズムを否定し、儒教の政治化を通じて是を「世ノ政道」の哲学的基礎たらしめんとしたのである(傍点――引用者)。

かくして「徳川封建社会は最初の大きな動揺を経験しつつもなお全体として健全性を喪失しなかった。徂徠をして儒教を「政治化」せしめた社会的契機はまぎれもなくここにあったのである」。そういう意味で、「まこと荻生徂徠こそは徳川封建社会が生んだ最初の偉大なる「危機の思想家」であった」と結論づけられる。「現実を直視する」ことの重要性が説かれ、それを踏まえて徂徠学の誕生が存在被拘束性によって説明されているわけである。

### 徂徠学から宣長学へ――人間の内面性の解放――

次いで、国学とくに宣長学との関連が提示される。徂徠学の出現は思想界に絶大な共鳴を呼び、それは「誰よりも徂徠自身を驚かした」ほどで、「徂徠はその寛容的精神からしてギルド的な学派の形成を甚しく忌み、かつそれを排撃している」にもかかわらず「蘐園《けんえん》学派」を成立せしめた。しかし、その蘐園学派もやがて没落するにいたり、そうした状況のなかで「儒教排撃の烽火をあげたのが国学であった」。丸山によれば、国学とはとくに賀茂真淵によって発展せしめられつつ、本居宣長によって完成された一連の思想系列で、ここでは「朱子学的な思惟様式の分解過程が国学という一つのまとまった思想の形成をいかに内在的に準備したか、その結果、両者はいかなる構造的牽連をもつに至ったか」が、宣長を主たる対象として論じられる。

「宣長学は徂徠学と道の内容を全く異にしながら、道の根拠づけにおいて同じ思惟方法を取った」とされる。すなわち「朱子学的合理主義に対する徂徠学の批判はそのまま宣長学に継受され、やがて儒教乃至一切の儒教的思惟（からごころ）排除の武器とされる」のであり、「徂徠学と宣長学とは思惟構造の本質的類似性という地盤の上にかかる成果を確保乃至発展したという点において特徴的な牽連をもつのである」。丸山は、徂徠学と宣長学の類似性を、①文献学的＝実証的方法論の継受乃至発展　②歴史的精神　③「人欲」として抑圧された人間自然性の解放にみる。このように思惟構造に徹底して着目し、そこでの価値規範はカッコで括るという丸山の評価の仕方は、戦後にも貫徹しているものである。

宣長において「固有価値を自覚した文学」は、賀茂真淵から受けた古代主義と融合して「古道の核心的な地位」を占めるにいたり、「かくして一旦修身や治国より解放された文学は再び政治的＝社会的性格を身につけたかに見え」、「文学的精神（もののあはれ）がさながらに政治原理とされることを意味する」こととなった。丸山の説明はこうである。

> 朱子学においては、治国平天下は徳行に、徳行は更に窮理に還元せしめられた。こうした「合理主義」の解体によって政治は漸次個人道徳より独自化し、徂徠学に至って儒教は完全に政治化された。しかるに規範の政治的なるものへの昇華は他面、人間内面性の解放となり、その自由な展開への道をひらいた。国学はまさにこの後を承けて、一切の儒教的作為の否定者として登場し、徂徠学において私的領域としていわば消極的自由を享受していた内面的心情そのものに己が本来の栖家《すみか》を見出したのである。かくて国学は徂徠学の公的な側面を全く排しつつ、その私的、非政治的なそれを概ね継承することとなった。

すなわち儒教を「政治化」することによって人間の内面性の解放を行った徂徠学を継承しつつ、国学は、それを私的領域にとどまらず全面開花させるにいたったのである。*

＊平石直昭は、徂徠学から国学への展開を丸山がこのように論じたことを、津田左右吉と対比しつつ研究史的に位置づけている（「第六章　戦時下の丸山眞男における日本思想史像の形成—福沢諭吉研究との関連を中心に—」二〇〇一年、平石前掲書）。

「第五節　むすび」ではこのように述べられる。

ただ、近世初期の思想界を殆ど独占した朱子学が、その後の歴史的推移とともに如何に社会的な適合性を喪失して行ったか、その適合性を恢復すべく儒教を「政治化」した徂徠学が、却《かえ》って非政治的契機を自らのうちに導入することによって、如何に国学の台頭を必然ならしめたか、その過程を通じて近代意識が如何に徐々に芽生えて行ったか、——こうした経過を思惟様式の微妙な変容のうちに、いくらかでも具体的に読取ることが出来たら、われわれのこのたびの企図は全く無駄ではなかったと思う。

さらにこの点について二つの問いを立てて追究がなされる。一つは、「近代意識を内面的な思惟方法の中に探って、必ずしも政治思想における反対者的要素のうちに求めなかったのは何故かという事」である。丸山によれば、「封建権力に対する意識的な反抗という点から観る」方法は、「根底的な思惟様式の変革がその上に立つ政治思想の変革とほぼ併行した欧州近代思想史の観察方法たりえても、そのまま我が国のそれとなしえない。市民的な社会力が封建社会の胎内で順調な成長を遂げることを阻まれた徳川期に於ては、多分に偶然的条件に支配され、根底的な思惟との連関を欠いだ政治論に就て近代意識を窺うことは、恣意的な結果に陥らざるをえぬ」ため、「われわれの問題にするのは、あれこれの思想における断片的な「近代性」ではなく、思想の系統的な脈絡のうちに一貫した近代意識の成長を探ることなのである」。すなわち「意識的な反抗」やいわゆる政治的な反逆の思想・行動に着目するのではなく、あくまで思惟様式に着目するその後の丸山の一貫した方法論が提示されており、ここでいうところの「封建社会の胎内」はそのまま戦時下の天皇制国家に置き換えられる。

二つ目は、「近代的意識を主として儒教の自己分解の過程にのみ跡づけたことの意味如何」という点であり、「それは、儒教が封建社会の最も強力な意識形態であった限り、その外からの破壊ではなく、内部からの、いわば思われざる成果としての解体過程の分析こそ、近世日本の思想が単なる「空間的な持続」に非ざる所以、換言すればその発展性を最もよく証示すると考えたからである」と述べる。

そこで丸山は、「近代的理性は決して屢々《しばしば》単純に考えられる様に、非合理的なものの漸次的な駆逐によって直線的に成長したのではない」として、その道程に「欧州の中世から近世にかけての哲学史において、後期スコラ哲学の演じた役割」を重ねている。なお後年の回想で丸山は、スコラ自然法と儒教の自然法とはパラレルであり、その解体過程をボルケナウ（『封建的世界像から市民的世界像へ』）などの影響を受けながら問題にしたが、ここでいう自然法はネガティブなもので、のちに丸山が注目するところとなった自然権と結びつくものではなかったことを述べている（『回顧談』（上）二七一～二七二）。さらにこの問題は、次の論文のなかで展開される。

なお南原は、これが助手論文であるため丸山の逮捕歴のことも考慮して用心し、講座派の論客である平野義太郎からの引用や「市民社会の」といった文言を削除したという（『回顧談』（上）二九二）。

つづく「近世日本政治思想史における「自然」と「作為」―制度観の対立としての―」（『国家学会雑誌』第五五巻七・九・一二号、一九四一年七・九・一二月『集』②）は、「儒教思想構造の自己分解過程の跡づけ」を行った先の助手論文と対をなすもので、丸山自身も冒頭、以下のように位置づけている。すなわち「思想の変革」を「もし吾々が表面に現われた結論だけに眼を奪われずに、その結論に導いた体系的構成に立ち入って見るならば、徳川期の思想的展開過程のうちに、一見それと深淵を以て隔てられているかの如き維新後の「近代」思想の論理的鉱脈を多々探り当てることが出来る」のであるが、前論文では「飽くまで思惟様式の全体としての内在的な推移に重点を置いたため、そうした思惟様式の現実社会との接触面にまでは及ばなかった」。したがって、「朱子学より徂徠学に至る近世儒教思想の展開は、封建的社会秩序の観方乃至は基礎づけ方の上に如何なる差異となって現れるか、その差異のもつ普遍的意義はどこにあるか、更に徂徠学以後の思想史はそこから何を学んだか」を明らかにしたのがこの続稿ということになる。前論文でも登場していた「自然」と「作為」という二つの概念を全面に押し出してこれを指標とし、封建社会との対峙の仕方の「論理的道程」を、「中世的な社会＝国家制度と近代的市民的なそれとの対立という世界史的な課題を、内包している所以を明らかにし」、さらにそれの「明治初期に至るまでの展開様相」を辿ったものである。

期限に追われ南原からも矢のような催促を受けながら一気呵成に連載を続けた前稿よりも、より整理されていて読みやすいとの感がある。また一方で、植手通有の指摘にあるように（「解題」『集』②

二七四〜二七五）、ヨーロッパにおける自然的秩序思想が解体されて主体的作為からその究極の社会契約説にいたる過程が詳述されており（第四節）、丸山が勉学の幅を広げてのびのびととり組んだ様子が見てとれよう。それは、法学部助手の任務として欧米の学会動向や新刊書の紹介をしてきたことの成果でもあったといえよう。

　大まかに論旨をたどると次のようになる。朱子学に内在していた「自然的秩序」の論理は、政治的安定性が損なわれ社会的変動が顕わに現象するようになると、その基礎づけの受容性を喪失する。そうした「政治的無秩序を克服するためにも危機的状勢に於て登場するのは常に主体的人格の立場である」。そこで徂徠学がその使命を満たすべく登場し、「自然的法秩序の根源たる、イデー的なるものの優位を排除して、「道」を聖人という絶対化された人格的実在の作為に帰した」のである。元禄享保期のことであった。

　それは「徳川将軍の「作為」によって現実の社会的混乱を安定し、純粋な自然経済に基く身分的秩序を建立する」という「徳川将軍の絶対主義《アブソルーティシスムス》」として現れた。しかし作為秩序観が「人作説」＝社会契約説として積極的意義を持つようになるのは維新後のことであって、この段階では、「封建的社会秩序（乃至その観念的紐帯）が「作為」の産物となることによって、そこから必然的に疎外される「自然」をなんらかの形で自己の拠り所として、そうした封建的社会秩序乃至その観念的紐帯に対する思想的抵抗を試みたのである」。その典型が、「直耕」という「自然ノ世」の到来を期待した安藤昌益と前述の本居宣長であった。

それらがつまるところ制度的変革に至らなかったのは、「それらがいずれも上から樹立さるべき制度であり、庶民はそこでなんら能動的地位を認められていないという事」による。「徂徠学的「作為」の理論的制約――作為する主体が聖人或は徳川将軍という如き特定の人格（傍点――原文）に限定されていること――はまた彼等のものでもあった。いな、この制約は徂徠学以後我々が辿《たど》って来た「作為」の立場のすべてに（傍点――引用者）執拗に附纏っていた。云い換えれば、そこには「人作説」（＝社会契約説）への進展の契機が全く欠如していたのである」という指摘は重要であろう。「けだし、作為する資格が特定の地位と結びついている限り、大多数の人間には、秩序に対する主体的能動性が与えられぬ結果、彼等にとっては現実の政治的社会的秩序は、実際に於て運命的な所与でしかありえず、従ってそれだけ自然的秩序観のなお妥当する現実的地盤が残されるからである」。

ところが幕末の「内憂」と「外患」は、市民的社会秩序の容認へと推し進めることとなり、吉田松陰をして福沢諭吉の立場へもう一歩のところまでに至らしめる。丸山はこのように述べる。「国民が己れの構成する秩序に対する主体的自覚なくして、単に所与の秩序に運命的に「由らしめ」られているところ、そこには強靱な外的防衛は期しえない――こうした自覚の成長は、必然に尊王攘夷論をして、ヒエラルヒッシュな形態から一君万民的なそれへと転化せしめずにはやまないのである」。そうして明治維新により、「人作説」へと到達する。その優位を決定的にした自由民権論に理論的基礎を提供したのは「啓蒙的自然法」であったが、そこでいうところの「人権」は、「なんら実定法秩序の中に於ける権利ではなく、却《かえ》って、逆に実定法秩序を形成すべき人間の主体性を具象化したものにほかならない。従ってその「自然法」の先天性の主張は、逆に一切の実定法は人間の制定によってはじめて妥当するという理論を必然的に包蔵しているのである」。すなわち、実定法の上位にある自然法にもとづく「人権」への到達をそこにみる。

こうした「維新後に於ける「作為」の論理の圧倒的氾濫も、封建制下に於けるその隠然たる進展なくしては可能でなかった筈《はず》であ」り、いうなれば福沢は徂徠学の帰結であった。ところが、「主体的作為の思想のこうした氾濫にも拘らず、自然的秩序思想は決して影を潜めたわけではなかった」として、「既に版籍奉還、廃藩置県という維新の決定的な変革自体が自然的秩序思想を論理的武器とする封建的勢力の激烈な抵抗を随伴した」ことをあげる。

これを書いている戦時下、まさに社会が巨大なる「国家《レヴァイアサン》」に呑み込まれつつあるなかで、丸山はこのように結ばねばならなかった。

この様にして維新の身分的拘束の排除によって新たに秩序に対する主体的自由を確保するかに見えた人間は、やがて再び巨大なる国家《レヴァイアサン》の中に呑み尽され様とする。「作為」の論理が長い忍苦の旅を終って、いま己れの青春を謳歌しようとしたとき、早くもその行手には荊棘《けいきょく》の道が待ち構えていた。それは我が国に於て凡そ「近代的なるもの」が等しく辿《たど》らねばならぬ運命であった。徳川時代の思想が決して全封建的ではなかったとすれば、それと逆に、明治時代は全市民的＝近代的な瞬間を一時も持たなかったのである。

この二つの論文は、当時まだ面識のなかった、やがて明治維新史の研究者として活躍する遠山茂樹が歴史学研究会日本史部会で取り上げて報告をしており、のちに一時期、丸山と歴史学研究会とのつながりができるきっかけとなった（「「日本政治思想史研究」あとがき」『集』⑤）。

なお、「南原先生がよく読んだのは第一回分だけ」で、「いまでもよく覚えているけれども、「朱子学にはもう少しいいところがあるんじゃないか」と言った。まいったな、ぼくは。（中略）南原先生らしいしね。それは、先生を説得することができなかった」と丸山は語っている（『回顧談』（上）二三八）*。

*南原の指導と関わって、後年、このようにも語っている。「私は、朱子学から徂徠学へのプロセスを、朱子学的思惟様式の崩壊過程として捉えようとした。朱子学という一つの学説でなくて、ある思考様式がだんだん変わっていって、ついに徂徠学という、儒教のいわば鬼子を生んでゆくそのプロセスをたどろうとしたんです。「反対物への転化」という弁証法の思想が私にはありましたから……。けれども、朱子学は一種の理想主義ですから、先生が論文を一読された感想として「朱子学にはもう少しよい所があるんじゃないか」なんて（笑）いわれる。今から考えると、先生がそういう感想を持たれるのもわかるんですけれど、そもそも方法論的に当時の私はトコトンまで歴史主義的でした。何から何へという歴史的変化を追求するのが歴史学であって、この思想は「よい」とか「悪い」とか時代を超越していうのは歴史的アプローチとはいえない、と思っていました。それですから、無理難題という気がしました」（「日本思想史における「古層」の問題」一九七九年一〇月『集』⑪）。

## 映画・音楽・築地小劇場

大学時代も映画鑑賞に多くの時間を費やしていた丸山であったが、「大学を卒業するころから、私自身、嘗てのように頻繁には映画館に足を運ばなくなっていた」。そして「私の足を映画館から遠ざけた大きな契機となったのは、一九四一年十二月八日の太平洋戦争の勃発であった」という。その日からアメリカ・イギリス・フランス映画は一斉に上映禁止となった。上映されるのはドイツ映画だけとなったが、格調も下がり、巨匠の監督や名優たちは、「ナチ制覇以後、見事といっていいほどそろって姿を消して行った」と丸山は語る（「映画とわたくし」一九七九年四月『集』⑪）。

　そのようななかで太平洋戦争勃発直前にたまたま観たアメリカ映画『スミス氏都へ行く』は丸山の心を揺さぶった。主人公の理想も裏切られるなか、「人民の、人民による、人民のための政治は地上より消え去ることなかるべし」という日本訳が映し出された瞬間、「不覚にも私の目は涙にあふれた」という。そしてこのように述べる。「日本をふくむ枢軸ファシズムの世界的な高まりのなかで、「……地上より消え去ることなかるべし」というあのフレーズは、さながら満目荒涼とした原野をふきすさぶ嵐に揺らぎながら立っている一本の樹のように映った」。その一週間か一〇日ほどのちに、真珠湾攻撃の大本営発表があったのである。それ以後の映画は、「ほとんど語るに足るほどの印象を残していない」といい、後述する宇品での召集期間中に慰安のための映画会で見たもののなかで比較的よく覚えているのは、黒澤明監督のデビュー作『姿三四郎』と溝口健二監督の『宮本武蔵』ぐらいだという（「映画とわたくし」『集』⑪）。

　映画がそのように「大きな空白」を生んだのに対して音楽の方は、「英米音楽の禁止は、少なくともクラシックのファンにとっては、ほとんど痛痒を感じないで済んだ」と述べている（「映画とわたくし」『集』⑪）。

丸山の音楽、とりわけ「オペラらしきものとの最初の出合い」は、中学三年のころに浅草の金龍館で観たビゼーの歌劇「カルメン」のパロディであった。それは「卓抜なギャグ」で、それを「こうしたパロディで見てしまったために、戦後に日本やヨーロッパで一流歌手によるカルメンを鑑賞しても、エノケン（榎本健一――引用者）の演ずるドン・ホセのイメージがふとよみがえって来て、せっかくの悲劇の舞台とダブってしまい、閉口した」というほどその印象は鮮烈であった。兄はクラシック音楽よりも歌謡曲派であったが、オペラだけは中学時代から好きだったためSPレコードがあり、「カルメン」と「トラヴィアータ」だけは繰り返し蓄音機で聴いたという（「金龍館からバイロイトまで―オペラとわたくし―」一九八五年一二月『集』⑫）。その後は、戦争中に藤原歌劇団がベートーヴェンの「フィデリオ」を上演したのを、当時法学部教授であった安井郁《かおる》に奢ってもらって出かけただけだという。しかしそれにはがっかりさせられ、また、ナチがかついだワーグナーに対しても「すごい偏見があった」が、丸山のオペラ愛好は、後述の一九六二年のバイロイト詣で「震撼させられた」ことにはじまる。なお、丸山は楽譜に詳細な書き込みをしていたことはよく知られているが、「譜を読み出した」のは、一高の同級生小山忠恕《ちゅうじょ》の影響であった。「目で追っているだけだよ」といわれてまねをしたら、「聴こえなかった音楽が聴こえる」ようになり「それからSPを譜で追いながら読んでいったのが初め」だという（『回顧談』（上）一一四～一一六）。

丸山は、大学時代は築地小劇場の「常連」で、助手のころまで通った。それも兄の「見えざる影響」であった。少人数だが大学では学部を超えて「同志」がおり、そのメンバーでローザ・ルクセンブルクの読書会もやったという。劇場では、警官も臨席するなか「観客も含めて連帯意識というのか、一種の雰囲気があ」り、また「本当のインテリは築地に行くのだという」「悪く言うと一種特有のスノビズム」があったという。それゆえ「単なる娯楽ではなくて、一つの運動だった」が、戦争の深まりとともに「新劇がだんだん変質していく過程もよく観ている」のであった（『回顧談』（上）一八四〜一八七）。

### 福沢諭吉研究への着手——国家を個人の内面的自由に媒介させる——

丸山が最も高い評価を与える思想家福沢諭吉についての研究論文の最初が、「福沢諭吉の儒教批判」（『東京帝国大学学術大観』一九四二年『集』②）であった。掲載誌は東大が「紀元二千六百年記念事業」の一環として編纂したものであった（「後記」一九七六年『集』②）。

　そもそも丸山が福沢に注目するきっかけとなったのは、一九三七年発刊の羽仁五郎『白石・諭吉』（岩波書店）を読んだことであった。「あれを読んで面白いなと思ったのでしょうね。（中略）少なくも、福沢の原典について読もうという気になった」。そして翌三八年、岩波文庫版『文明論之概略』を購入した。『学問のすゝめ』の「はじめの印象は、名前の有名なわりに、つまらない」というものであり、また『文明論之概略』は「ヨーロッパ思想の紹介だと思って、ばかにしていた」ので、読んで「ぼくにとってはショック」で「最初から圧倒され」たという（『回顧談』（下）一八四〜一八五）。

　論文は、そのタイトルのとおり福沢の儒教批判を、一八八一、二年を境に前期と後期に分けてそれぞれの特徴を洗い出したものとなっている。丸山によれば、「儒教の強力性はその様な体系としての影響力にあるのではなく、むしろ儒教の諸々の理念が封建社会の人間にとっていわば思惟範型（Denkmodelle）となっていたという点に存する」。したがって「学問的対象」としては「その論理的精緻と体系的整序性に於て近代科学の前に堪ええないであろうから、さほど問題にするに足りない」が、「ひとが数百年に汎《わた》って慣れて来た思惟範型は殆ど生理的なものとなっていて、たとえそれが本来的に適応した対象――この場合は封建社会――が消滅した後でも、容易に拭い去ることは出来ないからである」。そうであるがゆえに、「「独立自尊」の市民的精神のための諭吉の闘争は必然に儒教乃至儒教的思惟に対する闘争と相表裏することとなった」。

丸山によれば、「反儒教主義は殆ど諭吉の一生を通じての課題をなした」が、とりわけ前半期は、「諭吉にとって儒教攻撃は、彼が「親の敵《かたき》」とまで憎悪した封建門閥制度の徹底的掃蕩の問題と一にして二ではなかった」のであり、「イデオロギー暴露」の形態、すなわち「儒教そのものよりは、是をその主体に関係づけて儒者の社会的機能を暴露する方法」が特徴的であったといいうる。そして前期の彼の著作論文は、「広く解すれば全部儒教的思惟の克服に関連している」という。すなわち福沢は、「儒教そのもの」よりもその「社会的機能」を問題にしているのであり、それは前述の封建社会のなかから「近代意識」の鉱脈を探り当てるという思惟方法に着目する自らのあり方と相通じるものであった。

後期は、福沢の関心がより多角的となるため、儒教の問題は「教育・文化乃至社会思潮の上に封建的反動が頭を擡《もた》げた限りに於て、その都度これが反撃に関連して取り上げられたにとどまる」。福沢にとって「支那朝鮮は彼が歴史的必然と信じた文明開化の世界的浸潤に抵抗する保守反動勢力の最後の牙城と映じた」ため、福沢における「独立自由と国権主義との結合」はもっぱら「反儒教主義を媒介にしていた」。それが「脱亜論」となって現れ、また日清戦争がそのことを「最も明確な形で証明した」のであった。なおここで用いられている「思惟構造」「視座構造」は、いずれもカール・マンハイムの用語であることが記されている。

戦前における丸山のもう一つの福沢論「福沢に於ける秩序と人間」（『三田新聞』一九四三年一一月二五日号『集』②）は、中学時代の同級生でのちに歴史家として知られる林基《はやしもとい》から急に依頼が届いて書いたものであった。すでに学徒出陣が開始されていた一九四三年、『三田新聞』も学徒出陣を記念し福沢の国権論や大陸への軍事的発展を肯定する紙面になるので、それとは「やや異なった見方がほしい」との依頼者側の意図によるものであった（「後記」）。

論文では、「国家を個人の内面的自由に媒介せしめたこと――福沢諭吉という一個の人間が日本思想史に出現したことの意味はかかって此処にあるとすらいえる」と言いきっており、それはまさに福沢の本質であると同時に、丸山が戦後も一貫して追求し続けてきたことであった。

丸山は最後に次のように述べている。婉曲な表現ではあるが、林の意を受けての、福沢の期待を裏切って「国家への道」を歩んでいることへの警句が発せられているといえ、まさに林の意図するとおりのものであったといえよう。

福沢は国民にどこまでも、個人個人の自発的な決断を通して国家への道を歩ませたのである。その意味で「独立自尊」は決してなまなかに安易なものではなく、却《かえ》ってそこには容易ならぬ峻厳さが含まれている。安易といえば、全体的秩序への責任なき依存の方がはるかに安易なのである。福沢は我国民は「独立自尊」の伝統には乏しいとはいえ、その倫理的なきびしさに堪える力を十分持っていると考えた。つまり彼は日本国民の近代国家形成能力に対してはかなり楽観的だったのである。彼逝いて約半世紀、この楽観がどこまで正当であったかは、今日国民が各自冷静に自己を内省して測定すべき事柄に属する。福沢の近代的意義の問題はその後にはじめて決せられるであろう。

日米開戦からまもなく、「神皇正統記に現われたる政治観」（一九四二年六月『集』②）が発表された。これはいうまでもなく「吉野朝の頽勢はいよいよ露わにな」るなかで、北畠親房が「邪」は滅び「乱れたる世も正にかへるは古今の理」なることを信じ抜いて書いたものである。後年丸山は、その末尾の自身の評価にも触れつつこのように述べている。この論文に込められた当時の思いは、これを示すことで十分であろう。

ここで私は、歴史家としては本来乱用をきびしく慎まなければならぬこと、を行いました。つまり「形勢ことごとくわれに非なり」という状況の下に著されたこの古典を、私は眼前の暗澹たる思想的光景に所々意識的にダブらせて解説したのです。そのなかで、私は心情倫理と責任倫理という言葉をウェーバーに従って用いましたが、この論文の結尾は、「政治的実践の成否はいかにもあれ、つねに「内面性」に従って行動することの価値を説」くことの「永遠」の意義の強調で終っております。私はこの論文に流れる論調を精神的抵抗などという仰々しい言葉で表現したくありません。ただ、危機状況に押しつめられた人間の実存的対応として、私がウェーバーの「二つの倫理」を思い浮べたとき、それは戦後の時論において私が主として政治における「責任倫理」の側面を述べたのと、強調がちょうど「逆」であったことは、ふりかえって見て、ある感慨を私に覚えさせます（「思想史の方法を模索して」『集』⑩）。

丸山が応召の直前まで執筆して完成にこぎ着けたのが、「国民主義の「前期的」形成」（『国家学会雑誌』第五八巻三・四号、一九四四年三・四月『集』②）である。この論文は岡義武の発意により「近代日本の成立」と題する掲載誌の特集の一つに位置づけられたが、後年の丸山自身の「常識的な意味での政治思想史により近く、逆に、——良かれ悪しかれ——方法論的に私の個人的創意を働かせる余地がもっとも少なかった」のは、その「特輯号のなかの「分業」に基く仕事であったからである」（「日本政治思想史研究」英語版への著者序文」一九八三年六月『集』⑫）とのコメントにもあるように、丸山独特の切れ味の鋭い見解は見出しにくい。加えて、「本論序論として簡単に触れる筈《はず》であった近代的ナショナリズムの前史としての徳川時代の部分が意外に長くなり、本論に入らぬうちに私に突然召集令状が舞い込んだため、ともかくも維新直前までを纏めたままで中絶してしまった」という事情があった（「日本政治思想史研究」あとがき」一九五二年一二月『集』⑤）。しかしながら、植手通有も指摘するように（「解題」『集』②）、前期的国民主義思想における「拡大」と「集中」という二つの契機への着目は、一九四九年の「明治国家の思想」（『集』④）で全面展開されており、その前提をなすものであった。

この論文の「とくにその後半部は、召集令状を受けてからなお一週間の余裕があったので、出発その日の朝までかかってやっと纏め上げ、新宿駅で見送りに来てくれた同僚の辻清明くんに手渡したという曰く付のものであるだけに、その出来・不出来はともかくとして一しお思い出が深い」と述べている（「『日本政治思想史研究』あとがき」『集』⑤）。

丸山は、一九四四年一月、「昭和十八年度最終講義（昭和19・1）で学生を送る言葉」を残しており、*そこでは吉田松陰が弟子の久坂玄瑞を批判した言葉を引きながら、「学生である限り最後まで学生として、学生として為すべき事がある筈である」と呼びかけ、「足が地につかずに騒ぎ出《（ママ）》てていると足をさらわれて倒れる」と結ぶ（『別集』①）。

図8　**結婚式**（1944年3月24日，丸山彰氏提供）

＊戦況悪化で修業年限短縮措置がとられ、「昭和十九年度」は一九四三年一〇月から開始となっていたため、

「昭和十九年度」が正しい。詳しくは平石直昭「解説」（『別集』①）、ならびに『センター報告』第八号、九四、以下を参照。

一九四四年三月二四日、丸山は、南原繁夫妻の媒酌により、小山忠恕の妹ゆか里と結婚する（「年譜」）。丸山の応召はそれからまもなくのことであった。

# 三　軍隊という経験（一九四四〜一九四五年）

## 二度の応召

徴兵検査で第二乙種合格となった丸山は、一九四四年七月一一日、二等兵教育召集により歩兵第七七連隊補充隊要員として松本市の歩兵第五〇連隊に応召し朝鮮に向かった。一三日に松本を、一五日に博多港を出発して一七日に平壌に着き、その日に歩兵第七七連隊補充隊第一中隊に編入した。ところがそれからまもない三一日、脚気を患って平壌第二陸軍病院に入院することになり、内地送還が決まった。同年一〇月一六日、治癒して退院し、教育召集解除のため平壌を発ち、二九日、釜山港を出てその日に博多に到着した（「年譜」）。

一九四五年一月ごろ、丸山は鶴見和子から太平洋問題調査会（ＩＰＲ）の会議についての情報を得ており、*そこで日本の敗戦処理、とくに天皇制の扱いをめぐり、オーエン・ラティモアらの天皇制廃止論と、天皇制を温存するそれと反対の見解とが出ていることを聞いた（『回顧談』（上）三四五〜三四六）。ラティモアはＩＰＲアメリカ部会の中心メンバーのひとりで、戦争中は日本の侵略に反対し中国国共合作の実現と中国支援の方向にアメリカ世論を導くことをめざして活動していた（長尾龍一

『アメリカ知識人と極東』一九八五年、東京大学出版会)。丸山は、「連合国のなかに天皇制について二つの考え方があるということは、情報としては知っていたのですけれど、終戦直後には、天皇制がどうなるということはぼくは思い浮かばなかった」と述べている。それは後述するように、天皇は軍部のやり方に反対であると思っていたため、天皇にすべての責任があるとは考えられなかったからであった(『回顧談』(上)三四七)。

＊鶴見和子とその弟俊輔との出会いについては丸山の記憶違いがあるようで、鶴見和子・俊輔の記憶との間には齟齬がある。和子によれば、丸山の研究室を訪ねたのは、日米交換船でアメリカから帰国してまもなくの一九四二年八月のことであった(鶴見和子「丸山さんの学恩」一九九五年一一月『集』⑤「月報」)。俊輔が丸山に初めて会ったのは一九四六年二月である(鶴見俊輔「丸山眞男おぼえがき」・前掲『自由について』二五二)。なおこの経緯については、『回顧談』(上)補注四〇二を参照。

丸山は召集解除から四ヶ月でまた赤紙が届き、一九四五年三月から広島の陸軍船舶部隊の暗号隊(船舶通信連隊)で暗号教育を受けて、四月から船舶司令部参謀部情報班(暁二九四〇部隊さ隊四班)に転属になった(「年譜」)(「戦争と同時代」一九五八年一一月『座談』②)＊。平壌で初年兵教育を受けたものの、入院により一期の検閲を受けていないため、広島ではまた二等兵であった。周りからはどうして幹部候補生を志願しなかったのか、反戦思想ではないかと疑われて「しつこく聞かれて弱りましたよ」と回想している(「二十四年目に語る被爆体験」一九六九年八月『話文集』①)。司令部転属は暗号教育を受けた者からは丸山一人だけで、丸山の「身分」を知ってのことだったであろうという。情報班長の広中中尉は山口高商を出た応召将校の「いい人」で、「朝鮮と違って、広島ではビンタを受けたり、そういうことは全然なかった」という（『回顧談』（上）一一～一二）。

＊暗号隊から参謀本部情報班に転属になる前に、短期間ではあるが暗号教育隊人事係に属しており、それについて詳しくは『回顧談』（上）補注三六二～三六七を参照。

丸山が広島に転属になってから、南原繁は、丸山の担当していた東洋政治思想史の講義が休講となっているため、広島の船舶司令部に「必要な人物だから召集解除にしてくれ」という手紙を書いたが、参謀の会議で却下されてしまった。そのことはその決定のあとに上等兵が、「お前、帰りそこなったな」と言ったので丸山の知るところとなった（『回顧談』（上）二九一～二九二）。

丸山は、「ぼくはやっぱり軍隊ほどいやなところはなかったっていうよりほかない」（「戦争と同時代」『座談』②）と語り、あるいは「本当に経験した人ならば、いかなる形でもあれ、日本が軍隊を持つということはまっぴらだという、全人間的な反発感情があるのが、当然じゃないかと思うのです。抽象的な議論としては、いくらでも言えるけれども、ぼくはどんな場合でも軍隊は御免だという感じだナ」（「日本の思想における軍隊の役割」一九四九年一〇月『座談』①）とも述べている。軍隊は丸山にとってそれほどに苦痛な場であったにちがいないが、一方でそれは、先に述べた留置場の体験と並んで、〝民衆〟と向き合う経験の場であったことはいうまでもない。戦後、丸山はさまざまな場で軍隊経験を語っており、それはほぼ決まって日本社会の分析に結びつけられている。ここではひとまず、戦後の回想を通して丸山が当時の軍隊をどう見ていたかを明らかにしてゆきたい。

## 「精神主義」と「形式主義」「物質主義」

丸山は、軍隊で横行した私的制裁は「閑《ひま》ということが一つの要素になっている」ことを認める一方で、日本の場合には軍隊よりも「農村の生活の方がより多く単調であり、より多く習慣的であり、より多く張りがない」のであり、そうした農村出身の兵士にとっては軍隊生活の方がまだ変化に富んでいるのではないかと述べる。そして食事一つをとっても、一日だけいた松本でシチューが出たところ、シチューを知らない兵隊がかなりいて、「なんてうまいおつゆなんだろう」と言っていたことをふり返り、「ぼくはそういった食事の点でも、よほど軍隊の方が農民の平生の生活に較べれば、終戦末期はともかくとして、ましだったのじゃないかと思います」という（「日本の軍隊を衝く」一九四九年六月『座談』①）。ちなみに、シチューを知らない兵隊がいることに驚く丸山の感覚も農村の民衆の生活から隔たっており、丸山にとってはそういう感覚を矯正する場でもあったことになろう。

丸山の〝発見〟の極めつけは、排泄の仕方まで教えなければならない兵士が存在することであった。丸山は、「例えばぼくが入営した日に古兵が、入って間もなくの兵隊に日常の作法を教える際、昔はもっとていねいに教えたものだという話をして、その例として、昔は便所に行った時に、しゃがむ位置は、金隠しから拳一つ、と教えたものだ、というのです（笑）。（中略）要するに大事なことは排せつ物が中へ落るようにし、外へ洩らさなければいいわけでしょう。ところが、そういう目的をいうよりも端的に感覚的具体的な行為を指示するというのは、つまり目的と手段との連関を考えないような、レベルの低い人間には、金隠しから拳一つと教えるのが一番確実なわけです。そういったところから軍隊教育のトリヴィアリズムがきていると思う」と述べている。丸山はそこに徹底した「形式主義」と、そうした対処の仕方を徹底して伝えていくという軍隊における「伝統の蓄積」をみる。そしてこのようにいう。「ぼくは軍隊でよく考えたことは、精神主義ということが軍隊の生命で、あれほど精神精神というところはない。ところがその精神主義が、どうしてその反対物に転化して行くのだろうということです」。そして精神主義の反対物が一方では形式主義に、他方では物質主義に転換するのであり、ひいては「人間の生命というものが、動物以下、更に物質以下に評価される」、その「逆説」に「精神主義の帰結」をみるのであった（「日本の軍隊を衝く」『座談』①）。

## 「国民意識」との接合

軍隊で刻印される記憶の一つはほかならぬ暴力であった。

> ぼくが朝鮮にいたとき「総員ビンタ」を食ったときに、総員ビンタですから、終ると古兵の手がこんなにはれちゃうんですね。それで一通りすんでから手を皆に示して、見ろおれの手を、物好きやなんかでやれるものじゃないぞ、と悲壮な顔でいう。これは手がはれちゃったので後で理屈をつけたんだろうが、少くとも何というか、嗜虐趣味をも通り越しちゃった悲愴感みたいなもので、無意識のうちに残虐行為を合理化する面があると思う。

そしてこのようにいう。「被抑圧者が、抑圧者のつもりでいるというところに下士官の本質があるのじゃないかね。（中略）将校は下士官気質とかいって馬鹿にしておるわけですけれども、しかし下士官というのは兵隊に対しては、将校的というか、支配者として臨んでおるということですね。また支配者として臨んでおるから下士官の存在意義がある」。丸山は、「ちょうどこの下士官とパラレルな階層」を戦後社会の中小商工業者に見出し、「軍隊の下士官はなくなったけれども、リトル・オプレッサーとしての社会の下士官は現在でも日本の民主化をはばむ大きな力となっている」として、軍隊経験を活かしつつ戦後社会の民主化に挑んでいったのである（「日本の軍隊経験を衝く」『座談』①）*。

＊丸山は、士官学校と兵隊の場合の私的制裁のあり方にも触れ、士官とちがい「一般の兵は内面的な道徳というものを持たないから、外からいわば物理的な枠で囲っておくというような底流観念があるために、さほど制裁がきびしくない面もある」（傍点――引用者）（「日本の思想における軍隊の役割」『座談』①）と、〝民衆〟を直視した認識も示している。

また一方で丸山は、日本の軍隊のなかに「疑似デモクラティックな要素」を見出している。そもそも「一君万民のイデオロギーによって、陛下の前ではすべての人が同じである」というのは「軍隊的なヒエラルキーと矛盾するモメント」でもあった。私的制裁を禁じる際に「陛下の赤子《せきし》に対して同じ赤子が手をかけるということは許されない」。そして「実際、兵隊に入ると、「地方」の社会的地位や家柄なんかは（皇族をのぞいて）ちっとも物をいわず、華族のお坊ちゃんが、土方の上等兵にビンタを喰っている。なにか、そういう疑似デモクラティック的なものが相当社会的な階級差からくる不満の麻酔剤になっていたと思われるのです」と述べている（「日本の思想における軍隊の役割」『座談』①）。

それらも含めて、丸山は、海軍と比べても陸軍の方により国民意識との接合を見ていた。このように述べている。

> たしかに知識人の住んでいた世界は観念的にはかなり近代的だったのですが、そうした観念の世界は一般国民の生活を規定している「思想」からは遠くかけへだたっていて、国民生活そのものの近代化の程度との間に非常な不均衡があった。ところが知識人社会に住んで、その社会の空気を知っておった人には、どうしても最近の神がかり的ファシズムの出現が突発現象としてしか受け取れない。そこでとんでもない乱暴者のために日本全体が支配されてしまったという感じを持つわけです。実はむしろ逆にそういう人の住んでおった知識社会が特別の社会なので、一般の国民層は全くそれと隔絶された環境と社会意識の中におった。それがコミュニケーションの発達によって、否応なく「大衆」の動向が政治的にものをいうようになったため、そうした潜在的な社会意識に、軍部ファシズムが火をつけてパッと燃え上がったのではないか。さきほどいいましたように、毛細管のように国民の下層にまで陸軍の神経が通っておって、そこから兵隊が出ている。教育の仕方が一兵卒を基準としているので、いつも国民意識とマッチしておったのが陸軍だったわけです。海軍は志願兵制度だし、一種の貴族的な構成をもっていたから、よりインテリとつながっておったんですね（同前）。

また一方で丸山は、「自分の内務班だけはきれいにして、隣りの班がみていなければ、そっちの方へ埃なんかやっちゃいますね。それが日本社会の家族的なエゴイズムとよく似ておりますね」（同前）とも述べて、そこにも日本社会の縮図を見ていた。このような観察が、戦後のファシズム分析につながっていったといえよう。

## 戦局の見通し

一九四五年七月二六日に発せられたポツダム宣言については、「一方ではぼくは戦争中にしばしば、オレは十八世紀に生れるべき人間じゃなかったのか、という観念に悩んだほど、自由、平等といった抽象的概念に深く心をつき動かされる性質でした。（中略）ポツダム宣言の全文をはじめて見た時「言論、出版、集会の自由」とくに「基本的人権の尊重は確立さるべし」という言葉（中略）それを見た瞬間、からだ中がジーンと熱くなった」と回想している。そして次のようにもいう。

> つまり今日よく人から、敗けるとは思ったけれど、敗けたあとのイメージが浮ばなかったという話を聞きますが、ぼくはちょっとその点逆で、敗けたあとの日本については大体の見当はついていたが、敗けるまでどういう具体的道程をたどるかはまるで混沌としていたんです。それに大体の見透しがハズレなかったといったところで、べつに何の抵抗をしたわけじゃないし、それどころか、一種の二重人格みたいな生活をしていたんですから、今思い出しても自分の姿はみじめなものです。ああいうメカニズムの中で、自分のなかにある浅ましいもの、いやらしいものをいろんな形でマザマザと実感したことが、マア、しいていえばいい体験だったということになるのでしょうね（「戦争と同時代」『座談』②）。

丸山は、情報班が毎週一回ガリ版刷で出している『船舶情報』執筆の「下働き」をやっていた。しかし「書いている最中でも何でも「使役」って声がかかれば、すぐ飛んでいかなければならない」。使役とは肥たごを担いだり、壕を掘る作業だったりであった。「それでも朝鮮の時代に比べたら肉体的には実に楽だった」(「戦争と同時代」『座談』②)。情報班は「一応デスクワーク」であり、「朝鮮の教育召集のときに比べたら、問題にならないほど楽だったです」と繰り返し語っている。そして六月にはようやく一等兵となった(「二十四年目に語る被爆体験」一九六九年八月『話文集』①)。

そんななかで七月末ごろ、参謀長から、情報班長の中尉をとおしてソビエトの今後の態度について一両日中に書くことを命じられた。参考書もないなか無茶な話ではあったが、情報班に転属早々、庶務大尉から「とにかくお前のようなインテリは自由主義を清算していないから十分注意しろ」と頭ごなしにいわれてくさったという経験もあったため、よけいに参謀長の計らいがうれしかったと語っている(「戦争と同時代」『座談』②)。丸山は、大学卒の兵隊に対する周囲の兵士たちの態度について、「表立っては軽蔑するが、内心は畏怖を感じる」「いじめながら、しかも一方では絶えず劣敗意識を感じている」という「二重の態度」があったと指摘している(「日本の思想における軍隊の役割」『座談』①)。

丸山は、ソビエトの対日外交をロシア革命直後から現時点まで五つぐらいの段階に分けて説明した。船舶司令部では日本海輸送を担当していることからソ連の動向には関心が強く、それだけに米英との対立を強調する「希望的観測」が支配的であったが、丸山の出した結論はそれに否定的なものであった。すなわちソビエトは、独ソ不可侵条約で中断されていた国際的人民戦線の考え方が復活し、「大東亜戦争開始」の日に日本は負けるとの見通しを示している。したがって、米英との協調も枢軸国を打倒するまで崩れないであろう、今すぐ宣戦にはいたらないが、日本の戦力が低下したと判断されればソ連が満州に大軍を南下させることはありうる、というものであった。それからまもなく原爆が投下され、ソ連が参戦した。「結果から言うと半分当って半分はずれた」のであり、情報班長からは「学問というのはエライもんだナ！」と褒められたという（「戦争と同時代」『座談』②）。

## 「傍観者」としての原爆体験

八月六日、広島に原爆が投下されたとき、丸山は爆心地から四キロ南にある宇品町の船舶司令部の塔の前に集合して参謀の話を聞いていた。その瞬間、参謀の帽子は飛び、まもなく、服がボロボロになり傷を負った宇品の市民が司令部に逃げてきた。船舶司令部は、高い塔がさえぎってくれたために原爆の被害を小さくしたのであった（「二十世紀最大のパラドックス」一九六五年一〇月『集』⑨）。丸山は九日*には外出し、宇品町でも死傷者が多いのに驚いた。また酒井四郎中尉に率いられて、報道班員とともに爆心中心地を一日中歩き回り、「相当放射能を浴び」た（「二十四年目に語る被爆体験」『話文集』①）。

＊「二十世紀最大のパラドックス」には「翌々日」とあるが、「二十四年目に語る被爆体験」（『話文集』①）では九日であることが確認されている。

しかし、丸山は長らく公的な場でこの体験を語ることなく、後述するように（→第六章）はじめてそのことに触れたのは、一九六五年八月一五日、九段会館で行われた八・一五記念国民集会の聴衆席からの発言であった（「二十世紀最大のパラドックス」『集』⑨）。

## 重臣リベラリズムへの期待と「国体」の両義性——敗戦を迎えて——

次章で述べるように、敗戦から「超国家主義の論理と心理」を書く半年ぐらいまでの間が重臣リベラリズムの克服過程だったという（『回顧談』（上）三二六）丸山は、日本の敗戦が近づくなか、その日の到来に期待をかけていた。丸山の記憶によれば、重臣リベラリズムという呼称は当時はあまりなく、通常「親英米派」と言われており、「新英米派というのは、大ざっぱに言えば、国内的に立憲君主制、国際的には国際協調主義です。これを平和主義とか反戦とか言うと、ちょっと違う。反戦とは言わないのが、当時の自由主義者です。国際協調主義の結果として、なるべく戦争をしないほうがいいということになりますけれども、反戦と言うと言い過ぎになる。（中略）そういう考え方が、天皇を囲む重臣のすべてではないのですけれども、主な人々の立場なのです」ということになる。近衛文麿はそれとは異なっており、中心は「なんといっても西園寺《さいおんじ》公望《きんもち》、それから湯浅倉平《くらへい》」であった（『回顧談』（上）三三一）。

父幹治も同じく親英米派でその人たちとの人的つながりもあり、なかでも最も親しかったのが牧野仲顕《のぶあき》であった。そして父も丸山も、ともに国体否定ではなかったが、「国体と国体論は区別しなければいけない。国体論に対する反感はあったけれど、それは国体の否定にまでは決していかない」という点においても共通していた（『回顧談』（上）三三三、三四八）。

国体と国体論を区別するという丸山の姿勢は、「国体」の持つ両義性の追究につながっていき（『回顧談』（上）三四四）、丸山はその点を、敗戦をめぐる船舶司令部参謀部の将校たちの反応を目の当たりにしながら考えていた。すなわち「応詔必勤」という形式主義と「神州の尊厳性」という内容的実質的側面を重んじる、その相異なる二つの系統である。それは換言すれば「国民の軍隊」と「天皇の軍隊」という両義性につながり、敗戦時、「結局国軍観念と皇軍観念がいままで漠然と統一していたのが、ああいう予想しない事態にぶつかってはじめて、その間の分裂が表面化した」と丸山はみた（「日本の思想における軍隊の役割」『座談』①）。敗戦前後の時点ですでにこのような問題意識を発酵させていたのである。が、「まだそのときは、ぼくにとって、天皇制の存否そのものの問題とは直接結びついてはいないのです」（『回顧談』（上）三四五）と自らも認めるように、天皇制の克服はのちの課題に残された。

　慌ただしい戦局の推移のさなか、丸山は母セイの訃報に見舞われた。「終戦というのは、ぼくは踊り上がるほど嬉しかった、（中略）そしたら一六日ごろ、「おい、丸山、電報だ」と言うのです。見たら、「ハハシスソウギバンタンスンダチチ」と書いてある。まいったなあ、あのときは」。「あのニュースぐらい空しいことはなかった。柔道場がとなりにあって、そこで転げまわって泣いたな、誰も見ていませんから」（『回顧談』（上）一七〜一八）。

　母の臨終に立ち会った兄鐵雄によれば、広島・長崎に原爆が投下され、御前会議が開かれていたころ、母は「腎不全と心臓衰弱で重体に陥っていた」が、まだ意識はあったため、鐵雄が「近いうちに戦争は終るよ」とささやくと、「「よかったね。眞男《まさお》も帰ってくるね」と云ってかすかに微笑んだ」。鐵雄は、「おふくろは眞男のことを最も心配していたのである」と記している。* 母は八月一五日正午、ちょうど天皇の終戦の詔書が放送されている最中に息を引き取った（丸山鐵雄『ラジオの昭和』二〇一二年、幻戯書房、一四七）。

＊丸山は、一九四五年五月、病気の母を見舞うため一度帰郷を許されている（「戦争と同時代」『座談』②。なお、出征後の母との面会については『回顧談』（下）補注二九一も参照）。また、やはり五月に妻ゆか里が広島を訪問しており、そのときは「これで会えないかも知れない」「おふくろをよろしく頼む。おれが死んだら、よろしく」といい、「ほんとに、これが最後と思って、泉邸（中区上幟町にある縮景園の別称（『話文集』①四九五、註（5））——引用者）を手をつないで歩い」たという（「二十四年目に語る被爆体験」『話文集』①）。

母が亡くなったそのとき、丸山たちはみんなで集まって詔勅を聞いていた。ガーガー言ってよく聞こえなかったが、「ポツダム宣言を受諾し」だけは耳に入ったという。翌日、谷口太郎参謀に満州事変以後の日本の政治史を講義するよう依頼され、一七日から一週間、丸山の講義がはじまった。原爆で本屋もなくなってしまっており、手持ちの近代日本史研究会『近代日本歴史講座』（一九四三年、白揚社）の後ろの年表もフルに活用しながら講義を行い、またこれからのことについては、原爆投下直前に古本屋で偶然見つけた海賊版E・H・カーの『平和の諸条件』*を用いたという。なお谷口は、丸山のことを知りながら軍隊の事情で一兵卒として使ったことを謝り、以後、丸山は「使役」を免除されることになった（『回顧談』（上）二〜三）。

＊この本とそれにまつわる思い出については、「海賊版漫筆」（一九八三年三月『集』⑫）を参照。

宇品でも、一時みんなで地下に潜って抵抗しようということまで話が決まっており、将校全員にピストルが配られたという。報道班長の酒井四郎中尉は「いわば当時の軟派で、徹底抗戦派をばかにしているところがあった」ため丸山も彼には気を許し、二人で決起を抑える説得工作の密議をしていたが、「宮様」が来て鎮撫された（『回顧談』（上）八～一〇）。「いわゆる聖断をめぐる重臣の動きについては、ぼくは広島にいたから全くしらない」と丸山は述べているが、目の前の船舶司令部自身の決起しそうな状況のなかで国体の両義性について考えていたのであった（『回顧談』（上）三四三）。

丸山の谷口参謀への講義は、そのようななかで行われた。谷口は、「日本は今後どうなるかっていうこと、特に日本が民主主義になると天皇というのはなくなるんじゃないかということを非常に心配して聞」いたという。対する丸山は、「民主主義っていうのはそれを君主制と反するように教え込んだところに今までの間違いがある。（中略）民主主義にするということは日本の政治形態を独裁的なものから民主主義的なものに変えるということであって、必ずしも天皇をどうしようということじゃないから、御安心なさいと」答えた。そして「これはぼくが参謀にこびるつもりで言ったんじゃなく、ぼく自身当時そう思っていたんです」と述べている。それは前述のとおり一方でポツダム宣言に感激しておきながら、「他方では、天皇制を廃するなどということは毛頭考えていませんでした。ですから、T（谷口――引用者）参謀にも無産政党を復活させなくちゃいけないということは強調したが、共産党の合法化というところまでは念頭になかった。それも共産党は別だという明確な観念があったというより、イマジネーションがそこまで及ばなかったんですね、恥かしい話だけれど……」という後年の反省を伴うものであった。

丸山は、「兵隊に行っている間、ぼくの最高の願いは「いつかぼくの生きているうち、もういっぺん、起床ラッパでなくて、ぼくの起きたいとき起きる生活がしたい」ということでしたね」といい、それゆえアメリカの軍事占領に対して甘かったという評価は、「あとからいえばその通りだが、実感からいうとそんなもんじゃないんだな。アメリカであれ何であれ、本当に解放された、ざまァ見やがれという……」と語っている（「丸山先生を囲んで」一九六六年一〇月『座談』⑦）。それほどに自由への渇望は強かった。

丸山が召集解除となったのは九月一二日で、一四日に復員した。宇品から広島駅までの焼け野原のなかを歩き、広島から超満員の汽車に何台目かで強引に乗り、京都の母の従弟の家で一泊させてもらって東京の西荻窪駅に到着した。弟の邦男に荷物を取りに来てもらい、まずは父の家に身を寄せ、そのあとしばらく父の借家で、高等学校時代の親友で農林省食糧管理局に勤めていた亀田喜美治の家族と同居生活をすることとなった（『回顧談』（上）一六〜一九）（「戦後民主主義の「原点」」一九八九年八月『集』⑮）（『回顧談』（下）一〇九）。

# 四　「精神の革命」を求めて（一九四五～一九五〇年）

## ――ナショナリズムの追究――

### 「近代的思惟」の希求

「連合軍司令部による矢継ぎ早の民主化への指令」が発せられたのは、丸山が復員して東京に戻ってからまもなくのことであった。その一連の指令は、「大体予測していたこともあれば、まったく予測の外にある出来事もあ」り、「予測の外」の一つが、治安維持法以下の思想取締法および特高警察の廃止、政治犯の即時釈放であった。丸山は、ポツダム宣言を将校や下士官たちに説明する役割を担い、また無産政党の自由な活動にまで言及していながら、なぜそこに思い及ばなかったのかは「自分にも分らない」という。「財閥の国」というイメージからそう遠くないアメリカ観を持っていた丸山には、「そのアメリカが中心になった占領軍が非合法共産党員を釈放するどころか、共産党の自由な活動にあれほど肩入れするということ」は想像しにくい事柄であった。敗戦当初の一時期に限られてはいたが、アメリカをはじめとする連合国は、「日本の軍部および右翼勢力の「地下抵抗」の激しさを当然の事態として予測し、そのカウンターバランスとして「左」の勢力を鼓舞激励した」という「見込ちがい」をした。丸山は、その「見込ちがい」の誘因として、「日本の右翼ナショナリズムの見かけによらぬ不甲斐なさ、その大勢順応主義」をみている（「昭和天皇をめぐるきれぎれの回想」一九八九年三月『集』⑮）。そうした反省を含む観察もまた、丸山のその後のナショナリズム分析に活かされていったであろう。

　復員後最初に——一九四五年一二月三〇日と脱稿日が記されている——書いた論文が「近代的思惟」であった（一九四六年一月『集』③）。冒頭、丸山は「私はこれまでも私の学問的関心の最も切実な対象であったところの、日本に於ける近代的思惟の成熟過程の究明に愈々《いよいよ》腰をすえて取り組んで行きたいと考える。従って客観的情勢の激変にも拘わらず私の問題意識にはなんら変化がないと言っていい」と述べる。後述する青年文化会議の機関誌の創刊号にふさわしい宣言といえよう。「我が国に於て近代的思惟は「超克」どころか、真に獲得されたことすらないと云う事実はかくて漸く何人の眼にも明かになった」というのは丸山の発言のなかの有名な一節であるが、それゆえに「近代的思惟」こそが最優先で追究されなければならないものであり、その思惟様式の獲得をめざして丸山の言論・啓蒙活動が展開されてゆくこととなった。

　丸山は、「過去の日本に近代思想の自生的成長が全く見られなかったという様な見解も決して正当とは云えない」と、「超克」説の対極にある「無縁」説にも釘を刺し、それは「結果に於て嘗ての近代思想即西欧思想という安易な等式化へ逆戻りする危険を包蔵している」として「徳川時代の思想史」がもっと注目されてしかるべきことを述べている。なかんずく「儒教乃至《ないし》国学思想の展開過程に於て隠微の裡に湧出しつつある近代性の泉源を探り当てることが大切」だといい、戦前の彼の徳川思想史に関する研究は、そのまま戦後の「近代的思惟」の追究へと接続していたことがわかる。また続く、「思想的近代化が封建権力に対する華々しい反抗の形をとらずに、むしろ支配的社会意識の自己分解として進行し来ったところにこの国の著しい特殊性がある」との一文は、のちに「思想と思想との間に本当の対話なり対決が行われないような「伝統」の変革なしには、およそ思想の伝統化はのぞむべくもない」(「日本の思想」一九五七年一一月『集』⑦)と慨嘆した日本の思想のあり方への警鐘と一致しており、後年の「開国」そして「歴史意識の「古層」」につながる萌芽も見ることができよう。

丸山は、その当時の状況を、後年に次のように回顧している。

> ぼくなんかも戦争から帰ってきてしばらく――一九四五年一ぱいぐらいまでの感じっていうのは、むしろ反時代的だったですね。猫もしゃくしも民主革命といってワァワァいう気分に反感をもっていた。それがわずかに現われたのは、青年文化会議で出した『文化会議』の第一号で同人たちが「何をなすべきか」というテーマで短文(「近代的思惟」丸山眞男集三)を書いたが、そのなかに出ています。また、そのころ書きちらしたノートを見ても「現代日本はデモクラシーが至上命令として経典化される危険が多分に存する。それはやがて恐るべき反動を準備するだろう」とか「思想の確立のために我々が闘わなければならないのは、単に思想対思想外的暴力ではない。思想内的暴力に対しても峻厳な闘争がなされねばならぬ」とか「単なる多数支配に堕し、少数者の権利の尊重を知らぬ」「雷同的、貝殻投票的デモクラシー」といった言葉が盛んに出てくる(「戦争と同時代」一九五八年一一月『座談』②)。

丸山があえて徳川思想史への注目を説いたのも、そうした「反時代的」精神の表れであったといえよう。

## 「飢餓の中の民主主義の原点」――三島庶民大学――

丸山にとって、戦争の時代の「悔恨」をバネに大衆の啓蒙活動を行うことは重要な課題であった。敗戦からまもない一九四六年二月、川島武宜《たけよし》を議長に、丸山も運営委員の一人として加わり青年文化会議が設立される*（『回顧談』（上）三五〇）。前述の論文「近代的思惟」はその機関誌に掲載されたものであった。設立の話があったのは、後述の三島庶民大学とほぼ時を同じくしての一〇月ごろだったという。青年文化会議には、戦前の中井正一らによる『世界文化』的な反ファシズム的な空気があり、中心は瓜生忠夫《うりゅうただお》で、憲法学者の中村哲《あきら》も中心的に活躍していたという（「聞き書き　庶民大学三島教室」（一九八〇年九月）二〇〇二年七月『話文集』①）。丸山によればそれは「個人関係」で集ったものであったが、「戦争にとられた世代」という意味での「被害者意識」で結集し「世代論」を最初に提起したという意味をもっていた（「同人結成のころのこぼれ話」一九九二年六月『集』⑮）。何よりも重要なことは、その「創立宣言」に謳われたように、「戦争とファシズムを阻止しえざりしオールド・リベラリストと訣別**」することを明言したことであった。丸山は、「ある意味では非常に不毛なのだけれども」とことわりつつ、「我々は兵隊にとられたという、被害者意識です。オールド・リベラリストたちは空襲ではやられますけれども、兵隊にはぜったいに行かないし、その点は安全なのです。もちろん特高経験がない。そういう思想問題の経験がない」、そのようなオールド・リベラリストとは体験を異にする「戦後世代論の最初の提起」であった（『回顧談』（上）三五〇）。それはまた、同時期に自らに課しつつあった戦前リベラリズムとの訣別の出発点でもあったといえよう。

＊設立経緯については、竹本洋「「青年文化会議」の設立と内田義彦」（『経済学論究』第六三巻三号、二〇〇九年一二月）が詳しい。

＊＊「宣言」には「一切の旧き自由主義者との訣別を宣し」とある（『回顧談』（上）補注四〇三）。

当時、東大法学部資料整備室嘱託をしていた労働法学者の木部達二との間で三島庶民大学の相談がなされたのも、それと同時期であった（『回顧談』（下）六七）。木部とは東大法学部の同期であったが、本格的な出会いはこのときであった＊（「聞き書き　庶民大学三島教室」一九八〇年九月『話文集』①）。最初の相談の段階では、丸山と同期の助手であった辻清明も加わっていたが、結核の療養に入ったため参加せず、木部が自分の専門に近い民法学者の川島武宜に相談して話が進んでいった。木部の疎開先が静岡県田方郡函南《かんなみ》村であったことから、その近くの三島の地が選ばれて三島庶民大学開催にいたる。木部は、戦争中から下町の労働者を集めて読書会をやっており、それを「公然化し、また規模も大きなものにしようという構想」で庶民大学となったのであった（「飯塚浩二著作集第五巻　解説」一九七六年九月『集』⑩）。青年文化会議の場合は「接触がプルーラル」であったのに対し、三島庶民大学の場合には、もっぱら木部を中心に進められ、丸山らがその相談にのるという形でできあがっていった（「聞き書き　庶民大学三島教室」『話文集』①）（『回顧談』（下）六七）。

＊応召中の一九四五年五月、病気の母を見舞うために帰京した際に木部と会って、戦争の見通しについて話をしている（「戦争と同時代」『座談』②）。

丸山は、一九四五年一一月一五日に戦前の翼賛壮年団を母体に創立された三島文化協会の主催で、一九四五年一二月二日、三島大社社務所において「明治の思想―封建的精神とのたたかひ―」を講演している。＊そこから木部を中心に同じく一二月に庶民大学協会ができ、翌年二月に同協会主催で三島庶民大学が誕生して、丸山は四月までに八回、「十九世紀以降欧州社会思想史―特に独逸を中心として―」というタイトルで連続講義を、＊＊さらに一二月には「現代社会意識の分析」と題して二回の講演を行っている。会場は三島勤労署であった（『回顧談』（下）六六～六九、七三）（「聞き書き　庶民大学三島教室」『話文集』①）。丸山自身も述べているように、翼賛壮年団に組織されていた「地元の土着的なものの中に」そうした場を渇望する気運が醸成されていたのである（『回顧談』（下）六七）。＊＊＊

＊「私の記憶では、「明治の精神」というのは記憶にないんですが、確かに日本資本主義の機構みたいなことを話したんです」「確かに、僕は講座派の影響を受けていましたから、機構分析そのものは、山田〔盛太郎〕さん的な話をしたんでしょうね」と語っている（「聞き書き　庶民大学三島教室」『話文集』①）。

＊＊講義内容は、『回顧談』（下）八三～九九に詳しく語られている。

＊＊＊三島庶民大学の他の講師による講演内容等については、『回顧談』（下）七二～七七を参照。

丸山は、敗戦直後の深刻な飢餓状態のなかで「言論・出版・結社の自由というのは、ほんとうにうれしかった」といい、丸山にとって三島庶民大学に関わることもその喜びのひとつであった。しかもそうした「飢餓状態での精神的な自由で、喜びを感じたのは必ずしもインテリだけではない」ことを、丸山はそこに集まる人びとのなかに認めており、当時の様子を次のように回想している。「聴衆は、ぼつぼつ帰ってきた学徒も少しはいましたけれども、大体は普通の労働者や主婦でした。そのときの民衆の真剣な表情、質問はほとんど想像を絶しますね。（中略）民主主義といったって、なんのことか分らないですから、まず民主主義とはどういうことなのかから話を始めるんですけど、庶民は決して知ったかぶりはせずに、分らないことは分らないとはっきりいう」。さらに「集まったひとたちはそういう抽象的とも思われる話をすごく熱心に聞いてくれて、吸い取り紙がインクを吸いとるように、吸収する。そういう民主主義の「啓蒙」運動は三島だけでなく、全国にあったんです」といい、丸山は、そこに明治維新のころの「学問のすゝめ」の再現をみている。そして、「学問というのは「情報」ではないんです。主体の問題なんです。これが飢餓の中の民主主義の原点なんです。だから、戦後民主主義ナンセンスなんていう人がいますが、僕らから見ると逆にそれこそナンセンスです。そこでいっている民主主義というのは制度のことです。甚だしきは戦後政治の現実を戦後民主主義といっている」と述べており（「戦後民主主義の「原点」」一九八九年八月『集』⑮）、丸山はこのときの経験を大事にしながら「戦後民主主義の「原点」」を保持し続けていったことがみてとれよう。後年、丸山は講義のための原稿を手にしながら、「ああいう生活の大変なときに、こういう原稿をよく書いたものだと我ながら思います。使命感みたいな意識があったのですね」と回想している（『回顧談』（下）一一一〜一一二）。

ところが、発足にあたって木部に負うところの大きかった三島庶民大学は、その盛衰も木部に左右された。木部は一九四六年一月に設立された民主主義科学者協会などの「進歩的な団体」と関わりながら労働者教育に従事し、一九四六年七月に日本共産党に入党する（「聞き書き　庶民大学三島教室」『話文集』①）。一九四七年春には木部が、共産党および県民主団体会議推薦で第一回参議院選挙に立候補し落選する。それを機に「共産党の宣伝」はおことわりだという空気が庶民大学のなかに生じ、これまで同様に一〇〇名を超える講座もあったが、「常時の聴講者」は減ってしまった。木部は共産党の活動のために多忙となり、また木部主催による別の講演会、学習活動が「分派」の様相を呈することともなった。そうしたなかで、東京商大を出て出征し復員したばかりで会に参加していた笠井章弘*は、木部との思想的対立により庶民大学から離れていったひとりであった。木部は一九四八年二月、急性化膿性脳膜炎のために急逝する。そして庶民大学は一九四八年六月ごろを最後にその使命を終える（『回顧談』（下）七〇、七八～八二）。

＊笠井はその後平凡社に入り、丸山が精力を注ぐこととなった『政治学事典』を企画する（『回顧談』（下）八二）。

丸山は後半は庶民大学の講師に加わっていなかったが、木部に対しては「友達として、（党に――引用者）入った以上は大いにやってもらいたいというつもりから」選挙の際には応援演説に行き、また訃報に接して「三島に駆けつけて葬儀万端をや」ったという（「聞き書き　庶民大学三島教室」『話文集』①）（『回顧談』（下）七八～八一）。しかし、丸山は木部が共産党に入ることには反対であり、「やっぱり、特定の政党に入らないで、民衆教育というか、庶民大学的なもののオルグかつ講師として活躍するのが、彼の本来の生き方だと思っていました」と語っている（「聞き書き　庶民大学三島教室」『話文集』①）。それは、一つには「亡くなったから言うわけではありませんけれど、むしろ彼なんかは、そのうち除名になったと思います。（笑）」とも語るように、そして「入った方が都合がいいという、そういう空気があった」とはいえ、「僕に言わせれば、木部君らしくないんです」というように、木部自身の適性を考えてのことであったといえよう。そしてもう一つは、「党外にあっても共産党と一緒にやっていくというのが、庶民大学を根づかせるためにはよかったと思うんですね。木部君自身が実質的に指導していたら、〔庶民大学の〕分裂は起こらなかったと思います。ところが、やっぱり、木部君自身の考えがあって、聴講者が自ら運営していくという方針を非常に早くから打ち出して、それは大義名分としては、何も反対のしようがないわけですが、結果においては、それが〔庶民大学の〕中の分裂を起こしましたね」（「聞き書き　庶民大学三島教室」『話文集』①）というように、庶民大学を根づかせるという観点からの反対であった。それは、丸山と木部の民衆啓蒙のあり方をめぐる考え方の違いであった。

丸山は、「民主主義がフルに制度化されたら、それは民主主義じゃないんだ。そういう自己矛盾的なものなんです」といい、「状況と制度という観念を用いて、全体の、広い意味での状況をつかまえることが必要」であって、三島庶民大学を「プツプツ、プツプツ噴火口みたいに沸騰している、そういう中の一つ」として位置づけていた（「聞き書き　庶民大学三島教室」『話文集』①）。

丸山は、一九四六年二月、思想の科学研究会設立に、そして同じころ、所長を務める清水幾太郎に依頼されて二十世紀研究所にも参加する。＊後年、「まあ、「思想の科学」だけでなく他の集団参加も早い話がみんな個人関係なんです」と語っているように、前者は、創立の中心メンバーである鶴見和子・鶴見俊輔とのつながりによるものであった。そして、「プラグマティズムの考え方という点が鶴見俊輔さんに、戦後一番学んだことですね」と述べている（「同人結成のころのこぼれ話」一九九二年六月『集』⑮）（「「自粛の全体主義」のさなかに」一九八八年一一月『話文集』③）。また、長谷川如是閑も含めて、清水や鶴見から、ドイツ系の南原と対照的ないわゆるプラグマティズムについての影響の大きさを語っている。なお二十世紀研究所は、「僕のいるところではないと思って」安保闘争のずっと前に脱会したという（「「自粛の全体主義」のさなかに」『話文集』③）。

＊思想の科学研究会については、安田常雄「「民主主義科学」と「思想の科学」―戦後思想の発想と方法―」（安田常雄・天野正子編『戦後「啓蒙」思想の遺したもの』（一九九二年、久山社）を参照。

丸山は、民主主義科学者協会にも、その創立から一年後の一九四七年一月に加入している。マルクス主義の「ある部分については徹底して違和感があ」り、また「民主主義というのは一つの思想的立場であって、経験科学においては、反民主主義者だって立派な業績をだすことは有りうる」と考える丸山にあっては、「民主主義科学などというものはない」のであったが、社会主義には「広い意味では賛成」であり「イッシュによっては共産主義者と一緒にやる、むしろやったほうがいいと思ってい」たがゆえの参画であった。丸山は戦後、友人が共産党に入る際に、それが社会科学者の場合には、「世界観として、社会科学としてマルクス主義を承認するか」ということを問うたという。丸山においては、その点において一致できないかぎり入党はありえず、党の外で広く戦線を組むという選択であったのであろう（「同人結成のころのこぼれ話」『集』⑮）。

## 「戦前リベラリズム」からの離脱――「超国家主義の論理と心理」の執筆――

そのような活動を担いつつ、同時期に丸山がぶつからなければならなかったのが天皇制の問題であった。丸山はこれまで信をおいていた重臣リベラリズムを含む「戦前リベラリズム」*から離脱し、「悔恨共同体」**からの新たな思想的出発を遂げる。

＊松沢弘陽の質問に答えて以下のように述べる。「やっぱり、戦争のあとですね。戦争中は、そういう考え方はなかった。既成事実を容認していくことになるという自覚はなかった。戦後になってそのように書いたのは、ぼく自身も含めた戦前リベラリズムに対する反省です」（『回顧談』（上）三四九）。

＊＊敗戦直後の専門分野や職業のちがいをこえた「知識人の再出発―知識人は専門の殻を超えて一つの連帯と責任の意識を持つべきではないか、そういう感情の拡がり、これを私はかりに「悔恨共同体」と呼ぶわけです」と述べられている（「近代日本の知識人」一九七七年一〇月『集』⑩）。丸山はまた、その出発を「怨恨と被害者意識」であったとも語っている（「丸山先生を囲んで」一九六六年一〇月『座談』⑦）。

新たな思想的出発の痕跡は、『自己内対話』に掲載された当時のノートからも見てとることができる。「昭和二〇・一〇・二九　我が国デモクラシーの諸問題」のなかの「一、天皇制との関係」との見出しのもと、「天皇のレーゾン・デートル」は「国民の情的結合のシンボル」にあるとされている（『対話』八～九）*。

＊この記述について、丸山自身も一九五二年の座談「日本人の道徳」（一九五二年三月『座談』②）で触れている。

また「十一・四」の日付の入った「デモクラシーの精神構造」と題する箇所には次のように書き付けている。

一、まづ人間一人〳〵が独立の人間になること。／真偽、正邪を自らの判断に於て下す。／↓／他人のつくつた型に入りこむのでなく、自分で自分の思考の型をつくつて行くこと。／間違つてゐると思ふことには、まつすぐにノーといふこと。／この「ノー」といひうる精神――孟子の千万人といへども我行かんといふ精神――は就中重要である。このノーといひえない性格的な弱さ†が、雷同、面従腹背、党派性、仲介者を立てたがる事、妥協性等々もろ〳〵の国民的欠欽のもと。

†独立的精神の苦しさに堪えられない、弱さ。自主的思索を放棄して、他人のつくつた枠に入り込むことは最も安易である。

二、他人を独立の人格として尊重すること（一の裏面である）。／ギリシヤのデモクラシーと近代デモクラシーとの根本的差異は近代デモクラシーが宗教改革を経てゐること、換言すれば人間の内面的独立性の認識の上に立つてゐることにある（『対話』一〇～一一）。

さらに「一一・九」のあとに、「デモクラシーが生々した精神原理たるためには、それが絶えず内面から更新され、批判されなければならぬ。デモクラシーがかうした内面性を欠くとき、それは一つのドクマ、教義として固化する。かくてそれはファシズムへの最も峻厳な対立点を喪失する」（『対話』一七）と記す。先の「近代的思惟」で見たのと同様の問題意識が貫かれており、それを天皇制とどう併存させながら実現していくのかということが思索されていたのだといえよう。

丸山の名を一躍高からしめた「超国家主義の論理と心理」を書くまでの数ヶ月は、丸山にとって天皇制の呪縛力を乗り越えていく葛藤の期間であったことは、丸山自身も「ぼくにとっては、天皇制を否定するということは大変なことだったのです」と述べていることに明らかである（『回顧談』（上）三一四）。その論文は、前述の父の借家の二階で書かれた（『回顧談』（下）一一二）。「あれはね、三日ぐらいで書いた。ぼくにしては驚くべく早いんですよ。ほとんど書物なしに、記憶ですからね……朝日か何かで、たしか東条がこういったはずだ——というんで速記録の正確な引用をするために研究室で新聞調べたけど。自分で言うのはおかしいが、発想が泉のように涌いてくるんですね。ついにふたたび帰らずですね、ああいうエネルギーは（笑）」（「丸山先生を囲んで」『座談』⑦）。葛藤し煩悶しつつ、最後には一気にそれを原稿用紙に書きつけたのであろう。

丸山が、創刊まもない雑誌『世界』の編集長吉野源三郎から論文執筆を委嘱されたのは、一九四六年二月ごろのことであった（「昭和天皇をめぐるきれぎれの回想」一九八九年三月『集』⑮）。

庶民大学などの活動に従事しながら執筆した「超国家主義の論理と心理」が、『世界』一九四六年五月号（『集』③）に掲載された。すでに触れたように、この論文はそれを書くことによって天皇制——そして戦前リベラリズムからの訣別を「決断した」、丸山にとって画期となるものであった。丸山自身が「書くことによって決断したわけです。書くことによってですから、だんだん考えていったということです」と語り、聞き手の松沢弘陽が確認しているように、丸山の戦前リベラリズムからの離脱のはじまりであった（『回顧談』（上）三四九、三五四〜三五五）。丸山自身、後年にこのように語っている。

この論文は、私自身の裕仁天皇および近代天皇制への、中学以来の「思い入れ」にピリオドを打った、という意味で――その客観的価値にかかわりなく――私の「自分史」にとっても大きな劃期となった。敗戦後、半年も思い悩んだ揚句《あげく》、私は天皇制が日本人の自由な人格形成――自らの良心に従って判断し行動し、その結果にたいして自ら責任を負う人間、つまり「甘え」に依存するのと反対の行動様式をもった人間類型の形成――にとって致命的な障害をなしている、という帰結にようやく到達したのである。

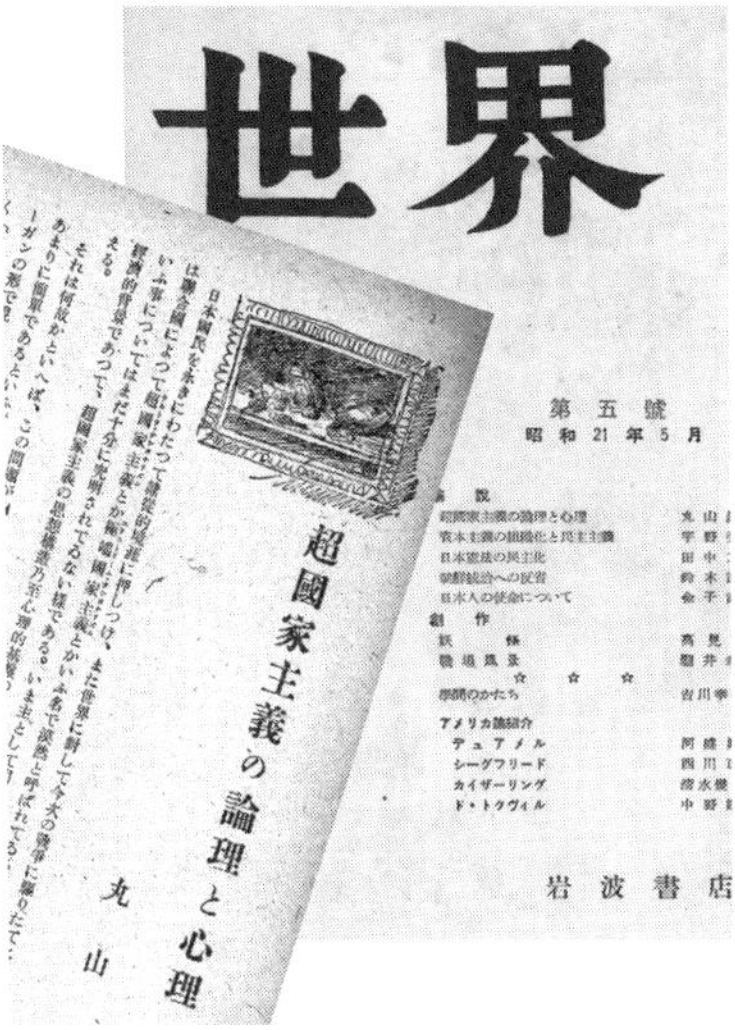

図9 「超国家主義の論理と心理」（『世界』1946年5月号）

そして原稿用紙に書きつけながら天皇に敬語を用いる必要がないことを自分の心にいいきかせた。「のちに人の目には私の「思想」の当然の発露と映じるかも知れない論文の一行一行が、私にとってはつい昨日までの自分に対する必死の説得だったのである。私の近代天皇制にたいするコミットメントはそれほど深かったのであり、天皇制の「呪力からの解放」はそれほどに私にとって容易ならぬ課題であった」と告白する（「昭和天皇をめぐるきれぎれの回想」『集』⑮三五）。天皇制は丸山が立ち向かう精神革命を阻む根源的なものとして存在していたのである。* めざすべきは、『自己内対話』に書きつけた「デモクラシーの精神構造」すなわち「人間の内面的独立性」の獲得であった。

＊丸山と同世代の歴史家であり丸山とも親交のあった家永三郎（一九一三―二〇〇二）も、天皇制からの離脱の過程を克明に記したものを残しており、それによれば「一九五〇年代の末期から、私はようやく「天皇制を本当に突き放してトータルに科学的に見据える視点」（『激動』五二ページ）を獲得できるようになったのである」という（「付篇　私と天皇制・天皇」・家永三郎『一歴史学者の歩み』二〇〇三年、岩波現代文庫、二六一）。

丸山は、論文中で次のように述べる。「それ（超国家主義――引用者）は今日まで我が国民の上に十重二十重の見えざる網を打ちかけていたし、現在なお国民はその呪縛から完全に解き放たれてはいないのである。国民の政治意識の今日見らるる如き低さを規定したものは決して単なる外部的な権力組織だけではない。そうした機構に浸透して、国民の心的傾向なり行動なりを一定の溝に流し込むところの心理的な強制力が問題なのである」。超国家主義は今なお国民を縛っていると考える丸山にとって、それを撃つことはたんなる過去の分析に終始するものではなく、現実の国民の意識の変革と不可分の緊要な課題であった。冒頭、丸山は、「いま主として問題になっているのはそうした超国家主義の社会的・経済的背景であって、超国家主義の思想構造乃至《ないし》心理的基盤の分析は我が国でも外国でも本格的に取り上げられていないかに見える」と述べ、講座派マルクス主義のそうした天皇制批判のあり方とは一線を画し、心理的分析を提示してみせた。「けだし「新らしき時代の開幕はつねに既存の現実自体が如何なるものであったかについての意識を闘いとることの裡に存する」（ラッサール）

のであり、この努力を怠っては国民精神の真の変革はついに行われぬであろう。そうして凡そ精神の革命を齎《もた》らす革命にして始めてその名に値するのである」と述べるように、追求すべきは一貫して国民精神の変革であった。そこには、ロックを念頭に置きつつ「規範的な自由が本当の自由であって、感覚的な解放だけではどうにもならんのではないか」との思いが貫かれていたといい、この点は別途追究されることとなる（『回顧談』（下）一六）。

国民国家についても、一九九〇年代以後の歴史学における「国民国家」論の台頭*を待つまでもなく丸山は、「近代国家は国民国家《ネーションステート》と謂われるように、ナショナリズムはむしろその本質的属性であった」と喝破し、その上で、ヨーロッパ近代国家すなわち中性国家が「思想信仰道徳の問題は「私事」としてその主観的内面性が保証され、公権力は技術的性格を持った法体系の中に吸収された」のに対して「日本の国家主義は内容的価値の実体たることにどこまでも自己の支配根拠を置こうとした」ことを対比してみせた。

＊西川長夫「序　日本型国民国家の形成―比較史的観点から―」（西川・松宮秀治編『幕末・明治期の国民国家形成と文化変容』一九九五年、新曜社）をはじめとして、多くの「国民国家」批判が登場した。

ところが自由民権運動も含めて明治以後の国家形成のあり方は、「内面的世界」への国家権力の侵入に無頓着であった。「華々しく台頭した」自由民権運動は、明治国家と「真理や正義の内容的価値の決定を争ったのではなく、（中略）もっぱら個人乃至国民の外部的活動の範囲と境界をめぐっての争い」すなわち権力奪取の抗争を繰り広げただけであり、「近代的人格の前提たる道徳の内面化の問題」は自由民権論者においては「軽々に片付けられていた」のであった。「かくしてこの抗争を通じて個人自由は遂に良心に媒介されることなく、従って国家権力は自らの形式的妥当性を意識するに至らなかった。* そうして第一回帝国議会の召集を目前に控えて教育勅語が発布されたことは、日本国家が倫理的実体として価値内容の独占的決定者たることの公然たる宣言であったといっていい」。こうして「国家が「国体」に於いて真善美の内容的価値を占有する」にいたる。「「私事」の倫理性が自らの内部に存せずして、国家的なるものとの合一化に存する」ということは、「国家的なるものの内部へ、私的利害が無制限に侵入する結果」をもたらし、「倫理が権力化されると同時に、権力もまた絶えず倫理的なるものによって中和されつつ現われる」という倫理と権力の相互移入が行われることとなるのである。

＊この自由民権運動の評価については、後年、松沢弘陽の問いに答えつつ、マルクス主義から「良心の自由という考え方は出てこない」のであり、南原から受けたものであると述べている（『回顧談』（上）三五四）。

そしてそれが天皇の軍隊において、慈恵行為と残虐行為の共存として発現しているのであり、それは丸山自らが軍隊において目の当たりにしたものでもあった。彼らの行動を制約しているのは、「合法性の意識ではなくして、ヨリ優越的地位に立つもの、絶対的価値体にヨリ近いものの存在」であり、前述したとおり「国家秩序が自らの形式性を意識しないところでは、合法性の意識もまた乏しからざるをえない」。「国家的社会的地位の価値基準はその社会的職能よりも、天皇への距離にある」。「自由なる主体意識が存在せず各人が行動の制約を自らの良心のうちに持たずして、より上級の者

（従って究極的価値に近いもの）の存在によって規定されている」ところでは、独裁観念ではなく「抑圧の移譲による精神的均衡の保持」が行われる。そして重要なことは、それは軍隊生活に限ったことではなく、「実は日本の国家秩序に隅々まで内在している運動法則が軍隊に於て集中的に表現されたまでのこと」だという点にある。丸山は、それを福沢諭吉の「権力の偏重」という言葉を借りつつ説明し、さらにその「抑圧の移譲」原理が「国際的に延長せられた」ことをみる。超国家主義における「権威の中心的実体であり、道徳の泉源体であるところの天皇」は、明治維新を経て精神的権威が政治的権威と合一した際に、「無よりの価値の創造者」ではなくなり、「無限の古にさかのぼる伝統の権威を背後に背負っている」存在なのであった。

最後は、「日本軍国主義に終止符が打たれた八・一五の日はまた同時に、超国家主義の全体系の基盤たる国体がその絶対性を喪失し今や始めて自由なる主体となった日本国民にその運命を委ねた日でもあったのである」と結ばれる。日本の運命を委ねられた国民が、「自由なる主体」の内実を備えるための啓蒙活動が開始されていくことになる。

この論文が出たあと岡義武は、直接論文を批判したり、また丸山を批判したというわけではなかったが、「天皇制批判が過ぎると、反動がくる」というような意味合いにおいて「天皇制批判は危険だ」と言ったという[*]（『回顧談』（上）三五五）。丸山がこの論文を機にジャーナリズムで活躍するようになったことについては、法学部では直接に批判されることはなかったが、「論壇の寵児になりましたね」という皮肉を言われることはよくあり[**]、そのようななか、丸山には、「ジャーナリズムを撃退しなければいけない」というジレンマもあったという。

＊別の箇所（『回顧談』（上）一三四）では、岡のその発言は丸山の復員後とある。

＊＊南原繁は喜ばず、「よく「ジャーナリズムにあんなに書いてはいけないよ」と、皮肉っぽく言われました」と語っている（『回顧談』（下）六〇～六一）。

雑誌だけでなく、論文が出た年、早速信濃教育会からの依頼も舞い込み、一九四七年八月には同会主催の講演会を長野県内で四回行ったのをはじめ、その後も三回ぐらい引き受けたという。信濃教育会は、戦前は帝国教育会に組み込まれることに抵抗してその支部とならなかったが、戦後は教員組合との対立も起こってきた。そのようななかで丸山が「意識的に信濃教育会を援助しよう」としたのは、「教員組合に一本化するとよくないという考え方、日教組に対する一つの批判」であった（『回顧談』（下）一一四～一一五）。後述の「権力の偏重」を回避するという福沢に見られる姿勢の投影であったといえよう。＊

＊ただし、後年、冷戦後は関係も途絶え、ある種の「時局便乗」への落胆も語っている（「『著作集』と『講義録』、社会連帯主義、ガン患者として―丸山先生を囲む会の最後の記録―」一九九五年八月『話文集』続④）。

## 国家秩序との内面的つながり――「快楽的個人主義」を超えて――

「超国家主義の論理と心理」のなかで言及されていた「感覚的な解放」だけではない「規範的な自由」を獲得し「国民精神の変革」を行わねばならないという問題は、「国家秩序との内面的つながり」

と称して追求されてゆく。

丸山は、『帝国大学新聞』から学生の読書のための指針を求められたことに答えて、「際物《きわもの》」との留保をつけながらマクマレー『近代精神』をあげ、「英国の「個人主義」の何か不気味なまでの底力に圧倒されずにはいられません」と述べている。ほかにもトルストイ、ドストエフスキー、ロマン・ロラン、そして夏目漱石と、自らが中学高校時代に読んできた巨匠たちをあげながら彼が強調するのは、「漫然たる「ディレッタンティズム」」からではなく、「作家がいかなる社会に生れいかなる環境に育ち、その社会の問題といかに取組んだか」ということを、「作品の内部のなかから探り出す様に絶えず心掛ける事」の大事さであり、「そこにはじめて教室の「勉強」と自宅の「教養」との不幸な分裂が打開される一つの道がひらけると思います」といい（「何を読むべきか」一九四六年七月二三日『集』③）、摂取した学問的知識を引き出しにしまい込むのでなく、常に日常社会に照らして問い返しを行い、両者の疎通をはかることを求めた。かつてカール・レーヴィットが嘆いた、階下では日本的に考え二階にはヨーロッパの学問が並ぶ「知的な思索の世界と日常的な生活の世界との乖離」（松本三之介『明治思想における伝統と近代』（一九六六年、東京大学出版会、一三五～一三六）を打破する試みであったといえよう。

同様の問題関心は、ラスキ『信仰・理性及び文明』（一九四四年）を評したもののなかにも現れている。同書は、ボルシェヴィズムがかつてのキリスト教に代わる「新しき信仰」としての役割を担って登場したことを論じるが、なかでも丸山が着目するのは、ムッソリーニやヒットラーの「権力政治」をも台頭させた過去二〇年間は知識人が大衆から遊離して孤高性に矜持を抱き、学問と生活との乖離が著しくなったとして、ラスキが、「知識人は私人であると共に一市民であること、もし、知識人が時代の直面する重大問題に、大衆にとって生死を意味する問題に背を向けるようなことがあれば、その時代の一切の文学は決して時代を救い得ないし、又偉大な文学にもなり得ない」と力説していることである（「西欧文化と共産主義の対決―ラスキ「信仰・理性及び文明」について―」一九四六年八月『集』③）。それはほかならぬ丸山自身の危機感でもあった。丸山は、青年文化会議でも読んだばかりの同書について報告しており、のちに、「あの本は、ファシズムの重圧から解放され、可能性をはらんだ希望に満ちた未来というか、そういうことから、ぼくに非常に訴えました。戦前の学生時代に読んだときよりも、むしろ戦後の日本の状況の中で、ぼくに波長が合いました」と語っている。その背景には、第二章でみたように「認識と価値判断を峻別することに対する懐疑」すなわち南原の依拠する新カント派に対する疑問があった（『回顧談』（上）一四七～一四九）。

「文明を再建すべき価値体系がボルシェヴィズム以外の処に求められない」として、キリスト教が持っていた「人間精神の再生」の役割をボルシェヴィズムに見るこの時点のラスキに丸山が着目したのは、「コミュニズムをどこまでも、一つの「信仰」として、これを「エトス」の面から捉えている事」であった。「そこに熱烈に主張されるのは、もっぱら「価値体系の再建」であり、「精神的救済への渇望」であり、「個人的自我の実現」であり、「人間の裡なる至高なるものへのアピール」である」と。

そして丸山は次のように結ぶ。「本書におけるボルシェヴィズムに対する委曲を尽した弁護は、或る意味では、ラスキのなかに潜む「個人主義」との血みどろの格闘といえないこともない。（中略）そこに含まれた問題は今まさに世界的現実に於てその解決を迫られている。よそ事ではないのである」（「西欧文化と共産主義の対決」『集』③）。近代的思惟を根づかせ新たに社会を建設していかねばらない真っ只中にあって、マルクス主義とも向き合いながらいかにして民衆のエトス、すなわち国家との内面的つながりをもった精神を培っていくかということは、自己に突きつけられた課題でもあった[*]。

丸山は、同時期の座談のなかでもラスキの『現代革命の考察』を取り上げるなかで、「近代文明は、ご承知のように、個人人格の自由と尊厳、という原理を打ち立て、またそれを保障する政治機構として、近代民主制を発展させてきた。たとえ近代文明が前に言ったように、終末期に近づいていると言っても、この個人人格の尊厳とそれを保障する民主的手続き――思想・言論・集会・団結の自由――は、近代社会の貴重な遺産として、いかなる未来の文明の中にも生かされなければならない。そうでなければ中世的な権威主義に逆転してしまう」（「現代革命論――ラスキ『現代革命の考察』をめぐって――」一九五一年一月『座談』②）と述べて、個人主義の問題に注目している。

＊東京大学法学部で行われた東洋政治思想史の一九四九年度講義は日本のナショナリズムについてであった。その「序説　国民及び国民主義についての若干の予備的考察」の「三　ナショナリズムの構成要素」のなかで、丸山は、「ナショナリズムは拡大された自我意識である」一方、「最も高貴な精神が働いている」として次のように述べ、ナショナリズムの積極的な意味についてわかりやすく説いている。

　それは国民が一体化せんとする要求である。国民と国家との一体化によって、はじめて内における政治的統一を維持し、外に対する国民的独立を保持しようとする意識が各個人の中に生れてくる。国民の一人一人が国家を主体的な責任において担うというプライドをもつことにより、国家は死んだ統一からヴァライアティを持った生きた豊かな統一になる。その意味で、ナショナリズムは、必然的に自分の内部に人民の政治参与への意向を含まざるをえない。これはナショナリズムの歴史的力学の否定すべからざる法則である。国民が国家を自己のものとして意識すればするほど、国民の国家への凝集を妨げようとするものを打破しようとする傾向を強める。ナショナリズムは、二重の意味で政治的自己決定の要求として現れる。一つは他国民からの支配からの政治的独立として、また自国内における政治的自己決定としての要求がそれである。その意味で、ナショナリズムは人間のかつて到達した最も高貴な意識、最も高度の精神的理性的な自己責任、決断の共同意識である（『講義録』②二一三〜二一四）。

「近代国家と自由の関係」を重要な問題としてとらえる丸山が、一方で手がかりとしたのがラッセルであった。そこで丸山が見出したものは、「近代的な自由意識」すなわち「無規定的な単なる遠心的・非社会的自由ではなくて、本質的に政治的自由」であり、「それは内にひきこもる消極的精神ではなく逆に外に働きかける能動的な精神であり、政治的秩序から逃避する精神ではなくて、逆に政治的秩序に絶えず立ち向かおうとする精神にほかならない」。丸山によれば、ドイツやフランスのように「外的圧迫からの国民的独立に苦しんだところでは、近代的自由の持っている構成的積極的契機は一層鋭く自覚せられざるをえない」のであり、「ナショナリズムがリベラリズムの双生児であることは国民的常識」であったが、英米ではナショナリズムの持っている進歩的意義に着目せず「ナショナリズムという言葉にははじめっから何か暗く重苦しい連想がつきまとっている」（「ラッセル「西洋哲学史」（近世）を読む」一九四六年一二月『集』③）。敗戦後の日本の社会と向き合う丸山が求めるのは、ナショナリズムとの対峙を回避する英米型ではない「国民的独立」であった。

## 陸羯南――ナショナリズムとリベラリズムの結合――

このように、ナショナリズムに注目し、それとリベラリズムとの結合を積極的に追求していた丸山が念頭に置いた近代日本の思想家のひとりが、陸羯南《くがかつなん》であった。

丸山の父幹治は、すでにみたように政教社と関係が深かったことから、羯南の面接を受けて『日本新聞』に入社したまさしく「羯南の弟子」であった。丸山は、一九三〇年代後半以後の自由主義否定の時代に、父の羯南評価を聞きながら羯南の「自由主義如何」（『近時政論考』一八九〇年）を読み、羯南がナショナリズムの立場から自由主義をある意味で肯定しながらその限界を指摘していることについて、「大したものだと思った」「やっぱり本物だと思った」ことを回想している。丸山が『中央公論』（一九四七年二月）の日本の思想家を順次取り上げるという企画で羯南を論じることとなったのは、それに関わっていた蠟山政道の依頼によるものであったが、羯南を選んだのは丸山自身であった（『回顧談』（下）三〜五）。

「ナショナリズムとか国粋主義というと、悪の代名詞のような時期だった」なかで、あえて羯南という人物を選択した理由が、後年、『陸羯南全集』（一九六八年よりみすず書房から刊行）の編者のひとりである植手通有の問いに答える形で語られている。それによれば、一つは先に述べたような「自分で意識しない少年時代の環境の影響」であった。もう一つは、すでに述べた（→第三章）「国民主義の「前期的」形成」の論文が、尊王攘夷論の変遷を書いたところで召集令状が来て中絶を余儀なくされたことにあった。その論文を書こうとした本来の意図は、福沢のいう「日本には政府ありてネーションなし」のネーションやナショナリティが羯南や三宅雪嶺などの主張につながり、それがしだいに「帝国」「日本国家」に変わっていく、その「国民主義から国家主義へ」の変貌過程を明らかにすることにあった。したがって羯南論は、そのあとの「明治国家の思想」(『集』④)とともに「その続き」なのであった。また「もちろん、当時の日本のナショナリズムや明治時代に対するあまりに一括的に否定的な風潮、ちょうど戦時中の風潮を裏返しにしたような風潮に対して、そうばっかりも言えないと反発する単純な動機もあ」ったという(「近代日本と陸羯南」一九六八年一〇月『座談』⑦)。丸山が福沢諭吉に学びつつしばしば口にする「天邪鬼《あまのじゃく》」精神である。*

*丸山はのちにも、政教社の『日本人』も含めて、羯南の『日本新聞』などは「国粋保存運動」ではあるが、「その国粋という意味は主として文化的なもん」であり「政治的には必ずしも反動ではな」く、「赤ん坊をたらいごといっしょに水に流す」ように「なんでもかんでも欧化主義で流すことに反対した」と説明している(「日本における危機の特性」一九五九年一月『座談』③)。またさらに後年、「僕のは、マルクス正統派に対するアンチ・テーゼがあったんですね。だから逆に僕の思い込みがある、明治の日本主義者を再評価しろという。だって日本主義というと全部悪だからね、あの頃。ちょっとひどかったんですよ」という回想もある(「脱亜論」、日本浪曼派、湾岸危機、「日韓併合」、「集団的自衛権」の欺瞞性―「美しき会」の記録―」一九九〇年九月『話文集』続③)。

中央公論に掲載された「陸羯南―人と思想―」(一九四七年二月『集』③)では、民権論者が「政治制度の近代化」を「抽象的な自然法的な真理として説く」すなわち「国家からの遠心的自由を一方的に主張することは空虚な公式論」であるのに対して、羯南は「国際的圧力のさ中に近代国家を建設せねばならぬ我が国の現実」を見据え、「日本国家を遠心的要素（個人自由）と求心的要素（国家権力）との正しい均衡の上に発展させようとした」と評価される。丸山によれば羯南の思想は、「つねに日本の具体的現実、とくにその国際的環境に規定されていたために、近代的国民主義の理論としては当然に徹底的《ラディカール》ではありえなかった」が、その後の「日本主義」に比べてもはるかに「豊かな世界性と健康な進歩性」を具えていたのであり、また「絶対主義ないし官僚的な国家主義」に対しては、それと自己のナショナリズムとを鋭く区別して徹底的に抗い「政治をどこまでも人民に基礎づけようとした」ものであった。

丸山のこのような評価は、もとより戦時下の「日本主義」との違いを意識してのことにちがいないが、それ以上に念頭に置かれていたのは、一見ラディカルと映った自由民権運動に対する批判であった。「注意せねばならぬことは進歩的とか反動的とかいう規定は、ある人間が口でどういうことを唱えているかということで定まるのではなくして、彼がその実践の上でどこまでその主張を貫いたかということが大事なのである」と述べているように、丸山が重視するのは、自己の内面にどれだけ根ざした、現実のものとなった主張であるかということであった。それは、この論文を書いている同時代の社会が、ナショナリズムを安易に否定してしまっている状況にあることに対する危機意識と重ねられていた。

その点は福沢評価にも貫かれており、東京大学における一九四九年の「東洋政治思想史」の講義で福沢を論じるなかでも次のような対比として述べられている。

（お坊ちゃん的理想主義）抽象的オプティミズム—アイデアリズム→歴史感覚がなく現実に根を下ろさない。

（世故にたけた苦労人）具体的ペシミズム—リアリズム→悪しき現実の認識がその肯定或いはあきらめになってしまう。

現実と対峙しえないという点で同じ問題を抱える両極論が根を張るなかで、丸山は、「権力と自由を如何にして媒介するか」という課題に向き合わざるをえなかったドイツ・ナショナリズムを見据えつつ、「国民的統一」という問題の重要性を語っている（『講義録』②一一九）。

それゆえ自由民権運動に対しては、「自らの天賦人権論の理論的立場と具体的な国権拡張論とがいかに結びつくかについては多くは無反省であった。そうした無反省はやがて議会開設後、民党が右手に民力休養を唱えつつ、左手に軍備拡張を絶叫するというような矛盾した行動として現われた」と評される（「陸羯南」『集』③）。そして先に言及した座談でも、「近代日本の進歩主義のあり方」という問題に敷衍して次のように語っており、それは一九六八年という座談が行われた時期に展開されていた全共闘運動（→第六章）を念頭に置いたものであった。

とくに実際当面している社会的・政治的問題の批評という場合に、「可能性の技術」という政治の側面を踏まえてなお現実政治にべったりせず、ある程度の距離を不断に保つ批評という伝統は、どうも近代日本には少ないことは事実ですね。いわゆる反体制側がそういう思考法をもっと身につけ、駆使していたら、日本政治のコースももう少し違ったものになったのではないかと思います。そういう点では、反対派のほうは民権運動以来、さっき言った「純粋思想論」と、それから運動の「エネルギー」論が過剰で、具体的な制度構想力とか、具体的にまずこの面をこう変えてゆくというように、結果が目標にはねかえってゆく側面の考察が非常に乏しい。とかくエネルギーの爆発としての行動と抽象的理念とが直接に結びついてしまう。したがって運動が昂揚するときは非常に華々しいけれど、状況が悪くなると総退去、もしくは、すね者的隠遁になって歯止めがきかない……（「近代日本と陸羯南」『座談』⑦）。

その点で羯南は、理論と実践を誠実に追求した、「いついかなるときでも、現実的要求に彼の原則を従わせたことなく、かえって逆に、一切の党派乃至現実的動向を彼の原則に照らして批判した」（「陸羯南」『集』③）数少ない思想家のひとりであり、丸山にあっては、「国家平等思想と権力政治の矛盾をある点で自覚しながら理論化し」たという点では、むしろ福沢よりも高く評価されるのであった（「近代日本と陸羯南」『座談』⑦）*。そのなかで羯南のアポリアは、「国民観念の超歴史性に胚胎」して（「陸羯南」『集』③）天皇制の位置づけがあいまいだということにあった（「近代日本と陸羯南」『座談』⑦）。

＊福沢は「やはり国家理性の問題は否定できない現実と考えられているだけで、それを理論化しようとする努力は、羯南に比べると、ない。ですから、国際政治論では、やはり現実的にならざるをえない」という評価となり、その矛盾は今日まで残されている課題であると述べている（「近代日本と陸羯南」『座談』⑦）。

羯南論の参照軸とした自由民権運動に対する丸山の評価は、第二章で見たと同様に依然として厳しく、「感覚的な自由そのものからは、国家原理としての民主主義は出てこない」のであり、結局自由民権論も、民権論と国権論は分離し国権論だけが高唱されるようになるのは国家主義と天賦人権主義とが無媒介に併存するという思想的不徹底に淵源するもので、自由民権運動を支えていた「武士道的精神」がなくなったあとに、「快楽主義的な個人主義」だけではそれにかわる「近代的な良心の自由というような、新しい規範意識」はつくりえず、国家主義の歯止めとはならないと述べられている。しかしながら一方で丸山は、「ヨーロッパの自由主義運動を機械的に類推し、これにあまりに近代的なものさしをあてることは間違いであり、われわれはそれを不徹底ならしめた内部的な脆弱性を見落してはならぬ」といい、その「脆弱性」すなわち「そこに現われたもろもろの非近代的要素は、当時の日本社会の全体を貫く非近代性以上のものではなかった」として自由民権運動をけっして全面的に貶めていたわけではなかった。そしてその脆弱性の根本的な原因として「日本の資本主義的発展の特異性」に注目しており、ここでも講座派の影響が色濃くみられる。この論文の執筆時はＧＨＱによる制度改革が進行しつつあったときであり、そのなかにあって人びとの「精神」の変革を希求する丸山にあっては、発展段階論に依拠して自由民権運動の可能性を引き出すのみではすまされず、「自由民権運動が堕落した思想的な根拠」を提示することが必要であった（「自由民権運動史」一九四八年二・三・四月『集』③）。

　自由民権運動の轍を踏まないためには、大衆が「規範意識」を獲得することが不可欠であり、そうすることによってはじめて「国家秩序との内面的つながり」をもった「近代的自由」（「ラッセル「西洋哲学史」（近世）を読む」一九四六年一二月『集』③）と結びつく。丸山は、次代を担う学生層に見られる「政治型」と「非政治型」の二極化を見据え、まず「非政治型青年層」に対しては、「諸君は現在互に闘争しつつある諸政治様式のうちの最も悪しきものの支配を許すことになるのだ。そうしてその政治はやがて、諸君のひたすら依拠する個性と内面性の最後の一かけらまで圧殺してしまうであろう」と厳しく警告した。＊かたや「政治型のうちの純粋な分子」に対しては、「諸君は目的意識が強烈なあまり、一切のものをもっぱら「戦術の相の下に」処理する傾向がありはしないか」と問い、「問題はこうした政治の持つ宿命的限界を限界として自覚しつつ行動するかどうかという事だ。諸君の精神のうちにそうした内部的な抵抗が感じられない限り、諸君は広汎な青年層を諸君の戦線に動員することは困難であろう」と諭した（「若き世代に寄す――いかに学び、いかに生くべきか――」一九四七年一月一日・一月二九日『集』③）。政治的価値一元論で盲目的に突き進むことへの警鐘であった。

＊丸山は、平和問題談話会で行動を共にした安倍能成《よししげ》についても、〝ノン・ポリ〟と評し、ポリティカル（政治的）・リベラリズムであるべきだと発言している（「安倍先生と平和問題談話会」一九六六年八月『座談』⑦）。

これらに明らかなように、戦後数年間はこうした「近代精神」を根づかせるための啓蒙が丸山の著述活動のかなりの部分を占めた。『帝国大学新聞』（一九四七年八月二一日）に掲載された「日本における自由意識の形成と特質」（『集』③）の「あとがき」は、当該時期に丸山が言わんとしたことを端的に語ったものの一つと考えられる。まず、「吾々は現在明治維新が果すべくして果しえなかった、民主主義革命の完遂という課題の前にいま一度立たせられている。吾々はいま一度人間自由の問題への対決を迫られている」といい、未完の近代、未完の民主主義革命であるとの認識が示されている。しかしその一方で、「「自由」の担い手はもはやロック以後の自由主義者が考えたごとき「市民」ではなく、当然に労働者農民を中核とする広汎な勤労大衆でなければならぬ」と述べて、「近代」と「現代」を併せ持つ問題が眼前に広がっているとの認識を示していることにも注目せねばならない。丸山は一九四七年の二・一ゼネスト禁止以後の労働運動の「沈滞の様相」に危機感を募らせ、「現代」の問題を克服するには「広汎な勤労大衆」を担い手として措定せざるをえないと述べている。「現代」ゆえの問題は、当該時期に前景化しつつあった関心事項であった[*]。

＊一九四九年の講義（前掲）においても、「現代」における帝国主義のありようの変化をみてとっている（『講義録』②三五〜三六）。

続けて丸山は、「その際においても問題は決して単なる大衆の感覚的解放ではなくして、どこまでも新らしき規範意識をいかに大衆が獲得するかということにかかっている。モラルの確立のごときは制度的変革の後にはじめて来るという様な考えは、意識の変革と制度の変革を機械的に切断することにおいていわゆる「精神主義者」と実は同一の地盤に立つものにほかならぬ」（『集』③一六一）と述べていることにも注目せねばならぬ。これは当該時期のマルクス主義に氾濫していた意識を軽視する傾向への痛烈な批判であった。ここでもあくまでも規範意識の獲得を不可欠とすることが述べられている。後述するように丸山は、「大衆」に向き合うなかでも「感覚的解放」を繰り返し否定しており、「制度の変革」を優先して無規範のままのエネルギーをそれに投入しようとすることには批判的であった。

### 自己の「政治的組織化」の必要――「科学としての政治学」――

大衆へのそうしたはたらきかけを行うなかで、丸山は、政治学ないしは政治とは、を論じており、その一つが、「科学としての政治学―その回顧と展望―」（一九四七年六月『集』③）であった。一九四六年九月に人文科学の発達・普及を目的として文部省に設置された人文科学委員会の機関誌『人文』に掲載されたもので、丸山はその委員会法学部門の常任委員のひとりであった（植手通有「解題」『集』③）ことから執筆を担当したものと思われる。

それは、「少くも我国に関する限り、そもそも「政治学」と現実の政治とが相交渉しつつ発展したというようなためしがな」く、「一方では国権の唯一の正統的な主体としての天皇及びそれをめぐる実質的な政治権力が一切の科学的分析の彼岸に置かれ、他方、議会における政争が戯画化した」との状況認識のもと、「われわれの政治学の理論が日本と世界の政治的現実について正しい分析を示しその動向についての科学的な見透しを与えるだけの具体性を身につける」べく、そして「未曾有の政治的激動のさ中に彷徨しつつある国民大衆に対して政治の科学としての存在理由を実証したといえる」ようになることへの願いを込めて書かれたものといえよう。

丸山は、「学者が現実の政治的事象や現存する諸々の政治的イデオロギーを考察の素材にする場合にも、彼を内面的に導くものはつねに真理価値でなければならぬ」とし、「政治が政治の科学として現実的たろうとするに急なるあまり、他方政治の科学たる所以をふみこえて現実の政党勢力の奴婢となることは、その前途に横たわる第二の陥穽といわねばならぬ」と戒める。すなわち学者が「相争う党派の一方に属し、その党派の担う政治理念のために日夜闘っているというような場合にあっても、一たび政治的現実の科学的な分析の立場に立つときには、彼の一切の政治的意欲、希望、好悪をば、ひたすら認識の要求に従属させねばならないのであって、この「禁欲」の精神に貫かれていない限り、彼のものする「理論的」大著と政党のパンフレットとの間には単にヴォリュームの相違しかないのである」。丸山がこのような警鐘を鳴らすのは、木部について述べていたように、当時、まさに「政治の科学として現実的たろうとするに急なるあまり」、党派に属するものが多かった現実をみていたからであろう。

丸山は戦後、マルクス主義について「一生懸命考えたのは党派性ということなのです」として次のように述べている。

> 党派性というのは、そんなにプラスだけなのかと。プロレタリアートも、自分の党派的立場に制約されて、認識を誤るという可能性があるのではないか。ブルジョアジーが支配階級として現実を美化したり、都合の悪い面を隠蔽したりする。それと同様に、プロレタリアートないしプロレタリアートの立場にある政党も、たとえば革命の到来を非常に近いことと期待したり、マルクスも含めてそういう希望的観測によって認識が歪められるという可能性があるのではないか。そう

すると、党派性というのは、マルクス主義が言うほど、ぜんぶプラスではないのではないかということです。党派性ということと真理ということとは、同一視できない。ある党派的立場に立てば、全体的真理を認識できるということはないのではないかという疑問です。マルクスとの対話、それがいつでも非常に重くあったということです（『回顧談』（上）二五一）。

一方で丸山は、これまでにも自身への影響を繰り返し語ってきたマンハイムの「存在拘束性」という考え方に拠りつつ*、「政治学者は自己の学問におけるこのような認識と対象との相互規定関係の存在をまず率直に承認することから出発せねばならぬ。それはいいかえるならば自己を含めて一切の政治的思惟の存在拘束性の承認である。政治的世界では俳優ならざる観客はありえない。ここでは「厳正中立」もまた一つの政治的立場なのである」と述べる。そして次のように問う。「政治学が特定の政治勢力の奴婢たるべきでないということは、明確な政治的決定を回避する「無欲」の「客観」主義者への献辞ではないのである。（中略）いやしくも学問の自主性を信ずる限り、われわれはどこまでも客観性をめざして、イデオロギーによる歪曲を能う限り排除して行かねばならぬ。しかし思惟の存在拘束性という厳粛な事実を頭から無視することと、他人のみならず自己自身の存在制約を謙虚に認めることといずれが果してよりよくその目的を達するであろうか」。「禁欲」を踏みはずして党派性を打ち出す者よりも、数の上からすれば「客観」主義を名のる者の方が圧倒的に多いであろう。それゆえに投げかけられた問いであった。そうして丸山はいう。「いずれにせよ、こうした客観性への途は、現実科学を志す政治学者にとっては決して安易なものではない。彼は彼の内心において、理念としての客観性と事実としての存在制約性との二元のたたかいを不断に克服せねばならぬ」。

＊マンハイムと、南原の見解、マルクス主義との関わりについて、『回顧談』（上）二四五～二五二に詳しく述べられている。

そのあとに書かれた「人間と政治」（一九四八年二月『集』③）は、前述の「真理価値」を守り抜くために書かれたもので、「超国家主義の論理と心理」の問題意識の延長線上にある。そこにおいてもヨーロッパ近代国家のありようとして述べられていたのと同様のことが、まず近代国家の理念型として次のように確認される。

> 近代国家を理念的な純粋な型で捉えてみると、ここでは統治者が特別の権威を飾る道具を一切用いず、もっぱら法の執行者として実質的価値と一応無関係に、法の形式的妥当性の基礎上に政治的支配が行われるのを建て前とする。そこでは権力はもっぱら法的権力として現われ、従って初めから内面性に属する領域への侵入は断念している、ここでは思想、学問、宗教の自由というわゆる「私的自治の原理」が承認される。何が真理か、何が正義かはこの私的自治の領域に属する諸問題であり、国家権力の決定すべきものでないとされる。かくて法とか政治はもっぱら外部的なもののみにかかわり、宗教とか思想はもっぱら内部的なもののみにかかわるというのが近代国家の少くとも本来の建て前なのである。

ところが「マッス・デモクラシー」の登場により、政治権力がプロパガンダの手段を用いて自分のイデオロギーを撒布せしめる。「政治は今やこのようにして、あらゆる手段を駆使して人間を政治の鋳型にはめこもうとするのである。しかもこれは決していわゆる全体主義国家だけの現象ではない。デモクラシー国家でも日々そうなって行く。（中略）かくて古典的意味における思想、信仰の自由は日に日に狭められつつあると言ってよい」。そして被治者も「やはり巨大なイデオロギー闘争に、その全生活をあげて巻き込まれている」のであり、「ここに近代国家における人格的な内面性と言われたものの危機が叫ばれるゆえんがある」。

　丸山が戦後のデモクラシー状況を前にして、改めて個人の「国家秩序との内面的つながり」を強調するのは、そうした認識にもとづいていた。丸山によれば、「中世教皇制が宗教の政治化であるのに対して現代のイデオロギー国家は政治（国家）の宗教化、教会化にほかならない」のであり、そこで大学卒業直後に出会ったドストエフスキーの記憶を引き出すのである。丸山はこのように述べる。

　権力に対するオプティミズムは人間に対するオプティミズムより何倍か危険である。しかしながら同時にわれわれは古典的な近代国家におけるように私的内面的なものと公的外部的なものとを劃然と分離しうる時代には既に生きていないという現実から目を蔽ってはならない。（中略）従って今日は内面性に依拠する立場自体が、好ましからざる政治的組織化に対抗して自主性を守り抜くがためには必然にまた自己を政治的に組織化しなければならぬというパラドックスに当面している。

大衆デモクラシーのなかで攻勢をかけてくる権力から内面を守り抜くには、「中立」ということばに安住するのではなく、また党派に従属するのでもない自己の「政治的組織化」が重要であった。

戦前に着手されていた丸山の福沢諭吉研究は、当該時期に立て続けに、「福沢に於ける「実学」の転回—福沢諭吉の哲学研究序説—」（一九四七年三月『集』③）と「福沢諭吉の哲学—とくにその時事批判との関連—」（一九四七年九月『集』③）の二本の論文が書かれることによって進捗をみる。前者は『東洋文化研究』*、後者は『国家学会雑誌』と掲載誌は異なるが、丸山自身も後者の論文の「まえおき」で、先の論文が「序論」であるのに対して後者は「本論という関係に立っている」と述べているとおり、それらは一体のものであった。しかも両論文の意図は福沢の生涯を通じてその基底に一貫して流れている思惟方法を提示したものであり、福沢という思想家の本質を早くもこの二つの論文でもって示したのであった。

この仕事に挑んだのは、一つには、福沢は常に啓蒙と結びつけられてきたために、啓蒙が旨とする「歴史的現実に対する仮借なき批判の内容それ自体」のみに目を奪われ、批判の方法的根拠が問題にされることなく「福沢の哲学思想は明治初期の他の啓蒙思想家と無雑作に一括されて」きたという状況を打開せんがためであった。丸山はいう。「とくに強調したいのは、そうした福沢の「哲学」こそ、彼の掲げた独立自尊の精神を根底から基礎づけていることである」と（「福沢に於ける「実学」の転回」『集』③）。二つ目は、丸山自身の研究上の必然であった。前に述べたように、丸山によれば徂徠が追究した「作為」の論理の全的展開は福沢によって達成されるのであるが、戦前に発表した福沢についての二論文は求めに応じての限定的なものであったため、改めて論じられる必要があった。そして三つ目はいうまでもなく、当該時期に近代精神を根づかせるべく格闘していた丸山自身の問題意識と福沢が重なり合うものだったことである。なかんずく当該時期の丸山の関心の根底にあったナショナリズムの問題であった。

＊一九四四年七月、東京帝国大学東洋文化研究所の関係者が中心になって創設された東洋学会の機関誌で、丸山も一九四二年三月から同研究所の所員を兼任していた（植手通有「解題」『集』③）。

「福沢に於ける「実学」の転回」（『集』③）では、「福沢は伝統的な学問意識に対して革命的な転回を与えた」とされ、「革命」という言葉が頻出する。丸山が「革命」と表現したその内実は、「実学」を倫理学から物理学に転回させることであった。「物理学を学問の原型に置いたことは、「倫理」と「精神」の軽視ではなくして、逆に、新たなる倫理と精神の確立の前提なのである」と丸山が述べるように、福沢が求めているのは「近代的自然科学を産み出す様な人間精神の在り方」であり、それこそが既存の学問の原型をなしていたアンシャン・レジームとは異なる近代の文明の「精神」なのであった。

日本のアンシャン・レジームすなわち徳川封建体制のもとでは「人間と社会と自然はただ一すじに貫通されている」のであり、「道の学問が一切の学問の Idealtypus であり、その「道」に於て物理と倫理が、存在的な「法則」と価値的な「規範」とが、微妙に交錯していたという事情はついに根本的な変革を見なかった」。「身分的な位階関係が全社会を貫徹しているところでは、人間は生れ落ちた時から既に一定の社会的位置を指定されて居り、その環境は彼にとって運命的なものにまで固定される。

すべての人間が彼にとっての先天的な位置を「分限」として、遵守する事が、全社会秩序の安定性の基礎である。生活は伝統と因習の単純なる再生産であり、まさに四季の如く循環的である。ここでは社会は人間によって主体的に担われているのでなくして逆に、所与としての社会秩序への依存性が人間の本来的なあり方である」。ここで述べられているのは、まさしく丸山が徳川政治思想史研究で描き出した近世封建社会の姿そのものであった。だからこそ「法則」を「規範」から分離し、「物理」を「道理」の支配から解放する」ことが求められるのであり、物理をはじめとする自然科学が不可欠とする「実験的精神」を人文領域にまで適用し、主体的理性に根ざした「自由なる精神」を育まなければならなかった。福沢のいう「実学」の転回とは、「数学と物理学を以て一切の教育の根底に置くことによって、全く新たなる人間類型、彼の所謂「無理無則」の機会主義を排してつねに原理によって行動し、日常生活を絶えず予測と計画に基いて律し、試行錯誤（trial and error）を通じて無限に新らしき生活領域を開拓して行く奮闘的人間——の育成を志した」ことであった（「福沢に於ける「実学」の転回」『集』③）。すなわち、「どこまでも実験によって試して行くという精神」でありその根柢にある「「信の世界に偽詐多く、疑の世界に真理多し」という懐疑の精神」であった（「福沢諭吉の文体と発想」一九五八年一二月『座談』③）。

　そうした実学の転回の意味を踏まえた上で、福沢の時事批判の「言説の行間にひそむ論理」「生涯を通じて一貫した思惟方法」が明らかにされねばならない。

続編の「福沢諭吉の哲学」（『集』③）では、まず福沢が「文明論之概略」において説いた「議論の本位を定る事」の意味を確認することからはじめる。すなわち「価値判断の相対性」を意味し、事物の善悪、真偽などの価値判断は「それ自体孤立して絶対的に下しうるものではなく、必ずや他の物との関連において比較的にのみ決定される」（比較考量）ということである。

それは福沢が「国体」をどうとらえていたかということにも示される。福沢においては「国体を保つ」ということ、すなわち「日本人が日本国の政治を最終的に決定するということ」こそが大事なのであり、皇統が連綿としていても「自国の政権」（『文明論之概略』巻之一『講義録』②一一三に引用）が失われれば国体は喪失されたことになるのであり、福沢の切実な関心は、「国際的闘争場裡にいかにして日本の国民的独立を確保するかということにあった」。そのために、「ヨーロッパ近代文明は、現在までの最高の発展段階である」がゆえにその採用を説いたのであり、「盲目的な欧化主義者」とは異なりそれ自身が絶対的な価値ではあり得ず、「文明は国家を超えるにも拘らず国家の手段となり、国家は文明を道具化するにも拘らずつねに文明によって超越せられる」ことになるのである。

このような価値判断の相対性の強調は、「人間精神の主体的能動性の尊重とコロラリーをなしている」。ところがその対極にある「あらかじめ与えられた基準をいわば万能薬として、それによりすがることによって、価値判断のたびごとに、具体的状況を分析する煩雑さから免れようとする態度」、それこそが福沢が「惑溺」と称するものであった。それは周囲の環境への受動的順応として現れ、一見相反するかにみえる「公式主義」も「機会主義」もその点では同様であった。ちなみに福沢は維新直後の「開化先生」のヨーロッパ心酔にも「惑溺」をみていた。

丸山は二つの典型的な社会をあげる。一つは「政治的権威に関する惑溺」により、政治的権力は単に物理的な力だけでなく、あらゆる社会的価値を自己の手に集中することによって、価値基準の唯一の出発点となってしまう社会である。そのような「社会関係の固定しているところほど権力が集中し、権力が集中するほど人々の思考判断の様式が凝固する」。と同時に、その逆の関係、すなわち「判断の絶対主義」が「政治的絶対主義と相伴う」――政治的権威に圧伏されて政治に振り回されてしまう――状態も出現する。* それに対してもう一つは、「人間相互の関係が一刻も固定していずに不断に流動する社会」である。そこでは精神は不断に目覚め、「いきおい、問題を抽象的固定的な基準で一刀両断せずに、不断に現在の状況を精査し、ヨリ善きもの、ヨリ真なるものを絶えず識別し判断しなければならぬ」から、「伝統や習慣に代って知性の占める役割が大きくなる」。これはのちに丸山が「開いた社会」と「閉じた社会」と表現しているものにほかならない。丸山自身も、「かく二つの社会類型を対照するならば、われわれが上に述べて来た福沢の思惟方法の諸契機は悉く後の社会、つまり人間相互が複雑多様な交渉関係をとり結ぶ様な社会構造の地盤の上に育くまれる事は自から明瞭である」と述べるように、むろん後者が「開いた社会」である。このようにいう。

いま一度いうならば、それは社会関係の固定性がますます破れ、人間の交渉様式がますます多様になり、状況の変化がますます速かになり、それと同時に価値基準の固定性が失われてパースペクティヴがますます多元的となり、従ってそれら多元的価値の間に善悪軽重の判断を下すことがますます困難となり、知性の試行錯誤による活動がますます積極的に要求され、社会的価値の、権力による独占がますます分散して行く過程にほかならぬ。この大いなる無限の過程こそ文明であり、この過程を進歩として信ずること、それが福沢の先に述べた様な神出鬼没ともいうべき多様な批判を根底において統一している価値意識であった。

加えて丸山は、福沢が最晩年においても「田舎（固定社会）の人情の素朴正直を賞揚する俗論」を断固として斥け、「社会関係の複雑多様化の過程をどこまでも肯定し祝福し続けたのは彼此興味ある対照といえよう」と述べる。

＊同様のことは、のちの広く読まれた論文「「であること」と「すること」」（『集』⑧一九五九年一月）でも指摘されている。これは近代化と現代化の問題にも通じていよう。

「社会関係の複雑多様化」を保持するためには「自由」が必要である。「価値決定の源泉が多元的となるところ、そこに必ずや自由は発生する筈《はず》であ」り、福沢の言葉によれば「自由の気風は唯多事争論の間に在て存するものと知る可し」（『概略』巻之二）ということになるが、それとは逆に「一つの原理が、之と競争する他の原理の抵抗を受けることなく、無制限に自己を普遍化しうる場合には、価値がそこに向って集中し、人間精神がその絶対価値の方へ偏倚するから、必然に「惑溺」現象が起り、社会的停滞と権力の偏重が支配する」。そして丸山はいう、「文明と自由と進歩に関する以上の様な具体的規定をもって、福沢が歴史的現実としての日本社会に立ち向ったとき、そこに見出したものはあらゆる形態における精神の化石化であり、そのコロラリーとしての社会的価値の一方的凝集であった」。「文明」／「開いた社会」と「惑溺」／「閉じた社会」の対比がみごとに説明されている。

福沢が、そして丸山にも通じる「わざわざ時代的風潮と逆の面を強調する様な「天邪鬼《あまのじゃく》」的態度を示したのも、つまるところ、社会意識の凝集化傾向に対する彼の殆ど本能的な警戒と反撥に由来している」ものであった。それは一例をあげるならば「官民調和論」に現れており、また福沢には自由民権運動の「公式主義」や「極端主義」もそれに通ずる「反近代的精神」と映った。そればかりでなく、「民権論者がひたすら専制政府の打倒と政権の獲得に全エネルギーを集中する態度、その政治万能主義と中央権力への凝集傾向」は、まさに福沢のいう「「権力の偏重」の倒錯的表現であり、政治権力に一切の社会的価値が集中している社会における必然的な随伴現象であった」。それゆえ福沢のもとめる「開化と進歩」は、「政治権力の価値独占を排除して之を広汎な社会分野に分散させ、国民的エネルギーをこの多面的な価値の実現に向わせること」にあった。丸山はいう。

> 彼の時務論としての官民調和論が彼の「原則」としての独立自尊主義といかに内面的に結びついているかをなにより簡潔に表明しているではないか。福沢がとくに実業社会の発展に力を注ぎ、慶應義塾の教育も実業人の養成に主眼を置いたということも、単に明治国家の当面の要求に応ずるという以上に、深く彼の根本的な課題――価値の分散を通じての国民精神の流動化――に根ざしていたことを看過してはならないのである。

以上から丸山がとらえた福沢の「独立自尊」を形づくる思惟構造が明らかとなったが、併せて丸山は、福沢の求める文明すなわち「人の智徳の進歩」の担い手を徹底して「人民大衆」に求め、「人類社会の歴史的発展」を産業革命に注目しながらそれとの関わりでとらえていたことについて次のように述べている。
むろんそうした自然力や技術は彼においていまだ生産力として自覚せられていず、従ってこうした考え方から直ちに唯物史観への親近性を結論することは早急を免れないけれども、少くも福沢の史観が歴史をひたすら「理性」と「意見」の進歩と観る十八世紀啓蒙主義のそれをはるかに超えていたことだけは否定されないであろう。

また、丸山は「福沢は交通技術の飛躍的発展が人民相互を精神的物質的にも未曾有の緊密な相互依存関係に置いたことによって、いまや政治の舞台における厖大な「大衆」の登場が不可避的となったゆえんをすでに明治十五、六年の頃驚くべく鋭利な眼光で洞察した」こと、にもかかわらず「文明と自由への大道をひるまずたじろがずに歩み続けた」ことにも注目している。それはまさに丸山自身がこの論文執筆時に戦後社会にみていた近代と現代の問題の投影でもあったのではないか。

最後に丸山は、福沢が「人生を戯と認めながら、其戯を本気に勤めて倦まず、倦まざるが故に能く社会の秩序を成すと同時に、本来戯と認るが故に、大節に臨んで動くことなく憂ふることなく後悔することなく悲しむことなくして安心するを得るものなり」（「福翁百話」）と述べていることに注目し、「真面目な人生と戯れの人生が相互に相手を機能化するところにはじめて真の独立の精神がある」という。そして丸山は次のように結ぶ。

さきにわれわれは福沢における主要な命題が悉く条件的な認識であり、いわば括弧付で理解さるべきことを知った。そうしてそこにパースペクティヴを絶えず流動化する彼の思考の特質を見た。

その意味においては、人生は遊戯であるという命題は彼の付けた最大の括弧であるということが出来る。遊戯とはジンメルも述べている様に人間活動からそのあらゆる実体性を捨象して之を形式化するところに成立つところの、最も純粋な意味でのフィクションである。そうしてフィクションこそは神も自然も借りない全く人間の産物である。福沢は人生の全体を「恰も」という括弧につつみ、これをフィクションに見立てたことによって自ら意識すると否とを問わずヒューマニズムの論理をぎりぎりの限界にまで押しつめたのであった。

フィクションとは神や自然から切り離された人間の産物、すなわち近代精神の神髄といえよう。丸山がジンメルを援用しながら福沢にみたフィクションの精神は、以下の丸山の論考のなかでも重要なものとして位置づけられる。

なお丸山は、一九四六年一二月、歴史学研究会からの依頼に応じて、「日本社会の特質の史的究明」という一〇回シリーズの一つとして「明治国家の思想」と題する講演を行っており（歴史学研究会編『日本社会の史的究明』一九四九年三月、岩波書店『集』④）、そのなかで明治国家は、集中と拡大の「二つの要素の対立の統一」であるとして、尊王論対公議輿論、そして中央集権的な統一国家建設と対置するものとして万機公論・自由民権運動・憲法制定をあげている。それはすなわちナショナリズムとデモクラシーの問題とも言い換えられるが、丸山によれば、福沢でさえも「日清戦争の勝利によって、これまで彼を重苦しく圧していた危機意識からいわば忽然として解放されたのであり」、ましてや自由民権論者にあっては、天賦人権論を信じながら国際関係は弱肉強食とみており、万国公法などというものは通用しないと考えていた。そして福沢ですら弱肉強食を支持したのであって、たえず緊張感をもってそのバランスを保てていたわけではない、それほどに難しいことなのであった。

ちなみに丸山は、「政治的集中と政治的拡大の矛盾の統一」の問題は、戦前の「国民主義の「前期的」形成」（『集』②）の論文のときにすでに考えていたことであったといい、マルクス主義が主流である歴史学研究会との違いは重々承知した上で講演を引き受けたのだといえよう。「政治的集中という契機は、マルクス主義の立場からは、絶対主義という捉え方だからマイナス・シンボルなのですね。当時のマルクス主義からは、国民的統一と独立が必須の課題であるということは出てこない。人民主権と民主主義運動がどれだけ発達したかという指標でだけ見て、統一国家の形成の方は絶対主義が成立してくるという過程としてネガティヴに捉えるわけです。ぼくはそれとは違っていた。（中略）マルクス主義には、ナショナル・レボシューションという範疇がないのですね」（『回顧談』（上）一四〇～一四一）。

## 「近代精神」における「フィクション」の価値

民主主義は「絶えず内面から更新され、批判されなければならない」という丸山の問題意識は、「近代精神とは「フィクション」の価値の効用を信じ、これを不断に再生産する精神」であり、それはフィクションが「本来は広く人間がある目的なりアイディアの上に何かをつくり出すことをいう」と言い換えられ、「フィクション」という言葉を用いて語られる。丸山は、「フィクション」について次のように述べている。

フィクションの本質はそれが自ら先天的価値を内在した絶対的存在ではなく、どこまでもある便宜のためになんらかの機能を果たさせるために設けた相対的存在ということにある。だからもし制度なり機構なりがその仕えるべき目的に照らして絶えず再吟味されることがなかったならば、それはいわば凝固し、習俗化してしまうわけだ。フィクションの意味を信ずる精神というのは、一旦つくられたフィクションを絶対化する精神とはまさに逆で、むしろ本来フィクションの自己目的化を絶えず防止し、之を相対化することだ（「肉体文学から肉体政治まで」一九四九年一〇月『集』④）。

それは、『日本の思想』（一九六一年、岩波新書）に収録され、広く読まれることとなった後年の論文「「である」ことと「する」こと」（一九五九年一月『集』⑧）のなかでも、「身分制社会を打破し、観念実在論を唯名論に転回させ、あらゆるドグマを実験のふるいにかけ、政治・経済・文化などいろいろな領域で「先天的」に通用していた権威にたいして、現実的な機能と効用を「問う」近代精神のダイナミックス」への移行、すなわち「「である」論理・「である」価値から「する」論理・「する」価値への相対的な重点の移動」として説かれることとなる。

そしてそのことは、日本の天皇制を撃つことと不可分であった。ＡとＢの対話形式からなる論文「肉体文学から肉体政治まで」（『集』④）のなかで、丸山の考えを代弁するＢは、「長い伝統を背負い、しかもその存在理由を「問う」ことがタブーとされた天皇制が、一切の社会的価値の根源として最も強固な実体性をもっていたことはいまさらいうまでもないが、本来近代的な制度までがここでは、揉まれながら形成されたのではなく、いわばレディメードとして上から移植されたために、国民にとってはフィクションとしての意味をもたず、伝統的な支配関係と同じ平面で実体化される傾向がある」という。また、戦後の新憲法下でも「国会がそれ自体巨大な権力体に化してしまう」のであって、労働組合をはじめどんな民主的な制度も「制度の外面的な合理化と意識構造の能動化との間にズレがあると、一つ一つの組織なり部局なりがかんじんの社会的分業として機能しないで、すぐ実体化してしまう。そうなると分業は割拠になり専門は縄張りになる」と警鐘を鳴らす。ファシズムは近代社会が行き詰まって近代的なフィクションの意味を信じられなくなった「時代の子」であり「鬼子」であり、日本の場合はドイツより近代が成熟していないから、「元来近代的な制度や組織がただ本来の機能をしない」だけでなく、「抑々はじめからそうした組織媒介を経ないで社会的調整が行われる「場」」すなわち暴力、テロにはじまりボス・大御所などの「隠然たる強制力」が存在するため、いっそう危険であるという。そうした日本社会であるからこそ「インテリゲンチャの結集」が問題となるのだが、重要なことはそもそも「精神の次元の独立があるかどうか」であるといって対話が締め括られる。

丸山はまた、飯塚浩二・大塚久雄ら七名が集った「新学問論」（一九四七年一月『座談』①）と題する座談で、明治維新における「近代的なものは単に絶対主義のオブラートに過ぎなかった」のではなく、「日本では古代的なもの、アジア的なものが封建的なものの登場によって消滅されないで、重畳的に支配する。同じように、近代的なものが出て来ても、封建的なものを排除しないでただその上に乗っかって行く古代的なものが今日まで一貫している」という発言を行っている。古代にまでさかのぼって重畳性を述べているのは、のちの「歴史意識の「古層」」（〈日本の思想六〉『歴史思想集』一九七二年、筑摩書房『集』⑩）のモチーフにほかならない。

### 日本ファシズム研究

丸山におけるそうした日本社会の前近代性の強調は、一九四七年六月、東大東洋文化研究所の連続講座の一コマとして行った講演をもとに「東洋文化講座」第二巻『尊攘思想と絶対主義』に収められた論文「日本ファシズムの思想と運動」（『集』③）にも如実に示されている。そこでは、「特に国家機構としての日本のファシズムというものは一応八・一五に崩解するのでありますが、それをもって将来において我国にファシズム運動がおこってこないとはたしかに断言できない。果してそうならば運動としてのファシズムの過去における性質をばわれわれは将来の問題と比較する上にも、よくみきわめておく必要があるということになるのであります」と述べられているように、ファシズムへの危機感を現状のものとして認識するがゆえであった。

この論文は、そのタイトルのとおり「運動としてのファシズムとその運動がになっているところの思想」を論じたもので、第一次大戦後の準備期にはじまる日本ファシズム運動の時期区分、イデオロギー、運動形態、社会的担い手の特質を行き届いた目配りで分析している。とりわけその社会的担い手を「小市民階級」のなかの「本来のインテリゲンチャ」ではない「疑似インテリゲンチャ、乃至は亜インテリゲンチャ」に求めたくだりは周知となっている。

そこで重要なことは次の点にある。すなわち日本の「本来のインテリ」が身につけたヨーロッパ的教養は「頭から来た知識、いわばお化粧的な教養」であるから肉体なり生活感情なりに根を下ろしておらず、「ファシズムに対して、敢然として内面的個性を守り抜くといった知性の勇気には欠けている」。しかし彼らはファシズムの低調さ、文化性の低さには同調できずに、その「肉体と精神の分裂が本来のインテリのもつ分散性・孤立性とあいまって日本のインテリをどっちつかずの無力な存在に追いやった」。それに対し、「本来のインテリ」の水準とは著しく隔絶した「疑似インテリゲンチャ」の方は、それぞれ自分の属する職場などの小集団において指導的地位を占め、家長的な権威で「彼ら本来の「大衆」の思想と人格を統制している」。しかも生活様式なども彼らに隷属する「大衆」とほとんど差がないため、「大衆」を掌握することが容易であり、国家的統制や支配層からのイデオロギーもこの人びとにより「いわば翻訳された形態において最下部の大衆に伝達される」のである。かくして彼らは「彼らの「小宇宙」においてはまぎれもなく、小天皇的権威をもった一個の支配者」であり、「いとも小さく可愛らしい抑圧者」となる。「本来のインテリゲンチャ」「疑似インテリゲンチャ」そして「大衆」についても、冷徹なまでにその本質が言いあてられている。

　併せて注目すべきは、「下」からのファシズム運動がヘゲモニーをとれなかった原因として、「民主主義革命を経ていないところでは、典型的なファシズム運動の下からの成長もまたありえない」と述べている点である。日本の社会構造は、「最上層においては最も高度に合理化された独占資本がそびえ立」つ一方、「その底辺においては封建時代と殆ど変らない生産様式を持つ零細農と、これまた殆ど家族労働に依存しているような家内工業とが目白押しに並んでいる」、「こういうように歴史的に段階を異にした生産様式が重なり合って、しかも相互に補強し合っている」状況が「政治的には日本の民主主義的な力の生長を決定的に妨げた」という。「かくして一方では封建的絶対主義の支配、他方では資本の独占化の進展とが決して相背反しないで相互補強の関係にあるということ」、それが日本のファシズム運動における運命をも決定したのである。

以上に明らかなように、日本の前近代性の強調に根ざす現状への危機感は、いまだそうした社会構造、そしてそれにつらなる社会意識が変革されていないとの認識と不可分であった。丸山のファシズム研究への関心は一九五〇年代にいたっても持続されており、*この論文を『現代政治の思想と行動』（第一部）（一九五六年、未来社）に収録する際にも、これと次に述べる「軍国支配者の精神形態」をとおして日本ファシズム研究をスタートして以後、「日本ファシズムの解明は引続いてもっとも大きな研究関心の一つ」であると述べている。しかし、後述するように「長く病床に伏す身となって**（中略）その後見るべき業績を発表していないのは遺憾にたえ」ず（「現代政治の思想と行動第一部　追記および補註」一九五六年一二月『集』⑥）、一〇年近いブランクを埋めるべく丁寧な補注がつけられることとなった。

＊丸山がファシズムを論じた最後の論文は、『人間の研究　四　人間と政治』（一九六一年一〇月、有斐閣）に収録された「現代日本における人間と政治」（『集』⑨）であった。北河賢三氏のご教示による。

＊＊一九五〇年一二月から一九五二年四月まで、胸部結核のため療養生活を送った（→第五章）。

次いで発表された「軍国支配者の精神形態」（一九四九年五月『集』④）は、神輿《みこし》（権威）―役人（権力）―無法者（暴力）という政治的人間像の三類型を用いて「無責任の体系」*を描き出したことで知られる論文である。そしてそこに貫かれているのは、すでに「超国家主義の論理と心理」でも登場している「抑圧委譲の原理」であり、ここで改めて、「それは日常生活における上位者からの抑圧を下位者に順次委譲して行くことによって全体の精神的なバランスが保持されているような体系を意味する」と説明される。「抑圧委譲原理の行われている世界ではヒエラルヒーの最下位に位置する民衆の不満はもはや委譲すべき場所がないから必然的に外に向けられる。非民主主義国の民衆が狂熱的な排外主義のとりこになり易いゆえんである」とし、排外主義にいたる原因も抑圧委譲の原理をとおして論じられている。

*丸山は、「無責任の体系という考えは、「超国家主義の論理と心理」にすでに出てはいるのですが、無責任の体系という表現自体は、「軍国支配者の精神形態」の執筆過程でパッと出てきたものなのです。前からずっと考えていたのではない。作品というものはそういうものですけれど、神輿、役人、無法者という三つの類型も、この論文の「むすび」を書くギリギリの段階になって出てきたのです」（傍点――引用者）（『回顧談』（下）一四）と語っている。

加えてこの論文では次の二点に注目したい。第一に、論文の前半では軍国支配者の意識形態と行動様式の特質を明らかにするために、極東国際軍事裁判の供述書や陳述が多用され、そこでは彼らが、ナチ指導者たちと比べてもいかに弱い精神の持ち主であったかが繰り返し述べられていることである。たとえば「一方（ナチ指導者を指す――引用者）は罪の意識に真向から挑戦することによってそれに打ち克とうとするのに対して、他方（「我が軍国指導者」を指す――引用者）は自己の行動に絶えず倫理の霧吹きを吹きかけることによってそれを回避しようとする。（中略）ただ間違いなくいいうることは一方はヨリ強い精神であり、他方はヨリ弱い精神だということである」といったように。日本ファシズムの構造を支えてきたその根底に、丸山はそうした「弱い精神」をみる。丸山は、この論文が極東国際軍事裁判の資料にのみ依拠して論じたことへの批判に対して、「もっともである」としつつも「当面の私の問題視角である支配層の精神構造や行動様式を探るためには、この裁判の政治的性格から来る「証拠」の偏向がそれほど障害になるとは思われない」と答えている（「現代政治の思想と行動第一部　追記および補註」一九五六年一二月『集』⑥）。「「証拠」の偏向」を度外視できるほどに、精神構造を探りたいとの渇望は強かったのだといえよう。そもそも論文のタイトルも「精神形態」であり、福沢論でもみたように、丸山が求めるのは、「惑溺」を回避しうる強靭な精神であった。

### 重臣リベラリズムとの決別

もう一つは、この論文のなかで重臣リベラリズムとの決別がなされていることである。「このような政治力の多元性を最後的に統合すべき地位に立っている天皇は、疑似立憲制が末期的様相を呈するほど立憲君主の「権限」を固くまもって、終戦の土壇場まで殆ど主体的に「聖断」を下さなかった」。そこには、「絶対君主制とくに頽廃期のそれに共通した運動法則があることを看過してはならない」というのが丸山の最も言いたい点ではあるが、併せて「天皇の弱い性格」に加えて「敗戦よりも革命を恐れ、階級闘争よりも対外戦争を選んだ側近重臣（中略）の輔弼も与って力があろう」と述べている点は注目されてよい。また、「日本の「重臣」其他上層部の「自由主義者」たちは天皇及び彼ら自身に政治的責任が帰するのを恐れて、つとめて天皇の絶対主義的側面を抜きとり、反対に軍部や右翼勢力は天皇の権威を「擁し」て自己の恣意を貫こうとして、盛に神権説をふりまわした。（中略）天皇を禿頭にしたのはほかならぬその忠臣たちであった」と述べて本論を終えている。

　後年の回想では、「重臣リベラリズムなるものの限界を身に沁みて感じたというのは、感じのほうだけは実感なのですけれども、どうしてそうなったか、論理的過程とかいうことになると、正直なところ、あまり考えつかないのです」といいながら父の親英米派とのつながりから切り出し、このように述べる。「重臣リベラルの限界を今から根拠づけるならば、羯南なんかと重臣リベラルの西欧志向との対比です。（中略）ヨーロッパにおける、ナチ対イギリスみたいなものです。それが日本に再生産されているというだけで、日本の土壌のなかでというのではないのではないかと思うのです。あの人たちはみんな生まれはいいし育ちはいい」。しかし、時局に徹底して批判的であった清沢洌《きよし》などと比べても、「重臣リベラル派はやはり、ヨーロッパ帝国主義に対しては甘いと思うんだな。福沢じゃないけれど、アジアに何をしたか（中略）ということについて、西欧の美化になってしまっているとぼくは思うのです」と（『回顧談』（下）二、五～六）。それは「日本のファシズム運動」で述べられていた日本のインテリゲンチャの弱さに通じる要素といえよう。

　丸山は、この論文執筆と一部重なる時期に、岩波書店の吉野源三郎からもちこまれて、原田熊雄日記の編纂に携わっている。原田は西園寺公望の私設秘書で、その日記は、『西園寺公と政局』（全八巻、一九五〇～五二年、別巻、一九五六年、岩波書店）として刊行された。その編纂の過程でヒアリングをした元内大臣秘書官長松平康昌の話に影響された旨を「松平さんの話は、ぼくには強烈な印象を与えました」といい、また先の三つの類型も「どこから着想を得たのか、ぼくはわからないのだけれども、意識下には、その松平さんの話があったのではないかという気もしています」と述べて次のように語る。

> 神輿とは結局、天皇になるわけです。それが、あの人の実感なのです。学問的な説明ではないけれど、その人の実感として面白かった。重臣リベラリズムの限界というのは、一つはそういうことです。だから、天皇制の問題にも、無責任体制の問題にもなるわけです。一貫して政策決定の主体はどこにもないという問題です（『回顧談』（下）八～九）。

そしてその話は、「日本の戦争への道程」についての「実に面白い比喩」として次のように記されている。松平の話は、説得力をもって丸山の心に迫ったであろう。

> それは「お神輿」を担いでいるようなものだという。初め数人の人が「神輿」を担いである所まで行った。担いでくる間にくたびれた。すると次の者がどこからともなく現われて、また「神輿」を担ぎ、ある地点まで行って面倒くさくなって投げ出した。こうして最後に谷底に落ちた。これが日本の満州事変以後の過程だ、というのである。だからこの場合、「谷底へ落っことしたのはたれか？」と詰問すれば、最初の奴は「俺はこの地点まで担いだが、それから先は知らない」と

いう。次の奴も同じようなことをいう。最後に谷底へ落っことした奴を詰問すると、「ここまで来たら後は谷底へ落ちるしかないじゃないか」というだろう（「続補遺（日本支配層の戦争責任）」一九五六年一二月『別巻』）。

さらに丸山は原田日記を読むなかで「驚いたこと」の一つとして、西園寺公望も含めて重臣たちには共産主義革命に対する恐怖が「大きなモーティブ」になっており、軍部内の急進ファッショも「アカ」でボルシェビズムになるという恐怖として作用していたことをあげている（『回顧談』（下）一一二）。こうして丸山は、重臣リベラルといわれる人びとのありようを具体的に見つめながら、彼らとの決別を成し遂げていったのだといえよう。

### 「大衆」の意識と向き合う

知識人が民衆とどう向き合うかは、「悔恨共同体」のメンバーたちをはじめ広く共有されていた問題であり、先に述べた飯塚浩二ら丸山を含む七人が「新学問論」と題して行った座談会のテーマの柱ともなっていた。大塚久雄は、「ぼくも民衆の問題を知識人の問題にしなくちゃならないということは全く同感なんですが、実際やって見ると、それは大変な難かしい仕事でしょう。問題は教わるんですけれども、さてこちらが民衆の問題に取っ組んで、民衆に話しかけようとしても道を以てしなければちょっとやそっとでは受付けないと思う」と「啓蒙」の難しさを〝生〟の言葉で語っている（「新学問論」『座談』①）。

他方丸山は、民衆の間に起こってきている文化運動を積極的に進めるべきだとする瓜生忠夫の発言を受けて、「学者とマッセの結びつき」は観念的にはわかるとしながらも、知識人が安易に民衆にすり寄ることへの懐疑を率直に語った。

> それは簡単に言うと、民衆の問題というのは、むしろやはり自分のなかにある内面的意識の問題で、やたらに民衆民衆という問題じゃないのではないか。やたらに方々に講演して歩いたり、ジャーナリズムに書いたりするんではなくして、最も本格的な仕事をすること、それがはるかに民衆のためであるということも考えられる。もう一つ日本の学界の問題としては本当のアカデミズムというものが欠けているのではないか。日本でいうアカデミズムというものは血のにじむような苦しみがない。ベートーヴェンなんかは「民の声は神の声などということは信じない」といった。それは経験的民衆に媚びないということで、決していわゆる超俗主義ではない。彼はあるべき民衆に彼の芸術を捧げた。しかし当時の民衆はロッシーニのオペラの方を喜んだ。ベートーヴェンのシンフォニーというようなものはやはり民衆の方から立ち上って、そこに向って接近して行くという意識的な努力というものがなければついていけない高さだ。マルクスの『資本論』でもそうだ。だから学問の民衆化ということは単に表現形式を平易にするとかそういうことでは問題は片づかない。学問の行き方として、最高水準というようなものは、やはり現実問題として普通の生産労働に追われている民衆には、理解に困難があると思う。

一方で「それかといって学者がみな啓蒙活動に出ていってしまったら本当に活動は出来ない」のであ

り、丸山は、「学者と民衆の間にあるもの」「媒介をなすもの」、すなわち民衆を高めるのが「ジャーナリズムの使命」であるという。

先にみた丸山のファシズムの担い手についての分析で、知識人のみならず「大衆」のありようも率直に論じたのは、まさに「血のにじむような苦しみ」を伴うものであったにちがいない。丸山は、「学者が行脚《あんぎゃ》に行くというような形よりも、民衆のなかにいるという意識の方が大事なのじゃないか」と繰り返した。丸山が憂えるのは「本当のアカデミズムというものはまだ日本にな」く、日本にあるのは「変に閉鎖的な特権的意識だけだ」ということであった。「私は簡単に今のアカデミーの人が、人民のためといえば、それで直ちに民衆のものになったというような安易な考え方をしたくない。民衆民衆と口先だけでいうことが一種のマスターベーションになっていはしないかと思う」と語っている（「新学問論」『座談』①）。丸山の「民衆のなかにいるという意識の方が大事」という言葉に込められた思いは、「人民のため」と考える人びとに届いたとはいいがたい。

民衆のなかにいて、その民衆の声をどのように聞き入れるのかもまた重要な問題であった。丸山は、インテリが「大衆の車中での放談」のような「民の声」を過小評価し、「ザインの認識とゾルレンの判断との落差に対して、フフンそんな事は分り切ったことさ、といった態度でそこに含まれている重大な問題に対して不感症になっている傾向」を問題視する。あるいはまた、「是《これ》を以て未組織の小市民の浮動性の表現として片づけ、組織労働者の闘争を通じての階級意識の形成こそ本来の民意であり、そうした「民意」は現在急速に昂まっているという事実——私はそれを決して否定しない——に安んじて、事態を不当に楽観視する傾向が民主陣営のなかに存在しないだろうか」との問いを投げかける。そうしていう。

今日なお広汎な大衆の間に、上の様な認識と価値判断といわば鋏状差《シエーレ》が見られるということは、終戦後あれほど活発に啓蒙活動が行われたにも拘らず、進歩的陣営の思想のせいぜい結論だけが受取られて、そこに到達する論理過程が一向大衆の肉体化していない事実を物語っている。そうして、一定のデータから正しい意味を汲みとる思想的訓練が普遍化していない限り、いいかえれば大衆の価値判断を一定の方向に流し込む鋳型の様なものを進歩的思想がつき崩して行くことに成功しない限り、急進陣営によって試みられる一切の現実暴露戦術はかえって全く逆の効果を生む恐れなしとしないのである。

そうしてそれは「はっきりした目的意識を以てザインとゾルレンを結びつけている様に見える組織大衆乃至《ないし》は進歩的インテリゲンチャ」も同様であると（「車中の時局談義」一九四八年一二月『集』③）。

かくして丸山もまた、民衆の非合理的意識と向き合い、格闘していたのである。そうして、ドイツやイタリアのファシストは、大衆の「意識下の世界、合理的論理ではなくして非合理的な「論理」に喰い入ることにかけては一切の民主主義的陣営を凌駕していた」（同前）という現実を直視するとき、〝ありのままの〟民衆の意識から可能性をくみ取ることに終始していることはできなかったのである。

## 「精神的価値」への「大衆」の参与

一九四九年、「現代社会における大衆」と題して猪木正道、田中耕太郎と鼎談が行われた。そこでの発言から丸山の力点が「個」からしだいに「大衆」という集団に移動してきたことが見てとれ、「現代文明の最大の特色」である「上からと下からの社会生活の組織化集団化」が国際的規模で進行するなかで、「通常近代社会の支柱とされている個人の人格的独立とか、個人の自律とかいうものは巨大な装置と集団の中に埋没してしまうのではないかという問題、それが大体世界の思想家によって共通に取り上げられている現下の最大問題だ」と語られている（「現代社会における大衆」一九四九年一〇月『座談』①）。

「近代」と「現代」の同時進行のもとにあって、丸山の言葉でいえば「現代の人間の救済」のためにマルクス主義は避けて通れないものとしてあった。なぜならば、マルキシズムは世界観としてはそれ自身完結的なものではなく、「どこまでもパラドキシカル・トゥルース〔逆説的真理〕」であるが、「現代社会の集団化、しかも集団化が階級的分化と結びついていることを考えるとき、現代の人間の救済というものはもはや個人的な形では出来ない」のであり、「その日の生活に追われ、あるいは刹那的な享楽に生きる大多数の民衆に、生活への意欲と未来への希望、現代社会に生きるハリと価値といったものを果して、いかなる原理といかなる制度が現実に提供しうるか。それによって、その原理なり制度なりのレーゾン・デートル〔存在理由〕がきまる」からであった。他方、「近代社会における個人の独立とか自律とかということも、現実にそれが問題になるのは、一部の知識階級だけで、世界の大多数の民衆はそれどころじゃなく、動物的な生存条件から辛うじてはい上るための労働で精一杯なのが実状」であることを前提に、「こうした精神的価値にあまねく大衆を参与させるための基盤をつくり出すことが当面の問題であって、そういう現実の問題から眼を閉じて抽象的に道徳とか人格の確立を説くことでは足りない」ことも認識されていた。

それゆえ、福沢諭吉が「議論の本位を定る事」を説いたのと同様、丸山もまた状況に即して押し出す価値の優先順位をつけており、ここでは「近代精神」の樹立を説くことよりもまずは「大衆」を「精神的価値」に参与させる対象としうるレベルにまで押し上げることを課題に据えた。マルキシズムにも大衆の文化的創造力にも否定的な田中耕太郎への反論という意味も多分にあったと思われるが、「我々はもはやマッセというものを、昔のように歴史の単なる客体として、いわば植物的な存在にとどめて置ける時代には住んでいない。結局大衆のヴァイタリティをあくまでも信じ、大衆の自発性、能動性をますますあらゆる方面に伸ばして行って積極的に文化の担い手たらしめる以外に方向はない」といい、「況《いわ》んや現代においてはなおさら、文化を生み出す基盤はどこでも大衆にあるのではないか。文化を直接的に造り出すのは勝れた個人ではあるが、そういう個人が生み出されてくるためには、そこにおける大衆が、政治的社会的に相当解放されて相当の文化的レヴェルを持っていることが前提ではないかと思うのです」と述べて、文化の担い手としての「大衆」の潜在的可能性を強調した。

そこでは当然にして「大衆のモッブ化」、当該時期に照らせば「労働運動の偏向とか行過ぎとかいうこと」に直面する。しかし丸山は、政府の失態の原因をも民衆の停滞性に求める田中に対して「大衆は決して超歴史的な動き方をするものではない」と言い切り、「もし日本の大衆なら大衆の中に個人の基本的人権を無視したり、モッブ化した動きがあるとすれば、必ず他の反面において日本のこれまでの支配階級の統治の仕方において大衆をそうさせる原因があるのではないか」と迫った。田中とは異なり、丸山は「つねに問題を権力を持っている者の側に見出して行くのがデモクラシーの精神だ」といい、「それは被治者あるいは大衆を美化し、その中にある愚に目を閉じることではなく、それは普段の教育や啓蒙の課題になる」と述べる。

具体的に〝八・一五以前の農民〟を取り上げ、丸山はいう。彼らは封建時代と変わらない状況に置かれ、そこで「生活環境を変えて行こうとか、もっと文化的に生活を充実しようとかいう意欲すらなくなって、今までの生活を宿命と考えるのは当然」であり、「近代的な自由とか、あるいは人権というものが確信されるという意味も解らないほど無智と蒙昧の状態に閉ざされていた」。その農民生活をあるときには「日本の誇るべき伝統」として讃美し、今度は「農民が保守的だからということで、民主化停滞の責任を負わされては、農民も浮かばれない」と。これほど民衆に分け入って真摯に向き合った考察があるだろうか。民衆の可能性を説き美化することは容易いが、丸山にあっては、民衆を担い手とみなして現実社会の変革を真剣に考えるからこそ、「啓蒙」が必要になりインテリゲンチャの役割が不可欠とされるのである。大衆運動を考える際に避けて通れないマルキシズムの問題についても判断の尺度は同様で、「労働運動だけでなく、農民運動でも学生運動でも共産党の一手専売になっているのは、むしろ責められるべきは他の団体ではないか」と述べて、戦闘的でないそれらの団体よりも闘う共産党を擁護し、「問題は抽象的な口頭禅ではなく、具体的な実践だと思います」、「社会観の進歩性ということも、現実の実践によって決るというのがぼくの考えです」と述べていた。

知識人が大衆にどう向き合うかという問題がさらに突き詰めて論じられたのは、ほぼ同時期の高見順との対談であった。ここでも「モッブ化」する大衆の評価が一つの論点となり、歴史のなかの「アウトロウ」の問題として語られていった。丸山は高見とともに、「アウトロウによって自由民権運動の戦闘的な側面が支えられている」ことや、大正期のアナ・ボル論争に触れながら「日本の絶対主義に反抗するものがアウトロウとしてしか出られなかったというところに、非常な宿命みたいなものがあるような気がする」といい、「市民生活のなかに根ざして運動が出てくる社会的条件がない」のは「天皇制の問題」であるとする。その一方でマルキシズムは、歴史意識を日本で教えた功績をもちつつもその歴史的弁証法が悪く作用すると、「必然」の前に敗北主義に陥り、現実にそうしてマルキストが「強い個性を滅却してしま」い、歴史意識を持たなかったオールド・リベラリストの方が戦争に対して毅然たる態度をとりえたという側面もあると述べる（「インテリゲンツィアと歴史的立場」一九四九年一二月『座談』①）。

もう一つの論点は、思想・学問・芸術などを護るための知識人の役割についてであり、そのためには「出来るだけ広汎なインテリゲンツィアが結束してゆく」ことの重要性が説かれる。「大衆運動というような大きなことはいわないでも、せめてインテリィゲンツィアの相互の間でもっと結束して行って、そうして昔のように野蛮な政治的な力によって各個撃破を受けないようにしてゆくことが、これから非常に大事なことじゃないかと思うんです。むしろそのためにこそ、一列横断的な考え方をぶっ壊してゆかなければいけない」（同前）と語るのは、戦前の「悔恨」に由来するものであり、のちに「タコツボ文化」と称して俎上に載せられたものであった。*

＊インテリがインテリジェンスという共通の基盤の上に立たず、したがってインテリという等質的な機能で結ばれた層が存在せず、またそれぞれの専門家が一定の仲間集団を形成している状態をいう（「思想のあり方について」一九五七年九月『集』⑦）。

丸山はさらに踏み込んで、戦前は天皇そして現在は司令部や共産党のような「「経験的に存在する何ものかからの距離の近さとか遠さ」で物事の価値が生れるのでなくて、（中略）真理なり美なりはどこまでも経験的に存在する人間や人間集団をこえた客観的価値だ」という前提があってこそ、「いかなる立場からの批判でも、その中に真理があれば、それを認めて行くという態度が生れる」のであって、「インテリヂェンスというものは、立場に拘束されつつ立場を超えたものを持っているところに積極的な意味がある。そういう知性の次元の独自の意味が認められてはじめて、共産主義をふくめた思想学問の自由を一致して守りぬくための知識人の結集が可能になる」と述べる（同前）。

この対談とほぼ同時期の一九四八年七月一三日に出されたユネスコのアピールを受けて、後述する平和問題談話会最初の総会が行われる同年一二月まで、研究会という形での集まりが開催されてきた（「「平和問題談話会」について」未発表討論一九六八年六月一六日、『世界　戦後平和論の源流―平和問題談話会を中心に―』第四七七号、一九八五年七月、四頁）。後年丸山はこの当時のことを次のように語っている。

まだ戦争の惨禍は生々しく、しかもその戦争によって日本を悲惨な状況におとし入れたことに対して——もちろん、第一義的には、戦争指導の問題でしょうが——知識人が知識人としての責務を果たしていたのかという点で、それぞれ違った形ではあるけれども、かなり痛切な反省が基盤にあって、その共通な気持で寄り集まったという感じが、私には強いのですね。そのころの考え方についてバラ色の啓蒙時代とよく言われますけれども、なるほど、具体的な政治的なイッシューと結びついていたわけではないけれども、知識人のあり方の自己批判といったものは非常に強く流れていた。その共通感覚があったればこそ、世代の差を越え、専門別を越え、さらにかなりのイデオロギー的な差異というものを越えて、集まり得たのではないか（「安倍先生と平和問題談話会」一九六六年八月『座談』⑦）

これこそがまさに知識人の横断的結合による「悔恨共同体」であったといえ、先の発言は、こうした状況が背後にあってのことであろう。

知識人の結集ということに際して日本のコムミュニズムにおけるマキアヴェリズムの問題が俎上に載せられ、丸山は、「もし日本の左翼にそういった傾向があるとすれば、それを除去してゆく道は、共産党に、自由な民主主義的な方法で、自分の力を伸ばしてゆけるような客観的な条件を揃えてやることにあるので、その意味でも、共産党をまた日蔭者に追いやってしまうようなこのごろの傾向はいけないと思います」と述べて、あくまで一貫して、運動を追い込んでしまうような状況の打破を訴えた（「インテリゲンツィアと歴史的立場」『座談』①）。

この高見との対談でも、個性的な価値の尊重ということと相俟って、民衆への迎合、すなわち「個性的な価値の貴族性を単に否定して、これに代えるにそういった価値にかかわりのない大衆の経験的な意思表示をすべての標準にしてゆくという傾向」に対する嫌悪が語られる。それは「日本的な孤高主義」の裏返しであり、「放送局が朝から晩までセンチな歌謡曲や浪花節をやっているというのは、大衆を愛しているように見えて、実は最大に大衆を侮辱しているんですね」、「民衆々々、と言う人と話していると、実は民衆に対する根深い軽蔑を持っており、しかもそれを意識していないので、実に厭な感じを持つことがある」という。丸山は、「象牙の塔とか、遊離した学問はいかん」という批判を念頭に置きながら、「学問というものは、生活とある緊張を保たなければいけない、そこには分離――遊離じゃなく――することによって最もよく生活に奉仕するという、いわば逆説的な関係があるんじゃないかと思うんです。（中略）学問にはやはりそれぞれの学問に固有な問題があります」と応答した。そうして知識人に焦点が当てられ、「インテリゲンツィアは無力というけれども、無力というより本当のインテリゲンツィアがいない」「インテリゲンツィアとして働かないで、実質的にはインテリゲンツィアの看板を卸してしまって、何かほかの社会人になっちゃう」といったような、前述の民衆へのすり寄りと同根の問題が語られる（「インテリゲンツィアと歴史的立場」『座談』①）。

学問、そしてインテリゲンチャとしての孤塁を守ることの緊要性の認識はまた、丸山が「盛り合せ音楽会」に見た「教養内容の無政府的氾濫」と、むしろ「その様な氾濫する「文化」の洪水のなかに形成されて行く一定の精神態度」、すなわち「次から次へと相異なり相矛盾するものを受け入れて行くことに憧れ、それに疑問を感じなくなった精神」「裏をかえせば救いのないニヒリズム」への危機感と表裏一体をなすものであった（「盛り合せ音楽会」一九四八年八月『集』③）。この点は、先に述べたと同様、のちに文化接触の問題として論じられることとなる。

### 「国家平等の観念」への視座構造の転回をめぐって

丸山は、一九四九年に、のちに丸山自ら親友と称する関係になった竹内好から批判を受けた*論文「近代日本思想史における国家理性の問題」（『展望』一九四九年一月『集』④）を発表している。これは、前述の陸羯南、福沢諭吉について論じてきたことの延長線上に書かれた作品であり、日本が近代国民国家となり、国際社会のなかで「国家理性」に目覚めながら華夷観念から国家平等の観念へと視座構造の転換を遂げていく過程を説明したものであった。

丸山は、その問題を論じるにあたり、権力政治（power politics）がはらむ危険性は「けっしてたんなる抽象的思弁の問題ではな」く、「大日本帝国」が犯した現実であり、「しかも悪夢のような第二次大戦が過ぎ去っていくばくもない現在、世界は「冷たい戦争」という新しい夢魔に悩まされている」といい、次のように述べる。

> この冷厳な現実から眼をそらして、ユートピアの世界に逃避することも、あるいは、どうせ国際関係などというものは、いつでも、どこでも力ずくめだ、といったシニシズムに居坐ることも、

ともに容易である。しかしその両者いずれの態度にも甘んじない者は、ここで近代国家と近代国際社会の今日まで発展して来た過程をもう一度ふりかえって、現在の世界の歴史的境位を誤りなく見定めることの必要を痛切に感ずるであろう。そうした場合、近代国家の国際行動が担って来た国家理性の理念を省みることは、近代国際社会の社会的地盤の分析とともに不可欠ではないかと思われる。

ここに明らかなように、この論文は、冷戦に突入する危機感のなかで書かれたものであった。

＊竹内好の批判は、「伝統と革命―日本人の中国観―」（『展望』一九四九年九月）と題して発表され、のちに「日本人の中国観」と改題されて再録された（『竹内好全集』第四巻、一九八〇年、筑摩書房）。

丸山は、マイネッケに拠りつつ、＊「国家理性《レーゾン・デタ》」を「国家の行動がよって以って則るべき国家特有の準則」と説明する。「国家理性」とは、中世的なキリスト教的世界共同体の解体を経て誕生した近代の主権的国民国家が、国際社会のなかで国家行動を制約する普遍的な共同体理念との格闘を通じて成長させていったところの観念であった。ところが、日本の場合にはヨーロッパの国民国家とは異なり、「国際社会のなかからではなくして、むしろそのなかへ引き入れられることによって、近代国民国家としてのスタートを切った」ため、「開国――ヨーロッパ世界に向かって国を開くということが同時に、そうした国際社会に対して自己を「閉ざされた《ゲシュロッセン》」統一体として自覚することを意味した」。このようなパラドックスは中国にも当てはまるものであったが、「中国がこの状況の逆説的性格を真に自覚したのは日本よりずっと後」という時間的ズレがあった。そうした「逆説的性格」をともに背負う日本と中国は、「華夷観念」から「近代的国家平等観念」への視座構造の転回を余儀なくされる。そのためには、論理的媒介としての朱子学に内在する、国際信義を守るという意味においての「儒教的自然法観念」の「濾過」が必要であり、それには、洋学者、とりわけ「近代的自由の水先案内人」であった福沢諭吉により、「近代国際社会における国家の位置についての最初の体系的な基礎づけ」が行われるのを待たねばならなかった。

＊フリードリッヒ・マイネッケ『国家理性の理念』（一九二四年）。現在、『近代史における国家理性の理念』（菊盛英夫・生松敬三訳、一九六〇年、みすず書房）として読むことができる。

福沢にあっては、一八七二年以後続けて刊行された『学問のすゝめ』において彼の自然法思想が全面開花し、国家平等の観念が明確な論理的構成をもつようになった。丸山はそれをもって、福沢においては「内の解放と外に対する独立とは一本の問題であり、個人主義と国家主義、国家主義と国際主義とは見事なバランスを得ていた」と評している。しかしながら、実はそれは「まことに幸福な一瞬」にすぎず、「近代日本の置かれた国際的境位」ゆえにその福沢をしてバランスを打ちくずすことを余儀なくされ、その崩壊の過程において「国家理性」が自覚されたのであり、これが日清戦争前後の福沢に内在する問題ということになる（→第七章）。

## 「国家理性」への着目

論文「近代日本思想史における国家理性の問題」は、連載が予定されていたにもかかわらずその後続けられなかったという意味で形式上からも未完であったこと、加えて「国家理性」の意味が理解されにくく誤読が生じていたことから、*丸山は、同論文を『忠誠と反逆』（一九九二年、筑摩書房）に収録するに際して、「「近代日本思想史における国家理性の問題」補注」（一九九二年六月『集』⑮）を書いた。そこで丸山は、この誤読を取り上げて再度説明している。

＊この論文発表の翌年に行われた明治を論じる座談のなかで、「国家理性」とは「近代国家の性欲」であるとの言い換えも行っている（「日本の運命」一九五〇年三月『座談』②）。

なかでも、山県有朋の有名な第一回帝国議会における「主権線」と「利益線」に注目したことはよく知られている。丸山によれば、どの国家も備えている「国家理性に必然に随伴する「魔性」」を、「魔性として自覚する明晰さ」が「自己抑制の効いた外交政策」につながるのであり、丸山はこの「魔性」の自覚を重視するがゆえに、中江兆民・三宅雪嶺・陸羯南、そして陸奥宗光はもとより、山県の「主権線」と「利益線」について述べた演説をも、「権力政治に、権力政治としての自己認識があり、国家利害が国家利害の問題として自覚されているかぎり、そこには同時にそうした権力行使なり利害なりの「限界」の意識が伴っている」という観点から評価したのであった。その一方で、一九三〇～四〇年代を席捲した「皇道の宣布」「皇恩に東亜の民を浴びせしめる事業」などといった日本軍国主義を美化する言辞には「限界」の自覚はなく、「道徳」や「倫理」の行使に抑制はありえない以上、「無限」の伸張あるのみとなる。

丸山がマイネッケを熟読したのは、日本が中国との全面戦争に突入していく一九三〇年代後半から四〇年代にかけてであり、マイネッケが目撃したビスマルク時代までのドイツと、第一次世界大戦前後のドイツ帝国の光景との対比を、日本における明治前半期の国権論と一九三〇~四〇年代の「皇国日本」の使命論との異質性に重ね合わせないではいられなかったのであろう（「「近代日本思想史における国家理性の問題」補注」『集』⑮）。

丸山によれば、「西欧国家体系（The Western state system）」には「主権国家平等の原則と、勢力均衡（balance of power）という二つの柱があり、「国家理性」もこの両柱に支えられて展開した」。たしかに現代の世界秩序は、そのような「西欧国家体系」が生み出した諸原則に依拠して存在するが、マイネッケの提起はけっして中国や日本のような非ヨーロッパ世界にも無縁ではないものであることから、「現代中国の読者のために」二つの論点を補足している（同前）。それにいたる直接の契機は、この論文の中国語訳による公刊であったが、それのみならず、前述の竹内好の批判も常々意識されていたことが小さからぬ要因となっているのではなかろうか。

竹内の批判とは、「ヨオロッパと東洋とは、対立概念である」（「近代とは何か」一九四八年四月『竹内好全集』一九八〇年、筑摩書房、第四巻、一三六）といい切る竹内からすれば、丸山の説は「後進国の近代化の過程」をヨーロッパのそれと区別する点において「これまでの公式的な唯物史観論者より数等すぐれている」が、「後進国の型に日本と中国では質的な差があること」（傍点——引用者）を見逃しているのではないかと考えられるものであった。そうして、「丸山のような学者さえ、日本人の伝統的な中国侮蔑感が意識下にあって正しい理解を妨げているような気がする」と述べる。竹内いうところの日本と中国の間にある「近代」の質的差異の決定的な点は、「日本では、既成の観念を外から借りてくるだけで、自分で思想をうむための地盤を作ろうとする運動は起らなかった」ことにあった（「日本人の中国観」一九四九年九月、同前、一三、七～八）*。

＊詳しくは、拙稿「丸山眞男における「開かれた社会」―竹内好との対話をとおして―」（『思想』二〇一七年三月）を参照。

こののちも竹内の批判に対する丸山の応答は直接間接に続けられていくが、竹内との議論からすればむしろこの補足は重要であり、その一つは、中国古典に登場する「権謀術数」は、一見「ヨーロッパにおける「国家理性」の戦術的実践にかぎりなく近い」が、先の「主権国家の平等の原則と、それに基づく「国際秩序」のイメージ」を欠いていて「「国家理性」のいわば古代的段階」でしかありえず、近代的なそれとはまったく異なるということである。もう一つは、「冊封」体系は「礼的秩序」であり「道徳的＝文化的レヴェル」に位置していて、西洋の権力政治を前提とした宗主国―属国という国際関係とは本質的に性格が異なるとする見解があるが、清朝末期の外交関係においては、もはや「伝統的な華夷の国際秩序観」が「純粋に礼的な、つまり道徳＝文化のレヴェル」にとどまりえるものではないということである。すなわち、「西欧国家体系」にアジアをも組み入れようとする波が押し寄せてくるなかで、たとえば「洋務派」の李鴻章の言動のなかに、「本来、礼的秩序という性格をもった華夷内外の上下差別的秩序観」の、国際情勢のなかでの「読み替え」と「権力政治的変質」が見られるように、権力政治とは無縁に旧態依然と「礼的秩序」を保持することはおよそ不可能であり、そこに存在する「礼的秩序」は、権力政治が支配する国際秩序のなかで生き延びていくために内実を変化させていたのである（「「近代日本思想史における国家理性の問題」補注」『集』⑮）。それこそが「文化接触」の問題であり、当時にあってそれを冷徹に見ていたのはほぼ唯一福沢であり、また戦後においてそれを評価しうる目をもっていたのがほかならぬ丸山なのであった。

　丸山が「国家理性」に一貫するものとして重視するのは、その時々の情勢を冷徹に見据えるということであった。だからこそ「主権線と利益線」の議論は重要であり、他方で現実と乖離した「王道楽土」を掲げての「満州国」建国や大東亜共栄圏は、「国家理性」を欠いた極致に位置づくことになる。その観点から、「中国シンパ」でありながら「反帝国主義で日本の軍事行動を激しく非難しているということでもない」竹内好の戦中の中国認識は、丸山の注目を引くものであった（『回顧談』（下）一三四〜一三七[*]）。

＊「竹内日記を読む」（一九八二年九月『集』⑫）も参照。

## 五　ファシズム再来への危機感から「部落《むら》共同体」との対峙へ

（一九五〇～一九六〇年）

### 危機意識の表出

「近代的思惟」の問題から出発してしだいに「大衆」啓蒙へと力点を移動させながらも、不断の精神革命を求めて言論活動を続けていた丸山であったが、一九五〇年には彼のなかにこれまでにない危機意識の高まりが見られ、そのことが丸山にとっての一つの転機となった。丸山自身も次のように語り、社会全体の転換点を一九五〇年に求めていることが明らかである。「当時を知っている僕らの実感からいいますと、占領期を一括して捉えることはできない。（中略）一九四七年の二・一ゼネストの弾圧をもって逆コースが始まるという説があるけれども、必ずしも当を得てはいない。（中略）やはり転機になるのは、四七年のトルーマン・ドクトリンによって、全世界から共産主義を締め出すというアメリカの冷戦の方針がＧＨＱ（連合国総司令部）にも出てきて、そこから漸次的に進行し、急激に台頭してくるのが、マッカーサーが一九五〇年の年頭の辞において自衛権の容認を声明し、六月に勃発した朝鮮戦争の直前からなんですね」（「戦後民主主義の「原点」」一九八九年八月『集』⑮）。

丸山は一九五〇年六月に東京大学法学部教授に就任するが、それからまもない同年九月、吉田内閣が基本方針を決定した公務員に対するレッド・パージの受難が、丸山自身や周辺にも降りかかった。*丸山は、「レッド・パージのときは、いつ辞めることになってもいいと思ってい」たといい（『回顧談』（下）五九～六〇）、法学部では川島武宜、辻清明、そして丸山が危ないという、川島がＧＨＱから得た情報が伝えられていた。学生自治会の反対運動も行われ、一九五〇年一〇月九日の法学部緑会委員会の申し入れによる教授・学生合同集会では丸山も発言し、その記録が残されている（「レッドパージ反対集会での発言」一九五〇年一〇月『別集』②）。

＊詳しくは、松沢弘陽「解題」（『集』⑤三四九～三五一）を参照。

それによれば丸山は、一〇月四日の法学部学生大会が、全日本学生自治会総連合（全学連）のごとく「教授と学生の一体化を実質的には全く始めから不可能にするような」試験ボイコットや無届け違法デモの決行という手段をとらず、ストを否決して「学校側との対立においてでなく、一致において強力に大学を守り立てて行く意思の表明」を行ったことを高く評価した。その一方、全学連に対しては、「疑いもなく純粋な動機をもち、大義のために殉ずる決意をもつ。自分の途の真理性と正義性を確信している。確信の度が強いために、自分と同じ途を歩まぬものに、見解の相違というよりむしろ直ちに罪と堕落をよみとる。現実的な真理存在の多元性をみとめない（中略）。周囲が自分の思う通りに動かないとき、その責任を周囲の者の救うべからざる頽廃、或は、意識の低さに帰してすませる」と厳しい評価を述べていた。

## 「現代ナショナリズムの多元的立体的構造」との対峙——平和問題談話会声明——

丸山は、一九四八年のユネスコ「八社会科学者の声明」をきっかけに、平和問題談話会の活動にも取り組んでいくこととなった。「もしわれわれが民主的雰囲気が少しでも伸張すること、少くもこれ以上縮減しないことを望むならば、いかなる勢力に属しいかなる立場にあるを問わず、徒《いたず》らに恐怖心を挑発し増大する様な言動を自制することがさし当っての緊要事であるということだ」（「恐怖の時代」一九五〇年一二月『集』⑤）と述べて、国内情勢に対する主張の延長線上に、「二つの世界」を超えるための営みを展開していく。

平和問題談話会は、「最初はアクチュアルな時事問題を取扱うのではなくて、とにかくやっと戦争から解放されたから、平和問題を科学的に考えようということだった」。それは大内兵衛の「戦術的な方針」とユネスコの声明という二つの要因が作用したもので、一九四九年三月、「ノンポリ的な出発をした」という（『回顧談』（下）二〇一。ほかにも「安倍先生と平和問題談話会」『座談』⑦、等）。集まったのは「岩波の昔からのグループ」すなわち和辻哲郎・田中耕太郎・仁科芳雄らで、『世界』編集長の吉野源三郎は全体の、そして清水幾太郎と久野収が学者グループの「秘書役」を務めた。四八年九月に会が部会対応となって以後は、丸山は東京・法政部会に属し、同年一二月一二日には「第一回の京都と東京の創立総会みたいな会議」を明治記念館で開いた（『回顧談』（下）二〇二）。このときの名前は「平和問題討議会」であった（『世界』一九四九年三月）。

翌四九年三月の『世界』が全ページを平和問題特集に充て、そこにユネスコの報告とそれを受けた

「戦争と平和に関する日本の科学者の声明」、七部会の各報告などが掲載された*。それが「はしり」であり、同年の一二月には「平和問題談話会」の名称で具体的な日本の講和の問題が取り上げられるようになり、「講和問題についての平和問題談話会声明」が発表されて一九五〇年二月の『世界』に掲載された。さらに四月号別冊付録には、ユネスコの声明とそれを受けた日本の科学者の声明、講和問題についての声明の三つが掲載され、それは「非常にホットな、具体的な戦争と平和の問題に対してどう対処するかという、アクチュアルな、明確な一つの線」を打ち出したものとして反響を呼んだ（「一九五〇年前後の平和問題」一九七七年五月『話文集』①）。

＊この部会報告の「ナショナルとインターナショナルの関連について」という項目の原案は、丸山の執筆によるものであった（「一九五〇年前後の平和問題」『話文集』①）。

声明は、全面講和、日本の国際的地位の中立不可侵、いかなる外国に対しても軍事基地を提供せずかつ軍事協定を結ばない、というもので、これをめぐり談話会のなかでも激しい意見の対立があったという。京都の方が「比較的」いわゆる〝進歩的な人〟が集まっており、丸山は東京と京都を東西の調整のために往復し、その結果一九五〇年二月にできあがったのが「三たび平和について」であった。そのなかで丸山が原案を執筆したのは、第一章「平和問題に対するわれわれの基本的考え方」と第二章「いわゆる二つの世界の対立とその調整の問題」という全体の総論にあたる部分であった（同前）。

第一回の声明は国内の社会変革の問題と平和の問題をいかに結びつけて考えるかということにあったが、「三たび平和について」の方は、「二つの世界の平和的共存」を「それ自身、独自に基礎づけようとしている」という点でそこには大きな変化があった（同前）。

第一回声明も、「現代世界におけるナショナリズムの問題は甚だ複雑」であり、「平たいナショナリズムないしインターナショナリズム」ではない現代ナショナリズムの「多元的立体構造」を考慮することなくしては「国際主義の理想は単なる空虚な文句に止まるであろう」という認識であった（東京法政部会報告）。そうした背景には、当時文科部会が行った民衆意識の実態調査の結果、東京工業大学の学生と奈良県下の「紡績女工」の二〇％前後がともに戦争を欲しているという、「平和と民主主義」が世界にこだまするような「バラ色の啓蒙時代」とは必ずしも言えない現実が存在していた。丸山がまもなく「伝統的ナショナリズム」や「底辺のナショナリズム」と向かい合っていくのはこうした実態を目の当たりにしたことによるものであった（同前）。

後者の「三たび平和について」の場合は、丸山の表現を借りれば、社会主義的変革の問題と不可分であった段階とは異なり、「独自な平和の次元というものを発見してゆくプロセス」として「平和共存」が考えられていた。すなわち左派も右派もそれぞれ革命のイデオロギー、それに対する反共のイデオロギー（全体主義への対抗イデオロギー）と表裏一体の関係となっており、しかもともにイデオロギーが優先しているため、その両方のイデオロギーから「平和の次元」というものを隔離して「平和共存の可能性」を基礎づけないと運動は成立しないことになる（同前）。したがってそれは、「現実」追随を撃つことでなければならなかった。

丸山が書いた「三たび平和について」の第一章は、原子力を有するようになった戦争という問題、そして「二つの世界」にどう向き合うかということについての理念的なことが述べられている。まず丸山は、「地上における最大の悪」となった戦争は、「どのような地上の理想も、世界平和を犠牲にしてまで追求するには値しない」、「従って敢て逆説的な言い方をするならば、戦争を最大の悪とし、平和を最大の価値とする理想主義的立場は、戦争が原子力戦争の段階に到達したことによって、同時に高度の現実主義的な意味を帯びるに至った」と述べる。その上で「二つの世界」をめぐる「思考方法」を問うことからはじめられ、平和問題談話会が打ち出す立場は一見「理想乃至希望の表現」で、かたや「二つの世界の対立は必然的に激化して行くもので、その間、到底話合い成立の余地はない」といった立場こそが「現実の「客観的認識」のように見える」が、実はともに「現実的認識」であり、「主体的立場と全く無関係な「客観的」認識などというものはありえない」ことが確認される。すなわち丸山は、「現実主義」の名の下に「二つの世界」のいずれかに与しようとする立場を排し、「どこまでも両者の関係が戦争に訴えずに調整される可能性を信じ、その可能性をすこしでも押し拡めて行くように、われわれの思考と態度を方向づけてゆくべき」ことを訴える（「三たび平和について」第一章・第二章」『集』⑤）。

　より長い第二章は、「二つの世界の対立」を超えるために、それに「内包された意味」を解き明かすことにはじまり、武力的衝突はありえず「「二つの世界」の平和的共存を高度化する諸契機」について、世界情勢や対立がもたらす両国にとっての危険性を実に具体的に示しながら説得していくものとなっている。そうして一九四三年一一月のルーズヴェルト、チャーチル、スターリンのテヘランにおける共同宣言を引き、それを不可能であり「その過去の協調を、一時の権謀と見ることは、結果において、これらの宣言に参加した三大国の指導者と、宣言の精神を圧倒的に支持した世界幾億の民衆を嘲笑することにならないであろうか」と問いかける。最後には、「中立」を説く「われわれの原理的態度」、すなわち①イデオロギー的対立の固定的な理解に対する反対、②イデオロギーの問題と現実の組織化された武装国家権力の対峙という問題とのギャップの認識の必要、③中立は孤立を意味するものではなく、反ソ、親米といった固定的な鋳型に押し込むことに対する抗議を意味すること、④一切の国際紛争への介入や参加を避けること、の四点を再確認したあとに、それを了解しないで「その背後に隠れた意図とかその現実に演ずる役割とかを憶測し、指摘するような批評」が左右正反対の立場から行われていることを指摘する。それはまた少なからず平和問題談話会のなかにも存在していたものであり、そうであるがゆえに、「われわれの主張を完全に実現不可能という人々に対しては、既にわれわれはその然らざる所以を述べた。それをきわめて困難であるという人々に対しては、われわれはそのことを率直に肯定しつつ、「にも拘らず」というほかない」と結ぶのであった（同前）。

「三たび平和について」は、いつ冷戦が熱戦に転化するかわからないという緊迫した事態のなかで、「よくまぁ、一致までこぎつけたものだと思うくらい」の激しい緊張を経てまとめ上げられたものであった[*]。それゆえ一九五〇年六月に勃発した朝鮮戦争は、「声明」の趣旨に対する「非常に重大なチャレンジ」であった（「一九五〇年前後の平和問題」『話文集』①）。丸山は、それを書き上げたあとの同年一二月、胸部結核が判明し、五二年四月に講義に復帰するまで闘病生活に入ることとなった（「中

野療養所雑感」一九八六年秋『集』⑫）（『回顧談』（下）二一三）。

＊このかんの詳細は、『回顧談』（下）、ならびに「安倍先生と平和問題談話会」（『座談』⑦）等で詳しく述べられている。松沢弘陽「解題」（『集』⑤三五二～三五三）も参照。平和問題談話会の位置づけについては、拙稿「戦後知識人と平和運動の出発」（『年報日本現代史』第八号、二〇〇二年五月）でも述べた。

### 「皮膚感覚」に訴える

丸山の危機意識は、この一九五〇年代初頭に続々と書かれた「ある自由主義者への手紙」、「恐怖の時代」、「日本におけるナショナリズム」、「戦後日本のナショナリズム」、「ファシズムの現代的状況」などに示されており、なかんずく「恐怖の時代」、「ファシズムの現代的状況」などといった表題自体がそれを如実に物語っている。

そのなかの一つである「恐怖の時代」では、「一九五〇年末の日本の状況を眺めるとき、ひとは到る所、あらゆる職場において恐怖の蔭を読みとらないであろうか」と問いかけ、「右のような状況（首切りと失業、レッド・パージ等の不安をさす――引用者）からさしあたり発生するものは、支配層と被支配層との間の恐怖の悪循環である」と述べている（一九五〇年一二月『集』⑤）。ここで採用されている対話形式は以前からもしばしば丸山が用いてきた手法であるが、それに加えて、「歴史と伝記」（一九五〇年八月『集』④）、「「現実主義」の陥穽―ある編輯者へ―」（一九五二年五月『集』⑤）などでは手紙の形を採るなど、より直截的な語りの形式が増えたことも注目される。それは、深刻な危機意識に発する、ぜひとも若者たちに伝えたいという押さえがたい思いの表れといえるのではなかろうか。

丸山は自らの心境をこのように語る。

> これまで僕は、広い意味での政治学を勉強していながら、当面の政治や社会の問題についての多少ともまとまった考えを殆んど新聞や雑誌に書かなかった。なぜかということはここでは述べないが、ともかく、それには僕なりの理屈があったし、いまでも原則としてはその理屈は間違っていないと思っている。しかし去年（一九四九年――原文）の秋あたりから最近にかけての日本をめぐる内外情勢の推移や論調などをじっと見ていると、何かしら僕はこれ以上、そうした問題について沈黙しているのに耐えられなくなって来た。

そうして、「ただ僕一個の気持として黙っていることに心理的な、いや、殆んど肉体的な苦痛を覚え出した」とまでいう（「ある自由主義者への手紙」一九五〇年九月『集』④）。

丸山をここまで追い込んだのは、「内外反共思潮」にのって「共産主義という「踏絵」」を踏ませようとし、「反共の旗幟を掲げさえすれば、それが民主主義者の証しであるかのように」見做されるという状況認識であった。丸山は、「もはや平和や自由というそれ自体誰も文句のつけようのない「言葉」の下に、それぞれ「下心」を秘めた人々を結集させて表面のつじつまをあわせるのが「共同戦線」を意味した時期は過ぎた」といい、そのような生やさしいことで対抗できる状況ではなく、「自由人をもって任ずる無党派的な知識人もその主体性を失わないためには無党派的知識人の立場からの現実政治に対する根本態度の決定とそれに基く戦略戦術を自覚しなければならない段階が来ているということだ」と迫った。共産主義への圧力が強まっているため、知識人の間では「同じ言葉を語りながら漠然たる不安と猜疑がどうしても消えない」、「それが僕らをますます孤立的、ますます隠遁的にしている」という。そのようななかでは「どういう人間乃至グループとはどの点で一致し、どの点で分れるかということが各自にハッキリする」ようにし、「つぎつぎと直面する現実の政治的問題に対してどのひろがりとどの深さで連帯が可能かという事が可測的にな」るべきだという。具体的にすぎるほどの対抗戦術の提示は、それほどまでに危機感が深まっていたことの証左にほかならない。

そこで丸山が強調したことの一つは、「抽象的なイデオロギーや図式から天下り的に現実を考察して行くということの危険性」であった。「現実の社会関係はつねに具体的な人間と人間との関係」であらねばならず、必ずしもインテリないし疑似インテリが「意識的に遵奉しているつもりの「主義」から演繹されるものではない」、具体性に徹する立場が求められた（「ある自由主義者への手紙」『集』④）。

もう一つは、そのような状況を打ち破るための「自由討議《フリーディスカッション》による決定」という方法であった。丸山はアーネスト・バーカーによりながらそれを説明し、「超国家主義の論理と心理」や「人間と政治」で指摘したのと同じく（→第四章）、「ルールの執行を委託されている人間ないし機関は、その団体の一般構成員に対してなんら実体的な優越性をもつものでなく、また真理とか正義とかの価値を独占するものでないという重大な前提」に基づいて「何が実質的に正当かという判断を各人の内面的良心に委ねているからこそ、自由討議による決定ということが意味をもつ」ことを強調する。
そうしてさらに日本社会の現実にいっそう深く踏み込み、このように述べる。すなわち「強制力を把持する上級者が実質的な価値の体現者ないし決定者として現われる」場合には、「権限」ではなく「権威」をもって臨むこととなる。「だからこそ、彼の行動や主張に対する批判は容易に「反逆」という烙印を押される」こととなり、日本社会の民主化にとって、より障碍となるのは、「誰の眼にも顕著な独裁者型の指導者」ではなく下からの有効なコントロールが困難な「ボス型のそれ」の方である。そうして丸山はいう。「ヨーロッパやアメリカはいざ知らず日本の歴史は階級闘争の歴史よりもむしろはるかに多く、被抑圧者が、蔭でブツブツいいながらも結局諦めて泣寝入りして来た歴史である」と（「ある自由主義者への手紙」『集』④）。この点は、のちに「忠誠と反逆」の問題として追究されていくこととなる。

その指摘は天皇制を支える精神構造にくい込むことでもあり、「こうした悪循環に止めを刺すのは、（中略）言葉の真実の意味での内部からのトータルな革命以外には恐らくない」が、「日本の天皇制・官僚機構・地方自治など広義の統治機構と、それの物質的・社会的地盤」を論評することよりも、日本の諸社会関係の民主化を阻んでいる「具体的な人間関係と行動様式」を取り上げ、「皮膚感覚」に訴える途を丸山は選んだ（同前）。頭上をすり抜けかねない高等な議論だけでは現状にどうにも対抗できないという危機感が、丸山をしてこのような個人宛「手紙」という形式をとらせ、かつ「皮膚感覚」に訴えるという手法を選ばせたのだと考えられる。丸山が述べていた「プップツ噴火口みたいに沸騰している」民主主義も、そうしたなかで役割が求められるものであったといえよう。

## 「政治的プラグマティスト」宣言

丸山は、「すべては灰色」という認識にとどまってしまうのではなく、「ヨリまし《ベター》なものの選択」に賭けた。進行中の中国革命も、そうした状況のなかで既存の秩序や支配と「同時にその支配秩序に内在している価値体系なり精神構造なりをきりくずし」たものとして希望を与えていた（「ある自由主義者への手紙」『集』④）。

丸山は、「日本社会の近代化という課題は近代的学理を暗記することによってではなく、歴史的具体的な状況において近代化を実質的に押しすすめて行く力は諸階級、諸勢力、諸社会集団のなかのどこに相対的に最も多く見出されるかという事をリアルに認識し、その力を少しでも弱めるような方向に反対し、強めるような方向に賛成するということによってのみ果されるというのが僕の根本的な考え方なのだ」と述べて、自らが「政治的プラグマティスト」であることを宣言する。「僕は少くも政治的判断の世界においては高度のプラグマティストでありたい。だからいかなる政治的イデオロギーにせよ、政治的＝社会的諸勢力にせよ、内在的先天的に絶対真理を容認せず、その具体的な政治的状況における具体的な役割によって是非の判断を下すのだ」と。そして「僕はいかなるイデオロギーにせよそのドグマ化の傾向に対しては、ほとんど体質的にプロテストする」と述べる（同前）。ここにも、「その具体的な政治的状況における具体的な役割によって是非の判断を下す」という福沢諭吉に学ぶ丸山の基本的な姿勢が示されている。この時期に丸山が編んだ『福沢諭吉選集』の解題では、福沢が「とくに政治論においては状況的思考（situational thinking）を高度に駆使」した点に光が当てられている（「福沢諭吉選集第四巻　解題」一九五二年七月『集』⑤）。

丸山は、そのような意味でのプラグマティズムに徹し、共産党や社会党がドグマに陥る傾向があろうとも、反共攻撃が著しい当該時期にあっては、反共の圧力と闘う道を選び取ることを改めて宣言する。「僕は日本のような社会の、現在の情況において共産党が社会党と並んで、民主化――しかり西欧的意味での民主化に果す役割を認めるから、これを権力で弾圧し、弱化する方向こそ実質的に全体主義化の危険を包蔵することを強く指摘したいのだ」と（「ある自由主義者への手紙」『集』④）。このプラグマティズム宣言は、前述のレッドパージ反対集会において全学連に対して、「目的がいかに立派でも、手段のコストがあまりに大きいときは、ついに目的そのものの正当性をも破壊してしまう。この複雑なダイナミックスを考えてもらいたい」（「レッドパージ反対集会での発言」『別集』②）と言い放ったことに通底していよう。

同じころ、小椋広勝、久野収、竹内好、土屋清とラスキ著『現代革命の考察』をめぐって「現代革命論」について語り合った座談の記録がある。口火を切った丸山は、近代文明が「終末期に近づいていると言っても、この個人人格の尊厳とそれを保障する民主的手続き――思想・言論・集会・団結の自由――は、近代社会の貴重な遺産として、いかなる未来の文明の中にも生かされなければならない。そうでなければ中世的な権威主義に逆転してしまう」ことをラスキに拠りつつ述べている（「現代革命論―ラスキ『現代革命の考察』をめぐって―」一九五一年一月『座談』②)。このようなときであるからこそ、ふたたび「近代文明」の擁護が強調されるのであった。

### 「現実」主義を超えて

丸山の主張の軸の一つは、平和問題談話会に向けられる「現実的ではない」という批判に対抗して、「現実」追随の態度を撃つことであった。丸山は、そうした「現実」のもつ特徴を三点にわたって指摘する。第一に、「現実」の所与性が既成事実と等置されてしまって「日々造られて行く」という「現実のプラスティックな面」が無視されること、第二に、「現実の一次元性」であり、それは「ファッショ化に沿う方向だけが「現実的」と見られ、苟《いやしく》もそれに逆らう方向は非現実的と考えられた」戦前と重なるものであること、第三に、その時々の支配権力の選択する方向が「現実的」とみなされることであった。そうして丸山は、「満州事変以後、何千人何万人の善意の知識人が結果においてファシズムに一役買うようになった悲劇への途」を引き合いに出しつつ、観念論という非難にたじろがず、「特殊の「現実」観に真向から挑戦」し「新らしい局面のなかで不断に具体化すること」を訴える(「「現実」主義の陥穽―ある編輯者へ―」一九五二年五月『集』⑤)。それは、丸山がかつて陸羯南に見出した評価(→第四章)と重なり合うものであった。

彼が採ったもう一つの方法は、プルーラリズム(多元主義)であった。のちの時期の発言のなかに、「「階級闘争」は多層的な概念」であり、「より根本的な問題として、そもそもネーションを基盤とする生産関係である限り、どんなに闘争が激烈化しても、解体してブルジョアとプロレタリアートという二つの国にはならないし、またなりえない」と述べたものがある。あえて「国内面における階級間の闘争性の相対化」をはかり、ネーション、階級、人類社会を見つめることによって「平和の論理と階級闘争の論理との具体的な関係」の再検討の余地を見出す戦術を採用したのだといえよう（「革命の論理と平和の論理」一九五七年五月『座談』②）。

こうした問題に向き合うにあたっても、ラスキが参照されていた。すなわち「同意による革命」か、さもなくば「大規模な殺戮闘争」かという「この巨大な二者択一の意味を真剣に考えるほどの者なら、西欧民主主義と共産主義との間を何とかして架橋しようとする晩年のラスキの懸命な努力に徒《いたず》らに嘲笑を浴びせはしないであろう」といい（「ラスキ「現代革命の考察」」一九五〇年一〇月一八日『集』⑤）、それはまさに丸山自身が直面していた課題であった。ちなみにラスキについては、「政治学の方法の上では私は今日それほどラスキに負うているとは思えないが、それにも拘らず、省みてこの人ほど不思議な魅力で私をひきずって来た政治学者はなかった」と述べている（「現代政治の思想と行動第二部　追記」一九五七年三月『集』⑦）。

三つ目に丸山が、意識構造を内部から批判する主体的な規範意識を引き出すために俎上に載せたのが、「伝統」の問題であった。たんに「過去の民族文化」であるだけでは伝統とはなりえず、「むしろ一度過去の伝統を否定することによってしか、ほんとうの民族的な主体性*は生れないのではないか」と丸山はいう。主体性をもたないという意味で、「伝統」の裏返しともいうべき「皮相なアメリカニ

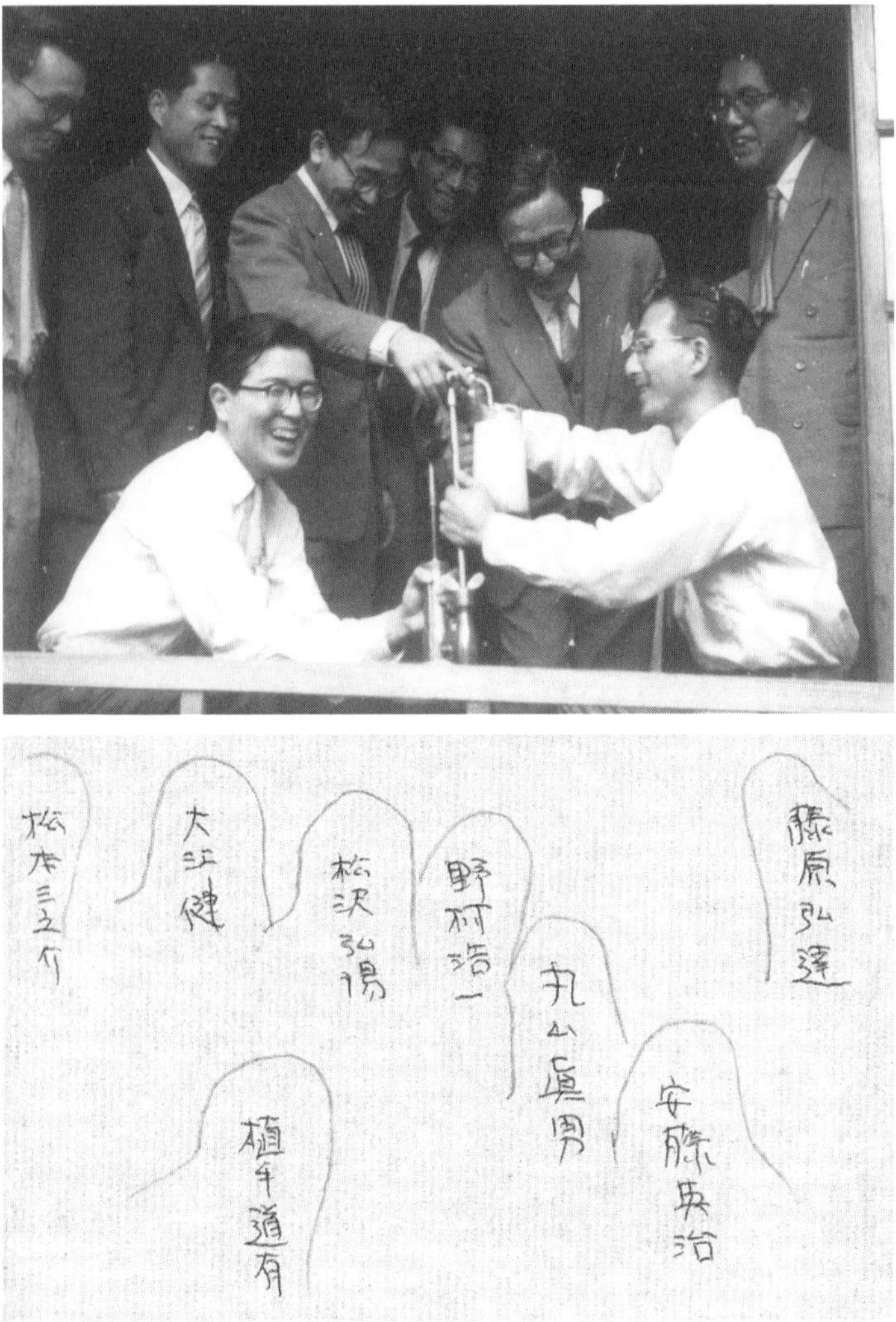


図 10　**丸山ゼミの卒業生による吉祥寺南口（井の頭側）のレストランでのコンパ写真と下は人物名の裏書き**（1957 年 5 月 3 日，日時・場所は松本三之介氏のご教示による．丸山彰氏提供）

ゼーション」も同様であった（「被占領心理」一九五〇年八月『座談』②）。

＊のちに丸山は「伝統」と正面から向き合うことになり、後述の「日本の思想」（一九五七年一一月『集』⑦）のなかで、「あらゆる時代の観念や思想に否応なく相互連関性を与え、すべての思想的立場がそれとの関係で——否定を通じてでも——自己を歴史的に位置づけるような中核あるいは座標軸に当る思想的伝統」として位置づけられている。

同一の観点から「左翼学生」にも批判が向けられる。

> ほんとうの内から湧いて出た強さというものは、個人的な、また集団的な力関係を絶対化するのでなく、そうした力関係の根底に何か普遍的な規範が冥々の裡に作用しているという信念から生まれるものだと思う。それがないから、たとえば社会のその時々の勢力関係に従って右左と動き、「千万人といえども我行かん」という気魄が出てこない。皆がある方向に行くとおいてきぼりになったような感じがしてすぐソワソワする。

『自己内対話』で述べていたように（→第四章）抵抗の根底にあくまで〝個〟としての強靱な精神が存在しなければならないことが改めて強調されている。それゆえに、現在の「左翼学生」たちに比して、「大衆的な契機がない」という欠陥はあるものの「明治人の強さ」の中にあった「儒教的な教養によって養われた一種の自然法的な規範意識」が顧みられるのであった（同前）。

### 伝統的ナショナリズムとの対峙——デモクラシーを「非合理化」する——

こうした危機意識の高まりのなかで、丸山は、「国際的緊張が激化してくればくるほど、「くに」への愛と具体的な政府への忠誠とがややもすると同一化されてくる」（「福沢から何を学ぶか」一九五七年三月『座談』②）ことに注目しながら、ふたたびナショナリズムと正面から格闘していく。「だいたいからいってファシズム的な本を読ませないでおいて、デモクラシーを読ませる。デモクラシーが教科書なんです。ファシズムの本を教科書に使わして、そして、そいつを批判してゆくのではない。それでは、ファシズムは克服されない」（「人間性の抹殺」一九五二年二月『座談』②）。すなわち耳心地のよいデモクラシーではなく、負の遺産であるファシズムと正面から向き合うべきだというのである。

一九五〇年に日本共産党に対するコミンフォルム批判が出されたことも、丸山をしてナショナリズムと対峙せしめた要因と考えられる。周知のように、コミンフォルム批判を受けて日本共産党は、占領軍を解放軍とする規定を修正して民族ナショナリズムを「革命的伝統」と位置づけるにいたり、その影響下にあって歴史学研究会なども「歴史における民族の問題」に取り組んでいった。

丸山が『中央公論』一九五一年一月号に発表した「日本におけるナショナリズム」（『集』⑤）は、そのような状況のもとで書かれた。当該時期にはナショナリズムの負の側面に注目していた*丸山が憂えたのは、「頂点と底辺の間の不均衡性の問題を過小視する傾向」があるために、知識層のみに目を向け「国体イデオロギーの浸透度はそれほど徹底しなかった」として「「国体」教育の徹底は最近のウルトラ・ナショナリズム段階だけの現象で、明治時代はもっとはるかにリベラルで「啓蒙」的であったというような論をなす者が少くない」ことであった。「超国家主義の論理と心理」を書いた段階にはなかった、伝統的ナショナリズムを底辺から支えてきた「大衆」と知識人の乖離の問題が注目されており、それは、逆コースの進行のもとで戦前のナショナリズムが解体されないまま頭を擡げてきていることをまざまざと見せつけられていたがゆえといえよう。丸山はいう。

> 暗くよどんだ社会的底辺に息づく庶民大衆——「全人民の脳中に国の思想を抱かしめる」ことを生涯の課題とする決意を福沢に固めさせたほど、「国家観念」に無縁であった大衆——はまさにこの「義務」国体教育によって、国家的忠誠の精神と、最小限度に必要な産業＝軍事技術的知識とを、F・ハルスのいわゆる「魔術的実践と科学的実践」とを、兼ね備えた帝国臣民にまで成長したのである。そうしてこのようにして能率的に創り出された国家意識は相つぐ対外戦勝と帝国的膨張によっていよいよ強化された。自我の感情的投射としての日本帝国の膨張はそのまま自我の拡大として熱狂的に支持せられ、市民的自由の狭隘さと、経済生活の窮迫からくる失意は国家の対外発展のうちに心理的代償を見出した。＊＊

＊松沢弘陽「丸山眞男における近・現代批判と伝統の問題」（大隅和雄・平石直昭編『思想史家　丸山眞男論』二〇〇二年、ぺりかん社、二九三〜二九四）を参照。

＊＊この点について丸山は、少しあとにこのようにも述べている。「（民主化という点では——引用者）テクノロジーの進歩に比較して、相対的には非常に停滞的だったといっても間違いじゃないと思うのです。明治時代は最近のファッショ時代のようなものじゃなく、もっと啓蒙され合理的だったというのは、指導層や少数のインテリゲンチャだけに眼を向けるからで、底辺には泥沼のような停滞した、因襲にまみれた意識と感情が支配していた。むしろテクノロジーの発達によって、大衆の生活環境や考え方の中に潜んでいた非合理性や魔術的思惟を政治的エネルギーとして動員することが容易になり、それをファッシズムが巧みに利用したと見るべきじゃない

か。インテリの合理的思考だって、日本の国家権力の中核をなす天皇制に面すると、ハタと機能を停止しちゃうんです」(「現代とは何か」一九五四年八月『座談』②)。

丸山は冷徹なまでに「大衆」の問題を見据え、その上で「デモクラシーの非合理化」の必要を説く。それは、「上のような伝統的ナショナリズムが非政治的な日常現象のなかに微分化されて棲息しうるということ自体、戦後日本の民主化が高々、国家機構の制度的＝法的な変革にとどまっていて、社会構造や国民の生活様式にまで浸透せず、いわんや国民の精神構造の内面的変革には到っていないことをなにより証明している」のであり、「「デモクラシー」が高尚な理論や有難い説教である間は、それは依然として舶来品であり、ナショナリズムとの内面的結合は望むべくもない」と考えられたからであった(「日本におけるナショナリズム」『集』⑤)。

丸山には、「政治の力学はまさにそうした一見政治とはかかわりのない日常的行動様式が蓄積されてある瞬間に突如巨大な政治的エネルギーに転換することをしばしば教えている」のであり、「日の丸や君が代の復活も一つ一つ切りはなして見れば、それほど大した事件ではないが、それが警察予備隊の設置とか海上保安隊の増強とか、日本再武装の問題とかの文脈《コンテキスト》のなかで考えられる場合には、そこにある政治的動向の萌芽を認めても、あながち杞憂とばかりはいえない」とする危機感があった。そしていう。「もし今後において、国民の愛国心がふたたびこうした外からの政治目的のために動員されるならば、それは国民的独立というおよそあらゆるナショナリズムにとっての至上命題を放棄して、反革命との結合という過去の最も醜悪な遺産のみを継承するものにほかならない」。この論文の

「附記」には、「私のこの問題に対する関心は、ただ精神構造の内側からの接近を通じて一つの照明をあててみようというにとどまり、ナショナリズムの学問的課題を「万能的に」解決しようというような大それた野心は持ち合せていない」と記されているが、敗戦直後の時期にもまして丸山は、伝統的ナショナリズムの剔抉こそが重要と考えており、それが当該時期の丸山の主張の随所に表れている（「日本におけるナショナリズム」『集』⑤）。この時期には、「伝統」の可能性よりも「伝統的ナショナリズム」との対決が選択されたのは首肯しうる。丸山の力点は、ナショナリズムの学問的分析ではなく、現実に存在するナショナリズムとの格闘であった。このような認識が、丸山をして「デモクラシーの非合理化」の必要をいうまでにいたらしめたのである。

同時期に書かれた「戦後日本のナショナリズムの一般的考察」（一九五一年、執筆は一九五〇年七月二〇日『集』⑤）でも、「日本のナショナリズムが近代ナショナリズムの観念の本質的契機を欠いていた」がゆえに、「日本におけるファシズムないしはアルトラ・ナショナリズムの実質的な復活」があるとすれば、「国民の間にちりばめられた旧い形での漠然としたナショナリズム感情」が動員されうることを指摘する。なかんずくここでは、「国民の政治的な自己決定《セルフ・ディターミネーション》の思想」の成熟を阻むものとして「地方的郷党感情や家父長的ロイヤリティー等の伝統的道徳」に注目し、それらの「過去のナショナリズムはその性格を質的に変えることなしに、ただ量的に細分化されて政治的表面から姿を消したにとどま」ったとして、「例えば戦争直後の社会的＝経済的混乱のなかから到るところ「テキヤ」や闇商人の集団が生れ、また地方には××一家とか、××組とかいう暴力団体が輩出して、それらが部分的に警察的機能を代行するような現象を呈したが、そうした集団には多くの復員軍人が吸収されて行った」ことをあげる。

　大衆が孕むこのような「病理」を徹底的に抉り出すという態度は、ありのままの大衆のなかから可能性をくみ上げようとする鶴見俊輔との相異を生んだ。鶴見との対談で丸山は、「日本の農民に一番象徴されるような――われわれの中にもありますが――そういうエゴイズムがのんべんだらりと続いている。それを鶴見君のように評価するかどうかは次の問題ですよ（笑）」といい、「ヤミのエトス」に期待する鶴見に対して「あなたは何でもそういう変わったものに期待を（笑）……」「日本的寛容はそれと関連してると思う。だから使い分け精神はむしろ逆に支配層に利用される」と釘を刺すのであった（「日本における危機の特性」一九五九年一月『座談』③）*。

＊丸山と鶴見の相異については、安丸「第二章　戦後思想史のなかの「民衆」と「大衆」」（安丸良夫『現代日本思想論――歴史とイデオロギー――』二〇〇四年、岩波書店、七七）でも言及されている。しばしば取り上げられる一場面であるが、以下のとおり。丸山「いま日本で、特殊的とか普遍的とか、そういう言いかたをするのはよほど用心しないといけないんじゃないかな。あなたの言うような高級な意味では、イメージとしては、必ずしも広がらない。でも、普遍の強調は、いかに誤解されようが、特殊の強調が誤解されるほどわるくない、というのがわたしの根本の考えかたなんですよ。普遍主義も誤解されて、欧米主義になったり、変なこともたくさんあります。しかし、そのほうがまだましだ。特殊性の強調が「ウチ」的日本主義になるよりもね。」　鶴見「教育者的なとらえかたなんですね。」　丸山「さっきのアマノジャクもあります。いま、どっちが俗耳《ぞくじ》に入りやすいか、どうですか。」　鶴見「それは普遍のほうが俗耳に入りやすいですよ。」　丸山「そこが、根本的に状況判断が違うんだ（笑）。あなたの判断は、実に知識人主義ですよ。（中略）人類普遍の理念とかそういった抽象的な理屈はどうでもいい。そんなものは学者のおしゃべりにまかしとけばいい、と言って、つとめの帰りに、バーできれいな女の子を

抱いて飲んでるほうが、それこそ普遍的――じゃない、一般的なんだ。そのくせ、日本の伝統とか日本人としての誇りなんていうと抽象的とは思わないで、ウンウンとうなずく。それが圧倒的な傾向ですよ。それがわかんないようじゃ、日常的なんていうのはやめたほうがいいな（笑）。わたしはあなたの哲学はおおいに信用しますよ。だけど前からあなたの日常感覚は信用しないんだ。あなたの感覚は、ひじょうに一般の日本人から浮いてる。育った生活環境から言ってもわたしのほうがはるかにドロドロした「前近代的」なものなんですよ（笑）」（「普遍的原理の立場」一九六七年五月『座談』⑦）。

## 「大衆の「非政治化」」

ほぼ同じ時期に刊行された政治学の学術書『政治の世界』（一九五二年、御茶の水書房）には、ことのほか長い「まえがき」と「あとがき」がつけられており、それもまたほかならぬ「現代政治」が孕む問題への丸山の強い危機感の表明であった。

「まえがき」には「「政治化」の時代」という副題が付されており、そこでは、「政治がこれほど私達の生命を自由に左右する力をもつからこそ、これに真正面から立ちむかい、政治の力を野放しにせずにこれを私達のコントロールの下に置くにはどうしたらいいかということを、文字通り私達の死活の問題として考えざるをえないのです」と訴えかける。そして「「政治化」の時代と非政治的大衆」という副題を冠した「第四章　あとがき」では、その副題のとおり、政治権力の及ぶ範囲が未曾有の規模で拡大し、国民の日常生活をも左右するようになった時代において、かえってますます人々の政治的態度が「受動的、無批判的」になるという「いたましいパラドックス」が示される。丸山によれば、

「「政治化」が進めば進むほど大衆の「非政治化」が顕著になるという矛盾」は「現代文明の本質」に根ざしたものであり、それが現れた「現代社会の「機械化」」の問題に向き合っていかねばならなかった。なかんずく丸山は、「ドイツ国民のような科学的レヴェルの高い国民がヒットラーの「カリスマ」にたやすく参ってしまった不可思議」をあげ、ナチズムと重ね合わせながら、「インテリ」の問題にも切り込んでいく。「インテリ」も「滔々として「大衆」化しつつあり」、「専門の分野では偉い学者でも、一般的な政治的社会的判断力では、街のあんちゃん並《なみ》」ということは珍しくない。「その限りで「砂のような大衆」は社会的実体として存在するというよりは、むしろ現代社会の人間が身分地位教養の如何を問わず持つところの或る行動様式《ビヘイヴィア》であり、資本主義の高度化はこうした行動様式をますます普遍化しつつある」という。

　こうしたインテリと大衆の乖離が顕わになったほとんど絶望的ともいえる状況のなかで、丸山は「民主主義を現実的に機能させるためには」、「政党といった純政治団体だけが下からの意思や利益の伝達体となるのではなく、およそ民間の自主的な組織（voluntary organization）が活発に活動することによって、そうした民意のルートが多様に形成されることがなにより大事なこと」であるとし、当面それを労働組合に期待する。これも民衆のなかから沸き起こってくる民主主義への希望の一つであったといえよう。丸山は、「ファシズムの強制的同質化を準備する素地は近代社会なり近代文明なりの諸条件や傾向のなかに内在しているもの」であるため、「国民ができるだけ自主的なグループを作って公共の問題を討議する機会を少しでも多く持つことが大事」であると述べており（「ファシズムの現代的状況」一九五三年四月『集』⑤）、この点は丸山が晩年にも訴え続けていたことであった（↓第八章）。

他方、「大衆デモクラシー」のもとでの知識人の「大衆化」の問題に向き合うとき、丸山が求めたのは、「むしろ学問の領域の中に、政治的な発言を直接的な形で持ち込んで、それによって自分も何か実践しておるという自己慰安、一種のマスターベーション」に浸るのではなく、「むしろ自分が本来の学問的活動をしておるときは、第一義的には実践をしていないんだということをハッキリ自覚し、自己欺瞞に陥らないようにすること」であった。「社会人、市民としての面」と「学者としての面」が「簡単に結びつかないというその緊張感の中からこそ、自分が市民としていかに実践すべきかという問題が本当に出てくる」といい、その点はかねてからの一貫した主張の延長線上にあった（「平和の問題と文学」一九五〇年八月『座談』②）。

### 「旧道徳」／天皇制を見据える

このような閉塞状況のなかで、丸山は、「二十世紀の世界政治の基底を流れる三つの、最も基本的な要因」として、テクノロジーの発達、大衆の勃興とともにアジアの覚醒をあげ、「リベラリズムの致命的な盲点はもともとヨーロッパの産物である為に、第三のアジア民族の勃興という現実に対しては、盲目であり、無力であり、殆ど理解をもたないということ」を告白する。かたやコンミュニズムは、アジアの民族運動をつかむことに比較的にいえば最も成功しており（「現代文明と政治の動向」

一九五三年一二月『集』⑥)、まさに「テクノロジーの発達と大衆のエネルギーの解放、それからアジア民族の興起という、現代の世界史を動かす三つの基本的問題にたいするハッキリした答を自分のなかにもっている」のであり、「コンミュニズムをやっつけるだけでは提出されている問題はちっとも消えてなくならない」ということになる(「現代とは何か」一九五四年八月『座談』②)。折から、アジア諸国の独立が相次ぎ、この論文が発表された二年後の一九五五年には第一回アジア・アフリカ会議も開かれ、アジアの問題にも焦点が当てられつつあった。むろんアジアへの視点は丸山に内在していたものであったにちがいないが、前述の竹内好による批判も少なからず意識されていたと考えられる。

同じころに「日本人の道徳」と題して行われた磯田進、鶴見和子、竹内好との座談会では、「制度の変革と意識の変革」との間にあるギャップをめぐり、「いわゆる戦後の革命なるもの」が「本当の革命」ではなかったため、実は「古い道徳が復活してきた」のではなく「旧道徳がじっさいは、底流にずっと存続していて、ただそれが、表面の変化が限界にきたときに、あらためて意識されたにすぎないのじゃないか」と述べている。ほかならぬ丸山が重視してきた「意識の変革がいかに困難な課題であるか」ということも、座談の場とはいえ丸山の口をついて出ている。丸山はまず自らを見つめ、「ぼくは、おそらく磯田(進——引用者)さんだの鶴見(和子)さんと比較すると、一番この(おなかを押して)なかに天皇が多いほうだろうと思う」といい、「戦争前にしょっちゅう頭のなかにモヤモヤしていて、さっぱり解決のつかなかったことは、やはり天皇とデモクラシーということで、非常に大きくいえばヘーゲルのいったような、実体性と自由との調和というか、そういう問題としてシコリみたいに悩んでいたわけです」と告白する。そうして「現在のきもちをいえば、天皇制がモラルの確立を圧殺していることに対して、どうにもがまんのならないものを感ずる。天皇制に対して、じつにそういう意味での嫌悪、憎悪を感じる。これを倒さなければ絶対に日本人の道徳的自立は完成しないと確信する」と述べるのであった（「日本人の道徳」一九五二年三月『座談』②）。これもまた座談という場であったことにもよろうが、自らの天皇制への思いを最も率直に語ったものの一つであろう。

天皇制との関連から、教育の政治からの中立という問題にも触れ、「政治権力の中枢が非政治的なものとして発現しているから、政治からの中立ということは、動《やや》もすると、もっぱら国民を組織化した政党勢力からの中立だけが強調されることとなり、その結果、教育の中立性が実際は天皇制官僚勢力に対する無条件降伏を意味するようなことになってしまう」ことを指摘する。「教育の自由」ということは、「政治権力からの自由、政治権力から独立しているということで、社会からということではない」はずであったが、実際には「教育それ自身が社会から独立する、あるいは教育者が独善的に自分の判断をすべて絶対視する」ことが「教育の自由」とはき違えられることに警鐘を鳴らした（「政治と教育」一九五二年一〇月『座談』②）。

### 実現されない「近代」と「大衆化」の進行

丸山は、「現代」社会の矛盾を直視しつつ、そうであるがゆえに未完のままの「近代」の実現にいっそう期待を賭けた。「われわれが自由民主主義の成果として理解しているようなもの（中略）を完全にアウフヘーベン〔揚棄〕して次の段階に行ったと言えるかどうか」と問い、民主主義は「やはり根底には人間を理性的な動物として考えるという一つの原理があると思います。（中略）どこまでも理性を信じ、人間の尊厳という原理に立つということ、自由な討議と説得という方法は、そういう原理と結びつくことによってそれ自身一つの価値になる」とふたたび述べる（「民主主義をめぐるイデオロギーの対立と日本」一九五三年一月『座談』②）。これはかねてから丸山が行ってきた民主主義を「内容」「形式」ともに実態化するための問いかけにほかならなかった。「私は現代のテーマなり問題なりは、掘り下げて行けば十九世紀的近代のなかに胚胎しているので、近代と現代をあまりに峻別すると申しますか、断絶的に見るというか、そういう考え方自身、近代というものを否定する、あるいはそのマイナス面を強調する方向での解決なり処方なりを暗々裡に前提した見方じゃないかという気がするのです」（「現代とは何か」『座談』②）とも述べられており、むしろこの時期に「近代」の価値を強調する方向に力点を移していたことが見てとれる。*

＊松沢弘陽は、「丸山は近代の批判者として出発しながら、政治化した近代批判が洋の東西にわたって全体主義と総力戦体制への転向の正当化の理論と化すにいたって、逆にこの大勢に対する抵抗の拠点として、近代の理念を再発見するにいたった」（傍点——原文）と指摘している（松沢前掲論文、二八四）。

丸山が遺した一九五五年記載の「日記」には、「デモクラシーは established form でなく、まだ trial & error の段階であること。こう考えてこそ政治的な imagination が触発される」とあり、翌五六年には、「デモクラシーにおける論理が説かれて、デモクラシーをつくる論理が説かれないという宿命」という慨嘆も書きとどめられている（「日記」『対話』四四～四五）。

しかし丸山は、断念することなく徹底的に「大衆の意識」と向き合っていき、日本古来の醇風美俗といわれる家族道徳や上下服従の倫理、芸術娯楽面における復古調についても、日の丸、君が代などの動きについて警告を発したと同様に、一つ一つは重大問題ではなく反動的ともいえないが、「もっと大きな文脈との関連では、その一歩一歩が民主化に対するチェックとして働く可能性をもっている」といった分析が続く。丸山は、「日本のファッショ化は、基本的には上から、自由党なり改進党なり、既存の政治権力を主たる担い手として進行するという形をとるだろうという予測なんです」と述べて戦前と同様の上からのファッショ化を予測し、その一方で、「一般大衆に対しては、私生活への封じ込めと、こまぎれになった旧いシンボルで釣って行くが、ある程度以上の政治意識をもった層に対しては、やはり「民主主義」のシンボルで押さざるをえない。そこでこのシンボルを特定の意味に限定して行く方向がとられる」ことを予見する。「これは現在アメリカで進行している過程ですけれども、日本では今後ますます行われるでしょう。それは「民主主義的自由」という考え方を漸次限定して行って、国民の意識なり思想を規格化し画一化して行くことです」と述べていることに示されるように、マッカーシズムが吹き荒れるアメリカが念頭にあった（「民主主義の名におけるファシズム」一九五三年一〇月『座談』②）。

しかしながら丸山は、絶望だけではなく、「一旦緩急の場合、大衆のエネルギーがロスになったり、間違った方向にエネルギーが利用されないような、ちゃんとした工作を今のうちにやっておくこと」の必要をいい、「いまに大きな関ヶ原がくるからというので、小さな関ヶ原を見逃すようになってはならない」と呼びかけている（同前）。丸山が書きつけた一九五四年という年代が入ったノートに、「自分が国民のなかの、いな世界のなかの本当の minority になってしまった、と感じるとき、そのときが一番転向しやすいときだ。暴力や権力がどんなに激しくとも、無数の「人民」の支持を信じえられる間は、転向は起らない」と記されている（「日記」『対話』四〇）。孤独な闘いを続けている自己のへの激励でもあったのだろう。

一九五四年一月、丸山は左肺結核の再発に見舞われ、しかも左肺にシューブを起こしていたため「重症患者の一人」として入院・療養生活を余儀なくされることとなった（「中野療養所雑感」一九八六年一一月『集』⑫[*]）。なお、「病床からの感想」（一九五一年一〇月『集』⑤）はもとより「「現実」主義の陥穽」（一九五二年五月『集』⑤）もこの療養中に療養所ないし自宅で執筆されたものであった（松沢弘陽「解題」『集』⑤三五三）。

＊療養所にいた一九五四年一一月三〇日、丸山が敬愛するフルトヴェングラーの訃報に新聞で接し、まだベッドで寝たきりだったが、「新聞をひろげた途端、ぱっとそれが目にとびこんできた。あの瞬間は忘れないですね。いきなりベッドがすーっと沈んで行くような気がしました」と語っている。そして翌年には同じ病棟の電蓄を持っていた同好者と、SPレコードを持ち込んでフルトヴェングラー追悼レコードコンサートをやったという（「フルトヴェングラーをめぐって——音楽・人間・精神の位相——」一九八三年五月『座談』⑨）。

## 講義の再開――「原型」論――

一九五六年一一月より再開された東京大学での東洋政治思想史の講義に、のちの「歴史意識の「古層」」（一九七二年）につながる「原型」論の構想がみてとれる。その講義録を編んで世に送り出した平石直昭・宮村治雄・山辺春彦の鼎談、ならびに同講義録の「解説」で述べられているとおり、*一九五六年は丸山にとっての転換点であり、一九五七年の論文「開国」で示される横からの「文化接触」という視点が導入されている。「忠誠と反逆」と対の関係にある「正統と異端」の研究の着手もこの時期であった（一九五七年度講義）。また当該期には、思想史の方法論についての論文「近代日本における思想史的方法の形成」（一九六一年）をはじめ、「思想史のあり方について」（一九五七年九月）、「思想の冒険―思想史研究の新しい前進のために―」（一九五九年六月）や関連するテーマの座談などが発表されていることも注目される。

＊平石直昭・宮村治雄・山辺春彦「一九五〇年代の丸山眞男―『丸山眞男講義録 別冊一・二』別冊全二巻刊行を機に―」（『週刊読書人』第三二一〇号、二〇一七年一〇月一三日）。平石直昭・山辺春彦「解説」（『丸山眞男講義録』別冊一、二〇一七年、東京大学出版会）、宮村治雄・山辺春彦「解説」（同、別冊二、二〇一七年）。

再開された日本政治思想史講義（講座名は東洋政治思想史）*では、通史の「まえおき」にあたるものとして「ヨーロッパ政治思想史との基本的ちがい」が述べられており、そこでは政治思想史とは、を明らかにすること以上に、東洋、アジアという対象地域に力点が置かれ、東洋とは、オリエントとは、アジアとは、というところから日本の位置を問い直す作業が行われている。そこには、前述の竹内好の問いが意識されていたのではなかろうか。

＊五九年度講義は、五六年度講義とかなり主題において重なる点があったことから、前掲『講義録』別冊一は、五六年度講義と五九年度講義の新しい展開部分を抄録して一冊にまとめられており（「はじめに」vi）、以下それを用いる。

丸山によれば、岡倉天心の有名な“Asia is one”は実際には、Asia ought to be one. であった。岡倉の場合に象徴されるように、「近代帝国主義がはじめてアジアの連帯性〈統一性〉の意識をよびおこした」が、「日本と中国、さらに東南アジアのように、近代国家としての成立時期のズレが甚だしいので、〈統一意識は〉漠然たる観念にとどまっていたし、いまでもある程度はそうである」。「だから当面は、日本の思想史、中国の思想史というように分けてやる以外に方法がない」という（『講義録』別冊一、三〜四）。その背景にある問題は、ほかならぬ「日本の位置づけ」であり、それは「日本がいち早く西欧化し、他のアジア諸国のナショナリズムの模範となり、ついにはなぜアジア諸国に叛くにいたったのか、つまり日本がアジアの中の西洋として数奇な歴史的運命の下に立たされた理由を理解するためには、日本文化をアジアの諸文化と区別して独自の地位におく観点が必要だからであ」った（同前、一六）。なかんずく次の一節は、中国の近代化との違いについての竹内好の問いを明確に意識したものといえよう。

近代国家の構造はヨーロッパ文化の下に発達し、ヨーロッパの近代化によって位置づけられている。（中略）言いかえれば、近代国家の諸範疇はアジアには育たず、それらが生れる思想的伝統的基盤はアジアにはなかった。この点に注意する必要がある。開国によってアジアにも近代的な諸制度が形成されはじめると、そこにヨーロッパの知らない複雑な様相が生ずるからである。したがってアジアにおける近代政治思想を考える場合、近代国家の諸範疇を分析道具として用いるのはやむをえないが、基礎となっている文化 culture の違いからくる限界を忘れてはならない(二〇)。

そこでまず、キリスト教に由来する近代国家の構成原理——主権をもった個々の国家がキリスト教共同体の平等な構成員をなすという観念——の共有を前提としないアジア的伝統社会ということから説き起こし、そうしたアジア的な伝統社会に近代ヨーロッパの諸範疇が入って制度が形成されるときの問題に着目する。第一に、ヨーロッパの諸範疇をアジアの分析に用いる際の必然的な限界であり、第二に、伝統文化とヨーロッパ文化がいかに癒着接合するか、たとえば、ヨーロッパの public は横の観念であるのに対して、それを入れた日本の「公」は、伝統的観念と結びついて縦の観念となるという問題である。第二の点は、「文化接触」の問題を提起したものであり、「思想史における連続性の契機」に言及している。下部構造や上部構造の制度に比べて「思想」は連続性が強い。しかし現象的には「近代化した後の日本や中国の自覚されたイデオロギーと伝統的なイデオロギーとの間には非常な差異があり、断絶性やギャップを認めることができる」ため、現実的にはその逆に見えるかもしれないが、「問題はその変わり方」であり、「明治維新以後の日本の変わり方」の「その早さ自身が伝統的といえる」と述べられており、ヨーロッパ文化の受容、伝統との接触のあり方を問題にしていたことが明らかである（二一一～二一二）。

もう一つは、観念形態のあり方であった。観念形態を、opinionを頂点とする上部構造からアモルフ（不定型）な最下層までの層に分類してみせ、「思想や意識と一口にいうが、それがどのレベルで話されているかが問題であ」り、それらは「上にゆくほど抽象的になり、下部にゆくほど具体的となる」。すなわち「エネルギーの発出は下から上へむかうが、逆にイデオロギーによる歴史的な方向づけは上から下へむかって行われる」という（二一二）。ここでもアジアの存在が意識され、次のように述べられている。

> 近代ヨーロッパのインパクトによって開国したアジア諸国では、思想の変化とよばれるものは上から下へと及ぶ。ここにヨーロッパと異なるインテリの特殊な任務、すなわち先進国のイデオロギーや思想をまず自国に伝えるという任務がある(中略)。したがってここでは、ヘーゲルのいう、現実が先で哲学が後から生まれるというのとは全く逆に、イデオロギーが現実を引っ張るというのがアジアの実情である（二一三）。

ここですでに、のちの「歴史意識の「古層」」につながる二点が如実に示されていることに注目する必要があろう。一つは、観念形態のとりわけ下部構造における連続性の強さであり、「一見めまぐるしい変化のように見えても、観念の下部構造における変化には執拗な伝統的なものがまとわりついている」という。そして二つ目に、「したがって日本の現代の思想を理解するために、近代から始めるのは思想史的にみて正しくない。明治以後いわんや戦後から思想史を始めることは、いかに時代の転換があったからといって、到底思想史の発端たりうるものではない」と言い切っていることである（一二三）。

## 政治学の集大成

丸山は、松本礼二の指摘にもあるように*長期療養に入る前に、これまでの政治学の研究に一つの区切りをつけている。『政治学事典』（一九五四年、平凡社『集』⑥）の完成、そして一九五六年一二月には未来社より『現代政治の思想と行動』上巻が、翌五七年三月には下巻が刊行され、後者の「後記」（『集』⑦）には、それをまとめるにいたった経緯が次のように述べられている。

> 一昨年（一九五五年――引用者）の暮から昨年のはじめにかけて、知識人と戦争責任という問題が論壇であらためて提起されはじめた。（中略）今ごろになって改めて戦争責任をむしかえすとは……という考え方には賛成できないが、同時に、今ごろ蒸し返さねばならなくなったこと自体に対して、すべての知識人が深い反省を要求されているのではないか、したがって、この意味で戦争責任問題は戦後責任問題ときりはなしては提起されないというのが、私の当初からの感じであった。昨年のいつ頃か、こうした問題をすぐ近くに住む畏友竹内好氏と話していたとき、氏が、この際われわれは恥ずかしいとか今となっては具合が悪いとかいう考慮を一切すてて、戦中戦後に書いたものを一括して社会の目にさらすことから出発すべきじゃないかといわれた言葉は瞬間に私の胸を深くつきさした。

そんな折に「もののめぐり合せというのは妙なもので、ちょうど夏ごろから、未來社は何か事情があって私の約束履行に対する攻勢をにわかに強めだした」ため刊行にこぎ着けたという。ただしこの仕事は戦争責任の問題と深く結びついているものの、「本書の背景になっている私の思想の道程、迷いや遍歴を本当に世にさらすためにはむしろ戦争までの歩みをのべなければならないが、それをここに誌す余裕は到底ないので他日を期することにする」として課題は残されることとなった。

＊松本礼二〈解説〉「丸山眞男と戦後政治学」（丸山著・松本編注『政治の世界 他十篇』二〇一四年、岩波文庫）四六七～四六九。

一九五六年は「スターリン批判」が出された年でもあった。「「スターリン批判」の批判―政治の認識論をめぐる若干の問題―」が同年一一月号の『世界』に掲載され、『現代政治の思想と行動』に収めるにあたって、加筆され表題も「スターリン批判における政治の論理」（『集』⑥）と改められた。[*]

＊『世界』に掲載された経緯は、松沢弘陽「解題」（『集』⑥三七四～三七五）を参照。

丸山はこのように述べる。

「スターリン批判」の思想的意義は本来、スターリンを半神化し、ソヴェートの国内国際政策を百パーセント弁護して来た世界の共産主義者およびその無条件的な同伴者たちに対する鉄槌だっただけではない。それは同時に、ソヴェートとコンミュニズムのある歴史的段階における形態を固定化し、あるいはいかなる政治にも共通する法則ないし傾向性をことごとくソ連ないしコンミュニズムの原理または本質的属性に帰着させて来た少からぬ反共産主義者に対して歴史が下した批判でもある。

ここに明らかなように、丸山がこの論文を書いた意図は、コミュニズム、反共産主義者双方のイデオロギー硬化の悪循環を断ってマルクス主義と非マルクス主義の共通の基盤をつくることにあった。続けて、「ところが前者がその受けた衝動を少くも当初は隠さなかったしまた隠せなかった（中略）のに対して、後者は大部分依然として本質的不変論を固執しているように見える。（中略）むしろ重要なことは、そうした「不変論」の一方的強調は逆にまた共産主義者の「不変論」――後述のように、社会主義の「本質」は変わらない、という命題で「スターリン批判」に含まれた問題をできるだけ局限しようとする傾向――を強化し、双方のイデオロギー的硬化の悪循環を招くという現実的な作用である」と記されるように、むしろ国内向けに強調されているのは、反共産主義者の方の問題であったといえよう。さらに丸山はいう。

　したがって「スターリン批判」に対するいかなる批判も、いかなる評価も、もしそれがロシア革命以来コンミュニズムをめぐって醸成された精神的気候の単なる継続の上になされるならば、それ自体、「スターリン批判」の生起したそもそもの歴史的意義を埋没するものといわねばならない。反対に、「スターリン批判」の批判を、右のような精神的気候の下で発酵する思考と行動の形態《パターン》への考察にまで掘り下げることによってはじめて、そこに含まれた問題をマルクス主義と非マルクス主義に共通な基盤の上に検討し、そこから共通の学問的課題と政治的教訓を引き出すことができる。そうでない限り、非スターリン化をめぐるかまびすしい国際的な論議は、一方ではマルクス主義の「福音」の解釈をめぐる旧態依然たる教義学的問答と、他方における全く超越的な「ここまでおいで」式の「批判」という、二つの相交わらぬ平行線を描くだけであろう。そこに鳴りひびくメロディーは凝固した両極化の新たな変奏曲以外のものではない。

しかしながら、その意図は読み手に容易には伝わらなかったのかもしれない。だからこそ、『現代政治の思想と行動』の「第二部増補版附記」（一九六四年五月『集』⑨）では、「私は元来「非スターリン化」という事件にはコンミュニストと非共産主義者とがそれぞれとりくむべき共通の学問的問題（共通の解答ではない！）が含まれており、そのこと自体を多くの人々の意識に登せる必要を感じたからこそ、この論文を書いたわけである」と繰り返さねばならなかった。

丸山はそうした「共通の基盤」をつくるために、以下のように述べて、世界観的立場・本質論を括弧に入れる、すなわち「政治の論理」の世界観からの分離を行う。

> ただ私の試みは一応そうした世界観的立場や本質論を括弧に入れた上で、今度の問題をめぐるコンミュニストの——しかも国際的に一級のコンミュニストの所論をできる限り普遍的な政治法則の現像液に浸し、ある種の定型化した思考と行動の様式を浮き立たせようというところにある。繰り返しいうように、そうした思考＝行動様式は必ずしもマルクス主義ないしコンミュニズムに特有のものではない。にも拘らずマルクス主義のもつ体系性とその党派性の見解が、上述したような両極化の精神的状況の中で機能する場合には、自己を一つの閉鎖的な完結体として表現する傾向が強く、そのために、特定の政治状況に制約された精神傾向なり政治的手段までも「世

界観」のなかに繰り入れ、もしくは一切を「闘争」の必然性によって合理化しやすい。そうした傾向が今日まで異なった学問的立場とのコミュニケーションを阻害して来たばかりか、実践の場においても、政治的手段の自主的コントロールを困難にし、結果において反共論の「全体主義化」をいよいよ促進したことは否定できない。「政治の論理」を世界観から分離し、それとして突き放して認識することをまずコンミュニストに対して要請する根拠はまさにここにある（「「スターリン批判」における政治の論理」『集』⑥）。

次章で詳しく述べるように、のちに丸山は、「政治の論理」を世界観から分離する丸山のやり方を梅本克己が批判したことに応答して次のように述べている。「梅本氏のようなアプローチだと、スターリニズムについては説明できるかも知れないが、スターリニズムとナチズム、あるいはマッカーシズムといったように、到るところに現われる現象を統一的に理解できない。（中略）ぼくの方は、およそ政治というものを貫いている法則がソ連の革命過程にも現われていると言おうとし、しかもその意図は半分は反共主義の論理を——つまりすべてをコミュニズムに還元するという議論を批判しているつもりなんだが、どうしてもそこのスレ違いを感じました」（「梅本克己の思い出」一九七九年二月『座談』⑧）。ここからも、丸山がスターリニズムとナチズムあるいはマッカーシズムの双方を撃つことを意図していたことが明らかである。

## 「底辺のナショナリズム」との対決

丸山の戦後の状況に対する危機意識は、「現代政治の思想と行動第一部　追記および補註」（『現代政治の思想と行動』（上）一九五六年一二月、未来社、『集』⑥）のなかにも前景化されており、それは以下の点においてであった。

一つは、対立する米ソの間に挟まれて「近代化と現代化という問題を二つながら解決することを迫られている日本の立場というものは、世界史的に見れば非常に重要な意味を持っているのではないかと思う」と述べるように、そして「依然として大きな問題が残されているので、これを体制論や機構論の規定からくる近代か前近代か（あるいは、独占資本か封建遺制か）というような問いと混同してはならないであろう」とことわっているように、近代化を推し進めれば封建的なるものが解体するというような単純な認識ではありえなかったことである。そして、「伝統型の分解が直ちに新たな型の行動様式への転化を意味しない（一見新たな自我意識と映ずるものも実は部落の共同体的行動様式の一側面をなしていたエゴイズムの肥大現象である場合が少なくない）」として、次のように述べる。同書の第一部が「昭和の動乱期」に焦点を当てているにもかかわらず「「現代」という形容詞を附することは、昨日の忌わしい記憶を永遠の忘却の中に閉じこめようとする旧世代の立場からだけでなく、めまぐるしく変転する今日の世界に生きる人びとの感覚からいっても、異議を免れないであろう」が「私の体内に重たく沈殿している感覚からいうならば、「現代日本」がこれだけではないことは確かであると同じ程度に、これがまさに現代日本の問題であって、決して歴史的過去でもなく、況《いわ》んや一場の悪夢ではない」と。「近代化」と「伝統型の分解」の問題は、次に述べる「個人析出のさまざまなパターン」の分析に継承されていく。*

＊丸山は「十九世紀的近代」自体を「進歩と頽廃の複合体」とみなしており、「近代」＝「市民社会」の「止揚」として「現代化」をとらえる傾向と、「近代」から区別された「現代」としてとらえる傾向があることに着目するが、戦後、前者の側面を正面から論じることは少なくなり、「同時代の歴史的現実としての現代の問題分析に、議論は収斂していった」こと、さらに「戦後日本にとっての文化接触、歴史の縦軸に対していわば横軸の経験がもたらした危機についての認識が深ま」りしだいにそれが「真の意味の伝統の創造」の希求につながっていったことを論じた松沢弘陽の研究（前掲「丸山眞男における近・現代批判と伝統の問題」、引用は二七七〜二七八）がある。

二つ目は、そのような認識の根源にある「底辺のナショナリズム」に対してである。辻清明・都留重人と丸山によって行われ、四回にわたって『世界』に連載された討論の記録「民主主義の名におけるファシズム―危機の政治学　危機はここまで来ている―」の最終回（『世界』一九五三年一〇月）から自分の発言を引くことによって、「底辺のナショナリズム」の問題性が指摘される。ことのほか丸山が注視しているのは、その前近代性であった。かく述べる。

　底辺のナショナリズムは、いうまでもなく近代的ナショナリズムではなく、家父長的あるいは長老的支配を国民的規模に拡大した戦前ナショナリズムの変形で、これによって、国民の漠然としたいまだ組織化されていないナショナルな感情を吸い上げていく（「現代政治の思想と行動第一部　追記および補註」『集』⑥）。

それが「危険な反米という方向にいかないようにする」ために、保守勢力は、「例えば現在ある程度現われている古いナショナリズムのいろいろなシンボルの中で、直接的積極的には政治的意味をもたないシンボルを大々的に復活させること」を行うであろう。お祭り、神社信仰、家庭道徳・上下服従、芸術娯楽面における復古調などであり、「これらの現象はいずれも直接的には政治的意味をもたない」が、「一定の状況の下では間接的消極的に非常な政治的効果を発揮する」。「いずれも戦前の日本にたいするノスタルジヤを起し、その反面、戦後の民主主義運動、大衆を政治的に下から組織化していく運動に対する鎮静剤、睡眠剤として、非常に大きく役立つ」、「いいかえると、大衆の関心を狭い私的なサークルのなかにとじこめ、非政治的にすることによって逆説的に政治的効果をもつ」という（同前）。丸山は、「戦前ナショナリズム」の克服が容易ではなく、それが政治的反動に利用される危険性をみてとっていたがゆえに、大衆の心性に降りて具体的に警告を発するのであった。そしてそのような「底辺のナショナリズム」は、前述したように丸山が平和問題談話会で悪戦苦闘するなかで直面した問題でもあった。

丸山が戦前のナショナリズムの復活――形を変えてであれ――に強い危機感を抱いていたことは、「戦前における日本の右翼運動」という、アイヴァン・モリスの依頼によりモリスの著書の序文として一九五八年に書かれた一文（その経緯については、「増補版　現代政治の思想と行動　追記・附記」一九六四年五月『集』⑨）から明らかである。

そこでは、戦前の日本は「ごく少数の異端者」をのぞくすべてが「右翼」であるから、右翼「団体」やその運動は「国体」と一体化しており強力な運動にはついぞなり得なかったし、その必要もなかった。にもかかわらず日本の政治過程が急激に右旋回をしたのは、ファシズム的勢力の台頭という「国際関係の状況変化」であった。敗戦によって「「列強」の地位から顚落した日本」は、そのような「国際政治的な状況」により左右されやすくなっているとすれば、もしも「国際民主主義と他国の主権の尊重を教えた筈の「先進」西欧諸国」が植民地主義の正当化をはかる行動に出たならばどうなるかという問いかけが行われている。丸山は「追記・附記」で、「最近の若い世代にとっては体験や関心という点だけでなく、知識という点からも、ここに取扱われている時代と出来事（西欧読者層なみにとはいわないにしても！）ますます縁遠くなっていることを考慮すれば、このような概括もそこばくの意味があるかもしれない」とあえて記しているように、背後に、戦前の記憶が風化されつつあることへの危機感があったことがみてとれよう。

## 「部落共同体の精神構造」の強靱性

そうした丸山の目にとまったのが、きだみのる『日本文化の根底に潜むもの』（一九五六年、大日本雄弁会講談社）であった。『気違い部落周游紀行』（一九四八年）をはじめとするきだの作品は、南多摩郡（現八王子市）の集落のありさまを如実に描き出して注目を集めたもので、丸山は、「そこでは部落共同体の精神構造がほとんど超歴史的なまでの強靱さを以て日本文化のあらゆる面に特殊な刻印を押しているさまが興味深い筆致で語られている」、「ともかく、日本人の思考と行動様式を最深の層で、（といっても必ずしもフロイド的な深層心理の意味ではない）捉えようという氏の方向には、日本政治の本当の動機を知ろうとする者にとっても見過すことのできない意味をもっている」と高く評価し、「日本政治の精神的気候を測定するためには、いわゆる「政界」及び「逆政界」のような常識的にきめられた政治の領域に視野を限定せず、また国民の目的意識的な政治的意見や行動だけに注目するのでもなく、むしろ非政治的な生活領域における思考＝行動様式をあまねく観察の対象とする必要が理解されるであろう」と述べている（「現代政治の思想と行動第一部　追記および補註」『集』⑥）。丸山がそこに見たのは「部落共同体の精神構造」＝〈closed society〉の強靭さであった。そこに丸山は、「底辺のナショナリズム」として注視していたものが極限まで押し詰められた形を見出し、それを解体することがいかに容易でないかを認識することとなったと考えられる。そのことは、大学での日本政治思想史の講義に登場する「原型」、そしてのちにいうところの「古層」の追究につながっていくものであった[*]。

＊松沢前掲「一九五〇年代の丸山眞男」、および平石・山辺前掲「解説」二四七～二四八。

同時期に石田雄・藤田省三と行った鼎談「戦後日本の精神状況―『現代日本の思想と行動』をまとめるにあたって―」（一九五六年一〇月『話文集』①）では、「部落共同体の精神構造」とどう対峙するかを突き詰めて議論が投げかけられている。零細な半農民の多い愛知県の漁村を舞台にした杉浦明平『ノリソダ騒動記』（一九五三年六月）を俎上に載せながら、丸山はこのようにいう。村落共同体などの経済的な拘束力が減退して制度的には近代的になっていても、底辺は「バラバラのマス（大衆）」に解体しておらず、それゆえその「トラディショナルな村落の行動様式」が、「新しい擬似職能集団の中に持ち込まれて働く」。「もし底辺まで個人に解体してしまったら、そういう大きな団体ができたからといってゴソッとそっちに行くということはない」と。

藤田や石田に比べて丸山は一貫して「部落共同体の精神構造」の強靱性を強調しており、藤田に対しては、共同体の「どうもそういう崩れているという面を少し強調し過ぎるのではないか」と窘めてさえいる。問題は「一人ひとりの村民の精神構造を、それ（石田のいう、村落共同体の中の機能分化をさす――引用者）がいかに変えているかということ」であり、職能集団になっても「その中だけを微視的に取ってみれば、天皇制だということなんだな。ナショナリズムの構造がアトマイズされて、社会的底辺に沈殿してきたと言えるんじゃないか」と述べる。そしてたとえば基地反対の運動にしてもそういう精神構造を抱え込んでいるという点では手放しで評価できるものではなく、それがプラスに働くか否かはさておき「部落的セクショナリズム」が作動して、「それを掘り下げていけば抽象的な祖国愛とか郷土愛」すなわち「原水爆反対ではなくて、祖先からの土地を取られるのはかなわないという」「ナショナリズムの底辺の構造」にゆき当たることを指摘する。

### 「下」を救う

このような関心から丸山が強調したのは、ヒトラーの台頭を念頭に置きつつ「底辺」を置き去りにしてはならないということであった。

丸山は、総評の高野実が推進した「ぐるみ闘争」（企業別労組の限界を乗り越えるための家族ぐるみ・地域ぐるみ闘争）が横に拡がって組織が弱くなったという批判を総評幹部から浴びていることに触れ、批判者たちのいう「まず組合内の組織を固めるというのは、抽象論としていうともっとも」だが、現実の闘争方式では「公共企業体や大手筋の組合中心になって、かえって組合の闘争自体が他の階層はもちろん労働階級自体からも孤立してしまう」ことになり、「ナチが出てくる直前のドイツの組合運動がそう」であったために「失業者や農民や中小企業者はヒットラーの方に走った」という事実を突きつける。そうして「階級分化がおそろしく複雑」な日本では、「労働運動にしても結局横に幅をひろげなければ内部自身も本当に固まらないという逆説的な構造になっている」という。社会保障の格差や自らが経験した療養所内でも起きている事態が示すように、組織を固めるとそれからもれる底辺が救われない、それゆえ横に広げざるを得ないという矛盾であった。丸山は次のようにいう。

　日本の場合には一般に、いつも下からの要求が、もっとみじめな者がいるじゃないか、贅沢いっちゃいかぬという論理で押えられてしまう。悲惨さには無限の段階があるから、もっと下を見ろといわれるとキリがないんですね。「上」のものがそうした悲惨さのヒエラルヒー（段階組織）の上にあぐらをかくには実に都合よくできている。

そして総評の運動が戦闘化していることと重ねながら、結核療養所患者の運動についても、「今のような境遇では、ある状況の下に日頃非政治的な患者が急激に政治化することは避けられない」とし、そのことを顧みずして、共産党の煽動などということに運動の戦闘化の原因を求めるべきではないという。視野を社会全体に広げながら、むしろ運動の指導力は「行きすぎよりも行き足りない現象の方が圧倒的に多いのです。むしろ大部分が行き足りないから一部が行きすぎることになる」と述べて、「下」が救われない状況を憂えた（「結核療養者より医師への注文」一九五六年一一月『座談』②）。

それはまた、「戦後の相対的安定は中間層の位置が極貧層を置き去りにして上がってる」（「日本における危機の特性」一九五九年一月『座談』③）という中間層自体のあり方に対する危機感とも結びついていた。戦前以来続く「日本の農民」に象徴されるエゴイズムと滅私奉公の「使い分け精神はむしろ逆に支配層に利用される」（同前）、かたやそれでも「まだ抵抗物が日常の家族生活のなかにハッキリ感触としてある」農村婦人とは異なり、「リアルな抵抗感覚というもの」が「大都会ではいわゆる大衆社会的になるほどなくなっている」がゆえに支配層に取り込まれやすいという（「映画・女性・現代」一九五九年五月『座談』③）。それはまさに現代化ゆえの問題であった。丸山は、「実際は戦争やファシズムにたいする国内のレジスタンスはきわめてとぼしかったから、明治とは状況がまるで違ってしまって、何か非常に安易にすべてが戦後の民主化の波の上にのっかって、それぞれ安定してしまったようなところがある」（「歴史の歯車のなかに――戯曲「東の国にて」を語る――」一九五九年一二月『座談』③）とも語っており、戦争をくぐり抜けてきたからこそ強く抱く危機感であったといえよう。

### 社会主義への落胆

危機意識の三つ目は、社会主義の低迷であった。「ぼくの精神史は、方法的にはマルクス主義との格闘の歴史だし、対象的には天皇制の精神構造との格闘の歴史だったわけで（中略）対決していた当の相手が少くもぼくの視野の中でフニャフニャになったために、こっちも何かガッカリして気がぬけちゃった」（「戦争と同時代」一九五八年一一月『座談』②）というのは周知となっている丸山の発言の一つである。彼をしてこのようにいわしめたのは、「スターリン批判やハンガリア事件で、本当にコミュニズムの根本問題を真面目にまた大胆に考えなおそうという気運がマルクス主義者の間に出てきたときに、修正主義排撃というだんびらをふりかざされると、せっかくの問題提起もしぼんでしまい、マアマア当りさわりのないことを言っておこうというようなことに、また戻っちゃうんじゃないか」（「現代革命の展望――「ハンガリア論争」批判――」一九五七年四月『座談』②）という発言に明らかなように、スターリン批判やハンガリー事件そのものではなく、むしろそれらを取り巻く周囲の反応の方であった。このように語っている。

共産圏の個々の政策や行動に対する態度を、容共にしろ反共にしろ、すぐイデオロギーの色分けに拡大するような「全体主義」から、もうそろそろ訣別してもいい頃じゃないか。（中略）それからもう一つは、説明の論理と正当化ということとをハッキリ区別することが大事じゃないかということです（同前）。

この点は、先にみた丸山の「スターリン批判」の批判で述べられていたことでもあった。

とりわけ後者の「説明の論理と正当化」の区別ということについては、たんにマルクス主義をめぐる思想的対立の問題のみに限らず、「たとえば日本の明治以後の近代化の問題」にも通じており、「歴史的説明と正当化をゴッチャにするものだから、正当化を避けるために指導者の「悪しき意図」を強調せざるをえなくなったり、あるいは逆に歴史的説明をそのままあのコースが正しかったということの論理にしたりする結果になる」と、日本の近代化に対する批判のあり方にも敷衍させてゆく。また社会主義国家についても、「天国や天使じゃないので、つまり組織された暴力を独占している国家というものがある限り、国家一般に共通した法則があるということをむしろはっきり認識した方が、そこから出てくる危険なり悪なりを、最小限にコントロールすることが出来るんだという考えなんです」といい、「純粋な抽象観念」とは別に現実の国家を「もう少しはっきり突き放して認識した方が、実践的にもいいのじゃないか」と述べている（同前）。

一方、平和五原則の問題をはじめ「アジアのナショナルな動き」についても、「いろんな政治力がそれを利用しようとすることは当然」ではあるが、ソ連やコミュニストの扇動に原因を求めて事足れりとするのではなく「基本的には内在的原因に重点をおいてこれを突きとめようとする考え方、それが社会科学的な考えだし、政治の問題についても同じ」（傍点——引用者）と述べる。そうしてイデオロギーとは区別して「相対的に独自な論理の次元で問題をはっきりさせる訓練」をつけないと、「本来いい目的でできているものが悪いことをするはずがない、本来悪いものはいいことをするはずがないという大前提みたいなものがどうしても先に立ってしまって、リアルな認識ができなくなり、結局そのマイナスは自分にはねかえってくることになります」と、イデオロギーを「政治の論理」と分離させる思考のあり方の重要性をここでも繰り返し説いている（同前）。

## 「正統と異端」のモチーフの形成――「思想と政治」――

このように、社会主義、そしてそれをめぐる議論のありようにも失望を禁じえなかった丸山は、日本社会の根源的な病理の追究に向かい、「日本の思想」（一九五七年）、「開国」（一九五九年）、「忠誠と反逆」（一九六〇年）などの政治思想史の代表作を生み出し、政治学から政治思想史研究へと比重を移していく。次々に世に問われたそれらの著作は、これまでにも触れてきた、一九五〇年代半ばまでの政治学の論考のなかに散りばめられていたモチーフを学問的に全面開花させたという側面が大きく、とりわけ「底辺のナショナリズム」の分析がここでもそのまま活かされている。*

＊当該時期における「危機」をテーマとした座談において、丸山は、「日本の知識社会では政治的・経済的危機が問題の中核で、人間の精神の危機はその反映にすぎないんだというようなインタレストの持ちかたと、政治的・社会的な問題は外在的なことで、むしろ制度の問題などを本質的な事柄のように思いこむこと自体がまさに精神の危機なんだというようなインタレストの持ち方とが、分裂しちゃうから、危機意識についても最初から発想がくいちがっちゃうのですね」（「日本における危機の特性」一九五九年一月『座談』③）と述べており、危機を克服するための「人間の精神」のあり方こそが重要と考えられていたがゆえに、思想史へと向かっていったことが首肯できよう。

『信濃教育』一九五七年八月号に発表された「思想と政治」（『集』⑦）が、なかんずくその先駆けとなったものであり、「正統と異端」のモチーフが明瞭に現れている論文である。なおその問題意識の萌芽は、「超国家主義の論理と心理」（一九四六年六月『集』③）において、「日本の場合はどこまでも優越的地位の問題、つまり究極的価値たる天皇への相対的な近接の意識なのである」といった一節にすでに

図11　**日本政治学会参加のため神戸へ**（1959年10月，丸山彰氏提供）

示されている。

　のちに論文「開国」のなかで「開かれた社会」の核としての位置づけを与えられる明六社は、日本の近代社会における「自由な知識層の発生」として、ここですでに言及されている。そのような明六社の位置づけも、そして「思想というもの」が国民のなかに根づいていないがゆえに「明治維新直後の思想的な百家争鳴状態は、いつの間にか国体という正統性のふるいにかけられることになった」という評価も、「開国」論文と基本的に同様であるが、ここでは「国体という正統性」確立後の日本の「思想と政治」の特徴が委細に分析されている点が目新しく、そこから「閉じた社会」の病弊に迫っていく。

　その一つは、本来「権力をになうものとしての平等な市民」＝シトワイアンの代わりに、「天皇の前における臣民の平等」というものが実現してしまったことである。「帝国臣民」においては「「出世」の平等」は認められたが、「権力の侵し得ない基本的人権」は根本的に欠けており、帝国憲法に「臣民の権利」という章が設けられはしたが、「国家権力の頂点をなす天皇に対する権利、権力自体に先行する権利というものが認められることは、国体的な正統性が確立して以後は、原理的にあり得なかった」と述べる。

二つ目は、「国体というものへのイデオロギー的同質化」は「国民」の「非政治化」を意味するということである。重要なことは、「天皇制国家機構」が「現実的には権力の中核体」であるにもかかわらず、「何か政治を越えた超政治的なものとして現われる。つまり、あらゆる対立を超越したものとして表象される」ということにある。その典型が「いわゆる家族国家のイデオロギー」であり、「つまり国家という一つの権力体を、家族という私的な結合の延長として考えることによって天皇制の非政治化というものが、ますます促進される」のである。留意すべきは、「ピラミッドの頂点に近づくほど、政治的なにおいというものがなくなり、底辺ほど政治的なにおいがする」という逆説である。すなわち「天皇制が正統化され、国民の中に、上から浸透していくに従って、天皇制そのものが政治的対立の彼岸におかれ、非政治的に表象され」、そして「空気のように目に見えない雰囲気として一つの思想的な強制力を持つ」（傍点——引用者）のに対して、「政党は政治的なもの、政党を下からつき上げる国民大衆の動きというものは、もっと大きな政治性を帯びるものとして判断される」というコントラストである。

丸山はさらに、「非政治的」であることが「保守主義」に陥りやすいことを念頭に置いて、次のような警鐘も鳴らす。「国民が臣民として非政治化されるときには、保守主義もまた非政治化される」。すなわち、「保守主義もまた自由な政治的・対立的・闘争的な性格というものを剥奪される」結果、

「積極的にある価値を選択する」という意味の保守主義は少なく、「ともかく変なまねをするなどという消極的な黙従」が日本の保守主義の伝統になった。そのようななかで、天皇制の「正統化」「非政治化」が進行していく大正末期から昭和の初めにかけて、一方では当該時期に顕在化した「思想問題」によりタブーが作り出される。そしてそのタブーの存在を意識する知識層から真っ先に「異端」との位置づけを与えられていったのである（「思想と政治」『集』⑦）。

そこでとりわけ看過してはならないのは、「日本のファッショ化は、明治憲法の基本的体制を維持しながら、進行した」ことであった（同前）。丸山をしてそう言わしめたのは、すでに述べたように、自ら第一高等学校の生徒として当時の思想取締りの実態を見聞したからであった。丸山は、「治安維持法というのは、そんなに悪法ではなかった」という人がいるがそれは「正式の法的プロセスだけを見た議論」であり、「思想取締りの全体的意味を見ないで、形式的な数字だけ見たら、実際の歴史的役割はつかめません」としてその実態を語っている（「日本思想史における「古層」の問題」一九七九年一〇月『集』⑪＊）。それゆえにこそ丸山は、基本的体制から逸脱しないということに安住してはならないことを強調し、「この伝統もまた、今日でも学問や教育の「政治的中立」ということの、特殊日本的な表現を考えるうえに忘れてはならないことです」との警告を発する（「思想と政治」『集』⑦）。戦前、このように「国民」の「非政治化」が行われたからこそ、丸山は戦後、反動化の危機の最中にあって、政治的主体としての「国民化」を求めたのである。

＊丸山は、「国家権力が精神の内面に土足で入りこんでくる。何にもしてないことが、何をするかわからないとい

うので、却って危険視されるという、私のケース」について語っている。それは、前述したように（→第一章）、自ら第一高等学校の生徒として当時の思想取締りの実態を経験したからであった（「日本思想史における「古層」の問題」『集』⑪）。

丸山は、日本の伝統的な法治国観念の問題にも立ち入る。「近代的な法というものは、なにより第一義的に権力者を対象とし、権力の専制を防ぐために存在」しており「権力に対して武装する権利」（傍点――引用者）であるはずであるのに、日本では「法に従えという議論」は、「圧倒的に被治者たる国民に対して、むしろ権力の側から強調され」る。それに対して丸山はすかさず、「政府の恣意的な権力行使」と「人民の側からの暴力」のどちらが現実には危険性が多いかということは、豊臣秀吉の刀狩り以来権力によって人民が武装解除を強いられてきた長い伝統の「歴史的な由来からくる、精神的気候とにらみ合わせて判断しなければ、フェアな判断ができないではないか」と述べて、法をめぐる権力と人民の非対称性を問うている。キリスト教と国体の衝突といういわゆる内村鑑三事件、共和演説事件、そして幸徳事件（大逆事件）を経て天皇制国家が確立するのに伴い「明治維新直後の思想的な百家争鳴状態は、いつの間にか国体という正統性のふるいにかけられることにな」り、そのもとで「権力をバックにした異端糾問」（傍点――引用者）が行われたが、「その基準を問うことはだんだんタブーになっていた」とする。

こうして日本の近代が行き着いた天皇制国家という「正統性の確立」のもとでの思想と政治の関わりについて、次の二点が指摘される。一つは、「権力のにない手」ではない「権力の対象」としての

「臣民」の誕生、すなわち「自由なき平等化、帝国臣民的な画一化」であり、もう一つは、「国体というものへのイデオロギー的同質化」、すなわち国民の非政治化である。天皇制国家機構は「現実的には権力の中核体であるにもかかわらず」「超政治的なもの」「つまり、あらゆる対立を超越したものとして表象される」が、それは天皇制国家に限った過去の話ではなく、今日に蔓延る「政治的中立」の欺瞞性・危険性と照応しているのであり、「政治的中立ということは、しばしば上からの政治化には無抵抗で、下からの政治運動だけを排除するということになりがちなのであ」る（「思想と政治」『集』⑦）。このような警鐘は、先にみた「底辺のナショナリズム」との対峙に発していたと考えられる。

## 「日本の思想」

折から丸山は、近代的思惟を根づかせるべく啓蒙を行っていた戦後初期のあり方から転じて、思想のあり方・思想の型を本格的に追究しそれらの問題の「「伝統的」な配置関係」（「「日本の思想」あとがき」一九六一年一一月『集』⑨）を示していく段階に入りつつあった。一九五七年には、彼の代表作の一つである論文「日本の思想」を発表して、「思想が蓄積され構造化されることを妨げて来た」ことへの警鐘を鳴らし、そうした「思想と思想との間に本当の対話なり対決が行われないような「伝統」の変革なしにはおよそ思想の伝統化はのぞむべくもない」ことを説いた（「「日本の思想」まえがき」一九五七年一一月『集』⑦）。

ロングベストセラーとなった『日本の思想』（一九六一年、岩波新書）に挿入された論文「日本の

図 12　『日本の思想』

思想」（『岩波講座　現代思想』第一一巻、一九五七年一一月）の「まえがき」では、「日本史を通じて思想の全体構造としての発展」を描いた「インテレクチュアル・ヒストリィ」がないことが慨嘆されており、その原因を「対象そのものにふかく根ざした性質」、換言すればのちに丸山がいうところの「タコツボ化」に求める。そして日本の思想の「伝統」のあり方をめぐり、「問題はどこまでも超《スーパー》近代と前近代とが独特に結合している日本の「近代」の性格を私達自身が知ることにある」とし、「対象化して認識することが傍観とか悪口とかほめるとかけなすとかいったもっぱら情緒的反応や感覚的嗜好の問題に解消してうけとられている間は、私達の位置から本当に出発することはできない」と釘を刺す。その上で日本の「近代」を「対象化」せねばならないという、論文「開国」のモチーフが示される。* そうして、「日本の「近代」のユニークな性格」すなわち「いろいろな「思想」が歴史的に構造化されないようなそういう「構造」の把握」の必要が説かれる。丸山が問題にするのは、「伝統」思想を「思想遺産」として「伝統化」しえていないにもかかわらず、「近代日本が維新前までの思想的遺産をすてて「欧化」したことが繰り返し慨嘆される」という事態であった。丸山は、「もし何百年の背景をもつ「伝統」思想が本当に遺産として伝統化していたならば、そのようにたわいもなく「欧化」の怒濤に呑こまれることがどうして起りえたであろう」と問う。

＊丸山が強調するのは、「欧化」によって洗い流されたとされる「伝統」なるものに固執して「欧化」を敵視するのではなく、「維新を境として国民的精神状況においても個人の思想行動をとって見ても、その前後で景観が著しくことなって見えるのは、開国という決定的な事件がそこに介入しているからである」という事実を直視して、その「開国」をもう一度「文化接触」という観点から問い直してみる必要であった。「開国」には、「自己を外つまり国際社会に開くと同時に、国際社会にたいして自己を国＝統一国家として画するという両面性が内包されて」おり、「その両面の課題に直面したのがアジアの「後進」地域に共通する運命」であり、前述の「国家理性」への自覚を呼び起こした。問題は、「伝統思想が維新後いよいよ断片的性格をつよめ、諸々の新しい思想を内面から整序し、あるいは異質的な思想と断乎として対決するような原理として機能しなかったこと、まさにそこに、個々の思想内容とその占める地位の巨大な差異にもかかわらず、思想の摂取や外見的対決の仕方において「前近代」と「近代」とがかえって連続する結果がうまれたという点」であった。本論「一」のなかで、その例として「教養が「西洋化」した思想家の日本主義への転向」などがあげられ「そこに胚胎する諸現象」が説き明かされる。

本論の「一」はまずそれに応えるべく、思想の「継起」「受容」のあり方の見通しが論じられるわけであるが、その前に、維新を境とする「開国という決定的事件」が介入していること、それは「自己を外つまり国際社会に開くと同時に、国際社会にたいして自己を国＝統一国家として画するという両面性」が内包されていること、すなわち「国家理性」の問題であり、さらには後述される「無構造の「伝統」」のもとで「どのような経過を辿って天皇制（イデオロギー的には国体）による正統化にまで統合されていったのかの歴史的過程をのべること」は別途の課題として示される。それはほかならぬ「正統と異端」の問題であり、このように日本思想史の重要なテーマがすべて開示されている。

「一」では、思想の「継起」「受容」のあり方の特徴が、「無構造の伝統」——前掲『日本の思想』（岩波新書）に収録されるに際して丸山がつけた小見出し——と称されているように、「伝統」思想は「私達の生活感情や意識の奥底に深く潜入している」にもかかわらず、その思想が「伝統」として自覚され十全な対決を経るということなく「いわば背後から現在のなかにすべりこむ」という。それはすでに見た、「伝統」と「欧化」（「近代」）という二項対立でとらえることがいかに意味をもたないかを端的にいってのけたことでもある。背後からすべりこむ結果、思想は「歴史的構造」を解体され「思想的前提」から切り離され、「雑居的寛容の「伝統」のゆえのはげしい不寛容にとりまかれるというディレンマ」を免れないのである。

思想が「伝統化」しえないそのような「精神的雑居性」の風土にあって、唯一その「原理的否認を要請し、世界実験の論理的および価値的な整序を内面的に強制する思想」として丸山が注目するのが、明治のキリスト教と大正末期からのマルクス主義であった。両者はともに、そうであるがゆえに精神的風土と妥協させるならば「すくなくも精神革命の意味を喪失し」、逆にそれを執拗に迫るならば、前述のとおり「雑居的寛容の「伝統」のゆえのはげしい不寛容にとりまかれるというディレンマ」に陥る。そのことが、一つにはのちの「強靱に巻かれたゼンマイが切れたよう」な「転向」のありようにも現れており、もう一つは、知識人のあり方にもつながる。キリスト教の伝統がないところでは、マルクス主義の「公式」が目の敵にされ、それに対するシニシズムや「スマートな逆説家」と、「庶民の「伝統的」実感——もしくはそれに寝そべるマスコミとの「奇妙な同盟」」が成立し、「進歩的知識人」が孤立する。そうしたなかでの「伝統的」態度が示すイデオロギー暴露、進化論の受容のされ方、などの「無構造」ゆえの特徴が示される。

つづく「二」では、「国体」という「非宗教的宗教」がいかに「魔術」として機能していったかについて、「国体」が生じさせる「臣民の無限責任」の恐ろしさと、思想的「機軸」としての「国体」が「包容性」と「無限定性」を備えていることによって精神内面まで食い込んでいったことに注目しつつ論じられる。

そしてそれを「天皇制国家のダイナミズム」と関連づけて分析しているのが「三」であり、それは丸山がほかならぬ「超国家主義の論理と心理」「軍国支配者の精神形態」（↓第四章）で提示した「無責任の体系」そのものであった。ここではそれが明治憲法体制に遡って論じられ、そこにみられる「制度の物神化」の問題が指摘される。

もう一つは、そうした近代日本の制度—国家権力を支えてきた社会の問題である。なかんずく急速な制度的「近代化」の一方で、それならびに社会的平準化をもたちどまらせる最底辺の村落共同体が存在しており、「むしろその両極の中間地帯におけるスピーディな「近代化」は制度的にもイデオロギー的にもこの頂点と底辺の両極における「前近代性」の温存と利用によって可能となった」という。この指摘は重要であろう。山県有朋の推進した地方「自治制」と「家族国家」観によって支えられてきたその底辺の「部落共同体」は、「その内部での個人の析出を許さず、決断主体の明確化や利害の露わな対決を回避する情緒的＝直接的結合態である点、また「固有信仰」の伝統の発源地である点、権力（中略）と温情（中略）の即自的統一である点で、伝統的人間関係の「規範」であり、「国体」の最終の「細胞」をなして来た」ことが指摘される。そしてそれが「明治から昭和まで一貫した支配層の配慮」だったのであり、この部落共同体は、「底辺のナショナリズム」の温床として、とりわけ一九五〇年代半ば以後、丸山が見据えてきたものであった。

「四」では、そうしたなかにあって、官僚的思考様式＝「制度の物神化」と「庶民」の「「自然状態」（実感）への密着」の二極化が進行するのであり、丸山は後者を「実感信仰」、マルクス主義に集約的に現れている前者を「理論信仰」と称した。「実感信仰」と「果てしない悪循環」を起こしながら存在する「理論信仰」の問題はマルクス主義に限られるものではなく、「多少とも日本の社会科学にこれまで伴って来た傾向」であった。丸山は、社会科学に対して、文学とちがって「必ずしも自己の精神の内面をくぐらずに――個性の媒介を経ないで――、科学の「約束」にしたがって対象的に操作しうるので、少くも理論化された内容に関する限り、日本の思考様式に直接繋縛されるモメントが稀薄である。それだけに対象化された理論とその背後のなまの人間の思考様式との分裂が現われやすいわけである」と述べている。この自己の内面にどれだけ根ざすかということも、丸山が繰り返し問いかけてきたことであった。

「おわりに」は、論文をふり返り、近代天皇制は「国体」という精神的「機軸」で近代日本人の「精神的雑居性」と対するが、「国体」が雑居性の「伝統」自体を自らの実体としていたために、むしろ「異端の排除」という「否定的な同質化」の面のみが強力に働き、それが「人格的主体の確立」にとって決定的な桎梏となったとする。そして戦後の変革によって「精神的機軸」が転落したのちも、かえって「第二の開国」を迎えたことによってその雑居的無秩序性があらわになったと述べる。それを打ち破るのは、加藤周一いうところの「雑種文化」ではない。丸山は加藤のそれに対して「大方の趣旨は賛成」とことわりつつ、一つには、雑種性はともすると「東西融合論」や「弁証法的統一論」に置き換わること、二つ目に、「異質な思想が本当に「交」わらずにただ空間的に同時存在している点」にあるという問題点をあげる。とすれば、それを克服する途は、論文「思想のあり方について」で論じられたところの、「タコツボ」化を克服し、「ササラ文化」をめざすことなのである。すなわち「開国」の問題はこの論文の主要な柱をなしており、このようなモチーフが、一九五九年に発表された論文「開国」(『講座現代倫理』第一一巻「転換期の倫理思想(日本)」(一九五九年、筑摩書房、のちに、『忠誠と反逆―転形期日本の精神史的位相―』一九九二年、筑摩書房。一九九六年、ちくま学芸文庫に収録)。『集』⑧)において、「文化接触」の問題として本格的に展開されていく。

　論文「日本の思想」は、「日本思想史の包括的な研究」が「著しく貧弱である」という状況を克服すべく書かれた文字どおりの包括的研究であり(「まえがき」「日本の思想」『集』⑧)、一九六一年一一月、『日本の思想』と題して岩波新書にまとめられるに当たって付された「あとがき」においても、「よかれ悪しかれ、私が大学卒業以来当面したさまざまの学問的課題と、それを追求する過程で不可避的に刻みつけられた私の思想的道程とが流れ込んでおり、それと同時に、これ以後の関心方向の新たな起点ともなった」と述べられている。しかしながら、この論文への「直接の反響が、ほとんど「理論信仰」と「実感信仰」の対比という問題にだけ集中した」ことを「予想外」とせねばならなかったように（「「日本の思想」あとがき」『集』⑨）、それはこの論文の論点の一部を示しているにすぎないにもかかわらず、そのようにしか受容されえないという丸山の思想を理解することの困難性を示すものであり、残念としかいいようがない。

## 「進歩史観」と「普遍性」

ところで、論文「日本の思想」（一九五七年一一月）には、多分に竹内好がかつて丸山に投げかけた批判（→第四章）が意識されていると思われるところがあり、また『日本の思想』に収録された「思想のあり方について」（一九五七年九月）、「「である」ことと「する」こと」（一九五九年一月、「現代文明についての一試論」という副題のもと『毎日新聞』に四回にわたり連載したものを新書に入れるにあたり改題）も少なからず竹内への応答を含む内容であったといえよう。

すでにみたように、日本が近代国民国家となり、国際社会のなかで「国家理性」に目覚めながら視座構造の転換を遂げていく過程についての丸山の説明に対して、竹内が投じた批判の中心は、丸山の考え方は中国を「立ちおくれた」という単線的時間軸で劣位に置くものだという点にあり、竹内はそれを克服するために、「東洋」的な自前の変革思想を中国の「伝統」のなかに見出すべきであるとする。丸山と竹内は、公表された座談においてこの点の議論を続けており（「現代革命論」一九五一年一月『座談』②など）、なかでも一九五七年と推定される二人の対談の記録「革命と反動（東洋とヨーロッパ）

――竹内好との対談――」（一九五七年と推定『別集』②）はその点を正面から論じたものであった。＊

＊詳しくは、前掲拙稿「丸山眞男における「開かれた社会」」を参照。

対談での竹内に対する丸山の反論は、マルクス主義、近代主義に共通する歴史の進歩の概念の重要性を説いた上で、そこには求めるべき普遍的理念が存在するというものであった。対談の記録は、歴史をめぐる「完成思想」と「進歩思想」について丸山が自らの考えを述べるところからはじまる。丸山によれば、実際の一九世紀後半のヨーロッパでは、コンドルセのような古典的な進歩思想とスペンサー流の進化思想とが入り交じるが、「進化論」と「進歩の思想」の相違は、後者には「完成社会」が想定されているのに対して、前者には適者生存の生物学的進化の思想ゆえに終着点はないという点にある。のちにも、「日本が受容したのははじめから進化の思想で、古典的な進歩思想ではなかった」と明示的に語っているとおりである（「日本思想史における「古層」の問題」一九七九年一〇月『集』⑪）。丸山は、論文「日本の思想」においても、「歴史的蓄積」という契機がすべりおちた「歴史的進化」は「進歩」と異なり、「思想的抵抗が少なく、その浸潤がおどろくほど早いために、かえって進化の意味内容が空虚になり俗流化する」との指摘を行っており（『集』⑦）、「進化」思想を受容したことは、「無構造」と評される日本の思想のあり方につながる重大な禍根を残したということになる。そして対談は、日本のマルクス主義も、ダーウィニズムの要素を多分にもつ社会進化論の影響を受けて、「進歩」の観念に不可欠な「蓄積」ではなく、「プロセス」という考え方を根強く有しているといった日本の歴史意識の問題に絞られていく。竹内によれば、西欧と東洋の接触の「実際の具体的なあらわれ方」としては、当然にして「思想というものとしての接触」ではなく「資本主義の侵入、帝国主義の侵略という形」をとるため、「西欧」とは相容れない独自のものになるのである（「革命と反動」『別集』②*）。

＊この点を丸山がどのように受けとめたかについて松沢弘陽は、座談「日本の反動思想―戦前と戦後―」一九六四年九月（梅本克己・佐藤昇・丸山眞男『現代日本の革新思想』河出書房、一九六六年）での丸山の発言は、『岩波講座 現代思想V 反動の思想』（一九五七年）「本巻の序論」として書かれた「反動の概念」の「「反動の思想」を補うもの」であったとし、次のように述べる。「そこ（座談――引用者）では「反動」のラディカル化による「過激反動」の発生や、保守の反動への転化としての「頑固反動」といった、移行の問題にもふれられている。「反動の思想」は、「伝統的な進歩反動という対極にたいして、抵抗という別の次元が設定されるのではなかろうか」（傍点丸山）に始まる一節において、固有のカテゴリーとしての抵抗の意味に目を向けて結ばれている。これは丸山が抵抗の問題をとりあげた最初といえよう。彼に抵抗という問題に目を向けさせた大きなきっかけは、親友竹内好の魯迅論の主題をなしていた抵抗の問題だったと思われる。ここで登場した抵抗の問題は、「忠誠と反逆」（一九六〇年、本集第八巻）においてさらに展開される」（松沢弘陽「解題」『集』⑦四〇二）。

それに応えるべく丸山は、テクノロジーを広義に捉え、革命運動自体がそのテクノロジーの産物であるとの認識のもと産業革命後のテクノロジーの役割に着目し、しだいにそれの「単純な否定という段階」とは違っていくとして、次のように述べる。東洋では、テクノロジーを否定することは「文字どおり土着の非常に伝統的な支配形態」と結びついており、その形態はテクノロジーを排斥しなければ維持できない。しかし、やがてそこから出てくる「革命的な力」は、敵の「テクノロジーという武器」を奪って、のしかかってくる「伝統的な支配体制」や帝国主義に対抗することとなり、「テクノロジーの単純な否定という段階」ではなくなって「テクノロジーを肯定する」にいたる。そして丸山はそこにある意味での「非常に大きな東洋の思想の革命的な変化」を見て取り、それは狭い意味での技術だけに限らない「社会組織、産業組織、〔つまり〕組織という観念」を生み、「そこではじめて体制―レジームという問題が提起され」、「社会再組織」（傍点――原文）ということにまで広げてマルクス主義に継承されていくと述べる（注記した以外の傍点は引用者）*。すなわち、竹内が抵抗運動のうちに見出す東洋の思想の独自性も、実は産業化の進展によるテクノロジーの侵入を否応なく受けているのであり、それを排したところに存在する「伝統的な」東洋の思想というのはありえないとする。

＊丸山は、「春曙帖」と題する一九六〇年以後の「思いつくまま」を記した雑記帖のなかで、現代のテクノロジーがいかに現代社会に大きな影響を及ぼすものであるかを明らかにしている。「現代のテクノロジーと組織の肥大化及びその社会的相互関連の複雑化はもはやブルジョワ個人主義によって処理できなくなったからである。生産の社会化という現実を根本的な利潤追求原理に委ねないためには、生産と分配の計画化を欠くことはできない。ブルジョワ個人主義は国家（官僚）のフォーマルな組織悪には敏感であるが、社会の中に成長する組織悪には鈍感である」（『対話』二四八）。

近代だけ切断してみると「西欧思想の普及」とみえるが、宗教はすべて東洋から*、科学は西洋から生み出されたことを考えるならば、「西欧」対「東洋」という図式ではなく「人類的なもの」を認めざるをえないというのが、丸山の主張であった。しかし、それにあくまで懐疑的な立場を貫く竹内は、丸山いうところの「コミュニケーションなりテクノロジーが、それほど普遍的になっているかどうかが疑問」であると述べる。さらに竹内は、テクノロジーの普及と受容のあり方によって「価値的な差別」はつけられないのか、日本が「優位」で中国が「立ちおくれた」とみなすことになりはしないかという疑問を呈し続けたが、丸山の回答は、「コミュニケーションが世界的になるということが、多元性というものが実在しうる根拠」であるということに尽きており、多元的になることによって単線的な優劣の序列ではなくなるとするものであった。そうして丸山は、テクノロジーが普及しなければ、それへのリアクションである一九世紀後半からのナショナリズム、すなわち個々の国民国家の抵抗運動が起こってくることもありえなかったことを強調した。最終的には社会主義に議論が及び、マルクス主義は農民暴動などの「元からあるもの」との「結合の論理」であることが繰り返された**（「革命と反動」『別集』②）。そして議論は、広義のテクノロジーの普及をもたらす源である「開国」へと進まざるをえない。

＊丸山のこの発言について、編者の以下のような注がある。「丸山は、一九六六年度の「日本政治思想史」講義の中で、「伝統の植物主義的発想」（そこに生えているものだけが伝統だという考え方）に言及して、キリスト教を西洋文化に還元する見方を批判し、「むしろ現実はオリエントから発したもの」と指摘している（『講義録』⑥一一七、参照）」（「革命と反動」『別集』②一五五）。また丸山は、前掲「日本思想史における「古層」の問題」（『集』⑪）においても、「世界宗教でヨーロッパに生まれたものは何もないですよ。クリスト教は中近東に生じたもので、ヨーロッパに生えたものでも何でもない」と言い切っている。

＊＊後年丸山は次のように語っている。「竹内好さんとはよく議論しましたが、彼はマルクス・レーニン主義というのは道具で、民族独立が主だとしょっちゅう言っていました。僕は、いやいや、マルクス・レーニン主義にコミットしたことは画期的だと。僕は精神の面から言いますからね。中華帝国思想はマルクス・レーニン主義で打破された。マルクス・レーニン主義というのはあらゆる国家の上にある思想ですから。中華帝国思想が、世界的な普遍的な思想にコミットしたのは初めてだと。それまでは天子が治めているのですから、自分は文化の中心

でしょ。まるで富士山の上に自分がいるようなもので、あとは夷狄が周りにいるというのが、中国の世界像だった。この世界像が根本的に打破されるということは、やはりマルクス主義にコミットしなければできなかった。普遍的なイデオロギーにコミットしなければできなかったと言って、随分議論しました。僕はそれは間違っているとは思わないけれど、マルクス主義は道具であってナショナリズムが基本なんだと竹内氏が言ったことは、大きな真理です」(「天安門事件の後に―中国人留学生の質問に答える　第二回―」一九八九年六月『話文集』④)。

### 「開国」――「開かれた社会」――

丸山は、その座談からまもなく、「ある象徴的な事態の表現としても、また一定の歴史的現実を指示する言葉としても理解される」ところの「開国」という問題を、「文化接触」すなわち異文化の結合のあり方という観点から論じていく。

前述したように、「部落共同体」と対峙すべくそれと対蹠的位置にある「開かれた社会」を追求する必要から「文化接触」という観点を入れて論文「開国」が書かれた。「開いた社会」を「閉じた社会」から区別する標識は、「自由討議、自主的集団の多様な形成、及びその間の競争と闘争」であり、それは「政治的権威が道徳的ないし宗教的価値と合一する」「「閉じた社会」の基本的傾向性」の対極に位置するものであった。「閉じた社会」では、「「反対者」は殲滅《せんめつ》すべき敵(自己以外の権威や流派)ではあっても、それとの討論・競争の過程を通じて、弁証法(=対話)的に客観的価値に接近してゆくために必要な対立者ではない」(「開国」一九五九年一月『集』⑧)。

論文「開国」では、日本は「三たび「開国」のチャンスをもった」とし、その第一を室町末期から戦国にかけて、第二を幕末維新に、そして「今次の敗戦後」に第三のそれを見出していることは周知である。* なかでも、第二の「歴史的概念としての開国」は、竹内との論争の主題に、端的に答える要素を含んでいた。キリスト教、資本、養老院、大砲・軍艦、義務教育、「テレグラフ」、そして、国家主権・選挙制度といった、「自己と全く価値体系と伝統を異にする」「「西洋」という巨大な塊」に、「トータルに屈伏するか、それともこれをトータルに拒否して、自足的な体系を固守するか――このディレンマが、なにより「開国」の中核的課題であり、このディレンマに対応する仕方が日本と中国（ないし他のアジア諸地域）との歴史的運命の別れ道を決定してゆくのである」。

＊論文「日本の思想」では幕末を第一の「開国」、戦後を第二の「開国」としていたが、ここではそれを修正している。ちなみに丸山は、「戦後を「第二の開国」とか「第三の開国」というように特徴づけたのは、たしか何か労働組合の学習会のようなところで、時期的にも私の結核による入院（一九五一年二月）以前だったように記憶しています」と述べている（「原型・古層・執拗低音」一九八四年七月『集』⑫）。

そうして、日本の幕藩体制がつくり出してきた「「鎖国」の人為性」と「軍事体制を凍結して長期安定と秩序をもたらしてきたパラドックス」が、「開国」から生じた流動化にそのままに逆転して現われたことが示される。丸山が「閉じた社会の思考の典型」とみる攘夷論の、その観点からの変貌過程の説明はここでは省くが、ベルクソン（平山高次訳『道徳と宗教の二源泉』一九五三年、岩波文庫）に拠りながら、一つに、「権力政治と法の支配という二元的な構造」としての把握と、二つに、「儒教的な天理・人道の観念における超越的な規範性の契機を徹底させる」ことによる国際規範の存在の承認、によって国際的環境への適合が可能になったと結論づけられる。*

＊一九八〇年代終わりごろから、江戸時代は鎖国ではなかったという研究が出てきた（荒野泰典『近世日本と東アジア』一九八八年、東京大学出版会、同『「鎖国」を見直す』（二〇〇三年、かわさき市民アカデミー出版部→岩波現代文庫、二〇一九年、等）ことを念頭に、「江戸時代に中国や朝鮮と交流があったことを、鎖国じゃなかったと言うんですね。しかしそれは歴史的な使い方ではない、僕に言わせれば、鎖国というのは、ヨーロッパ的なものを全部シャットアウトしたことを言うわけ」と述べている。丸山いうところの「歴史的開国」とは、「ヨーロッパにある国際秩序が世界秩序になった」、したがって「主権国家の国家平等の立場に立った」ということであった（「人権からみた日本」一九九三年一〇月『話文集』続②）。

ただし丸山は、「この場合にも直接的見聞の最初の反応は、かえって伝統的なモーレス（習俗慣習――引用者）と価値体系の再確認と、それに依拠した反発として現われがちである」ことの指摘を怠らない。すなわち「日本と夷狄という国際関係における攘夷論の変貌ということと、個々の人間関係において異質的な生活様式やモラルをもった「他者」に面して格別「身を構え」（ベルクソン、前掲書――原文）ないで、それをそれとして理解するようになるということと、は同じ次元の問題ではない」とし、個人関係の次元における「「他者」への寛容」と「「われ」の自主性という相関的な自覚が大量的に生ずるためには、他の条件は別として、少なくとも社会的底辺において異質なものとの交渉がある程度まで行なわれなければならないであろう」と述べて、国際関係において「開いた」様式を身につけていくことと、個々人のモラルのレベルはまた別であることが強調される。その点については別途論文が準備されることとなり（後述）、論文「開国」では、「幕藩体制的な閉じた社会の急速な解体」が人民社会にどのように受けとめられたのかに焦点が当てられ、「文明開化的生活様式への急変には、多分に集団転向の傾きがあった」ことが追究されていく。

「開かれた社会」が決して社会的底辺にまで行き渡っていないことの問題性は、道徳的アナーキー、「文明開化」の不均等な浸潤、末端にはびこる官僚主義、維新革命の推進力であった下級武士の分解が発酵素となっての社会的ルサンチマンの滞留、等々の具体的状況をあげて示される。そしてこのような維新直後の「文明開化」は、その後に現れる目的意識を持った欧化政策とは異なって、「進歩と反動のイデオロギー次元での区別は、在朝と在野との対立と照応せず、むしろそれを縦断して交錯していた」ことが、福沢諭吉の同時代分析を援用しつつ指摘される。* しかしながら「閉じた社会のタブーの崩壊」は、他方で「民間ジャーナリズムの発達」を促し、それこそが「開かれた社会への展開をもっとも象徴的に示すもの」であった。丸山が、「啓蒙思想家の「学問のすゝめ」は荒野での空しい呼びかけではなかった」ことを、加藤祐一の文明開化の言説や、転向前の加藤弘之の著作『国体新論』に見出し、「もしこうした合理主義が新たな伝統として内面化し、あるいは正しい意味において「止揚」されていたならば、「第三の開国」における天皇の人間宣言という悲喜劇も不用であったろうに！」と嘆いた一節は周知である。

＊『自己内対話』のなかに、次のように記されている。「開かれている精神《オープン・マインデッドネス》は「開かれた《シヴィライズド》」精神ではない。福沢諭吉と「開化物」作者との精神のちがいがここにある」。「「開かれている精神」は自らをも他をも開く作用をいとなむ。これが Enlightenment（Aufklärung）である。開けた精神はすでに開けていると思うことによって、実は閉じた精神に転化している。日本の啓蒙の失敗は、「開けた精神」によって愚昧な大衆を教化できると信じた点にあった。そうして、第二の開国であった敗戦後のデモクラシイにおいては、未曾有の国民的な経験から出発している

にもかかわらず、「開けた精神」(マルクス主義もふくめて)の洪水にくらべて、「開かれている精神」の声はあまりにも弱かったことが、いまこそ反省されなければならない」(八六)。

「開いた社会」を「閉じた社会」から区別する標識は、「自由討議、自主的集団の多様な形成、及びその間の競争と闘争」であり、それは「政治的権威が道徳的ないし宗教的権威と合一する」「閉じた社会」の基本的傾向性の対極に位置するものであった。「閉じた社会」では、「「反対者」は殲滅すべき敵(自己以外の権威や流派)ではあっても、それとの討論・競争の過程を通じて、弁証法(＝対話)的に客観的価値に接近してゆくために必要な対立者ではない」のである。*

＊丸山は、ベルクソンやポッパーに言及しながらも、それらの「定義や価値判断をあらかじめ厳密に確定して、それを適用することが課題なのではないから、「閉じた社会」と「開いた社会」との対照において、二人の思想家の間の概念構成の相違点よりはおおよその共通点が着目されるし、またこの二人の「哲学」の基本的な対立は当面すこしも妨げにならない」とし、むしろバルビュ(Zevedei Barbu)の「民主主義」の要約を示して、「開いた社会」の説明に代えている(「開国」『集』⑧)。

このように、「自由討議、自主的集団の多様な形成」を重視する丸山にとって、明六社は、「あくまで自由な知識人としてふるまい、文明開化の現実に対しても一定の距離を設定し、その論説は当時の啓蒙的解説書に多く見られるような、たんなる政府の新政策の弁護あるいは正当化ではなかった」という点で、「大きな思想的意味を持ったもの」であった。にもかかわらず、それが「上からの啓蒙あるいは啓蒙専制のイデオロギー」といわれることに対して丸山は、「明六社のような非政治的な目的をもった自主的結社が、まさにその立地から政治を含めた時代の重要な課題に対して、不断に批判して行く伝統が根付くところに、はじめて政治主義か文化主義かとかいった二者択一の思考習慣が打破され、非政治的領域から発する政治的発言という近代的市民の日常的なモラルが育って行くことが期待される」と反論する。*

それは次の二点においてであった。第一は、のちの国家体制が整備された段階と異なる、制度的にも精神状況の点でも混沌とした背景のもとでの営みを、「上から」「下から」と弁別することの不適切、第二は、「フランスの場合でも、啓蒙思想の啓蒙思想たるゆえんは、狭義の政治思想の急進性や革命性にあったのでは必ずしもなく」、それゆえ明治「十年代以後の自由民権論に比べて、政治的急進性において劣っていたものを、啓蒙主義本来の課題の方法的自覚において補っていた」ことに注目すべきであるとする点にある。しかし、そのことは今日もなお容易には理解されず、巷に氾濫する丸山への批判とも通底しているのではなかろうか。

*ほぼ同時期の座談においても丸山は、「明六社というのは、普通、当時のインテリの上からの啓蒙運動だと言われるわけですけれども、ぼくもやはり、直接政治的目的をもたない一種の思想運動のためのインテリの横の結合、つまりむつかしくいえば自発的結社としてできた、ということの意味を重視したい」といい、同人に政府に仕えたものもいるが「明六社自体はどこまでも自由な知識人の集りで、したがって政治にたいして一定の距離を保ちながら政治問題も自由に議論をし発表したわけです。その点で単なる政府の文明開化政策の思想的ラッパ卒ではなかった」と述べている（「福沢諭吉の文体と発想」一九五八年一二月『座談』③）。

こうした丸山の危機感に拍車をかけたのが、アメリカ社会を席巻したマッカーシズムであった。

「自由主義の長い伝統をもったアメリカにおいて、正統と異端という、自由主義とは最も相いれない考え方が最近において非常に有力になってきた。アメリカで大規模に行われている「忠誠審査」や非米活動の取締りは、まさに正統と異端という考え方が、自由主義の総本山として自他ともに許しているアメリカに有力化したことを示しています」。この一節は、アメリカにおいてさえ、況んや日本は、という危機意識の表明にほかならなかった。

しかも一九五七年四月には、丸山と親交のあったE・H・ノーマン（外交官・歴史家）が赤狩り旋風のもとで自死するという事件があり、丸山はそれに直面して大きな悲しみを抱くとともに*、迫り来る全体主義への危機感を強めていった。マッカーシズムが丸山をして、未完に終わった「正統と異端」という主題に向き合わせる直接の原動力となったことが見てとれよう。「正統と異端」のあり方は「忠誠と反逆」のあり方に規定されており、その意味でも、丸山の代表作として知られる論文「忠誠と反逆」（『近代日本思想史講座』第六巻、一九六〇年二月『集』⑧）は、「正統と異端」の問題にたどり着く階梯の作品であったといえよう。そして、権力による「内面的な思想の忠誠」の要求は、いうまでもなく、戦時下に自らが特高に追われたことの記憶と重ね合わせられていたであろう。**それは、ほかならぬ「閉じた社会」の究極の姿の一つであった。

*ノーマンの「いたましい死」を知ったときの丸山の衝撃と悲しみは、「E・ハーバート・ノーマンを悼む」（『毎日新聞』一九五七年四月一八・一九日『集』⑦。収録に際し、新聞ではカットされた箇所を復元）に記されている。「問題は共産主義者とは客観的に何を意味しているかというようなことではない。モリス、ジェンナー（上院国内

治安小委員会における査問議員）の徒輩がある人を共産主義者というときにどういう意味を含ませているかということなのだ。（中略）およそジェントルマンの道を解する者にとって、またおよそ一国を代表する外交官にとって、こうした呼ばわりがどのように悪質な人格的讒謗であるかは言葉に尽せない」。

　ノーマンは、周知となったエッセイの一つ「クリオの顔」のなかで、「人間の作った態度はいずれも永久に自由の堡塁であるというわけにはいかない。環境が新しくなるとそれは正反対のものに転化しうるものである」といい、そのエッセイを、「クリオは大変内気で謙遜な娘でありながら、きわめて仕えにくい主人でもある。しかも彼女は気取り屋である。彼女は、衝動的な新聞やデマゴーグがまきちらす劣悪な通貨である常套語や符牒に理解力を曇らされないきわめて平凡な市民にも、また、人間の作った制度はいずれも不変なものでなく社会全般および他の制度にとって相対的なものであって、たえまない歴史の大きな運動そのものの一部として、微妙に変化し変質するものであると見ることを学んだ生徒にも、ひとしく彼女の愛らしく物思わしげな顔を現わすであろう」と結ぶ（「クリオの顔」一九五〇年一月、大窪愿二編訳『ハーバート・ノーマン全集』第四巻、一九七八年、岩波書店、一八五～一八六、一八八）。丸山が求め続けてきたデモクラシーの精神構造と相通じていよう。なお、丸山がいかにノーマンの死に心を傷めたかは、「マルクスの土台の上にウェーバーを載せ」て東洋社会論を説いたヴィットフォーゲルがそののち「転向」し、マッカーシズム旋風のなかでノーマンに対して決定的に不利な証言をしたことは「私には許しがたい、友人にたいする裏切りと思われた」と記し、「アジア的生産様式論」への自らの拘泥が消え失せた一因とも述べていることに明らかである（「飯塚浩二著作集第五巻　解説」一九七六年九月『集』⑩）。

＊＊丸山は、ほぼ同時期の高畠通敏《たかばたけみちとし》との対談のなかでその経験をふり返り、「特高はたんに行動で取締るのじゃなくて、潜在的可能性で取締ってくる。こっちにしてみれば、マルクシストでもなく、なにも運動をしていないのに、特高のほうから見ると、いくら洗ってもなにもないから、ますますなにをするか分らないということになる。ともかく、どこか壁の向うからこちらのすることなすことがじっと見られているという感じは、実に不気味なものです。そういう経験とそれから軍隊生活の経験が、今日からみれば、組織的暴力の構造としてではなく、なにかモヤモヤした目にみえない空気のように皆をとらえているものとして、天皇制の精神構造を考えるようになった由来かもしれません」と語っている（「政治学の研究案内」一九六〇年五月『座談』④）。また、のちに、「当

時の日本には、近代国家の基本原則、つまり、「刑罰というのは個々の具体的行動を取り締まるのであって、思想を罰するのではない」という基本原則が通用しないんです。むしろ、逆なんです。国家権力が精神の内面に土足で入りこんでくる。何もしてないことが、何をするかわからないというので、却《かえ》って危険視されるという、私のケースは、事件としては実につまらぬことなのですが、考えて見ると、シンボリックな意味をもっている」と語っている（「日本思想史における「古層」の問題」『集』⑪）。

## 「タコツボ化」――「閉じた社会」――

「日本の思想」を発表する直前に、岩波文化講演会の記録「思想のあり方について」が世に問われており（『図書』一九五七年六月『集』⑦）、それは、日本の文化や社会のあり方を「ササラ型」に対する「タコツボ化」と表現したことでその言い回しが有名になったものである。丸山自身も「タコツボ化はクローズド・ソサエティという言葉で言いかえてもいい」と述べているように、論文「開国」につながる閉鎖的集団の問題性を論じたもので、加えてそれと関わらせつつ、イメージの一人歩きがどんどん社会に沈殿していくことが「新しい形態の自己疎外」になるという危険性を述べたものであった。

続けて丸山は、「ただ日本の場合に注意しなければならないことは、現在の日本全体としては必ずしもクローズド・ソサエティではない、それどころか日本全体としては、八方破れで、世界中に向って開かれている、そこで日本の国内の集団がタコツボ化して、それぞれのタコツボ化した集団がインターナショナルには外に向って開かれているということになる」と述べており、「タコツボ化」のままの「開国」という問題性を指摘している。丸山によれば、戦前の日本では、「こういうタコツボ化した組織体の間をつないで国民的意識の統一を確保していたものが天皇制であり、とくに義務教育や軍隊教育を通じて注入された「臣民」意識」であったが、戦後はその「むすび目」がほぐれ、そこで圧倒的な力をもつのがマス・コミュニケーションということになる。ところがそのマスコミは「タコツボの間に作用するだけで、タコツボの中に滲透し、その相互間の言語の閉鎖性を打破する役割はあまり演じ」ないということになり、むしろ思考や感情、趣味などの画一化を促すのである。*そういう意味でも丸山は、「われわれの国におけるこういう組織なり集団なりのタコツボ化は、封建的とかまた家族主義というような言葉でいわれますけれども、単なる家族主義とか封建的とかいった、いわば前近代的なものが、純粋にそれ自体として発現しているというより、実は近代社会における組織的な機能分化が同時にタコツボ化として現われるという近代と前近代との逆説的な結合としてとらえなければいけないんじゃないか」と述べるように、〝近代〟の両義性をみていたことが明らかである。

＊丸山は、大学のあり方などを論じるなかでも、「明治時代は確かにある程度ジャンルというか、そのあいだに交流があったと思うのですよ（南原繁、大内兵衛はそれぞれ内務省、大蔵省から大学に帰った——引用者）。ところが、その後はそうじゃないのです。各大学はほとんどどこでも子飼《こがい》システムによって、助手、助教授、教授ということになって、大学教授は大学教授、ジャーナリストはジャーナリスト、官吏は官吏ということですね。それが非常にリジッド〔堅固〕になってくる仕組ができちゃっているわけですね。これは、はたしてそれでいいのかどうかということですね」「ぼくはそれをタコツボ社会というのですがね」と述べている。そしてそこから生じる画一性に対する危惧について次のように述べる。皇太子妃を民間から選んだことの当該時期の礼賛は、たまたま貴族から皇太子妃が選ばれたときに「今度のような論拠がその場合出てくるか、そういうことをなさらなかったのは残念であるという論拠が出てくるか。おそらく出てきません」といい、それは、「戦争とか非常にエモーショ

ナルな事件が起こると、おかしいなと思いながら、けっきょくみんな、わあっとなって引きずられていくということのなかに、根本的になにか同じにものを考える、画一化というか……」、「これからは、この社会問題は、数年間非常に重大化すると思うのです。だいたいにおいて、ぼくは一九三〇年代から三一年の形勢であるというふうに思うのですよ、今の形勢は。したがって満州事変当時に近い形勢になっている。今度岸さんがやろうとしている安保条約の改正。あの問題はちょうど満州事変の……」という危機感と結びついていた（「民主主義の後退を憂う」一九五九年一月『座談』③）。

なお、「タコツボ化」という比喩については、丸山はのちに、森有正に指摘されてミツバチの巣と言った方がよかった思うにいたったことを述べている（「他者との出会い」一九七六年三月『座談』⑦。詳しくは、松沢弘陽「解題」『集』⑦四〇四を参照）。

### 「原型」と「古層」

のちに述べるように、一九七二年に世に問われた「歴史意識の「古層」」（『集』⑧）は、日本の思想の基底にある容易には変わりえないものに着目したものであることは周知だが、それを待たずともすでに早い段階から丸山は、法制的・制度的な機構の変革よりも、「長い間の社会的な規範意識、そこから生み出された、われわれの物の考え方の土台」を変えることがいかに困難であるか（同前）を見てとっていた。

丸山はのちに自己の歩みをふり返り、「講義で「原型」という言葉をつかってのべたのは、一九六三年ごろからであって、「古層」の論文が発表される十年も前のことなんです。それだけはハッキリ言っておきたい」(「日本思想史における「古層」の問題」『集』⑪。ほかにも「原型・古層・執拗低音」一九八四年七月『集』⑫)といい、「開国」と「歴史意識の「古層」」は、「文化接触」の問題として表裏一体をなすと述べている。そして「文化接触」という問題を考え始めたのは「戦後から」であることを明らかにしつつ、次のように語る。戦後はマルクス主義の影響が強いため、「縦の線」つまり「封建制から資本制へというような歴史的発展のほうに重きが置かれ」ていたが、「敗戦の衝撃」が「横からのインパクト」を考える契機になり、「開国」という論文を書いた。「ところが、一九六一年にはじめて外遊して、あらためて文化接触というもののもっている大きさを痛感して、幕末維新だけでなく、日本思想史を古代からその目で見直すようになったのです」(「日本思想史における「古層」の問題」『集』⑪)。時間軸だけでとらえるのではなく、縦軸すなわち時間軸に対する横軸として「文化接触」が意識されたのであり、これもまた、最初に述べた竹内好の疑義に対する回答でもあった。

丸山によれば、日本思想史において主旋律をなす「教義となったイデオロギー」は、儒教・仏教にはじまり「自由主義」「民主主義」「マルクス主義」まですべて「外来思想」なのである。「日本的なもの」は、そうした「外来思想」と別個に存在するのではなく、「ちゃんとした教義をもったイデオロギー体系」も日本に入ってくることにより必ず一定の修正を受けるのであり、その「変容の仕方」にこそ「日本的なもの」が現れているのであった。丸山はいう。そのそれぞれの「外来思想」が「日本化されていく過程」には「そこに共通したパターンがあり、それが驚くべく類似しているんです。それが「古層」の問題なんです。だから、「古層」は主旋律ではなくて、主旋律を変容させる契機なんです、」と（同前）。このように、「古層」論も含めての「文化接触」という把握こそが、「伝統」と「外来」という二分法を打破するものであり、丸山の思想史の核をなしていたのである。

### 個人の内面の思想をまもる

他方で、丸山は国家のみならず個人のモラルのありようを問題にしており、一九六〇年一一月に行った「内と外」と題する講演はその点を問うたものであった。ここでは、かの有名な論文「「である」ことと「する」こと」（一九五八年の講演をもとに翌年『毎日新聞』に掲載）における、「である」社会や「である」道徳の閉鎖性、前近代性の指摘をより敷衍して論じている。丸山によれば、「内と外」の使い分けは、しばしば「自分が同一化したところの集団」を「内」とみなすことによってなされる。このような使い分けにもとづく個人の行動は、個々人のモラルに依拠するものではなく、「家とか村とか国とか、つまり自分というものが同一化したところの集団に通用している道徳」なのであって（『別集』②）、そこでの排除、すなわち「内と外」の弁別は、国家権力レベルの「正統と異端」による排除と同根であった。したがって、「正統と異端」の追究は、「内と外」の使い分けを内包した「部落共同体」の解体――「開かれた社会」の希求と一体であった。

　そうした状況のもとで「われわれの全存在というものを、政治にのみつくされないようにする」、すなわち個々人の内面の思想をまもるべく丸山が強調したのが、「政治性」「党派性」を自覚することであった。丸山はいう。「政治性を自覚しないということは、政治を弁別する能力を欠くだけでなく、自分の思想の政治的役割というものに盲目になってしまう」と。それは、先にみた「中立」に絡めとられてしまうことの危険性に対する別の面からの警告でもあった。一九五四年に保安隊が自衛隊となり再軍備が進行していったことについても、丸山は、「独立国であれば、軍備をもつのが当然だという考え方」があるが、「この抽象的命題をたとえ肯定しても、そこからただちに今日われわれが再軍備をしなければならぬという判断は、決して必然的にでてこない。つまり、今日の再軍備というものは、だれがいちばん希望しているか、どういう背景のもとに出されているか、何をねらっているかということと、無関係には論じられない。そういうことを関連的に考察するのが政治的判断です」と述べている（「思想と政治」『集』⑦）。

　そのようななかで丸山は「ほんとうに思想する」「自分の思想に対して責任を持つ」とはどうあるべきかを繰り返し説いた。丸山が敬愛するドイツの音楽家フルトヴェングラーが、「およそナチスから遠い純粋な芸術家」であるにもかかわらず「現実の政治には興味がない」がゆえにナチスに利用されてしまった「悲劇」をあえて紹介し*それを反面教師にしながら「政治性を自覚」する、すなわち「自分の外部の世界との不断の緊張関係を自覚」しながら「一定の立場に積極的にコミットする」――それは敵味方をつくることを意味する――ことを恐れず、すなわち思想を「アクセサリー」にしないことを噛んで含めるように述べるのであった（「思想と政治」『集』⑦）。なお、晩年にも丸山は、「実定法がなんであろうと、オレは自然法を信ずるという、これが非転向なんだ。現実の社会で活動していたら、何らかの意味で現実にコミットする」ことが必要であり、フルトヴェングラーは徹底して非転向を貫いたと評していた（「『著作集』と『講義録』、社会連帯主義、ガン患者として—丸山先生を囲む会の最後の記録—」一九九五年八月、解説『話文集』続④）。

＊丸山は別の機会にも、「フルトヴェングラーが終始芸術家の立場に立って、ドイツ音楽をどこまでも全人類の共有財産とする考え方をとっていたことは、いろいろの言説からも窺われる。けれども疑いないことは、彼が「政治」との対決を回避したまさにそのゆえに、不潔ななかでもとび抜けて「不潔な政治の世界」を代表するヘルマン・ゲーリングは、この指揮者の名声と資質とを百パーセント動員し利用できたということだ」と述べている（「断想」一九五六年一月『集』⑥）。しかし、トスカニーニと対比しつつ論じた吉田秀和との対談（「芸術と政治」一九五九年六月『座談』③）のなかで、両者の違いは「文化的伝統の背負い方」にあり、「フルトヴェングラーの考え方が「非政治的」で、トスカニーニが「政治的」だというふうには必ずしもいえない」とした上で次のように述べている。「むしろ、フルトヴェングラーが、「芸術と政治とはなんの関係もない、と人々は口ぐせのように言うが、なんという間違った考えか。少なくも音楽と政治は真空では存在できない」と言い、つづけて「非政治的であること・超政治的であることに音楽の政治的使命がある」（中略）というパラドックスを述べていますが、こういうように、政治にたいする芸術の自律性の確保がすなわち芸術の社会的役割を保証するのだという原理的な命題については二人はまったく一致しているわけです」。なお、丸山は、芦津丈夫・脇圭平との座談「フルトヴェングラーをめぐって—音楽・人間・精神の位相—」（一九八三年五月『座談』⑨）においてフルトヴェングラーについて存分に熱く語っている。

このような危機感の高まりのなかで思想はどうあるべきかを問う丸山の営為は、一方では、「歴史意識の「古層」」へとつながる、根源から日本の思想の生成のあり方を問う作業に向かっていく。

### 「近代日本の思想と文学」——「人類共通の精神、普遍的知性」の希求——

「忠誠と反逆」とほぼ同時期に書かれたであろう作品に、のちに『日本の思想』に収められた「近代日本の思想と文学」(『岩波講座 日本の文学史第一五巻 近代V』一九五九年八月『集』⑧)がある。
前述したように、丸山がキリスト教と並ぶ「いわば人間全体を鷲づかみにして離さないような「論理的構造をもつた」思想」として注目してきたマルクス主義が、近代日本社会にもたらした意味について考察した作品ともいいえよう。また、論文「日本の思想」の「四」で十分に展開されなかったマルクス主義台頭以後の社会をここで正面に据えたという意味をもっていたといいえよう。本論文は、長らく文学史上のテーマであった「政治と文学」に「科学」という契機を入れ、「政治―科学―文学の三角関係」として問題を見直したものであった。

明治末年、「文学」と「政治」は接触のないまま「駆けくらべ」をしていたところにおそったのが「マルクス主義とコンミュニズムの「台風」」で、国家の対外的発展が頭打ちになるなかで「内向きの政治」の傾向が現れて、大山郁夫や長谷川如是閑らによる「国家」と区別された「社会」の発見を生んだ。第一に、その「社会」はもはや「世間」から「階級社会」へと変貌しており、たんなる「駆けくらべ」ではなく、先に述べたような意味合いをもった「最初の「イデオロギー」」として文学の世界に切り込んできたのであった。第二に、マルクス主義とコンミュニズムの「台風」が生んだ「プロレタリアートの立場に立つ政治」は「科学意識の適用である」という命題の存在により、「政治の文学に対する優位」が生まれた。そのような構造がプロレタリア文学の「転向」または「反動」のなかで生じた「科学主義対文学主義」という論点を媒介とし、日中全面戦争開始後、「新体制」運動の時期に「逆のヴェクトルをもった「政治的価値」の優位」となる。

プロレタリア文学における「政治主義」は、「政治＝階級闘争主義の全体性は現実を全体的に捉える理論及び世界観を創作方法にまで内面化することによってのみ、真に芸術的に形象化される」という「政治的トータリズム」と「科学的トータリズム」とが見合った形でのしかかった。そのなかで丸山が着目するのは、「政治における非合理性」の問題であり、ファシズムの政治は非合理主義・反知性主義を当然視するが、コンミュニズムは「味方の政治をあまりに理論的＝合法則的なものに還元することによって、かえってしばしば具体的には非合理な情動を恣《ほしいまま》に跳梁させる結果に陥る」ということであった。丸山はいう。

> ルールによって汲み尽されない非合理面にたいして「賭け」るからこそ、その賭けは自己の責任における賭けになる。そうでなくて、トータルな理論がトータルな現実と対応し、したがって「正しい実践」が理論からいわば内在的必然的に出て来るという想定が作用しているところには、人格的決断はつねに一般的＝普遍的なもの――プロレタリアートとか人民大衆とか世界観とか――に還元されるから、それだけ政治的責任の意識は退行するし、状況を自己の責任において操作する可能性も見失われてしまうのである。

その典型が福本イズムであり、それを丸山は「理論信仰」と称するのであるが、それは「ブルジョア主知主義的なものよりも官僚制合理主義（法律学における概念法学に照応する）に近い」と評している。

このように「大政治と日常政治とのトータルな一致が建て前になっていただけに、そうした一致の信仰が「客観情勢」の急激な変化によって崩れ始めると、その地滑りは「抽象的」な大政治そのものへの拒否にまで行き着く傾向性が高」く、転向文学において、「運動としての政治」が退潮したあとに直接に「機構としての政治」に面し、個人の内面におけるそうした意味での政治との対決が出てくる。文学と政治の駆けくらべは、一方では「外に向かった国家」と新体制のうちに進んでいる「政治」を見、他方において「かつての「政治の優位」に於て疎外されていた非合理性を、民族と天皇のミュトスのうちに発見し、全体的な合理性の裏返しとしての全体的な非合理性の中にひたすら文学的な自我を燃焼させようとした」。そのようななかで横光利一や小林秀雄ら「思想の心理と個体性の問題」を追究していた人びとは、「思想をラジカルに科学から芸術の方にひきよせることによって、一層鮮明に文学至上主義の旗幟をかかげることができたのである」。

しかし丸山によればそれは、文学主義対科学主義という対抗図式でとらえられるものではない。両者は政治をめぐって微妙な関係に立っており、政治プラス科学対文学、政治対文学プラス科学、政治プラス文学対科学という三つのとらえ方が渦巻いていたのであり、本来「それぞれの方法が違っていることを前提として、その基底にある知性の自由と普遍性を擁護する途」を追求すべきであったが、それが双方において見失われ、むしろ隔たったところに「文学主義」の問題があったとする。「科学主義」と「文学主義」の側双方の問題について述べるなかで丸山は、「理性的、合法則的なものをどこまでも追求して行く根源の精神的エネルギーはかえってむしろ非合理的なものである。科学の世界と芸術の世界を、ただ、一方を普遍性・法則性・概念性において、他方を個体性・非合理性・直観性において規定するだけでは、両者はソッポを向き合うだけにおわってしまう」のであり、「文学主義」

が陥る「全体的非合理性」を指摘する。それは「日本の思想」で述べられていた「理論信仰」「実感信仰」の問題に通じる。「科学主義」は、マルクス主義にあっては「理論とイデオロギー」があいまいに混りあって「統一」されていたし、「ブルジョワ」科学は逆にあらゆるイデオロギー的制約を否定し、方法論のマスターベーションで「自律性」を確保するのに懸命になっていた」。他方、「文学主義」の側は、先にみたような「日本のマルクス主義の思想史的役割によって彼等もまた制約されていた」のであり、小林秀雄に見られるように「歴史的個性」を絶対化し、「マルクス主義の完全理論主義のトータルな否定としての決断主義」に陥っていたのである。

本論文は、H・G・ウエルズの「もっと人類共通の精神、普遍的知性に立って、教育と報道の普遍的組織をつくろうではないか」「知性の個性的相異を抹殺するのでなく、むしろそれを確認しながら、相異を組合わせて行くことで包括的世界概念を樹立しよう」という提起で結ばれる。そして、それがいかにユートピアといわれようとも、それにたちむかっていくことこそが本当のラジカリズムであるというのである。すなわち、丸山の希求する「開かれた社会」がここにもあった。

なお、同論文では、「忠誠と反逆」のモチーフと重なる、ないしはそれを補完する叙述が目にとまる。とりわけ「日本の近代文学における国家と個人」（新書版の小見出し）を論じるなかで、なぜ「個人」の内面における「国家」との対決が転向文学の時代まであらわれなかったのかについての補足説明は、その域を超えてむしろ重要な問題を提示している。天皇制国家が寄生地主制の確立を通じて社会を併呑してしまったあとに出現する「二代目青年」たちの自己主張は、「国家を問題にしない」すなわち「強権の存在に対する没交渉」の論理に裏付けられていた。前期大正デモクラシーの象徴的位置を占める白樺派の「反世間主義」「反権威主義」も実はその路線上に位置し、かつ「自我意識の薄弱さ」と結びついていたのであり、「国家の「無視」や「軽蔑」をただちに国家への批判的態度と混同してはならない」と丸山は釘を刺す。さらに第一次世界大戦後の「台風」すなわちマルクス主義の流入は「社会の意識」をよびおこすが、プロレタリア文学が「機構としての政治」に対立したのは「社会運動としての政治」であり、国家権力との対決ではなかった。そうしてその背景として、天皇制が従来の封建的忠誠とは異なり日常的にはあらわな権力支配としてはたちあらわれず、「あたかも多元的価値や複数集団への忠誠の分割であるかのような外貌を呈しながら、進行した」こと、さらには日中戦争の拡大によって国家は外に向かい、「政治的支配関係としての国家のイメージを後退させ」たことが指摘される（「忠誠と反逆」『集』⑧）。

## 「思想運動の出発点」としての『近代日本思想史講座』

一九五〇年代後半から丸山が取り組んできた思想史研究のもう一つの仕事に、一九五九年から六一年にかけて筑摩書房から刊行された『近代日本思想史講座』の刊行があった。広く長く読まれてきたこの講座は、一九五九年から六一年にわたって全八巻で企画されてそのうちの七巻が刊行され、丸山が編集予定だった第二巻「正統と異端」が未刊行に終わった。講座の責任編集に、丸山のほかに家永三郎・伊藤整・小田切秀雄・加藤周一・亀井勝一郎・唐木順三・久野収・清水幾太郎・隅谷三喜男・

竹内好が名を連ねているが、企画の枠組みを作ったのが丸山で、丸山は、編集責任者を竹内に依頼して「たびたび相談に行」ったという。丸山は後年、竹内が「組織者として非常に熱心だった」のがこの講座であり、「好さんとぼくとのつながりの一つはこの講座です」と語ってさえいる（「好さんとのつきあい」一九七八年一〇月『集』⑩）。

丸山自身が執筆した講座の「企画・編集にあたって」（一九五九年六月『集』⑯）では、「思想家や学者の思想・学説だけでなく、そうした抽象を経ないいわばムードの次元にとどまるような時代の潮流や民衆の感覚、断片的な心情などを広く包含」すること、しかし、かといって「いわゆる世相の平面的な記述が問題なのではなく、抽象性と体系性において、また方向性やエネルギーにおいて、さまざまの度合いをもつそうした諸観念が相互にどのような意味連関をもち、全体の歴史過程のなかでどのような機能を果したかが関心の対象となる」ことが明らかにされる。そのために、執筆者は「狭義の思想史専門家や哲学者だけでなく、広く文学・歴史および諸専門科学の分野からの積極的参加を求め、近代日本の思想をできるだけ広い討議の場に引きすえようとした」。それは、「この方向をおいて、今後の文化的発展の基礎となる共通の知性的土壌を育てる途があろうとは思われない」といい、丸山たちの目ざすところは「現代日本における一つの思想運動の出発点」なのであった。

同じころに丸山が、大塚久雄、そして講座の編集担当の一人であった久野収と行った「思想の冒険―思想史研究の新しい前進のために―」（一九五九年六月『座談』③）と題する座談がある。そこでは思想史とは何か――丸山によれば「対象の歴史性と論理性に厳しく縛りつけ」ることと「自分で思想する」ことの二つの緊張関係の間に挟まれているものであった——にはじまり、マルクス主義が研究方法に与えた意味や、文明史にはじまる思想史研究の歩みへと話は展開していく。最後に三人が合意しているのは、「思想家が何を書いたかでなくて、何を書かなかったかということ」すなわち「思想の背後にあるアサンプション〔想定・前提〕」であった。そうして丸山はそれを全体をとおしての「アドベンチャーズ・オブ・アイデア」と称する。「思想運動」という「大冒険」の覚悟が提示されたのであった。

## 自我の内面に根ざした「忠誠と反逆」の追求

その講座の第六巻「自我と環境」に収録されたのが「忠誠と反逆」（一九六〇年二月『集』⑧）で、のちにその論文名を冠した単行本『忠誠と反逆—転形期日本の精神的位相—』（一九九二年、筑摩書房）の巻頭に収録されることともなった。明治維新における忠誠の相克、福沢諭吉の「痩せ我慢の説」、内村鑑三、そして三宅雪嶺・田岡嶺雲らの「抵抗と謀叛の哲学」が論じられていき、明治末期にそうした抵抗が終焉したとする。すなわち「維新を起こし近代日本をつくり出した反事大主義の精神」は「日本の「近代」のなかでは「有識有能の奴隷精神」」、つまり「家産的な「恭順」と近代専門官僚的な「技能」の特殊な化合物」の蔓延に比例して却って見失われたのではないかといい、その時期を「天皇制的な忠誠の「集中」」にいたった明治末期にみる。

丸山が注目するのは、「自我の次元」で謀叛の発想、忠誠と反逆の問題がどれだけ十分に意識化されているかであり、いうまでもなく反逆は単純に「革命」ではない。それは次の一節に明らかである。

図13 『忠誠と反逆』

「革命」は本質的に社会性をもち、したがってある一定の歴史的方向性をもっているが、「反逆」や「抵抗」はなんらかの既成の集団もしくは原理からの自我の意識的な離脱、及び距離感の持続的な設定であって、それがどのような歴史的・社会的な役割を営むかは一義的でなく、状況と条件によってさまざまの方向性をもつ。しかし他面において、自我の内部における「反逆」を十分濾過しない集団的な「革命運動」は、それ自体官僚化する危険をはらんでいるだけでなく、運動の潮が退きはじめると集団的に「転向」する脆弱さを免れない。歴史的な方向意識をもたぬ「反逆」はしばしば盲目であるが、反逆のエートスによって不断に内部から更新されない「革命」は急速に形骸化する。

さらに重要な点が続く。

革命「運動」は体制の運動の次元からいえば反逆であるが、「運動」の内部においてはむしろ同調と随順を意味することが少なくない。日本の革命運動における「天皇制」といわれる諸傾向の跳梁は、個人の内面における忠誠の相剋を通過しないうちに、革命集団内部において「正当性」が確立したことと無関係ではなかろう。「忠良なる臣民」をいわば両陣営に分割した形で社会的に対立する体制と反体制運動とは、自我の次元にまで降って見ると、しばしば驚くほどの共通性を帯びるのである。

一見「革命」は「反逆」に見えても実は「形骸化」する。そして、「反逆」は大衆的基盤を拡大するが、「忠誠の相剋や摩擦のダイナミズムの減退を背景に生まれた反逆は、いわばのっぺり反逆という性格を免れず、自我の内面的な規制と陶冶はどうしても乏しくなる」。それは、天皇制的な忠誠の「官僚化」と「社会化」（「世間化」）に照応していた。

ここに明らかなように、丸山は大正期以後の革命運動、ひいてはまさにまもなく眼前で展開される安保改定反対闘争や全共闘運動にも同様の問題をみるのである。「内側から対抗象徴としてのイデーを成熟せしめる」「個人の内面における忠誠の相剋」の重要性が繰り返されるのは、丸山が、現状の革新運動・革命運動にそれの後退ないしは欠如をみていたからであった。「忠誠と反逆」は、壮大な明治思想史であると同時に、それは丸山がめざしたそうした「反逆」のあり方を追求する「思想運動」そのものであった。*

*丸山の熱心な読者の一人であった日本近代思想史研究者の鹿野政直（「丸山眞男における「国民」」「月報」②）が、一九六四年に『明治の思想』を書き、一九六九年に『資本主義形成期の秩序意識』（筑摩書房）を世に問うたのは、丸山の「思想運動」の呼びかけへの応答だったといえるのではなかろうか。

## キリスト教への着目

「忠誠と反逆」において丸山はなかんずく内村鑑三に注目しており、それは内村の自我の内面に根ざした闘いが、日本の近代キリスト教の問題を洗い出しているからであった。キリスト教については、後述するように（↓第七章）丸山は、「個人の自律的態度決定の道を歩むこと」を可能にさせる「普遍主義的な信条」を支えるものとして、マルクス主義と明治初期のキリスト教に注目していた（「個人析出のさまざまなパターン—近代日本をケースとして—」一九六八年七月『集』⑨）*。しかしそれは、「人類愛か祖国愛か」「国家主義か個人（人格）主義か」という二者択一の問題提起ではなく、内村が「うち」と「よそ」との遠近的な区別と使い分けを徹底して否定」して闘ったのは「どこまでも日本と日本」、すなわち「神の限りない恩寵と栄光の下にその天職を果たすべき日本と、腐敗と虚飾と偽善に満ちた日本と、この二つの「日本」に同時に離れがたく属しているという内面的意識」が彼の「忠誠観のディアレクティーク」を形成しているからであり（「忠誠と反逆」『集』⑧）、丸山が内村のその点に着目するのは、近代日本思想史においてそれが欠落していたとみるからである。「日本の封建的エートスにはむろん徹底した原理的超越性も人格的内面性もなかったけれども、そこにはなお、心情倫理と行動＝業績価値との特殊な結合様式があった」。

＊ただし、キリスト教の場合は「根本が個人の魂の救いであり信仰の主体は個人」であるのに対して、「マルクス主義はそうでなくて目標としても担い手としても集団をはじめから前提としている」という違いを認める（「先進国革命と社会主義」一九六六年一月『座談』⑥）。

ところが山路愛山と北村透谷の「人生相渉」論争がついに平行線に終わったことに示されるように、「その解体ののちに滲透した「近代」精神は、内面的心情の側面では、その妥当範囲の私的空間への限定という意味での「個人主義」として現われ、他方行動＝業績価値の強調の側面は、——「成功」や「富国強兵」のシンボルに絡みつく場合でも、またそれと対蹠的な「革命」のシンボルと結合する場合でも——ますます他人志向型の行動様式によって荷われた集団主義として発展したのである」。

ところがそのようななかにあって「忠誠と反逆の再定義」「忠誠と反逆の倒錯の再転倒」をめざした内村であったが、一方で、初期キリスト教や民権運動を支えた武士的エートスやかつての中間層（「田舎紳士」）も「近代化」の大波のもとに体制側と下層側へと分岐し、その社会的基盤を喪失していった。丸山はこのように述べる。

事態を冷酷に見るならば、もはやこの時には封建的忠誠の強調は、手応えを見出す限りでは反動的に作用したし、逆に抵抗の発想と結びついた限りでは、社会的な基盤を持たぬ「荒野」の叫びになっていた、というほかない。内村はおそらくそのことを知りすぎるほど知っていた。しかしいわゆる人道主義や社会主義的陣営における「解放」の声のなかに、自我と集団とのあまりにも直接的な肯定——逆にいえば内面的な被縛性の意識の弱さ——を見た彼として、天皇制的な忠誠への抵抗を社会的に呼びかけるいわば苦しまぎれの論理はそこにしかなかった。

加えて日本のキリスト教の天皇制への同化は、個々のキリスト者の精神構造の問題だけではなく、ヨーロッパで抵抗権思想がキリスト教と不可分であったことに鑑みても、「日本の近代キリスト教において、自由民権運動程度の漠然たる抵抗権思想さえも姿を消していることは、やはり問題といわねばならない」といい、それを宗教的伝統の違いのみならず、前述の近代化の異常なテンポと規模による進行が「伝統的な階層や地方集団の自立性を解体して底辺の共同体に直接リンクしたこと、その結果、中間層にとって公的および私的な（たとえば企業体の）官僚的編成のなかに系列化される牽引力の方が、「社会」を代表して権力に対する距離を保持し続ける力より、はるかに上回ったこと――こうした巨大な社会的背景を度外視しては右の問題は考えられないように思われる」と述べる（「忠誠と反逆」『集』⑧）。ここには講座派に学んで社会構造から説明する初期の丸山のあり方が示されているといえよう。

ここで内村を大きく取り上げ、また「キリスト教と抵抗権」という小見出しも立てているように、丸山が近代日本思想史における抵抗の精神的拠点としてキリスト教を重視していたことが明らかである。丸山は、のちにも「政治的価値から独立した文化的価値」として「宗教的価値」を代表する教会は重要であり、教会がないがゆえに日本は明治以後、簡単に中央集権政府ができた、とも述べている（「日本の知識人」一九六七年『別集』③）。また、後述するように、キリスト教信仰が根づいていないことは、知識人のありようとも関わってとらえられていた。

## 六　「在家仏教」主義を掲げて（一九六〇〜一九七二年）

### 安保反対闘争――現実政治へのコミット――

一九五〇年代半ばに丸山の日本思想史研究に転換がみられることについては前述したが、政治学については、その現状に批判的でありながら政治学廃業と言っているではないかと松沢弘陽にたたみかけられて、「それは政治学をやる人との分業という意識ですね。早く廃業したい、日本政治思想史に専念したいという気持ちは非常に早い。日記を見ると、もう一九五〇年代にあります」と答えている（『回顧談』（下）二七六）。さらに一九六〇年代の座談では、「私は、近ごろはそういうこと（現在の日本の言論――引用者）にさっぱり縁遠くなりましてね。『古事記』『日本書紀』の政治思想とか鎌倉時代の「道理」の思想などという問題でもって、いにしえのふみをもっぱら読んでいるありさまです」（「日本の言論」一九六六年一月『座談』⑤）と語っており、丸山の研究は政治思想史へと舵を切ろうとしていたことがみてとれる。*

＊古代史家井上光貞との対談における次の発言にも、のちの「歴史意識の「古層」」のモチーフを見てとることができよう。「ぼくが日本神話を大切だというのは、そのなかに日本国家の生成をさぐる上の素材が見いだされるだ

けでなく、古代人の世界像とか価値判断のしかたが現われている点です。考古学的事実史の上からいうと、ぼくは素人だけれど、思想史からいうと、決定的に重要なんですね。（中略）膝に蚊がとまって刺したなんていう自然的事実より、ウソでも作り話でも人間の心のなかに意識された事実のほうがずっと歴史的意味がありますよ」（「日本神話をめぐって」一九六五年二月『座談』⑤）。

しかし、そのような丸山を否応なく現実政治の舞台に引っ張り出した一つの事件が、一九六〇年の安保改定問題であった。丸山は、そのときのことを次のように回想している。

安保改定問題については、これより前に私は種々な会合や研究会に参加し、また居住地域での集会で、苦が手のスピーチなども行なってはいたが、強行採決後は文字通り席のあたたまる暇のない日々が続いた。（中略）性来おっくうで無精者の上に、ほとんど片肺飛行にひとしい身体的なハンディキャップを負った私としては、今から考えても持ちこたえたのが奇蹟と思われるほどの激しい生活であった。この間、私の行動の場の大部分は、大小の報道機関で伝えられたような集会・デモ・雑誌での発言というようなところ以外にあったのであるが、そうした表面に現われた言動だけをとっても、直接時事的な問題について短期間にこれほど集中的にしゃべったり書いたりしたことはなかった（「増補版 現代政治の思想と行動　追記・附記」一九六四年五月『集』⑨）。

「元来隠遁型なんです。叱られるかもしれないけれど、やっぱりね、天下国家論よりは音楽なんか聞いてるほうが、楽しいね。下手なピアノを弾いているほうが楽しいんだなあ」（「普遍的原理の立場」一九六七年五月『座談』⑦）という丸山であったが、安保改定という重大問題を前にもっぱら使命感で表舞台に出ていったのだといえよう[*]。

＊丸山は、後年、平和問題談話会が出発する経緯を問われるなかで次のように答えている。「ぼくは戦後一貫して現実政治論あるいは実践と関係があって、ある時から引っ込んじゃったという、一種の「神話」があるわけです。でもそうじゃない。六〇年安保の時に初期のゼミの学生が電話をかけてきて、「珍しいですね、先生が表面に立たれることは」と電話で言ったのをよく覚えています」と（『回顧談』（下）二〇〇）。

丸山が安保改定反対闘争高揚前の段階で強調していたのは、「平和共存の逆説的論理」であった。一九五八年七月一四日、日本学生奉仕団の第三回国際セミナーで行われた「民主主義の歴史的背景」（『集』⑧）と題する講義のなかで語ったのは、民主主義のもつパラドックス性についてであった。すなわち現実の政治は、第一に、「つねにピラミッド型の少数者による支配」であり、第二に、「必然的に権力を伴い、一方的な強制力の行使を前提とする」というパラドックスを含んでいる。にもかかわらず、そのことを忘れて「実際に行われている、「民主主義」政治を物神崇拝する」という「制度の物神化を排除し、政治権力に免れがたい悪魔性に対して醒めたリアルな認識をもつことが大事である」と。丸山は、「政治的熱狂と政治的無関心とは、正反対のように見えて、実はウラハラの関係にあるのであ」り、「結局、政治における少数支配と権力関係の介在を不可避のこととして、その前提のもとに権力を不断にコントロールしてゆこうとするところに民主的なものが生まれてくる重大な契機があるということになろう」と述べ、「未来に向って不断に民主化への努力を続けてゆくことにおいてのみ、辛うじて民主主義は新鮮な生命を保ってゆける」（傍点——引用者）と、ここでも不断の民主革命の必要を説いていた。

丸山は安保改定を前にして、「両陣営が両極化して一触即発の状況にある時」にこそ平和共存の理念が「理念として非常に生きた意味を持っていた」「そういう理念的な指導性っていうものは、平和共存がだんだん現実のなかに根をおろして行くにつれて薄れてくるんじゃないか」と述べて、「共産主義陣営対自由主義陣営という二分法」を「平和共存」ととらえて安住することの危険性を指摘している（「一年の後、十年の後」一九六〇年一月一日『座談』④）。

年頭の座談で示した見通しも、けっして楽観的なものではなかった。丸山は、「極左勢力」というものの「政治の表面」での力がなくなってきていても、保守党や財界の人たちは「いたるところにアカのにおいをかぎつけて恐怖している」、他方で「革命の主体的な条件というのは社会党を見たって共産党を見たっていっこうに成熟してはいない」という。それを丸山は「日本の政治の大きな逆説」と称し、「だから安保改定は通るでしょう。その他反動立法も通るかもしれない」とまで言っている（「日本の進む道」一九六〇年一月一日『別集』②）。

一九五八年六月に平和問題談話会が「つぶれた」あと、「意識的に平和問題談話会を継承すべく」、坂本義和・福田歓一・篠原一らとつくってきた国際問題研究会では、自身も含めて「安保は重い」「もっと切実な経済問題でなければ大衆は動かない」という認識で、それは「労働運動や社会党のアクティブな人たちにも共通」していた。丸山によれば、「アクティブな知識人や学生」たちには「大衆運動が盛り上がっていった頂点に六〇年安保があった」と考えられがちだが、「いわゆる普通の市民と接触しているぼくらから見ると」、五月一九日の強行採決によって「突如としてあの大爆発になった」のであった。そしてその見方の違いというのが「かなり重要なことじゃないかと思うんです」

と述べて運動のなかの二重構造を指摘している（『回顧談』（下）二一七）。この認識は、後述する「在家仏教」の主張につながっていく。

五月一九日の強行採決に際しては、「もちろん予想外のことで、びっくりし」、翌二〇日には研究室に行って、辻清明とともに「これは黙っていていいだろうか」ということから（『回顧談』（下）二一七〜二一八）、五月二四日、「民主主義を守る全国学者研究者の会」結成にいたる。「選択のとき」（一九六〇年八月『集』⑧）と題する丸山の講演は、その第一線にあった日高六郎からの依頼によって行われたものであった。丸山は「レトリックとしてですけれども、議会政治の最大の危機が同時に最大の好機になる、安保についていろいろプルーラルな議論があるけれども、強行採決を認めるのか認めないのかということで、問題が単純化されたという意味のことを言った」とふり返り、それには「思いがけないほど大きな反響があった」と述べている（『回顧談』（下）二一八）。

なかんずく丸山が強調したのは、この事態を認めるならば権力が万能であることを認めることになり、それと民主主義とは両立しないということであった。丸山は、「戦後に、ばらばらに、また時間をおいて登場してきたイッシュー、護憲問題とか、勤評問題」が「一挙に凝集して、われわれの手に握られた」のだといい、「ふさわしい現実を私たちの力でつくり出して行く」好機を与えられたととらえ返すのであった（「選択のとき」『集』⑧）。

周知のようにそれは、竹内好の「民主か独裁か」（『図書新聞』一九六〇年六月四日）とともに、「運動のなかに民主主義擁護の線を原理的にいれていく役割をはたした」一方で、「「安保条約改定反対」

の目標が「民主主義擁護」の目標に置きかえられ、その結果全運動は失敗に終ったとする異論もでた（日高六郎編『一九六〇年五月一九日』一九六〇年、岩波新書、九三）。丸山は、講演「選択のとき」でも、「もし私たちが、十九日から二十日にかけての夜の事態を認めるならば、それは、権力がもし欲すれば何事でも強行できること、つまり万能であることを認めることになります。権力が万能であることを認めながら、同時に民主主義を認めることはできません。一方を否認することは他方を肯定すること、他方を肯定することは一方を否認することです。これが私たちの前に立たされている選択です」（「選択のとき」『集』⑧）と訴え、竹内と同様、「民主か独裁か」の「選択」を迫った*。その後も丸山は、運動の場に引っ張り出されることに抵抗しながらも、坂本義和や福田歓一らとともに東大全学研究集会で講演を行った（『回顧談』（下）二一九**）。

*丸山は、「あとになって、左翼からは安保問題を議会政治擁護にすりかえていると悪く言われたけれども、その時は左翼は絶賛でしたね」と回想している（『回顧談』（下）二一九）。

**続けて丸山は、「その時ぼくはすごく抵抗して、坂本くんに、「もう勘弁してくれ。神皇正統記から安保条約まではとてもカバーできない」と言ったんです（笑）。そのころから、現実政治の問題に引っ張られるのはもうかなわない、いつまでたっても日本政治思想史の研究ができないと、強く感じていたんです」（同前、二一九）と、ここでも日本政治思想史の研究に専念したいとの思いがあったことを語っている。

## 「反対運動の二重構造」を超えるために

七月八日、内外労働経済研究協会による研究会の労働組合青年部活動家たちを前に行った講演で、丸山は、強行採決による議会制民主主義の蹂躙により「五月二十日以後の日本の大衆運動は、いまだかつてない程度のアクティヴな部分と、そうでない—関心はもっているけれども、即座に激しい行動に移れないグループのあいだの巨大な断層を埋《う》めた」ことをいったんは評価しつつも、その後「現在の時点のままで放っておくと、また二重構造になってしまうという問題」を指摘している。一応岸内閣の退陣という目標は実現されたが、安保は批准されたことにより、「せっかく縮められた反対運動の中の二重構造が、また今後拡大されてゆく恐れがある。ラディカルな行動をつづけてゆく層と、ノーマルな日常生活にかえってゆき、関心はもっているけれども行動には移せない層、この二つの層間の距離はますます開いてくる」ことへの危惧であった（「安保闘争の教訓と今後の大衆闘争」一九六〇年七月『集』⑧）。

　五月二七日、東京永田町で闘争の渦中のデモの歌声を聞きながら行われた開高健・竹内好との座談において、丸山は、これまでの戦後の運動は「歴史のコースがあらかじめきまっていて、そのおしきせに従って運動が展開するような安易な考え方」による「疑似プログラム」であったとし、「そのおしきせをご破算にして、ニヒルから立ち上がる」というモメントが存在した強行採決後の運動の高揚に転機をみている。しかし丸山はけっしてそれに安心するわけではなく、一つには、「保守政治家の手練手管」に対して新聞記者たちも予見できなかったのは、制度としてのデモクラシーに安住する「公式主義」が「一種の国体観念」のように存在しているからだとして、そこに「形態それ自体を崇拝するという意味での制度崇拝」をみる。もう一つは、それと一見対極にある「既存のいわゆる革命的組織の解体現象の中」での、エネルギーはあるが「秩序形成的な力」が出てこない「混沌」の抱える問題であった（「擬似プログラムからの脱却」『座談』④）。

そのようななかでファシズムの温床を根こそぎにしなければならないと、たえずファシズムの経験に照らして警鐘を鳴らす竹内の発言を受けて、丸山は「自分に省みて難題」とことわりつつ、「せめて自由主義者としてコンセクェント〔首尾一貫した〕でありたい、日本で自由主義者であるということが、いかに大へんなことであるかを、あらためて今度ほど痛感したことはない。なんとかしてもぼくは自由主義者になりたくて、なかなかなれないでいるというところだ……」と応答している（同前）。

そのような丸山が「日本人の問題」として求めたのが、政治というものは「在家仏教」であるべきだということであった。「在家仏教」は、前述のデモの渦中で行われた座談ですでに提起されており、丸山によれば、政治というものは「出家」すなわち「なんらかの意味の職業政治家、あるいはアクティブスというものがやる特殊な仕事ではなくて、毎日、普通の職業を持ち、他に自分本来の目的を持っているものが、「にもかかわらず」寸暇を割いてやるもの」だということであった（同前*）。

＊この考え方に通じる発言は、すでに一九五八年段階でみられる。丸山は、政治団体は「社会的な横のひろがり」よりも「天下国家」という「上」へと発想が向くという指摘に発して次のように述べる。「学問とか、芸術とか、宗教とか、それ自身非政治的な目的をもった人民の結社が、そういう自分自身の領域での関心からして政治論を闘わし、その限りで政治的にも働きかけるという、そういった結社の伝統というものが、どうもその後（明六社以後を指す――引用者）なくなってしまい、また、そういう発想が非常に乏しくなってしまった。つまり、政治論といえば天下国家論、政治運動をやるのは専門的政治結社に集まる職業的もしくは半職業的政治家という考え

> 方――したがって自主的なサークルは本来パブリックな事柄と無関係で、関心を持たない。そういう非常に大きな亀裂が議会や政党が勃興してからあとでもずっと残って、今日にさえ及んでいると思います」と述べ、「一般の市民が普通の職業活動に従事しながら政治的に働きかける」ことの重要性を説いている（「福沢諭吉の文体と発想」一九五八年一二月『座談』③）。

六月一五日、全学連の国会突入が行われたが、その際に東大生樺《かんば》美智子《みちこ》の命が失われるという犠牲を伴うこととなり、そうした闘争のあり方に丸山は危機感を募らせた。それゆえ丸山は、そうした闘いがアイク訪日を阻止する要因になったことの意義を認めつつも、それだけを評価するのはまちがいであり、「やはり、そこにもってくるまでのプロセスがあって中止になった」（傍点――引用者）のであって「局部のある時点だけをみて、それが決定的だったとか、それで勝敗がきまるというふうにみるのは間違いだと思う」と述べる。そして丸山はいう。「氷山の下に隠れている大きなエネルギー、そういう潜在的なエネルギーをいつも勘定に入れなければならない。同時にプロセスにおける積み重ねをしなければいけない。（中略）これをどこまで、さっきいった氷山の下に隠れた部分として潜在勢力として持続させてゆくか、またそれだけではなく、それを現われた力に転化させてゆくかが、これからの大きな問題であって、それによって本当に勝敗がきまってくるのではないかと思う」と（「安保闘争の教訓と今後の大衆闘争」『集』⑧）。このことこそが丸山の求める、出家したものだけに限られない「在家仏教」のあり方なのであった。

なお、全学連擁護の立場をとった清水幾太郎を丸山が批判したという、事実と異なる記事が『図書新聞』に掲載され、丸山がそれに反論するという一件があったが（「「清水幾太郎氏の闘い」に寄す」

一九六〇年七月三〇日『集』⑧、および「解題」『集』⑧)、丸山の清水に対する批判は、「反対運動のなかの「二重構造」の問題」に向けられていた。丸山は、安保闘争時も途中まで清水と一緒にやっていたが、清水が「急激にものすごくラディカルになっちゃって、ついていけなくなった」。丸山が「民主主義派」、あるいは「俗に言う市民派」といわれたのに対し、清水は三派系全学連に担がれることとなり、公然と丸山たちを批判するようになったため、日高六郎とともに「「清水幾太郎氏の闘い」に寄す」という反駁の手紙を書いたという(「「自粛の全体主義」のさなかに」一九八八年一一月『話文集』③)。すなわち清水が運動のなかの「二重構造」を残したまま急進派についたことに対する批判であった。

そうした「二重構造」を打破するためには「潜在的勢力」を養う必要があり、その際にたちはだかっているのが、いたるところで発生している運動のなかの「集団の官僚主義」であった。そして「それがそのまま「引き回し主義」になって、いろいろな形でもってかえって大衆のエネルギーを窒息させていた」ことをあげ、「民主主義的な方法、手続きというものを、どこまでもそういう集団の内部に徹底してゆくことによってのみ、敵との戦いにおいて最も強力に闘いうるという、そういう状況に今あると思う」と訴えるのであった(「安保闘争の教訓と今後の大衆闘争」『集』⑧)。

丸山は、『中央公論』一九六〇年八月号に掲載されたインタビュー記事のなかでも、このように述べている。太平洋戦争下で「民」が根こそぎ「臣」とされた、そこからの「大量環流」として出発した「民」が、「私」化による政治的無関心と「アクティブな革新運動」とに分化してしまった。しかも両者のこの分岐は「天皇制のカリスマを失った支配層」に都合がよい。これがまさに安保闘争の高揚を前に、丸山がこれまでの運動の発展がもたらした所産であるなどといって楽観的になることはできなかった所以である。そこで求められるのが、この二つの「民」の間の「分割支配」を打破すべく、「人間関係の上でも、行動様式の面でも相互交通が拡大される」ことであった。まさに「在家仏教」というあり方である。そうして丸山は、権力があてにする「自然的事実万能主義」に抵抗するために、「事実にたいする原理の、権力にたいする権利の、存在にたいする存在理由のための――総じて精神の独立性のための、たたかい」でなければならないといい、「したがってそれが同時に抵抗者自身の内部に色々な形で巣喰っている自然的事実主義とのたたかいであって本当の意味で「ラジカルな」抵抗になると思うのです」と結ぶ（「八・一五と五・一九」一九六〇年八月『集』⑧）。かねてから丸山が繰り返し述べている、自己の内面との対決を経ない思想のあり方への警鐘であった。

## 戦後民主主義の原点に立ち返ること

「在家仏教」として日々政治をする上で丸山が求めたのは、「復初の説」という有名な講演のタイトルに示されるように「日本国憲法の基本原則」に立ち返ることであった。丸山は、「初めにかえれということは、敗戦の直後のあの時点にさかのぼれ、八月十五日にさかのぼれということであります」といい、戦後の民主主義建設の原点に立ち返ることを強調した（「復初の説」一九六〇年八月『集』⑧）。先にあげた「八・一五と五・一九」も同様の観点に立って五月一九日をとらえ返し、真に「「ラジカルな」抵抗」の必要を説いたものであった。

「増補版　現代政治の思想と行動　追記・附記」（『集』⑨）でも、丸山は次のように述べて、現存の議会制民主主義、憲法に立ち返ることを説いている。

およそ、議会といわず、憲法といわず、現在の制度から提供されている機会を享受し、その可能性を最大限に活用する能力のない者にどうして将来の制度をにない動かす能力を期待できよう。現在の制度から自分にはどんな機会も提供されていないとこぼすものは、まさにその愚痴によって、自らの想像力のおそるべき貧困を告白しているにひとしい。いわんや、現実の生活では現在の組織や制度が与える機会を結構享受していながら、自らはそれを意識せず、「外」にいるつもりで「疎外」のマゾヒズムをふりまわす人々を見ると、どうしても電車のなかで大の字になって泣きわめいて親を困らせている子供を連想したくなる。どちらにも「反抗」の根底に「甘え」がひそんでいるからである。

同様のことは、安保闘争直後に北海道新聞社のインタビューに答えるなかでも、強い調子で次のように語られている。

いまの「日本の進路をみずから切り開く」ということについていえば、その過程ではいろんな混迷や錯誤や行き過ぎが行なわれるけれども、その錯誤や行き過ぎがどこまでも国民みずからの批判や運動のなかで是正されてゆくのが民主主義であって、そういう自己修正能力を信じないというのは、つまり民主主義を信じないということだ。ところが民主主義を自称する人で、それを信じてない人が多い。だからすぐ治安対策というような権力手段にたよろうとする（「新安保反対運動を顧みる」一九六〇年七月五日『集』⑯）。

丸山が、「私自身についていうならば、およそ政治制度や政治形態について、「究極」とか「最良」とかいう絶対的判断を下すことに反対であ」り、「哲学的な」ではなく「僕は少くも政治的判断の世界においては高度のプラグマティストでありたい」と強調しているのはそういう意味においてであった。そしてそれは、「いうまでもなく民主主義は議会制民主主義につきるものではない。議会制民主主義は一定の歴史的状況における民主主義の制度的表現である。しかしおよそ民主主義を完全に体現したような制度というものは嘗《かつ》ても将来もないのであって、ひとはたかだかヨリ多い、あるいはヨリ少ない民主主義を語りうるにすぎない。その意味で「永久革命」とはまさに民主主義にこそふさわしい名辞である」といい、「民主主義は現実には民主化のプロセスとしてのみ存在し、いかなる制度にも完全に吸収されず、逆にこれを制御する運動としてギリシャの古から発展してきたのである」ということと不可分であった（「増補版　現代政治の思想と行動　追記・附記」『集』⑨）。

同時にまた、そうした場合の「「人民」は水平面においてもつねに個と多の緊張をはらんだ集合体であって、即自的な一体性をもつものではない」にもかかわらず「即自的な一体として表象され」ることにより、「容易に国家あるいは指導者と同一化される」ことに警鐘を鳴らす。そうしてこのように述べる。

民主主義をもっぱら権力と人民という縦の関係からとらえ、多にたいする個という水平的次元を無視もしくは軽視する「全体主義的民主主義」の危険性はここに胚胎する（傍点——引用者）。なにゆえに民主主義的な政治体の仮説が社会契約と統治契約という縦横二重の構造をもっているかという問いが現代においてあらためて問い直されねばならないのである（同前）。

丸山が運動の高揚に必ずしも楽観的になれない要因であった。丸山があくまでも〝個〟の原則にこだわり続けたことの意義は、今もっていくら強調してもしすぎることはない。

丸山は、「増補版　現代政治の思想と行動　後記」のなかで、「本書の論文で意図したことは往々誤解されるように学界とジャーナリズムの「架橋」ではなくて、学問的思考を「坊主」の専売から少しでも解放することにあったのである」としてここでも「在家仏教」主義を説き、かといって「同業の学者あるいは評論家を「相手にしない」というのではもちろんない」とことわり、そこから新たな「戦後神話」、すなわち戦後民主主義を「占領民主主義」の名において「虚妄」とする言説への批判を述べている。そして「私自身の選択についていうならば、大日本帝国の「実在」よりも戦後民主主義の「虚妄」の方に賭ける」と述べたことは有名になっているが、それは大熊信行の「日本民族について」（『世界』一九六四年一月、大熊『日本の虚妄〔増補版〕―戦後民主主義批判―』二〇〇九年、論創社）を念頭に置いたものであった*。

＊丸山がそれほどまでに「虚妄」という評価にこだわったのは、これまでの大熊の仕事を高く評価していたからでもあろう。最初に述べた「忠誠と反逆」において、一九四五年以後の「変革期」には明治維新に見られたような「忠誠と反逆の交錯や矛盾の力学を自我の内側から照し出してくれる資料、あるいはその問題を自覚化しよう

とする試みがあまりにも乏しい」なかで、その「その問題の所在を戦後いち早く指摘し、執拗にそれと取りくんだ」のが大熊の『国家悪―戦争責任は誰のものか―』（初版一九五七年、中央公論社）だったからである（「忠誠と反逆」『集』⑧）。なお丸山はこのことについて、後年、次のように述べている。「大熊信行氏が「戦後民主主義の虚妄」と言ったことに対して、自分は意地でも民主主義に賭けると言ったんですね、あれもずいぶん誤解されたけれど。（中略）信じると言っても、賭けるというのは文字通り「賭け」であって」、すなわち「実際」よりも「虚妄」に賭けるという「反語」であった。しかし、その言葉は「いかにも僕が想い切ったようだけれど、印刷所で慌ててちょっと一行書いた。そうしたら、バカみたいに有名になっちゃって」と（「「自粛の全体主義」のさなかに」一九八八年一一月『話文集』③）。

以下にみるように、丸山はその後もしばしばこの戦後民主主義が「虚妄」と称されることにこだわっており、それをつとに意識しながら戦後民主主義の原点への回帰が繰り返されるのであった。

## 「グライヒシャルトゥング」への警告

三つ目は、「あらゆる意見の相違をこえて」と訴えているように、民主主義を支えるために必要な、「部落共同体」=〈closed society〉に陥らないための「他者感覚」の重要性であった。このように述べている。「ぼくはどうも組むというので、いつも気になるのは、本来人間は同じであるべきだという前提が、どうしても強すぎるんだ。つまりお互にみんな一人一人違っているんだ、どうせ違っているんだ。違っているものがどこまで組んでいくかということなんで、（中略）そうすれば責任もハッキリするし、多様な組み方ができるんだ」。「むしろ違った者同士だという前提があって、はじめてルールの意識が出てくるんだ。それは循環なんだ。つまり部落共同体にはルールはいらない、その意味ではみんな同じなんだから。異なった者同士がある集団を組むことで、手続きとか、ルールというものが、はじめて出てくる」(「擬似プログラムからの脱却」『座談』④)。丸山は安保闘争の高揚を前にしても、けっして運動の量的な発展に目を奪われることなく、あくまで冷徹に、従来からの自由主義、デモクラシー、そしてそのための「部落」意識の解体という観点から社会を見つめていた。「部落共同体」は、運動の側にも見られる病弊であった。

丸山は、一九六一年九月、『人間の研究』というシリーズ(全七巻、有斐閣)の第四巻として『人間と政治』を編んでいる。それは、「はしがき」(『集』⑨)にあるように、「人間と政治」が「人間対政治という対抗関係」を連想させるようになっているなかで、「政治とは人間の営みであってそれ以外のものではないという平凡な真理」に立ち返ることを意図したものであった。

丸山が執筆した「現代における人間と政治」(『集』⑨)は、二〇世紀における最大の「人間の自己疎外」としてナチの「グライヒシャルトゥング」を取り上げ、その「徹底した権力統制、苛烈をきわめた弾圧と暴行、網の目のようにはりめぐらされた秘密警察網と息がつまるような市民相互の監視組織」等をあげた上で、「グライヒシャルトゥング」とは「正統の集中であると同時に異端の強制的集中を意味する」ことを確認する。その上で丸山は、このようにいう。

私達はナチにおける正統と異端の集中と隔離の問題にしても、またグライヒシャルトゥングの徹底の問題にしても、通念化している解釈がイデオロギーと宣伝の次元にあまりに比重をかけてその世界の様相を眺めていることに気付くであろう。そのためにひとは本当におそるべき問題を見落しながら、かえって現実には「限界」があるものを過大視して来たきらいなしとしない。それでは、ナチやファシズムの「全体主義」の問題性はむしろ特定の国の特殊な歴史的状況にだけ限定され、現代の人間にたいして投げかけている普遍的挑戦の意味が見失われてしまう。

すなわちナチの支配する世界の「正統」の「内側」にいたものにとってはごく少数者以外は「自由だと思っていた」のであり、また「顕在的潜在的異端者」にとって、たとえばナチよりましな「繁栄時代のマッカーシィ旋風」の世界が「ナチより住みよい世界だったとは一概にいえないし、彼等が憎悪と不信、恐怖と猜疑にとりまかれている程度がヨリ少なかったわけでもない」という。そして「自由だと思ってい」る圧倒的多数の――したがって同調の自覚さえない同調者の――イメージの広く深いひろがりのなかで、異端者の孤立感はむしろヨリ大きいとさえいえるのである」と述べる。さらに丸山は、「内側の住人（正統の世界）と外側の世界とのそれぞれにおいて「世の中」のイメージについての自己累積作用がおこり、それによって両者の間の壁がますます厚くなるという悪循環も、結局こうした一般的傾向性のなかで発生した問題であり、ナチ権力も――もちろん驚くべき巧妙さを以てではあるが――それを利用したのであって、創設したのではない」との説明を重ねている。すなわち「内側」と「外側」、あるいは「正統」と「異端」を生み出すのは、けっしてナチに支配された特別な世界のできごとではないのである。グライヒシャルトゥングは社会の隅々に巣くっているのである。*

＊この点は、すでに前掲「忠誠と反逆」（『集』⑧）のなかで、ミルトン・メイヤーを引きながら論じられている。すなわちナチ・ドイツ下では、「レジームに「忠誠」な画一化された世界と、少数の異端の世界」という分断され

てコミュニケーションがない「二つの世界」が成立したために、「小さな世界に対して向けられたどのような峻厳な法や、苛烈な弾圧も、もう一方の大きな世界に住む人々の肌には感じられなかった」ことを紹介し、それは、明治四〇年ごろの『平民新聞』などに集った社会主義者という「少数者」と、それとは分断された「「全体主義」下の「自由」な雰囲気に、早熟的に到達」していた状況とパラレルであるという。むろん、前者の「応援団」はいたが、それは「積極的な原理への忠誠に依拠した反逆ではなくて」あくまで「ムード的」に過ぎなかった。

だからこそ丸山は知識人のありようをこのように問うた。知識人は一般に正統・異端の中心部ではなくその「境界――というよりかなり広い中間――領域の住人」であるがゆえに「「リベラル」な傾向をもつといわれる」が、それだけにとどまるなら「この境界領域の多数住民のむしろ自然的な心理状態にすぎない」。しかし「こうした境界領域に住むことの意味を積極的に自覚し、イメージの交換をはばむ障壁の構築にたいして積極的に抗議する」ことこそがリベラルであることの真の意味なのである。そうして丸山はいう。「境界に住むことの意味は、内側の住人と「実感」を頒ち合いながら、しかも不断に「外」との交通を保ち、内側のイメージの自己累積による固定化をたえず積極的につきくずすことにある」(「現代における人間と政治」『集』⑨)。後述するように、晩年まで丸山が強調してやまなかった「他者感覚」であり、縦の関係ではなく「横につきあう」ことなのである。

同時に丸山は、「内側」「外側」どちらの住人であっても「外側内側の問題性から免れていない」のだが、「しかし光栄ある現代的課題は、このディレンマを回避せず、まるごとのコミットとまるごとの「無責任」のはざまに立ちながら、内側を通じて内側をこえる展望をめざすところにしか存在しない。そうしてそれは「リベラリズム」という特定の歴史的イデオロギーの問題ではなくて、およそいかなる信条に立ち、そのためにたたかうにせよ、「知性」をもってそれに奉仕するということの意味である。なぜなら知性の機能とは、つまるところ他者をあくまで他者としながら、しかも他者をその他在において理解することをおいてはありえないからである」(同前)と結ぶ＊。繰り返すまでもないが、丸山が憂えるのは、ここでも「内」と「外」――それはしばしば正統と異端として現れる――によって隔てられていることであった。そしてそれを超えるために「他者感覚」をもつという「知性の機能」が求められるのである。丸山の求める永久革命としての民主主義の根幹が述べられている論文といえよう。

＊丸山いうところの民主主義を考える上に重要な意味をもつ「他者感覚」が最も早く登場するのがこの記述であり、その指摘も含めて、石田雄『丸山眞男との対話』(二〇〇五年、みすず書房、一七～三五)が論じている。

なお、一九五九年に『週刊読書人』(五月四日)に書いた「我が道を往く学問論―ある若い知識人との対話―」(『集』⑧)のなかで、すでに「タコツボ社会」を打破してゆくには、「感覚的空間の上ではできるだけ多様なコミュニケーションをつくり、その中で各自が精神的にもっと他人から離れろということなんです。離れろというのはセクト主義じゃない。むしろセクト主義こそ仲間べったり主義なので、歌でいえば合唱ではなくて斉唱なんですね。お互いにちがうんだというところを基本としてハーモニーをつくってこそ団結は厚みがでて来るわけで、そうでなくて差別をゴッチャにするのはヒトラー自身もいっているようにファシズムの格好な温床をつくることになるわけです」と、

「現代における人間と政治」のモチーフが述べられている。

### 被抑圧者への視座――「双方の側での自己否定」――

そのような丸山のあり方は、当然にして被抑圧者への視座に結びつく。その一端は当該時期の木下順二作品「沖縄」の観劇所感「点の軌跡」（一九六三年一二月『集』⑨）のなかにも示されている。丸山がその作品からみてとったのは、被抑圧者への視座を含む双方のトータルな変革ということであった。

第一に、沖縄の「精神的な自立なしには、民族的自立はない」、すなわち「双方の側での自己否定を契機にしない限り双方の結合はあり得ない」といい、そのことはたんに沖縄だけの問題ではなく「知識人と大衆とか、いろいろな問題でそのことを考えている」と述べて、プロレタリアートを含むトータルな自己否定の必要に敷衍させていく。丸山によれば「マルクスにとって、プロレタリアートというのは、ちっとも美化されていない。プロレタリアートは、まさに、現代社会における疎外の集中的表現」なのであった。「社会をトータルに変える」ためにプロレタリアート、ブルジョアジー双方に「自己否定」が必要だというのは、「プロレタリアートが、なんとなくそれ自身正しくて、悪玉のブルジョアジーをだんだん撃破して自分の領分を拡大して行くという方式と、基本的にちがった論理を打ち出している」のであり、「これが弁証法の論理」であった。そうしてこのようにいう。「根本的に倒錯した社会が資本主義社会のなかにだけあって、すでに地上に実現している社会主義社会にあっては、部分的にであれ解放が実現されており、その世界が、倒錯した資本主義社会を次第に圧倒して行く、善なるもの正なるものがソ連や中国とかにすでに内在していて、それが餅みたいにふくらんで世界全体にひろがるという革命運動観と、マルクスが考えた革命とは基本的にちがいます」。

第二に、「精神的自立なしには双方――沖縄人と大和人と――の連帯は成立しない」、すなわち「日本人の問題が日本対沖縄といったような問題にだけとどまると、それは別の意味における局地主義というか地方主義に陥ってしまう。世界的な展望を持たなくなる」ため「国内における連帯の問題」として考えるべきであるとする。それは「内と外の論理＝思考様式」を断ち切るということであり、ここでも丸山はこのように述べる。

> 閥とか閉鎖的集団とか、内の人間と外の人間、インズとアウツというものを断ち切らねば、連帯の生まれようがない。インズとアウツというのは、僕に言わせれば「部落《ムラ》」なんです。これが原罪なんです。そこで、僕は土着主義を切らねばならないと思う。ムラが抵抗の根源であるとか、部落共同体というものが近代における抵抗の根源だとはどうしても思わない。これこそが、内と外という論理の発酵するもとなんです。

丸山は木下の作品から「自己否定によってしか歴史は進歩しないという、一貫したテーマ」を読みとり、併せて木下のいう「自己否定」は、「たえず政治的にラジカルな行動をとらなければ変革にならないという俗見」をしりぞけているものであり、「本当の意味でのラジカルというのは、いわゆる今まで言われてきたような外部的ラジカルということではない」ことに注目する。さらに木下の議論は「人間存在の根本問題を、人間の連帯の問題として出している。しかも、それは政治の問題でもある」とし、そこから「日本人のなかで連帯が実現できないで、どうして日本対沖縄とか、日本対アメリカとか言えますか。日本人と日本を同一化するのがまちがっている」と問うたあとに、「無限にナカの問題に転化する。沖縄対日本の問題は、ゆえに、われわれとわれわれ隣人の問題になって行く」と述べて、日本近代のありようの追究に向かっていく。

丸山は、「いわゆる近代の否定ではなくて、近代日本の否定でなくてはいけない。封建的なものを背負い、他方では目まぐるしく近代化して行った、そういう日本の否定なんであって、日本の近代化した側面の、その否定ではない。その意味でも、僕は土着主義には反対なんです」といい、「近代日本」の内包する矛盾を克服すべきことを説いた。丸山によれば、「近代的なものを先取し」た官僚制と「近代化からとり残された者」が抵抗の拠点にしようとする「共同体的なもの」は「実は、背反関係にあるのではなくて、かえって補完関係にあ」り、「日本の近代は、部落共同体の基礎の上で目ざましい発展をしているんです。その結びついた両方を否定しなければ、同じことなんです。それを片方を抵抗の拠点にして、近代日本を否定する。それは丁度、所与の一方に寄りかかって、他方の所与を否定するということになる」。そして「僕がアジア・アフリカ主義に批判的なのも、その故です」とも述べている。

丸山は、「垣根ナショナリズム」と「土着ナショナリズムの裏返し」である「いかれインターナショナリズムが多すぎる」（傍点――原文）といい、あえて沖縄にも「コンプレックス・ナショナリズム」

を断ち切るように、そして部落問題についても「果して被差別「部落」だけの問題かどうか」と問い、「党と大衆団体にしても、内外論理、完全な差別観がある」と述べて、インズとアウツの垣根を超えた「普通の人間として隣人を愛すること」の大切さを強調した。丸山のいう民主主義の原点はここにあった。*

＊丸山が竹内好の「どこにでも同じ人間が住んでいると思えばいいんだよ」という発言に象徴させて、「好さんにはコスモポリタニズムが感覚としてある」（「好《ハオ》さんとのつきあい」一九七八年一〇月『集』⑩）、「ぼくは好さんを根本的に信じている、好さんのコスモポリタニズムやエセ《〔似非〕》インターナショナリズムを打破する考え方を信じている」（「魯迅の会 好さんへの追悼（あまり原稿）」一九七七年一二月『別集』③）と述べているのはそれゆえであった。

一九六七年、丸山は安保闘争について、鶴見俊輔の「敗戦後の占領下民主主義の残り火が一挙にパーッと燃えあがった、最後のもりあがりだったという意見もありますが……」という問いかけに対して、「いままでのかたちでのデモの最後のもりあがりと、新しいかたちでの市民的不服従の萌芽と、その両方の交錯といったほうがいいかもしれない」と答え、「市民的不服従というのは、日本の大衆運動の伝統形態から言えば「革命的」意味をもっている」とされるが「基本的に防衛」であり、「だから向こうから攻撃をかけてこないと、またマイホーム主義になっちゃうという弱点をもっている」と述べている（「普遍的原理の立場」『座談』⑦）。安保闘争の高揚に対しても必ずしも楽観的ではなく、常に、高揚する運動のなかにある「部落共同体」をいかに解体するかという観点から向き合っていたことはこれまでにもみてきたとおりである。

安保闘争後に「挫折」体験がさかんに取り沙汰されたことについては、「日本のラディカリズムには、政治的ラディカリズムというより、心理的ラディカリズムの要素がつよい」ため、「潮がひくとガックリくる」といい、また「終楽章のコーダに入ってから急激に盛り上ったので、達成できるものにははじめから限度があった。それにしては、よくあそこまでいったというのが実感です。したがって敗北感や挫折感はないんです。かといって、べつに自信が増したというわけでもない、あいかわらず「実践」はきらいだから（笑）」と些か冷めた発言をしている（「現代日本の革新思想」一九六六年一月『座談』⑥）。丸山は、この闘争のなかで自らが運動の表に出たことによって「丸山政治学の実践だとか丸山政治学からの流出だとか言われた」ことについて、「ただの一市民としてやっていることが何で丸山政治学からの流出ということになるのだ、と。そういう流出論的な見方が繰り返し出てくるので、つくづく嫌になったのを覚えています」と回顧している（『回顧談』（下）一九八）。

さらに、一九六四年に「増補版　現代政治の思想と行動　追記・附記」（『集』⑨）では、竹内好・開高健との討議（「擬似プログラムからの脱却」『座談』④）を引きつつ、次のようにも述べている。

> こういう見透しを持ちながら、この短期の激動からできるだけ私達にとって今後の「資産」となるものをひき出したいというのが、あの時期の私のさまざまな言動の底に流れていた願望であった。（中略）しかし「事態が沈静」してみると、「有頂天の革命的精神」が乱舞しただけ、そのあとの宿酔のひどさは私の予想を上まわった。（中略）私はあの闘争に一市民として参加したことにいまもって悔いるところはないが、右のような宿酔現象のひどさには少なからず失望した。と

同時に、さまざまの誤解と中傷のなかで感情に流されず、目立たぬ場所で縁の下の力持ちのような役割を終始誠実につとめた人々の存在に心暖まる思いを経験したことも事実である。

## 「近代化」と「個人析出」

翌六一年一〇月、丸山はハーバード大学東アジア研究所所長ジョン・フェアバンクの求めにより同大特別客員教授として招聘され、一九六二年六月まで妻を伴ってアメリカに滞在した（「年譜」）。その間、一九六一年一月にバミューダ島で開かれた全米アジア学会の特別プロジェクト近代日本研究会議主催の「近代化に対する日本人の態度の変遷」をテーマとする第一回会議に、報告書「近代日本に於けるユートピアと模範国《モデルステート》」を提出した。ところがそれは丸山の「意に満たぬところがあまりにも多く、会議後の補訂もはかどらないうちに」ボストンで全米アジア学会が開かれることとなり、そこでの報告が以下に述べる論文「個人析出のさまざまなパターン」の前半の原型であった。それを聞いていたバミューダ会議の責任者であるジョン・W・ホールとマリウス・B・ジャンセンからの要望を受けて、これを先の報告書に代えて提出し、「日本近代化研究」シリーズ第一冊（近代日本研究会議Conference on Modern Japan が企画した叢書第一巻——「日本版への序文」——、M・B・ジャンセン編・細谷千博訳『日本における近代化の問題』一九六八年、岩波書店）として一九六五年に刊行されることとなった。近代日本研究会議のいわゆる予備会議と称されている箱根での会議が一九六〇年八月二九日から九月二日まで開かれ、丸山もそれに出席していた（「第一部　研究の由来と性格」、同前、一二）。

したがってそこでの討論内容を踏まえたものであるとの、ホール、ジャンセン両名の判断によりこの第一巻に収められることになったものであった。一九六八年日本語訳での刊行に際しては、「著者による事後からの補正」の介入を避けるために、日本語訳は松沢弘陽に依頼された（「個人析出のさまざまなパターン」「現著者の附記」一九六八年七月『集』⑨）。

　こうしてできあがった論文「個人析出のさまざまなパターン」は、「個人主義」をめぐる概念の「交通整理」であったが（松沢「解題」『集』⑨四五七）、箱根会議が「「イズム」の問題を棚上げ」にしたことを受けて、「その経験を充分考慮に入れながら、近代化の問題を「エートス」や「イデオロギー」の問題に関連する領域に導いて行こうという意図に出たもの」であった（「個人析出のさまざまなパターン」『集』⑨）＊。これまでの議論において丸山が特に注目したのは「近代化の非一義的な方向性」という点であり、丸山によれば「その可能性が無限に存在するわけではない」のだから「一定の具体的な歴史的状況において、ある種の可能性をほとんど起こりえないものとして消去し、残ったものについて、いかなる可能性が、たとえば民主主義への方向なり権威主義への方向なりが、もっとも蓋然的であるか、を問うのが実際的で有意義なことである」。すなわち「近代化の非一義性」という名の下にイデオロギーが捨象されることに対して「個人」に着目した挑戦的試みであったといえよう。

＊それが、箱根会議のあり方をめぐって「誰かを非難するため」ではないことは丸山がことわっているとおりである（「個人析出のさまざまなパターン」『集』⑨）。箱根会議で「近代化」について「統一的かつ客観的な概念を考え出すのは容易なわざではな」かったことは、ホール「第一章　日本の近代化にかんする概念の変遷」（ジャン

セン編前掲書）に詳しい。引用は同、一二）。

「近代日本のケース」と題しての日露戦争前後と関東大震災直後の二つの時期における個人析出のありようの分析は圧巻というほかなく、それをとおして丸山は、「家、自然村、さまざまな「閥」に見られるような特殊関係主義的《パティキュラリスティック》な人間関係がカルチュアのパターンを規定する決定的要因となるところでは、一般に普遍主義的な信条に帰依することによってはじめて個人の自律的態度決定の道を歩むことが可能になる」という。そしてその「普遍主義的な信条」を支えるものとしてあげられるのが、「明治初期におけるキリスト教を除けば、ひとりマルクス主義のみ」であった。「戦前日本のマルクス主義者は、学問の領域においてもまたそれ以外の領域においても、一切の伝統的ナショナリズム的な象徴にほとんど全面的に背を向けることになった」のであり、その点でアジア諸国のなかでも特異な存在であったとする。

丸山は、工業労働力は農村からの出稼ぎによって得られるという「経済の特殊な性格」を視野に入れつつ、明治以後の都市化は「農村のひもつきで進行した」と述べ、その結果、第一次大戦後の「大小都市へ向かう大量的人口移動は、「家」や「部落」を原型とする人間関係のパターンが公私の官僚制のすみずみにまで転位する結果を生み、個人析出という不安定要因の進行をおさえた」という。そして「「国体」が信条体系として次第にルーティン化しながらも通用したのには、こうした社会学的な支えがあった」と述べている。すなわち都市化の進行のもとでも「部落共同体」の根源的解体がいかに容易ではないかが構造面でも説明される。

また丸山は、「個人析出の浸透度の地方差」にも着目する。東京に代表される都市生活や近代化は「ジャングルの法則しか知らない「優勝劣敗」の世界」であるとの固定観念をつくった。そのように「都会的・近代的なもの一般を、雑然たる無秩序との動かしがたい宿命的なつながりにおいて連想することは、たとえていえば、ツベルクリン反応の陽性転化をただちに重症の結核と同視すること」にほかならない。心の奥底に「伝統的人間関係への郷愁」をひそませているのは、「支配層や根っからの保守主義者」だけではなく「西洋的教養を受けたインテリや都市化された労働者」も同様であり、それが「家」や「部落」にはなお生きている、すなわち「ツベルクリン反応陰性の天地」が存在すると信じられていたのである。続けて、「部落共同体」への郷愁をツベルクリン反応陰性への固執にたとえ、それが「現在の健康を証明するものでもなければ将来の健康を保証するものでもなく、それどころか場合によっては将来のさらに激しい感染の危険性が高いことを示している」と述べる。それは、国家的危機のもとで個人主義や社会主義を標榜していた知識人が「農本主義」や「近代の超克」などの伝統主義に転向したことの説明として本質を突いているといえよう。そうして丸山は、「政治的・社会的な無秩序や隣人連帯の欠如が直ちに個人析出一般と同一視されるような心理的素地」が「体を菌にさらすことによって抵抗力や免疫性を強めようという努力をたえずはばむのである」と警告する。丸山が求めるのは、そうした「抵抗力や免疫性」を強くもつ「自立化」志向の個人であったと考えられ、だからこそ改めて「個人主義」の概念の「交通整理」が必要だったのである。

なお、この問題関心は前述の「忠誠と反逆」と結びついており、そこでは「個人主義」の受容について次のような結論が導き出されている。

日本の封建的忠誠のエートスにはむろん徹底した原理的超越性も人格的内面性もなかったけれども、そこにはなお、心情倫理と行動＝業績価値との特殊な結合様式があった。ところが、その解体ののちに滲透した「近代」精神は、内面的心情の側面では、その妥当範囲の私的空間への限定という意味での「個人主義」として現われ、他方行動＝業績価値の強調の側面は、――「成功」や「富国強兵」のシンボルに絡みつく場合でも、またそれと対蹠的な「革命」のシンボルと結合する場合でも――ますます他人志向型の行動様式によって荷われた集団主義として発展したのである（「忠誠と反逆」『集』⑧）。

封建的忠誠のエートスは、かくして「自立化」を伴わない「個人主義」と「他人志向型」に分化したのであった。

### 原爆体験を伝えるという「義務」

ところで、一九五四年のビキニ事件は竹内好をして「亡国」との認識にいたらしめたが（黒川・山田前掲『評伝竹内好』一九三～一九六）、丸山にも大きな影響を与えていた。丸山は、自らの「原爆体験の思想化」をしてこなかったことを「いちばん足りなかった」点と認めており、それを認識するようになった契機がビキニ事件だったと、後年次のように述べている。

ふつう、観念的といわれている民主主義とか基本的人権とかはね、わたしはほとんど生理的なものとして自分のなかにあると感じています。しかし、原爆はそうじゃなかった。少なくとも、ビキニの問題（一九五四年）が起こってくるまではそんなに深く考えなかった。まあ、わたしの懺《ざん》悔《げ》ですね。そのうしろめたさがあるから、いまさら自分も被害者でございという顔で被爆者運動に参加するのをためらう気持ちがある。

そうした反省のなかで丸山は、戦争中に情報班に所属して、ハンブルグやドレスデンの爆撃、東京空襲などの残虐極まる情報に接していると「原爆だけが、とくに残虐だというか、そんなふうには思えなかった」という。そして、「おそらく戦争一般の残虐性ということのなかに、原爆の問題も解消しちゃったんでしょうね。戦争というのはこういうもんだ、戦争すればしかたがないというとおかしいけれど、戦争に必然的にともなうものだという感じとして、当時は受けとっていたんだと思います、おそらく」と語っている（「普遍的原理の立場」『座談』⑦）。原爆も「戦争一般の残虐性」の一つとしてとらえていたというのが、その当座の丸山の本心を率直に伝えているのではなかろうか。

そのような丸山が、最初に自らの被爆体験に言及したものとして公にされているものが、前述の反省の弁の二年前、一九六五年八月一五日、東京の九段会館で行われた八・一五記念国民集会における聴衆席からの発言の記録（「二十世紀の最大のパラドックス」一九六五年一〇月『集』⑨）である*。丸山は、一九五八年に宇佐見英治ら丸山を含めて七名の「戦争と同時代」（一九五八年一一月『座談』②）と題する「八月十五日の回想」にはじまる座談でも、八・一五をはさむ軍隊でのことを能弁に語りながらも、被爆の事実にはまったく触れていなかった。その丸山をして語らしめることとなったのは、失われつつある戦後民主主義への危機感であったと考えられる。そのことは、「私は、ぬくぬくとした今日の環境の中で、戦後の民主主義などは空虚なイデオロギーだとか、平和憲法なんてたわごとだとかいう、いかにもわけしりの口調をマスコミでいう人を見ると、正直のところ、いい気なもんだなあと思います」というその抑制気味の一節のなかに示されていよう。丸山は特高に取調べを受けた自らの体験を引き合いに出しながら、戦前に大日本帝国の虚妄を口にしようものならたちまちにして「国家権力によって、見えないところから皆さんの一挙一投足をじっと監視される身になることを覚悟しなければならない」のであり、今は「平和憲法なんてつまらんと公然と主張できること」自体が、「戦後民主主義がかつての大日本帝国に対して持っている道徳的優越性を示すもの」だと述べる。同様に、「帝国主義の最後進国であった日本が、敗戦を契機として、平和主義の最先進国になった。これこそ二十世紀の最大のパラドックスである」といわせることに八・一五の意味があると訴える。

＊後年のインタビューで丸山は、次のように回想している。「あれはあっち（司会）から、指名してきたわけですからね。あれが、ほとんど初めてです。原爆体験を公にしたのは。（中略）何か、あまり語りたくない。それが、いっぺん話してしまうと、こういう風にね。おかしなもんでね。割合気軽に。それから、後は気軽にいろいろな人に話すようになりましたけどもね」。ちなみに丸山が被爆したことは、一九六三年に刊行された『現代政治の思想と行動』英語版（Oxford University Press）のカバーに記され、すでに海外では知られていた（「二十四年目に語る被爆体験」一九六九年八月『話文集』①）。

それから四年後の一九六九年八月三日、中国新聞社のインタビューに応じて、肝炎で入院中であったため東京築地の国立がんセンターの病棟でベッドに横たわりながら被爆体験が詳細に語られ、『中国新聞』一九六九年八月五日・六日付夕刊に掲載された（その原型の録音記録が、前掲「二十四年目に語る被爆体験」『話文集』①）。

被爆体験を語り始める際に丸山は、その場所が現在どうなっているかを記者に示し、「懐かしいですね。僕は、行きたいけど、怖くてね。怖いですよ」と言っている。[*] しかし、話しはじめてからは地図で示すなどしつつ実に詳細に、しかも医師から制限されていた一時間を超えて二時間に及んで語った（「解説」『話文集』①四五七）のは、ジュネーブで朝海浩一郎大使が唯一の被爆国という発言をして問題視されたという一件を受けて、「当たり前ですよ。それを泣き言だ、というのはね。あるいは、過去のことをいつまでも言うのはおかしいと言うことこそ、おかしい。むしろ、発言するのは義務じゃないですか」というような思いからであったといえよう。

＊丸山の広島訪問は、一九七七年五月二五日、広島大学平和科学研究センターの第二回研究会に招かれ、「一九五〇年前後の平和問題」と題する講演を行った際に実現し、三二年ぶりのことであった（「二十四年目に語る被爆体験」『話文集』①）。

丸山は、ふたたび何故語らなかったのかということを当時に立ち返って次のように述べる。「いろいろな原因があるのでしょうけれども、そのうちの一つは、やはり、その後に、原爆にひき続いて、日本の降伏、アメリカ軍の上陸、日本自身がどうなるかわからないという、そういう事態が踵を接して、輻輳してきましたね。そちらの方に注意が奪われちゃったのですね」。加えて前述（→第三章）の母の死であった。またこのようにもいう。

「私も子供（九歳）のときに、関東大震災に遭い、死人も見ました。広島の片付けられた後であるとはいえ、あのどうも数え切れない死体。船舶司令部前の広場に横たわった何百という人の悲惨な唸り声が、今でも耳に聞こえるようですけれどもね。にもかかわらず、さっきの考えは、念頭にないのか、あるいは意識の下に、それを無理に追い落とそうとしたのか、（中略）戦争後に、あれだけ「戦争」については論じたのですけれども、「原爆」ということの持つ重たさというものを論じませんでした。（後略）」

「こればっかりは、もう無理に意味をでっちあげてもしようがないことで、やっぱり自分の中にずーっと、こう……発酵させていく。たまっていくものを発酵させる以外に、本当のものは出てきませんからね。もう少し記憶を、その当時の人、戦友なんかと会って、話し合えたら「ああ、そうだったな、そうだったな」ということで、もっと思い出すこともあると思うのですけれどもね。」

そうしてそのことを懺悔しつつ、次のように述べている。

わたしは、広島にしても、長崎にしても、これまで語られたことというのは、実際に起こったことの何千分の一、何十万分の一ほどだ、と思ってね。何十万の人が、同時的に、それぞれの場所で、それぞれの体験をしたわけですけどね。それを一人でも多くの人間、ごく些細な路傍の石の体験でも合成していかないと、まだまだほんとの断片にすぎないんじゃないか、今まで語られていることは、という感じがします。（中略）僕は、至近距離からの傍観者に過ぎないんですけど、ほんとに路傍の石に過ぎないんだけれども、そういう意味で、お話ししたい気になったんですね。戦争の惨禍の単なる一ページではないんですね。（中略）まだ今日でも新たに原爆症の患者が生まれて、また長期の患者とか、あるいは二世の被爆者が今日でも白血病で死んでいるという、現実ですね。

丸山には、今なお過去のこととはなっていないその事実を伝え残していくことは義務であるとの思いがあった。

　しかしながら、それはいうまでもなく体験を「ふりまわす」こととは異なる。丸山が被爆体験を稀にしか語らなかったことを問う手紙が、後年広島在住の医師から届いたのに対して、丸山は、「小生は「体験」をストレートに出したり、ふりまわすような日本的風土《ナルシシズム！》が大きらいです。原爆体験が重ければ重いほどそうです。（中略）なお、私だけでなく、被爆者はヒロシマを訪れることさえ避けます」（傍線――原文、一九八三年七月一一日、『帖』⑥三一）と返信している。このような態度は、「各個人に固有の深刻な体験を理解することの難しさを考えることなく、安易に被害者と同一化したり、その意見を代弁できると思うことが「他者感覚」の欠如となる危険性を警戒したものでもありました」という石田雄の指摘がある。また石田は、「被爆体験を代表するように振舞いながら、現実には被爆者の問題をおき去りにしがちであった原水爆禁止の運動に丸山が距離をおいたことにも、こうした「他者感覚」にかかわる問題があったのではないか」と述べている（石田『丸山眞男との対話』二〇〇五年、みすず書房、二八～二九）。

また丸山は、記者に被爆者手帳を持っているかと問われ、交付の申請をしておらず、それは「私は広島で生活していた人間というよりも、至近距離にいた傍観者なんですからね」という発言を繰り返している。* そこには、「傍観者」にすぎないという思いと同時に、先にみたような体験を「ふりまわす」ことへの忌避に通底する思いがあったのだといえよう。

＊丸山は後年、「原爆を受けたから原爆手帳も貰えるんだけど、貰ってない。ただ、ああいうの貰っておくと便利なんですね」と、片肺という不可視の障害ゆえ（後述）の不自由さを語りながらも、広島へも一九七七年に戦後初めて行った。しかしそれまで時間を要したことについて、「被爆以来、行く気しないわけ、どうしても行く気しない。広島ってとこはね、被爆してない人が行って騒ぐところなんだ、あれは」と述べている（『自由について』一二）。

## 安保闘争後のマルクス主義思想・運動を見つめて

一九六五年に、丸山が針生一郎と対談した記録「民主主義の原理を貫くために」（『新日本文学』一九六五年六月『座談』⑤）は、針生が『新日本文学』の編集長だったことから文学と社会・政治の問題からはじまるのだが、つまるところそれは当該時期の学生運動観の吐露でもあった。

丸山は、「文学や文化の創造性が発揮される基盤は、現代では市民《シビル》的自由を中核観念とする民主主義だ」とした上で、新日本文学会の形式主義すなわち「規約に定められた手続きによって決定を行うという原則」を肯定的に評価した。丸山はここでも、「日本には一種の内容主義があ」り、「手続きとか規約とかはつまらんもので実質さえよけりゃそんな形式は第二義的だという考え方」があることを指摘し、それらに対立するものは「内容じゃなくて、恣意や暴力」であり、「非常に簡単化していうと、スターリニズムが発生する最大の、といわなくてもきわめて大きな思想的要因はそこにある」という。したがって「ある団体やメンバーが反スターリニズムとか反幹部専制をとなえ、その大義名分で上層部を攻撃しても、こうした内容主義を脱しない限り、自分が上層部に立てば同じようなやり方で、少数意見を封じたりする」ことになるのであり、「何が「良い」決定、あるいは「真の」解答かは、人によって意見・立場・利害がちがうし、ちがうのが当然なんだという前提がなければ、手続きとかルールの意識というものはでてきませんね」と述べる。スターリニズム発生の土壌をこれ以上つくらないために丸山が強調したのは、みながちがうという前提に立ってあくまでもルールと手続きを重視することであった。そしてそこでもその「ルール感覚のなさ」を生んだ「歴史的事情」としてあげるのが、「官僚制的な法観念」と「共同体的な行動様式」（「閉じた社会」）の共存関係であった。

丸山は、その観点から安保闘争後の全学連や左翼集団の分裂について次のような問題をあげる。「何のために集団をつくり、何のために綱領や規約をつくるのかという初歩的な問題について共通の理解が欠けている」、「自分の集団に何ができるか、というより何ができないかという限定がない。みんなが「革命」というトータルなものをめざし、しかもトータルな世界観に基礎づけるものだから、集団の機能限定が出てこず、またちがったものを組合せてゆく思考が出てこない。それが、すべての集団が統一を唱えながら、結果においてますます分裂をはげしくしてゆくことと密接に関連しているんですね」。丸山が強調するのは、「当面する問題によって、さし当っては何が必要で、次に何、という行動の優先順序」であり、それが維持されていれば「さし当って、これこれの限りにおいて、この集団と組むという限定も出てくる」はずであった。ところが「「革命的」というものだから、革命とは何かの定義が一致しなければ野合にすぎないということになって、簡単な問題でも統一行動ができない」。それが妥協の存在しない「正統と異端の争い」になるのであり、学生や日本共産党の場合がそうした「純粋主義」に陥りやすく、それが他方では「極端な便宜主義とくっついている」という。丸山の目に映った当該時期の学生運動の問題性をまとまった形で述べたものといえよう。

### マルクス主義者／梅本克己との対話

丸山が「「スターリン批判」における政治の論理」を通じて投げかけた問題は、ここにいたってマルクス主義者の梅本克己によって受けとめられることとなった。一九六二年三月に世に問われた「マルクス主義と近代政治学―丸山真男の立場を中心として―」（梅本『マルクス主義における思想と科学』一九六四年、三一書房）がそれである。梅本は、丸山の意図に呼応して「いわゆる思想における対立と協同の論理形成のための一材料としてとりあげようというのであ」り「対決＝協同の場としての「共通の広場」」を構成するべくそれに挑んだという。批判点は、丸山が「政治の論理」をカッコに入れて「世界観」――「本質論」から分離したことにあった。梅本によれば「思考方法というものは、どのように抽象化されてもつねにその背後に一定の価値意識を前提するのであって、これときりはなしてはその機能そのものも形骸化されるということであ」り、その点の見解の相違は、「権力と価値体系との関係でいえば、一価値専制＝反自由という近代政治学の等式とマルクス主義におけるプロレタリアート独裁↓国家の消滅という図式との対決に集約される」ものであった（一五二〜一五三）。

梅本が丸山を批判の対象としたのは、丸山には「現代のブルジョア諸科学の意識をこえようとするものがあり」、それがウェーバーやマンハイムへの親近性となって現れている。「そこでは近代政治学そのものの可能性ということも当然思想史的な課題の意味をもってくるからであり、ここからもマルクス主義との接触が生まれてくるわけである」（一五七）として、「共通の広場」をつくるよりどころを丸山に求めたのである。

その前提として梅本は、まずは丸山のようなそうした「体系的自覚」をもたなかった段階の研究として蠟山政道『日本における近代政治学の発達』（一九四九年、実業之日本社）を俎上に載せる。＊そのあとにスターリン批判の問題を軸としつつ丸山のマルクス主義との向き合い方が問われ、次いで「丸山の方法が前提する価値意識」すなわち「近代社会が生み出し、そして近代社会を形成した価値意識であり、それにもとづくひとつの世界観」の材料として丸山の福沢論が取り上げられる（一〇一）。

＊蠟山のそれは、近代政治学の「「人間と社会に対する」哲学の欠如」であり、「近代政治学はきわめて安定した形で、近代市民の生活信条――その中にとけこんだ近代市民的人格の哲学――と結びついている。近代政治学は漠然と、しかし強固に近代市民《ブルジョア》代議制民主主義に基礎づけられ、そこで自分自身とその基礎とを混同し、そこから自分自身の世界観を構築しているのである」（一六七）と評される。

たしかに梅本が批判する、世界観をカッコに括るというのは、福沢の思惟方法でもあった。しかし、福沢もまた「惑溺」ということばを用いて「価値基準の絶対化」とそして「無原則的な機会主義」をも斥けるのであり、究極、それは「「自由の弁証法」を基底とした一つの抽象作業」であることは梅本もまた承認するところであった。

　この梅本の批判に丸山が応答したものが、一九七四年に亡くなった梅本を追悼して行った安東仁兵衛との対談「梅本克己の思い出」（一九七九年二月『座談』⑧）であった。丸山は「ぼくの福沢論を下敷きにして書いた丸山眞男批判は、凡百の——と言うと誤解されるが、いろいろな丸山批判のなかで私の知る限り最も卓抜なものです。（中略）マルクス主義者であろうとする限り当然出てくるべき批判であり、かつ最も周到なものです」と梅本の理解が優れていることを認めた上で、それだけに「マルクス主義という同じ土俵でものを言わない限り論争できなくなる問題が含まれる」という。丸山は「「スターリン批判」の批判」で、「マルクス主義だけでなく、いかなる「主義」も免れない政治の固有論理が、スターリニズムがはらんだ矛盾や難点のなかにも出ている、ということを説明したつもり」であり、「返す刀で反共主義者をも撃っているつもり」であった。しかし梅本にはやはり、「政治の論理と丸山が言っていること自身が本質と無関係ではない。つまりマルクス主義のスターリン的解釈、そしてソ連邦が置かれてきた状況そのものと関連させて説明さるべきものだ」と批判されてしまった。丸山によれば、梅本のそれは「やはり一種の本質顕現論」なのであった。

　さらに、梅本が丸山の論文「現代における態度決定」（一九六〇年七月『集』⑧）は信条告白もしているではないかと迫ったことをめぐり、丸山は、「ぼくの「学問」に対する基本的態度は、それこそあそこで書いたような「態度決定」ではないんです。少なくもその二つはレヴェルが違う」といい、

「どこで「カッコ入れ」をし、どこで「カッコはずし」をするのか、というのは、やはり究極の原理、あるいは世界観にかかわってくる」のであり、「人間のギリギリの生き方というようなものは学問として対象化できないし、文字にさえならないのではないかという感じがいつもあ」って、「ここに伏在する対立はつきつめていけば、ウェーバーとマルクスの対立——マルクス本人はどうか知らないが少なくともマルクス主義者とウェーバーその他の——その他と言うと変だけど——経験科学としての社会科学の限界を認める者との違いに行きつくのです」と述べている。

## 「現代日本の革新思想」

安保闘争は、マルクス主義者においても、梅本克己をして「それ以前に発生していた問題状況の具体的集約点であるとともに、この集約点を通して、それ以前の問題に含まれていた本質的な契機が次第に明瞭な形をとってくる出発点」と言わしめる意味をもった。梅本によれば、具体的には、①日本共産党の絶対的権威がくずれたこと、②それに照応して、これまで異端視されタブー視されていたマルクス主義内部の思想系譜が市民権を得て理論的想像へのインパクトを形成したこと、③マルクス主義者と非マルクス主義者との本格的な対話の条件が形成されたこと、であった（「安保後のマルクス主義思想」一九六六年一月『座談』⑥）。そして、その三つ目にあげられていることの実践の一つが、丸山と梅本克己、そして佐藤昇を加えての対話であった。

一九六四年九月と六五年四月、『現代の理論』の編集者であった安東仁兵衛の企画により、梅本、

図14　『現代日本の革新思想』『われらが青春』

丸山、佐藤の鼎談が実現した。当初は『現代の理論』に掲載する予定であったが、予想外に長時間に及び雑誌には掲載しきれなくなったため、『現代日本の革新思想』と題して単行本として発売されることになった（一九六六年一月、現代の理論社編集、河出書房発売*）。

＊鼎談の企画から刊行にいたる事情について、詳しくは、佐藤昇「あとがき」（『現代日本の革新思想』）、ならびに安東仁兵衛「「プロレタリアート」と「貧農の問題」」（『座談』③月報3、一九九八年六月）を参照。

この鼎談を行うに際し、少なくとも丸山には、戦後二〇年を経ての「ゆれ返し」と、そこから生じた「上下」と「内外」の関係の複雑多岐さが全面的に露呈したのが安保後の状況であるとの認識があった。丸山は、「ナショナリズムの相場はじりじりと上っているが、全般的な保守化ムードと革新派の四分五裂とによって、民主主義の運動面は沈滞している」といい、その「両者がシェーレを描いてきたといえるのではないでしょうか」と問いかけて「ナショナリズムの立場からの「ゆれ返し」が目立ってきた」ことを指摘する。そして「少なくも全面講和から安保闘争までを貫く広汎なエネルギーの有力な思想的源泉が、ナショナリズムとデモクラシーの結合にあったとするならば、これが分岐することほど、権力側あるいは現状維持イデオローグにとって歓迎すべき事態はない」と警句を発する。丸山は、「戦後一貫して反近代主義とナショナリズムの立場を通してきた竹内氏が、同時に民主主義という裏打ちの軸をもっていたことが、はしなくもああいうテーゼの出し方に象徴的に表現されていたことなんです」と述べて、その最良の形の一つを竹内好にみている。「体質的に普遍主義的志向の強い」自らでさえ「けっして戦後、ナショナリズムぬきで普遍民主主義だけをいわなかった」のであり、その点で「安保闘争では、知識人のなかのナショナリスト市民派に共通項があった」。ところが「その後現在のような形でナショナリズムの株が上ってくると、私などは正直にいってやはり警戒心の方が先に立つ」という*（「民主主義とナショナリズム」『座談』⑥）。

*そのことを自分と同様の立場で懸念する知識人として、久野収・家永三郎・日高六郎らをあげ、その一方で桑原武夫・鶴見俊輔・上山春平らは「どちらかといえばナショナリズムや土着主義の磁力の方にひかれて、近代日本の発展を見直せという方に傾斜し、戦後民主主義の「外から」的な性格の批判の面にきびしくなっています」と述べている（「民主主義とナショナリズム」『座談』⑥）。

## 「土着主義」を撃つ

『現代日本の革新思想』のなかのそれに続く「安保後のマルクス主義思想」や「先進国革命と社会主義」においては、構造改革論の登場について語られる。構造改革論は、「マルクス主義の内部から社会主義とは何かという根本問題を再検討するきっかけをつくったもの」で「賛否はべつとして画期的なできごと」としてもとより注目していたものであったが、戦後二〇年の変化を政治過程論にいいかえると「大衆民主主義の時代」ということになり、それとの関わりにおいての問題が指摘される。すなわち「労働者階級が鉄鎖のほかに何も持たなかった状態」すなわち「体制のアウツ」から「インズに転化してきた」、そのことは一方で「社会民主主義の「堕落」を生むひとつの条件にもなっている」にもかかわらず、相変わらずそうした内部の変化を見つめず「みんな敵に返上してしまう」という「「受け身」の発想が多い」ことであり、それにマルクス主義がどう対応するのかということをさらなる問題として突きつけるのであった（「先進国革命と社会主義」『座談』⑥）。

　統一戦線を組むためには「本当のところで思想的に自立していないとなかなかむずかしい」という梅本の発言を受け、統一戦線の前提となる問題をこのように洗い出す。「いわゆる広義のトロツキスト・グループや反代々木の極左グループ」が「「社会主義」国家をそれ自体、マルクス主義の立場から客観的対象として批判の俎上にのせた」という点では「ひとつのエポックをつくった」として評価できるが、「「外」からみてさっぱりどうなっているのかわからない」「安保以後のブント（共産主義者同盟）の分解がどうなっていて、お互いに何をケンカしているのか（笑）……」。また丸山は、統一戦線も「異っているという前提」に立たなければならないということを繰り返し述べ、にもかかわらず「思想・信条をこえて団結しようという言葉のすぐ下から、他人の思想・信条にたいする猜疑心が働く。また「思想・信条をこえて」という場合の、その「こえて」の実際をみると、何も思想・信条などを持たない「大衆」と、絶対確実な思想を持っている共産党なら共産党との結合を意味している。ですからおよそ一定の思想とくに政治思想をもっている人々や集団はけむたがられ、結局排除されるという傾向を一貫して持っている」と切り込んだ（「安保後のマルクス主義思想」『座談』⑥）。

丸山の警鐘は、「「文学的」な発想が無限定にマルクス主義の解釈に入りこむ傾向が出てきた」ことにも及んだ。日本共産党やマルクス主義の権威の低下と結びつくと、「客観性」「体系性」――それがそもそも「検証と修正を通じてきずいてゆくものでなしに、既成品として自分の外部に厳然と据えられているものだった」ことが問題なのだが――が崩れ、その反動として、『学生新聞』などに顕著なように「文学的発想」が氾濫するにいたる（「民主主義の原理を貫くために」一九六五年六月『座談』⑤）。丸山は、「正統」の分解の一つを科学派（宇野経済学）に、もう一つを文学派（埴谷雄高・谷川雁・吉本隆明）に見るが*、「共産党という「教会」から離れて、神（真理）と良心ないし心情とを直結させるという意味では、伝統教会からみればともに「主観派」なのである。そして両者の「主体性」はともに、「内なる「純粋」な欲求や心情を、既成の権威や戒律にはばからずに外に向って放出することにアクセントがある」のであり、「複数の目標やコースを前提として、不断に状況認識をしながら、自分でそのなかから選択するという意味の主体性はあまりみられない。この「純粋に内なるもの」の外部的放出が、ある場合には肉体的行動主義にも通ずるし、また内発性を日本民族の内発性として定義すれば、土着派にも通ずることにな」るというわけである（「安保後のマルクス主義思想」『座談』⑥）。

さらに丸山は、「土着主義の根底にある動機は主体性」、すなわち「外来的なものと天降りしてくるものにたいする内発性の強調」であるといい、問題は土着主義の谷川雁や吉本隆明にあるのではなく「むしろ土着主義が受け入れられる思想的基盤」だという。そして「土着主義」の対極に位置づけられ「「欧米」という名の外国主義」として反発を受けている「近代主義」については、それを絶つことを「私らは「近代主義」の側からやるから、いわゆる土着主義の側から絶つことをやってくれ、普遍性の論理を提示してくれといいたい。そうしたら両方に共通の場が開けると思う。そうじゃなくて「外発」対「内発」という発想に固着して島国の根っ子や「土壌」によりかかっているのはかなわない。思いきって切ってもらいたい」という。丸山が土着主義の克服をいかに重要と考えていたかが見てとれる（同前**）。

*後年丸山は「日本の知識人」を論じるなかで、「挫折知識人のゆくえ」の一つの類型として「詩的象徴に依拠する心情ラディカリズム」をあげ、「吉本氏とか、それに追随する学生が、安保挫折後、心情ラディカリズム。挫折だから、政治活動には加わらないわけです。しかし、思想はラディカルです。つまり、知識人の生態というか、そういうものによって……」と述べている。また、三池炭鉱争議に関わり被差別部落に入るという「徹底した土着主義」をとり、他方で東京に戻ってからは語学ラボラトリーをやるという「他方の極」にいった谷川雁を例にあげて、「挫折知識人のゆくえ」のなかに「土着ナショナリズム」を入れるべきだとも言っている（「日本の知識人」一九六七年『別集』③）。また、別の座談では、「吉本さんの丸山論になぜ答えないかってよく聞かれるんですが、わたしには――吉本さんだけでなく――直接なかたちでは答えない、わたしなりの理由があるんです。だけどそれはまた別の話になっちゃうから、ここでは触れません」とのみ答えている（「普遍的原理の立場」『座談』⑦）。

**丸山は、「へその緒を断ち切っていることをはっきりさせれば、私などの考えとの間に共通の場が出てきますよ」（「安保後のマルクス主義思想」『座談』⑥）というが、丸山はそういう観点からも竹内好を評価していたのではなかろうか。竹内については、前掲『評伝　竹内好』を参照。

丸山は梅本に対して、マルクス主義の世界観は、政治ひとつをとっても政治現象の一般理論や具体的状況での経験法則のレベルなどさまざまなはずだが、それの整合関係、一体性を求めるため、その「解釈の多様性を認めた瞬間に」組織としての「統一した決定が必要」になり、学問的にはいろいろと解釈があるものを「政治的実践のなかでは組織的決定で線をひいてゆく」という問題を突きつけた。対する梅本は、マルクス主義は自らも、イデオロギーのなかに埋没している価値体系が実は階級的性格をもった「特定のイデオロギー」と結びついているのだということを自覚しているという。丸山は「そこがマルクス主義の強みだし、はっきりいって私などが一番影響をうけた点のひとつ」と認めつつ、ブルジョア科学が自分のイデオロギー性を自覚しないという自己欺瞞ないし偽善であるのに対し、マルクス主義の党派性は「居直り」だという。すなわち革命的情熱や党派性が認識をゆがめることがあっても、所詮みなイデオロギーなのだからという理由で、学説のなかの真理よりも「傾向性の批判」が優先し、「政治闘争のなかで味方の団結をたもとうという組織論的配慮」ゆえに「真偽の対話」でなくて「異端折伏《しゃくぶく》の次元」になってしまうという、「これが少なくとも歴史的には「敵」から学ぶということが何十年口をすっぱくしていわれながら、実際には「敵」どころか、ちがった学問的立場からもなかなか学べないできた理由」だというわけである。梅本はそれを「たしかにそうだった」「居直り強盗みたいなことになってしまったのもある」と認め、その上で「今日の唯物論哲学に課された課題でもある」と問題点として引き受けており（「先進国革命と社会主義」『座談』⑥）、そうした姿勢が、二人の対話を真の意味で成立させていたのだといえよう。

丸山にとって、全共闘運動のなかに大きな影響力をもつ「土着主義」を撃つことは、「開かれた社会」の実現のために不可欠であった。まさに全共闘運動のさなかに「日本の近代化と土着」と題して語ったものがある。「「特殊を通じて普遍へ」なんていわれると、そう気安く「通じる」もんじゃない、とすぐ反発したくなるんです」といい、次のように述べている。「世界の思想史をほんのちょっとでも勉強すれば、特殊から普遍への「突破」には、個人の場合にも民族の場合にも、質的な飛躍——宗教的にいえば「回心」が行なわれており、ズルズルの連続的発展ではないことはあきらかだと思うんです」。

また丸山は、「土着的＝内発的なものがすなわち主体的なものだという価値判断」を伴って「日本「固有」なものの優越を基礎づけよう」とするなどの「「土壌の論理」のヴァリエーション」が存在することについても注意を促し、その問題を二点にわたって指摘する。一つは、これまで述べてきた、「いかなる内発的な文化も、まったく異質的な他者の文化に刺激され、その火花を散らす接触の過程を通じて新しい創造と飛躍が行なわれるという当然の事理が忘れられ、発生論と本質論とが混同される傾向があるということ」であり、もう一つは、「主体性という場合にも、個人の主体性と、日本民族の他民族に対する自主性という二つの事柄がゴッチャにな」り、「個人の次元ではかえって「くに」もしくは日本人集団へのもたれかかり、つまり非主体的になってしまうという皮肉が見られ」ることである。そうして、「私自身、いわゆる西欧的近代主義者というレッテルをはられることには、一面では光栄でもあり、他面では抗議したいけれど、過去の自分の考え方が、右のような疑似普遍主義から完全に自由であったといいきるほど傲慢ではないつもりです」とことわりながら、「この疑似普遍主義と、それへの反動——必ずしも政治的反動という意味ではないんですが——としての「土着」的発想と、この何度もくりかえされる悪循環をどうして断ち切るか、それが今後の私たちにつきつけられているもっとも切実で、しかも安易な処方箋のない課題じゃないでしょうか」と問いかけるのであった（「日本の近代化と土着」一九六八年五月『集』⑨）。

真の普遍主義を根づかせるという課題は、丸山が同時に追究してきてその後世に問われることになる「歴史意識の「古層」」を明らかにすることと不可分であった。普遍主義の追求は、後述するように「古層」論を書いて以後、丸山の主張のなかに繰り返し現れるが、実はそのモチーフは、大学闘争が高揚していた渦中の一九六七年の初めに「日本の知識人」（『別集』③）と題して行われた加藤周一・石田雄との座談のなかに示されている。

そこでまずあげられるのは「知識人の戦後の変質」であった。戦前においては「インテリとは本来のエリートとして期待される高等教育機関の卒業生」を意味していたのが、「大学卒というステータスの獲得の可能性が、戦前よりはるかに広い社会層に開放されたということ」にあり、したがって「国民全体からいえば少数の選ばれた未来の指導者が「赤化」することへの脅威という意味での、「思想問題〔」〕《（ママ）》は消滅したといっていい。ゼンガクレン《（全学連）》は「思想問題」ではなくて、労働運動と同じレヴェルにある「大衆」運動のラジカルな部分を代表しているのである。しかも大多数の学生は、現在ではゼンガクレンにも無関心で、「マイ・ホーム」「マイ・カー」族の担い手になっている」というわけである。このように丸山の知識人論において、全学連から全共闘へ、そしてその背後にある知識人とマルクス主義の問題は、当然にして主要なテーマをなしていたといえよう。

ここでも丸山の関心は、マルクス主義と自由主義の関係に向けられる。戦前は自由主義がオーソドックスでなかったため左翼との間に連続性があったが、戦後は自由主義が正統化されたことにより、一部の「いわゆる自由主義的知識人および文化人は、エスタブリッシュメント〔establishment 体制〕の御用になった」ので、両者に連帯性は存在しない。

一方、マルクス主義の日本社会に占める位置の変化も重要であり、一つは、マルクス主義が戦後合法化されたことによって、資本主義の保守党政府の独裁のもとで、知識人が大量に共産党に入り、またマルクス主義者が国立大学教授になり、政府の審議会委員になるという実態である。マルクス主義のもう一つの変化は、戦前は権力に強要された転向によって精神的痛手を負ったが、戦後は共産党陣営内部の抗争により精神的痛手をうけてそれによって転向するという逆転現象である。

さらにもう一つ、一九五六年のスターリン批判の日本における衝撃のありようを、日本のマルクス主義のなかでトロツキズムが市民権を得ていなかったことと関連づけて重視する。もっぱら「普遍」を「模範国家」に求める日本にあっては、トロツキズムは一度たりともそれをもたなかったからである。それゆえ「模範国家」ソ連が引き起こしたハンガリー事件（一九五六年）についての関心は薄く、「模範国家」の権威に関わるスターリン批判は大きな衝撃を与えた。

また丸山は、スターリン批判後の「マルクス主義の多元化」「抽象化」をあげる。日本共産党の、「いかなる特定の党ないし特定の社会主義国家ともアイデンティファイしない」という「自主独立路線」がそれであり、共産主義の原点に遡ることを掲げたブントの存在が重要な意味をもっている。

他方で丸山が注目するのは、「リベラル知識人の分化」であった。すなわち「社会科学イコールマルクス主義という等式」が分解し、「体制リベラル」など「現実主義もしくは脱イデオロギー知識人」が登場したことである。自由主義の意味はかねてから丸山は繰り返し問うてきたことであったが、ここでもその内実が問題にされることとなり、知識人の党派性を問題にするフランスとは対照的に、日本の場合は知識人の結合というのは党派性にはおよそ反するものと考えられ、その結果、たとえば安倍能成のように、「ムード的に、非政治的に、まあまあ、いいじゃないか」ということになってしまう。

座談ではさらにマルクス主義の問題について議論が深められ、注目すべき問題が指摘されている。その一つに、マルクス主義は戦前は「知的革命」だったのが、戦後は「知的運動」になってしまったことである。「純粋戦後世代というのは、マルクス主義の知的洗礼を受けてない」がゆえに現実主義の担い手になってしまっているという。

さらに丸山は、「日本に宗教がない」がゆえに「レリジャスなものが、いろいろな領域であらわれる」その一つに、マルクス主義からの挫折ではなく「安保闘争の挫折」となってしまっていることをあげ、それは「政治闘争の仕方」に「宗教的なもの」があるからだという。丸山はその「宗教的思考の一つのバリエーション」を共同体信仰に見出し、このように述べる。

「そういう既成のマルクス主義とか、組織労働者の闘争とかに対する絶望が非常に深まると、いちばん遅れたもののなかに、実は、いちばん革命の萌芽があるという、そういう弁証法かな。彼らに即していえばね。（中略）共同体とかはだめだ、遅れているという、そういうのをひっくり返している。一番遅れたもののなかに、実はいちばん日本の構造を、根本からひっくり返すものがあるのだというのか、あるいは萌芽があるのだという、そういう論理がある。」

「発想様式は、民衆崇拝というよりは、共同体がもっとも革命的だ、そういう一種のパラドックスの論理。鶴見俊輔などもそうです。自分で無理にこじつけているのだといっているが、どこまで本当に信じているかわからないけれども。」

前章でもみたように、丸山は知識人も併せ持つ「土着主義」、そしてそれが巣くう場となっている共同体信仰を撃たねばならないと考えており、丸山の知識人論の根底にはそれが貫かれていた。前述の論文「近代日本の知識人」は、「インテリ」の語源、明治から戦後にいたる知識人の変遷を総覧したものとしてのみ読まれがちだが、丸山の意図は「疑似普遍主義」、「土着主義」を超えることにあったといえよう。その意味でも、これに先立ち世に問われた「開国」／「閉じた社会」につながる「古層論」とは不可分の関係にある。

## ふたたび戦後民主主義の擁護へ

そのようななかで丸山は、改めて戦後民主主義の擁護を語る。戦後民主主義に対して虚妄感を抱く「若い人たち」には「基本的に甘ったれの心情」があるといい、「戦後の民主的な自由というのはいつも冒される危険と闘ってきたし、現に冒されているけど、同時に戦後の民主主義を基盤として育ってきた運動なかりせば、もっとひどいことになっている」はずで、「この民主主義的な既得権益」を「フルに活用する能力のないものに、どうして未来の社会を動かす能力を期待できますか。ただイヤダイヤダとダダッ子のようにわめいているようなところがある」と述べて、手厳しく批判している（「民主主義の原理を貫くために」『座談』⑤）。

日本では「観念にとりつかれる病理」よりも、「無思想で体制順応して暮して、毎日をエンジョイした方が利口だという考え方」の方がはるかに定着しやすいのだから、「思想によって、原理によって生きることの意味をいくら強調してもしすぎることはない」と考える丸山は、その役割をインテリゲンチャに求めた。丸山が説く「インテリゲンチャの使命の自覚」というのは、その浮動性を生かして「所属主義にならないこと」であった。さらに丸山は、その「所属主義の逆の現われ」である、ことさら「一匹狼」と称することは、実は日本社会に蔓延る「共同体主義の裏返し」や「異端好み」に通じているとの警戒も忘れなかった（同前）。その一方で、「新聞紙面の著しい画一化」に対しては、「異説争論、百家争鳴ということは社会の活力の表現として大いに歓迎したいですね。「穏健中正の全体主義」はかなわんと思うのはそのためであって、異端好みとは意味が違うんです」（「日本の言論」

一九六六年一月『座談』⑤）と述べて、ジャーナリズムが自由な立場で批判を行うことを促した。
なお丸山は、「ここ数年来、「正統と異端」という問題に思想史的に興味をもっているので」（「安保後のマルクス主義思想」『座談』⑥）と発言しており、丸山の「正統と異端」の研究は、このような現状分析と密に結びつきながら行われていたことが明らかである。

折から高揚していた学生運動については、日本の教育のあり方をアメリカと比較しながらふり返り、「日本のラジカルの学生」には「「弁証法的」な対話」になる「複線的な思考が非常に乏し」く、「愚劣である」なんて言うだけで相手の考え方を理解できないんですよ（笑）」と述べている（「丸山先生を囲んで」一九六六年一〇月『座談』⑦）。また丸山は、「非常に若い世代」――秀才に多い――が、「政治的判断基準がグラついて、一種の不可知論になっていること」を憂える（「討論・対決の思想」一九六八年六月『座談』⑦）。そのようななかで丸山が繰り返して述べるのは「ノーといえる権利」の重要性であった。丸山は、「まさに少数意見の権利の尊重などというのは消極的自由観であって、大事なのは、何々への自由という積極的自由なんだ、などという俗流的考えが、革新勢力の間に強い。これくらい危険なことはない」といい、ラディカルな運動が実は戦前の体質と変わらないことに警鐘を鳴らし続けた。丸山はここでも一高時代の寮委員会で自分が「ノー」と言えなかった経験をふり返り、「これが実に深い心の傷になった」と回想しており、実体験とも重ねながらそれにこだわり続けたことがうかがえる（「丸山先生を囲んで」『座談』⑦）。

## 東大闘争の渦中で――「概念の解体」という問題――

東大闘争は一九六八年から六九年にかけて激しく展開された。この間、学内の教員で大学問題シンポジウムが行われ、丸山の発言がなされた第二回と第三回の記録がある。* 丸山は、「話は大きいんだけど」とことわりつつ、一九六九年一月二四日の第二回の折に、「概念の解体」による「ロマン主義」が出てきたことがフランス革命と似ているという発言を行ったと回想しており（『回顧談』（下）二三八）、それは丸山にとって「抽象的」ではあるが実は「この抽象的なことが具体的な意味を持つ」（「大学問題シンポジウムにおける発言」一九六九年『別集』③）根源的な問題提起であったと考えられる。

＊「要するに、うるさそうな教授連にはけ口を与えておこうというもの」だったという（『回顧談』（下）二三八）。

丸山によれば、「歴史的に眺めてみると、概念の解体は大きな歴史的変革を経たあとに現れる」のであり、今回のそれはフランス革命から一五年くらい経ってロマンチシズムが出たと同様、日本の場合も第二次大戦後二〇年を経て現れたものだという（「大学問題シンポジウムにおける発言」『別集』③）。左翼運動におけるロマン主義や文学主義に対する批判は、すでに述べたように安保闘争以後の運動のなかに丸山がみていたものであり、今回もその延長線上にあるといえよう。

なかんずく丸山は、そこに見られる日本的特色として「概念の混乱」をあげる。それは一つには、明治はもとより第二次大戦後においても、西洋から入ってきた概念と生活の間に有機的関連がなかったことによる。加えて概念解体を推し進めたのは、トロツキズムが市民権を得てこなかった日本のマルクス主義のなかで、日本共産党の権威が安保闘争以後失墜してしまったことにあるという。丸山が「概念の解体」として例示するのは、「権威」「管理者的」「身分的」「暴力」「制度」などで、それらにはステレオタイプのイメージが付着し、「本来の意味が無意味になるまで拡大解釈され、あるいは一〇〇%悪玉」とされ、他方では「直接民主主義」「古いものから新らしい時代の要請に適した大学へ」などといった評判のよい概念や発想には欠点についての盲点が存在するという。そうした状況に対して、「概念についてタカ派であることによって、学生に集団的なムードから自己を隔離する契機をあたえる。これが学生を一人前に扱うということであろう」と丸山自身は考えたのであった（同前）。

「反対」についてもopposition（反対）とantagonism（敵対）とがあり、また討議のあり方にしても「一般的意志への到達のための討議ないしは交渉」と「異った利害をもった団体の間の交渉」の二つがあって、前者はアメリカ型で日本民主青年同盟の方に近く、後者はイギリス型であり反日本共産党系に近い考え方であるという（同前）。のちの回想で丸山は、ロマン主義が出てきたのは一つにはそれが西洋輸入であったこと、もう一つは「日共の組織と概念の体系とが癒着した」ことにより「組織に対する反逆は、概念の体系に対する反逆になる」と述べており（『回顧談』（下）二三八）、ロマン主義に流れた反日本共産党派は、概念の体系への敵意と共産党への反発がまさに癒着してしまったという説明を与えている。ここでも、丸山があくまで「概念」の乱用解体を戒め、民主主義の手続きを護るという原則に立っていたことがみてとれる。

そのあとの同年一月二九日の第三回委員会では、丸山は学部制廃止の案を第三回委員会に提出している。学部制を廃止して、スクールと研究本意のセンターと、臨時の研究組織としてのプロジェクトの三つにするというものであった（『回顧談』（下）二三八〜二三九）（「大学問題シンポジウムにおける発言」『別集』③）。

同年一月二二日には、全共闘学生による法学部研究室の封鎖が解除され、二月二一日に丸山は、ストライキのため前年一〇月以後行われていなかった講義を再開した。このときは学生の講義妨害に遭いながらもその質問に答え、残る一〇分余りを妨害のなかで講義した。二四日の二回目は、講義に行く途中、全共闘系学生に文学部教室に連れ込まれ、軟禁状態とされ「吊し上げを食」うこととなった。争点は、二一日のあと学生から「この授業を東大闘争の討論集会に切り替えさせてくれ」と要求されたのに対して丸山が、「学生とは話し合うが、授業をそれに切り替えることはしない」と拒絶してきたことにあった（『回顧談』（下）二二三）。三月三日、ふたたび法学部研究室は封鎖されて丸山の講義も休講となった。七日、三回目の講義が開始されるが、学生の間で議論が起こって講義は中止となり、実質的に丸山の東京大学での講義はこれで終わった。

その間のことは、「年譜」ならびに『回顧談』（下）、あるいは「自己内対話」のための雑記帳である「春曙帖」（『対話』）からうかがい知ることができる。丸山は軟禁状態にされたときのことをふり返り、次のように述べている。

> そのときの学生の批判に「形式的なことに拘泥し」というのがあったのです。ぼくは思わず「文化というのは形式ですよ」と言った。みんなわっと笑いました。（中略）文化の変革期には必ず

生と形式の間の矛盾が起きる。いままでの形式は、新しい文化を盛りきれなくなる。そこで古い形式をこわして、新しい形式をたてる。ところが現代文化の危機は、新しい形式を求めるのではなくて、一切の形式を離脱して生命の欲求だけを叶えようとすると。ジンメルは実に見事に書いているんです。マルクスでいえば、ちょうど生産力と生産関係に当たるんですよ。制度も同じですね。制度については講義のときに言いました。「何のために制度があるか。制度の反対概念はハプニングである。君たちのやっていることはハプニングの連続じゃないか」と批判した（『回顧談』（下）二三四〜二三五）。

丸山は、内なる欲求や心情の放出をあえて拒んであくまで「形式」、民主主義における制度を重んじる態度を貫いた。そして彼の学生運動に対する批判もその原理原則からなされたものであった。丸山は「春曙帖」に、「「反体制」の言辞がこれほど氾濫しながら、「現実」をかえる力がおどろくべくないという日本の反体制運動の歴史的な問題性を自分の問題として考えないで、いい気になって、マス・コミの需要に応じて注文生産している「自由」評論家や大学教授によって、日本の「現実」がただの一インチも変革されていないことだけはたしかである」（一九六九年五月『対話』一一五）とインテリに対する無力感を記す。その一方で自分を拉致し追及した全共闘学生たちに対しては、「「手続」や「形式」は何のためにあり、いかなる存在理由をもつか、それが欠けたとき、人間生活は恣意の乱舞に陥り、リンチが日常化され、「ジャングルの法則」だけが支配する、という常識を、情けないことながら大学生の彼等に何度でもくりかえし強調しなければならないのだ。しかも、さらに悲惨なことは、既成の形式を破壊し、それから自由になるつもりの彼等の行動様式（ヘル・角材・口手拭）のおどろくほどのコンフォーミズムである。グループで居丈高になり、一人ではひよわな人間！」と書きつけている（同、一九六〜一九七）。

また、「祭祀《クルトウス》行事と文学（的）情念の日本における政治的なるものとの関連」は、「古代天皇制から三派全学連にまで共通する特質*」であり、それに取り組まなければ、「私が数年来講義で言及してきた日本思想の「原型」の問題は、これ以上進まない」のであって、それを考えるだけでも「東大教官としての「義務」と私の学問的エゴイズムとは、もはや決定的に相容れない。（ところが、おどろいたことに、私が学問的エゴイズムのゆえに、東大を全共闘の攻撃から擁護し、東大教官をもやめないでいるという通念が「評論家」の間で、支配的なように見える。三十年前はたしかにそうだった。私は学問をやりたいばかりに、わずかに残された自由な場としての大学ににげこんだのだが……。）」（同前、一一九〜一二〇）と記しており、それが全共闘学生への彼の答えであるともいえよう。

当時全共闘学生のひとりであった杉井健二に宛てた一九六九年の次のような書簡が残されている。「最後に一友人として、貴君の人間的成長のために望みたいことは、「自己否定」の名における自己への甘えと他者へのパリサイ〔偽善、形式主義〕的断罪、という全共闘〔全学共闘会議〕運動のあのおそるべき画一的な特徴——ゲバ・ヘル〔ゲバルト・ヘルメット〕という服装の画一性だけでなく発想の画一性——から、せめて自分の個性をとりもどしてほしい、ということです。」（「大学問題シンポジウムにおける発言」『別集』③）。

＊古代天皇制の問題性については、「政事の構造」（一九八五年一二月『集』⑫）で論じられており、それについては第七章で述べる。

わだつみ会の再建など戦争体験の継承等に努めてきたことで知られる安田武は、丸山を次のように評している。

丸山真男が、どういう考えに基づいて授業再開に踏みきったのか、その事情を私は知らない。むろん丸山には丸山の考えがあってのことだろう。いずれにせよ、しかし丸山が自ら決断して授業をはじめた以上、彼自身の講義の「場」で、学生たちのいわゆる「追及」に一言半句答えようとしないであろうことは、あらかじめわかっている。わかりすぎることだ。それが、丸山真男の「思想」というものである。学者として「学問」に正対するときの、丸山のこの厳しいリゴリズムが、彼の学問体系の基底であり基礎ではないか。丸山真男の「思想」から、少なくとも私自身がもっとも多く、もっとも深く学んだものは、まさにそのことをおいてはない。（中略）戦時下の、言葉の比喩としてではない暗い弾圧下の研究室に、自らを閉じこめて日本思想史の研究に没頭し、更に船舶部隊に召集されて、広島からわずか四粁の宇品にあって、原爆投下を体験した丸山は、戦時下のこうした現実との絶えざる緊張関係、「戦争体験」との厳しい対決を通じて、こんにちの丸山思想を構築してきたと思う（「「正常化」後の教授と学生たち・東大」一九六九年七月、安田『人間の再建　戦中派・その罪責と矜持』一九六九年、筑摩書房、二三一～二三二）。

## 福沢諭吉に立ち返って

一九六八年九月一四日、学園紛争のさなかに慶應義塾大学で行われた「近代日本の人物像」という連続講義の一つとして丸山が行った「福沢諭吉」（『別集』③）の講演記録が残されている。冒頭、東大での数ヶ月にわたる紛争がつづくなか「文字どおり勉強、この夏休み前からほとんど研究者廃業のごとき状態」であることをことわった上で行われた講演であった。しかしながらそれは、これまで述べてきたことを平易に簡潔に述べた福沢論のまとめであると同時に、丸山が晩年まで福沢にこだわり続けたことを暗示するものとなっている。

丸山は、ここでも「新日本の偉人としてなんとなくもてはやされる、雲の上の尊敬の対象となっている度合い〔と〕、彼の著作が、彼の膨大な著作が本当に読まれている度合いとの間には、おそるべきギャップがあると思います。いわんや彼のものの考え方、判断の仕方が本当に評価《〔消化〕》されて、日本人の血肉になっているかどうかということ〔と〕、彼の文化切手にまでなるような名声の確立との間を隔てる、谷の深さというものは測りしれないものがあると思います」と嘆きながら、「とすれば、ある意味で、これほどかつがれながら、これほど本当の意味で影響を与えなかった思想家はいないのである。福沢は幸福であるか不幸であるかということを、もう一度問うてみてもいいのじゃないかという気がするのです」と述べるのであった。

講演の本題は、福沢を、その無理解、誤解によって歪められてきた像から解き放つことにあった。それは何よりも俗に言う「レッテル貼り」から解放することであった。と同時に、それがなされる

「日本の思想史を貫いている一つの大きなある傾向性」を明らかにすることであった。すなわち「動機主義」といわれるもので、「純粋な動機から出た行動は善である」としてそれに高い価値を与える、いわば「美しい心情の〔が〕道義的意味において評価される道義〔動機カ〕主義」、福沢の言葉でいうところの「一向一心」であり「純粋さ」が買われるというあり方である。その一方で自己の好悪を抑制して自分の態度を決定するタイプがある。その二つはいずれも「主体的」選択をしているようだが実はそこには大きな違いがあり、前者は「純粋に自己の内なるものの外部への放出」であり、それと後者とを混同してはならないとする。そこには、すでにみたマルクス主義、全共闘運動への批判が重ねられていたのではなかろうか。

福沢はいうまでもなく後者のタイプの思想家であり、むしろ意識的にそのような「純粋に自分の内なるものを外に表現すること」を高く評価するあり方に逆らい、「逆らうというところに自己の思想的な生産の意味および使命の一つを見出」すいわば天邪鬼の精神ということになろう。日本の伝統的な思想評価のあり方においてはなかなか理解されにくく、現実に福沢に対する誤解を生んできたこの点について、丸山は「簡単な例」を重ねながらその理解に努める。その上で福沢がどういう意図で西欧文明の摂取の必要を説いたかについて、「横浜の居留地の外人の暴状」を踏まえての対応を以下のように述べる。

問題は、現〔原〕体験を思想に消化〔昇華〕させる力〔仕方〕になるわけです。そういう心情がいかに、西欧諸国が文明といってアジアに対して何をしているか、具体的に〔は〕日本に来た西欧人が何をしているか、そういうことの見聞にもとづく感情、痛憤、それはいかに大切《〔痛切〕》であったかということは、今日ほとんどこれも追体験することは困難である。しかし、もしこの心情を直接無媒介に発露すると、反西欧主義になるわけです。しかし福沢は逆です。だからこそ独立のために西欧文明をとらなければならない。最大最小《〔最大最強の敵からカ〕》の結果で学ばなければならない。しかも西欧文明をとるというのは、その結果でなくて、それを生み出している精神から学ばなければならない（傍点――引用者）。

併せて丸山は、福沢と同様に、あるいはそれ以上に仮借なき日本批判をして誤解を生んだ内村鑑三にも言及している。丸山によれば、内村も福沢も彼らほどのナショナリストはいない、だからこそ「アミーバのような自己増殖的ナショナリスト」とは異なり、日本のために日本を罵倒したのであった。

そして丸山は、ふたたび日本の思考様式に立ち返り、このように述べる。

つまり日本では非常に不幸なことには、主体性ということはしばしば自分の嗜好ないし自分が本来好きであるものを純粋に他人が嗜好しなければ、それを外に爆発させることが主体的である。それに対して状況認識が必要だという場合には、しばしば既成事実への追随〔となる〕。そういう意味で悪循環になって、主体的であろうというのは、状況認識などはくだらない、状況追随主義であることで、ぐるぐる悪循環を起こすということになる。こういう、先ほどいった意味は、未知《〔内カ〕》なるものの発露ないし爆発として〔の〕主体性、既成事実の追認的現実主義、こういう両方〔向〕に亀裂《〔収斂〕》してきたということが、日本の近代思想の不幸ではないか。そうすれば、私が先ほどいいました福沢の思想はシチュエーショナルであるということと福沢の具体的だということの関連ということが、ご推察いくのじゃないかと思います。（中略）

つまり、もういっぺん念のために繰り返しますと、福沢というのは、福沢の思想を福沢の心情や体験の発露として理解すると誤解が起こりやすいということであります。（中略）しかしここに第二の問題が出てくる。第二の彼の使命感は、まさにそういう思想や判断の仕方〔――〕思想とか価値判断というものを自分の好み、好悪とか気質《かたぎ》の輸出でなく、状況認識にもとづいて何がこの場合より優先的に強調さるべきか、まずこの問題を解決していかなければならない。次にこの問題を解決していかなければならないというプライオリティを設定する。それの前提としての状況認識、そういう思想や判断の仕方〔――〕これを教えること。ここに彼の使命が二重になってくるわけです。

先にも述べたように、一九六八年という時代の状況のもとで丸山が強調したかったのは、感情の爆発である「主体性」ではなく、また「既成事実の追認的現実主義」でもない、状況認識にもとづいて優先順位をつけるというあり方であった。

さらに丸山は、福沢の「惑溺」という言葉にも触れて議論を重ねる。福沢によれば、先ほどから述べてきたと同様、その一つの重要な意味は、好悪に激しく偏する――ラディカリズムとは異なる――「極端主義」、それは「一向一心」であるがゆえに「事柄に矛盾している側面を認識できなくなる」ことであった。そしてその対極にあるのが、「「物の貴きに非ず、其働の貴きなり」。具体的な作用というものをみて、それによって判断する。これが状況認識の問題になる。あらかじめ検証を経ないで、状況認識をしないで、あれはそもそもいい人間だから悪いことをするはずがない、あれはそもそもいい国だから悪いことをするはずはない、そもそも悪い国だからいいことをするはずはない、という態度と逆になる」のである。

福沢は、自分の嗜好や性格をコントロールして役割意識にもとづいて行動していたのであり、それは「常に演技していたといい換えることができる」とさえ丸山はいう。それゆえ福沢の「自伝をそのままの自己表現ととってはいけないと思います」とも戒める。

最後に丸山は、明治の開国以後のありようを問うて結ぶ。

> 第二の開国であるところの明治維新というのはどういう結末に終わったか。思想的鎖国と技術的開国と大ざっぱにいうのですが、技術的開国というのは外に現われる文明。〔思想的鎖国とは〕思想イデオロギーの上に存する文明の精神、人民独立の精神、それには異質的なものの刺激を受け〔ない〕よう、遠去《〔ざ〕》けようとする。それから最後には国体論になるわけです。思想的鎖国の行きついたものは国体論。

## 東大辞職

丸山は、それからまもない一九六九年三月から翌年まで、心不全と肝炎のため入退院を繰り返すこととなる。「吊し上げ」のあと心不全との診断を受け、また肝炎にも罹患していたため、一九七〇年二月から五月までの入院となった。一九六八年一二月の紛争中、構内にある明治新聞雑誌文庫所蔵の史料を守るため、ガスストーブをつけ、ウイスキーと睡眠薬を使って泊まり込んだことが健康悪化の一因となった。そして丸山は一九七一年三月には、定年を待たずして五七歳で東京大学法学部教授を辞職した（『回顧談』（下）二二七）（「年譜」）。

丸山が退職を決意したのは、五月に退院して熱海で静養しているときであった。「前から考えてはいた」が「ただ理由もなくやめるというわけにはいか」ず、「はっきりと職務に堪えないという理由ができ」たためであった。丸山はこのように語っている。「東大法学部に対しては、ぼくのような者を採ってくれたという点で、感謝こそすれ、恨みはない。法学部に泥をかけるような辞め方はしたくなかった」。そのため新聞種になることは極力回避しようとしていたという。丸山の辞職を最初に報じたのは、『日経新聞』一九七一年三月二四日であった。丸山は、東大紛争は「今もわからないことが多い」といい、辞職は「健康だけが理由であるということで通しました」と語っている（『回顧談』（下）二二八〜二二九）。

丸山には、一九六七年二月に法学部次期学部長選挙で当選したが健康上の理由によって辞退したため、代わって辻清明がその任に就いたという一件があったことから、「終始辻くんには負い目があって」「言うべきことも言えなかった」。「学部長を受けていた方がよかったということもあったと思う。（中略）かなり動く余地はあった」と語っている（『回顧談』（下）二二五〜二二六）。

また、このようにも言う。

その頃思ったことの一つは、学生をもっていない研究所の教授と、学部の教授との考え方の違いということでしたね。東大紛争で学生がみんな騒いでいたかというと、そうではない。何もしない一般学生というのがいて、それがダメな連中だとは決していえない。そういう一般学生をも教育する任務があるでしょう。だから、紛争だからといって、学生に対する講義の責任を当面考えなくていいということにはならない。東大紛争をどう見るか、医学部処分をどう見るか、そういうことを評論家的に論じるだけではすまないのですね（『回顧談』（下）二三〇）。

東大紛争だけではない、辞職にいたる理由の一つは、結核療養中に旧制から新制になり大学院ができ制度が変わったが、「こちらは、旧制高校を出てきた学生のつもりで扱ってしまう」という、新しい制度に適応できないことへの「自己批判」であった。また戦後に法学部の改革ができなかったことなど、「ぼくにはある意味で、法学部に対する期待過剰があったのかもしれませんね」といいつつ、丸山が感じてきた法学部の問題が語られている（『回顧談』（下）二四四～二四五、二四七）。

### 持ち場の自覚

のちに丸山は、安保闘争を頂点に丸山を否応なくそうさせたともいえる現実政治へのコミットメントについて、一見コントラストが目立つ竹内好との共通性を語るなかで、「ぼくはぼくで、「学問」における価値判断排除という「常識」を吟味しなおそうという姿勢」であったと述べている（「魯迅の会　好さんへの追悼（あまり原稿）」一九七七年一二月『別集』③）。それは、「国家秩序との内面的つながり」や「自己の政治的組織化」等々、さまざまな表現で繰り返し大衆にはたらきかけてきたことでもあった。

その背後には、これまで述べてきたような戦後社会状況への失望と危機感があったと考えられる。丸山は、「僕はやっぱり学問というものは生活とある緊張を保たなければならない、そこには分離——遊離じゃなく——することによって最もよく生活に奉仕するという、いわば逆説的な関係があるんじゃないかと思うんです。（中略）大衆文明の時代には日常的な現象に絶えず学問が引張られてしまって、時事の問題とかあるいは狭い意味の政治的要求に鼻面《はなづら》を引き摺《ず》りまわされて、結局学問の社会的使命を果せなくなる。学問じゃなくても果し得るもの、あるいは学問も果すかも知れないけれども学問以外のものでも果しうるような役割に学問が引張りまわされる事はやはり社会的な浪費です」といい、「持ち場の自覚」の必要を説いた。「その反面、ただ無反省になんの問題意識もなく惰性的に勉強してそれを「持ち場」と思っているアカデミシャンも決して少くない」ことについては、「やはり学問の内部から、自分の問題を追求する態度が非常に必要なのじゃないか」と述べていた（「現代政治の思想と行動第三部　追記」一九五七年三月『集』⑦）。

一九六一年に岩波新書として刊行された『日本の思想』の「あとがき」（『集』⑨）には、「すくなくも論理的には古事記の時代から総力戦の時代までを内包する「日本の思想」を、一体どんなふうに総括して同じ巻の本論にバトンを渡せばよいのか、ほとほと途方に暮れたことが、これまでいくつか併行的に自分の内部で育てて来た問題なり視角なりを、とにもかくにも統一的に関連づける試みへと跳躍させる機縁ともなったのである」、「したがってここには、よかれ悪しかれ、私が大学卒業以来当面したさまざまの学問的課題と、それを追求する過程で不可避的に刻みつけられた私の思想的道程とが流れ込んでおり、それと同時に、これ以後の関心方向の新たな起点ともなった。もっとも表面的な事柄を例にとれば、戦後私は種々の事情から、対象的には日本政治思想史の、いや政治思想史の範囲をふみこえて政治学上の諸問題、とくに現状分析の領域にまで手をひろげて来たけれども、「日本の思想」の前後からようやく「戦線」を整理して、その後の論稿はおおむね旧著『日本政治思想史研究』や福沢研究の系列に属する」と記されている。ここからも、丸山の力点は、思想史研究に移行しつつあったことがみてとれる。

さらに丸山は、このように述べる。

私の分析は、批判の側からも支持の観点からも、大体において日本の精神構造なり日本人の行動様式の欠陥や病理の診断として一般に受け取られて来た。それは私にいわせれば、ある面では当っているし、ある面では当っていない。（中略）けれどもある意味では上のような見方が当っているというのは、右のような論稿（『日本思想史研究』や福沢研究の系列に属するものを指す――引用者）がいずれも戦争体験をくぐり抜けた一人の日本人としての自己批判――あまりにすりきれた言葉であるけれども、これよりほか表現の仕方がない――を根本動機としており、しかも三〇年代から四〇年代において何人《なんぴと》の目にもあらわになった病理現象を、たんなる一時的な逸脱ないしは例外事態として過去に葬り去ろうとする動向にたいする強い抵抗感の下に執筆されたために、そうした病理現象の構造的要因を思想史的観点からつきとめることにおのずからアクセントがおかれたからである（「「日本の思想」あとがき」『集』⑨）。

ここに示されているように、丸山にあっては、自身の戦争体験と結びつけながら、戦後社会の病理の剔抉と現実政治への発言がなされていったのであった。

「日本では体制自由主義者になることも、コミュニズムの自由主義同伴者になることも、やさしいのですよ。だから私は、リベラルの旗をあくまでおろさない」。この丸山眞男の発言は、安保闘争や学生運動が高揚するなかでも彼が貫いてきた姿勢であった。いかなる「体制」にも寄りかからず、「日本という状況のなかでリベラルであるということはどういうことなのか、行動によってリベラルであることを実証してゆくには、どういう選択をすべきなのか」を、丸山は一貫して追究してきたのである（「先進国革命と社会主義」『座談』⑥）。

# 七　「日本思想史における連続性と変化」の追究（一九七二～一九八四年）

## 「外来思想の「修正」のパターン」としての「古層」

丸山は、一九七六年、滞在中のアメリカで行った研究報告のなかで、自らの近年の研究は「日本思想史における連続性と変化という問題」であり、「その仕事は三つの分野に分かれる」として次のように整理している。第一は「歴史意識に関する論文」、すなわち「歴史意識の「古層」」（『集』⑩）と題して一九七二年に発表されたものであり、第二は「日本史を通じてみられる倫理意識」、そして第三は「まつりごと（政事）の構造を分析することにより、政治意識の問題を扱うこと」（「政事《まつりごと》の構造―政治意識の執拗低音―」『集』⑩）であった（「日本における倫理意識の執拗低音」一九七六年『別集』③）。退院を経て復帰後の丸山の仕事は、この三つを柱に展開されていったといえよう。[*]

＊ただし、入院前の東京大学法学部の一九六七年度講義は三つの柱につながる内容であり、すでにこの頃から執筆の準備がなされていたことが見てとれる（『講義録』⑦）。

課題に掲げる「歴史における連続性と変化の問題」について、自らの問題関心は、一般理論を定式化してその理論を日本のケースに適用するといったところにあるのではないことが明言されており、なぜならば「日本はなみはずれた等質性」を持っているからであった。そして「この等質性は日本歴史の過程で、連続性がいかに変化に関係するか、その仕方に深く影響してきた」という。ただし重要なことは、しばしば強調されるような「日本がその連続性にもかかわらず、いかに大きく変化してきたか」ではなく、「まさに連続的要因ゆえに起こったのではないかということであ」り、「連続性がきわめて多様な歴史的変化を通じて長く存続したのは、この等質性によるからである」(「日本における倫理意識の執拗低音」『別集』③)。すなわち第五章の「開国」をめぐってみてきたように、「外来思想」を受け入れても一定のパターンで「日本化」していく、その受容と変容のあり方にあるというわけである。そしてそれこそが「古層」ないしは「バッソ・オスティナート」なのであった。*

＊丸山は「古層」をのちに執拗低音(バッソ・オスティナート)と言い換えており、その点についてこのように語っている。「一九六三年の(東京大学の日本政治思想史の——引用者)講義では prototype「原型」と言ったんです」。ところが「原型」というと宿命論的に受け取られるのでその誤解をとくために「古層」に変えた。「地層学的比喩」「一番下の層」という意味である。「ところが、政治意識の「古層」と倫理意識の「古層」を外国で発表した時、もう一度表現をかえて basso ostinato としました。(中略)現在では比喩としては一番これが適当だと思っています」といい、なぜならば「古層」というとマルクス主義の「土台」と混同されるためであるという(「日本思想史における「古層」の問題」一九七九年一〇月『集』⑪)。なお、飯田泰三は、「古層」論は、「要するに、きわめてスウィーピングに言えば、「精神構造としての天皇制」を古代以来(間歇的ながら)執拗に底辺で持続しているものと丸山は見て、そのトータルな変革のためのトータルな認識を獲得すべく構築された仮説」であると述べている(「解題」一九九八年『講義録』④三三〇)。

ここではまず、その第一に掲げられた歴史意識に関する論文「歴史意識の「古層」」からみてゆきたい。冒頭『古事記伝』の一説を引き、宣長いうところの「理《ことわり》」を「一般的に、歴史的出来事についての日本人の思考と記述の様式について探るならば、やはりその基底的枠組は「悉に此の神代の始の趣に依るものなり」といえるのではないか——これがこの小稿の仮説である」という。これこそが「古層」であり、「強いてこれを一つのフレーズにまとめるならば」という留保付ではあるが、「古層」とは「つぎつぎになりゆくいきほひ」なのである。

　これに集約される日本思想のあり方は「歴史的オプティミズム」であり、それは「どこまでも（生成増殖の）線型《リニアー》な継起であって、ここにはおよそ究極目標などというものはない」がゆえに進歩よりも進化（evolution）に適合する——日本の社会主義も進化論から唯物史観にいたったことがこれによって説明しうる*——というわけである。日本の社会主義の受容のあり方に対する根源的な批判でもある。「古層における歴史像の中核をなすのは過去でも未来でもなくて、「いま」にほかならない」のであり、したがって過去は「「いま」の立地からはじめて具体的に位置づけられ、逆に「なる」と「うむ」の過程として観念された過去は不断にあらたに現在し、その意味で現在は全過去を代表（re-present）する」。一方未来は、「過去からのエネルギーを満載した「いま」の、「いま」からの「初発」であり、したがって「未来のユートピアが歴史に目標と意味を与えるのでもなければ、はるかなる過去が歴史の規範となるわけでもない」。

＊松本三之介『「利己」と他者のはざまで——近代日本における社会進化思想——』二〇一七年、以文社）、とくに「第一〇章　社会主義とダーウィニズム」を参照。

いうまでもなく、その根底には鋭利な現状批判が貫かれており、「いやつぎつぎ」は「「万世一系」のイデオロギー」を支えるものにほかならず、その「強み」は、「「一君万民」という単独者の支配《モノ・アルキア》（中華帝国の場合）にあるよりは、（中略）皇室が、「貴種」のなかの最高貴種（primus inter pares）という性格によって「社会的」に支えられていた、という点にあった」と今日につながる天皇制を俎上に載せている。

一方でまたそのような「古層」のあり方は、明治維新変革のあり方をも規定したとして次のように述べる。

> もし神武創業の「業」に、たとえば周の井田制程度の具体的内容があり、それを規範化する伝統があったならば、「文明開化」という「世界の大勢」への適応はあれほど容易には行なわれなかったであろう。また反対に、「復古」のモットーがルソーの「自然にかえれ」の場合のように、現実の「文明」に対する対極理念であったならば、それはE・トレルチのいわゆる「革命的自然法」として機能したかもしれない。社会的＝政治的な諸条件を棚上げして、歴史の論理という側面だけから光をあててみても、たんなる「藩政改革」のナショナルな拡大とみるにはあまりに大きな転換であり、さりとてトータルな革命にしてはあまりに穏和《モデレート》な、維新変革の性格は、「いま」の尊重の論理に内在する右のような両面性と深くかかわっていたのではなかろうか。

すなわち、「いま」を尊重する論理によって受容されたはずの思想もスルスルと受容され、また忘れ去られて通り抜けていくのである。つまるところそれは、丸山が慶應大学内山秀夫研究会の学生たちを前に「古層」についてわかりやすく述べた次の説明に示されている。

　日本思想史において主旋律となっているのは、教義となったイデオロギーなんです。儒・仏からはじまって「自由主義」とか「民主主義」とか「マルクス主義」とか、こうみてくると「儒教」「仏教」を含めて全部これは外来思想なんです。日本思想史の主旋律は外来思想なんです。それでは日本的なものはないのかというと、ちゃんとした教義をもったイデオロギー体系が日本に入ってくると、元のものと同じかというとそうでなくて必ず一定の修正を受ける。その変容の仕方、そこに日本的なものが現われているのではないか。そうすると儒教が日本化されていく過程、仏教が日本化されていく過程、今度はヨーロッパ思想が日本化されていく過程、マルクス主義が日本化されていく過程、それを見ていきますと、そこに共通したパターンがあり、それが驚くべく類似しているんです。それが「古層」の問題なんです。だから、「古層」は主旋律ではなくて、主旋律を変容させる契機なんです（「日本思想史における「古層」の問題」一九七九年一〇月『集』⑪）。

　第二の倫理意識について述べたものは、一九七五年から七六年にかけてプリンストン高等研究所に滞在していた際に、プリンストン大学とハーバード大学のセミナーで報告するために書かれた英文原稿の翻訳「日本における倫理意識の執拗低音」（一九七六年『別集』③）*である。

＊英文原稿がこのようなタイトルで翻訳され、発表されるにいたった経緯については、平石直昭「解説」（『別集』③）を参照。

『古事記』『日本書紀』を用いて丸山が見出す日本の倫理意識の特徴は、「人が清く明るい心をもっているか、あるいは汚い穢れた心をもっているかは、人が自分を同一化する特定共同体という点からみて定義されるのであ」って、「その基準は高度に政治的で特殊主義的である」という点にある。このようにも述べる。

かくしてこうした策略の物語が、語り手の口調において、非難どころかなんの遺憾の含みもなく紹介されていることは、必ずしも古代日本における倫理意識の発達の低さによるものではなく、また倫理意識の欠如によるわけでもない。純粋な心は、欺瞞的手段が敵あるいは自分の属する共同体のよそ者に対して向けられる時には、そうした手段を使うことと矛盾するものではないのである。

この一節からも、「開国」論文等で丸山が強調してきた「ウチ」と「ソト」の弁別の問題がおのずと想起されよう。

丸山が第三にあげる政治意識の執拗低音は、「政事《まつりごと》の構造―政治意識の執拗低音―」（一九八五年一二月『集』⑫）と題する一九八四年一一月の講演の記録にみることができる。その原型は、一九七五年春に、丸山がVisiting Fellowとして主宰したオクスフォード大学セント・アントニーズ・カレジ日本研究セミナーで行った報告に遡るもので（松沢弘陽「解題」『集』⑫）、その意味でも第一、第二と一体をなしている。

冒頭、日本の思想は発生的にはすべて外国産であること、しかしそこに普遍的な真理があれば積極的に受容するのは当然であること、にもかかわらず日本は「うち」と「よそ」の区別をし外来思想に対してコンプレックスをもってきたこと、そして日本思想史は外来思想の修正の歴史であることを述べた上で、政治意識の「執拗低音」という課題を提示する。記紀にはじまり律令制、そして鎌倉幕府の内部構造の分析をとおして「あえて単純化すれば」とことわりつつ導き出される結論は、次のとおりであった。「正統性のレヴェルと決定のレヴェルとの分離という基本的パターンから、一方では実権の下降化傾向、他方では実権の身内《みうち》化傾向が派生的なパターンとして生まれ、それが、律令制の変質過程にも幕府政治の変質過程にも、くりかえし幾重にも再生産される、といういわば自然的な傾向性があり、それが日本政治の執拗低音をなしている」、そして「その際に大事なことは、権力が下降しても正統性のローカス〔所在〕は動かないということ」であり、「日本全体として見れば、いかに実権が空虚化しても最高の正統性は皇室にあ」った。その「執拗低音」を日本古代の律令制国家以来用いられてきた「政事」ということばに即して考えると、「政事が上級者への奉仕の献上事《まつりごと》を意味する、ということは、政事がいわば下から上への方向で定義されている、ということ」であるが、「日本では「政事」は、まつる＝献上する事柄として臣のレヴェルにあり、臣や卿が行う献上事を君が「きこしめす」＝受けとる、という関係」にある。それは一見逆説的ではあるが、「政事が「下から」定義されていることと、決定が臣下へ、またその臣下へと下降してゆく傾向とは無関係とは思われない」のであり、「これは病理現象としては決定の無責任体制となり、よくいえば典型的な「独裁」体制の成立を困難にする要因でもあ」るという。いうまでもなく、これは丸山が敗戦直後から追究してきた天皇制の無責任の体系につながる歴史的な説明にほかならない。

## 原型・古層・執拗低音

「政事の構造」の講演が行われたと同時期の一九八一年六月一五日に、丸山は、武田清子の依頼で「日本文化のアーキタイプス」と題する講演を行い、それに加筆修正したものが、「原型・古層・執拗低音―日本思想史方法論についての私の歩み―」と題して『日本文化のかくれた形』（一九八四年、岩波書店）に収録された（『集』⑫）。それは、「丸山はこの論文から変ったのではないか、はなはだしきは大学紛争で「転向」したのではないかという説さえあった」ことを一つの引き金として――むろんそれは一つの入り口であってそのことに答えることが本来の意図ではない――、戦後の歩みをふり返って、とりわけ「古層」論にいたった経緯に力点を置きながら「主として日本政治思想史の方法論の問題」について語ったものである。これまで本書で述べてきたことと重複することも多いが、丸山自身が自らの一連の作品の連関と位置づけをわかりやすく明らかにしたものであることから、それをもとに再度、確認の意味も込めてたどっておきたい。

丸山が歴史的発展を縦の線だけではなく横の線でも見ようとするにいたったのは、「戦争中の思想的な鎖国が解かれた直後の状況と、たまたま戦争中に読んでいた維新の精神状況とがダブって私の目に映った、という学問的以前の、あるいは学問を超えた生活経験が背景にあった」からであった。そのことはすでに見たように、マルクス主義者ではないが普遍的な歴史的発展法則があることを前提として考えて『日本政治思想史研究』を書いた丸山の歴史観を揺さぶるのに十分であった。幕末の「開国」は、西ヨーロッパにない東アジア諸国のみに存在した文化接触であった。丸山は、それを経験した幕末維新の思想的景観を縦の線の発展段階論に解消するような方法でとらえるのではなく、「閉じた社会（文化）」と「開いた社会（文化）」という「歴史的にいえば何度もくりかえす可能性のある構造論的アプローチ」を入れる必要があると考え「古層」論にたどりついたのである。さらに、日本歴史の時代区分自体が発展段階論のモデルに適用できないということも、丸山をしてそうした方法に向かわせる要因となっていた。

　丸山が、「開かれた文化と閉ざされた社会の逆説的な結合」ということを考え出したのは一九五〇年はじめごろからだという。丸山はキリシタン渡来を例に出し、キリスト教の伝播が恐ろしく速いにもかかわらず、絶滅するときにはまたおどろくべく速く姿を消すという「集団転向現象」に、日本思想の「個性」*を見出すのである。

＊これを「特殊性」といってしまうと「普遍性」の下位のカテゴリーとなるため、そうではなく「全体構造としての日本精神における「個体性」としてとらえるという（「原型・古層・執拗低音」『集』⑫）。

　そして、「日本の多少とも体系的な思想や教義は内容的に言うと古来から外来思想である、けれども、それが日本

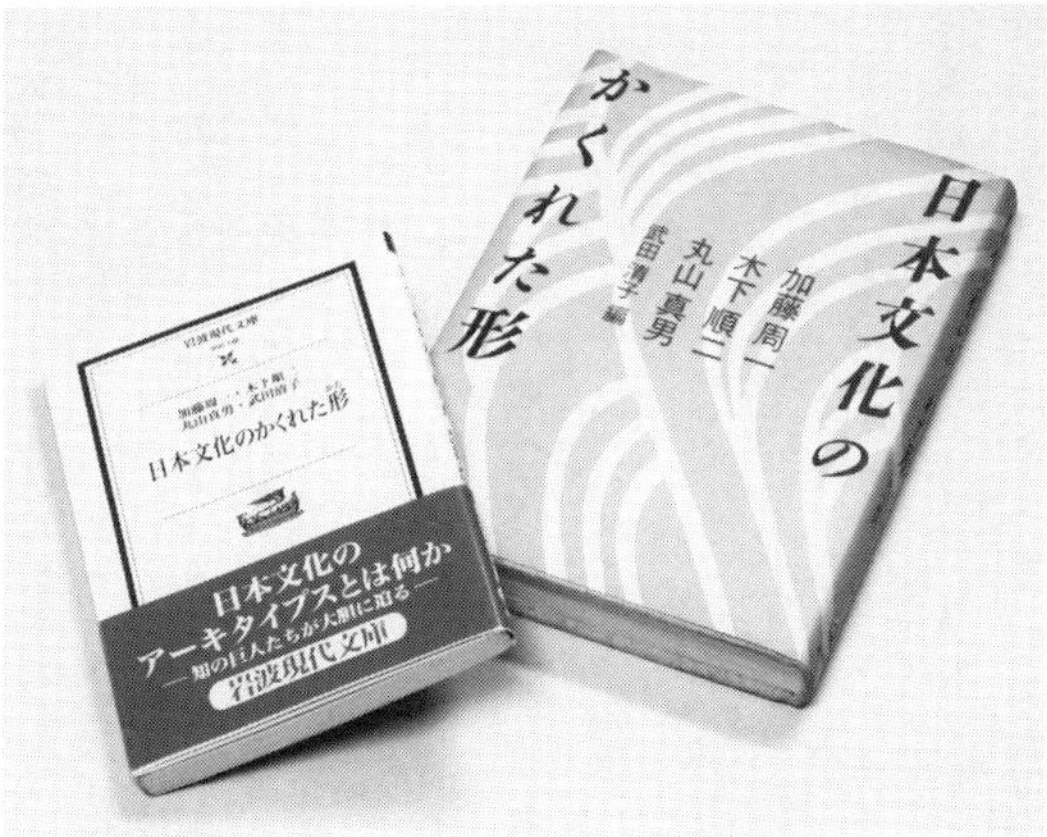

図15　『日本文化のかくれた形』

に入って来ると一定の変容を受ける」、その「外来思想の「修正」のパターン」のなかで執拗に繰り返される「修正主義」が、「原型」―「古層」―「執拗低音」なのである。つまり、「開国」と「古層」はこのようにしてともに丸山の構造論的アプローチから生み出された不可分のものであり、後述するように、そうした構造のなかの「閉じた社会」を打ち破るべく「他者感覚」が求められていく。

## 「人格の内面的自律性の確立」――鎌倉仏教――

一九七二年に「古層」論をめぐって行われた加藤周一との対談のなかで、丸山は、「日本の中世と近世とを比べると、ちょっと逆のようだけれど、中世のほうが個人の意識がはっきりしている面があるんじゃないですか」「宗教なんかもそうですね。内面化された宗教というのはいちばん鎌倉仏教にでている。世界宗教と本当に対決した時代は日本でいうと、中世だけなんじゃないか」と語っている（「歴史意識と文化のパターン」一九七二年一一月『座談』⑦）。丸山は、鎌倉仏教、なかでも浄土真宗を開いた親鸞のなかに「人格の内面的自律性の確立」をみており、「本来の宗教改革」という表現までなされるほどであった（『講義録』④二五〇、二九四）。丸山は、鎌倉仏教にかねてより着目して講義のなかでも論じており、ここでは遡って一九六四年度の講義からそれを見てみたい。

講義では五章立てのうちの第五章を「鎌倉仏教における宗教行動の変革」と題して論じ、親鸞については、「信仰に対する俗権の弾圧を拒否する原則（内面を侵すべからず）」は貫かれており、そこに「威武も屈する能わずという精神の自立」をみる。また「親鸞の提示した信仰共同体としての同朋団の思想は、政治的価値と別の価値次元に依拠した、自発的小集団 voluntary association の思想である」と評価する（『講義録』④二五〇～二五一）。「在家仏教」（→第六章）も、周知のように、親鸞の「「同朋」または「同行」」と称する浄土信仰からなる小集団に依拠する「出家」思想の否定（『講義録』④二四二）から採ったものであった。

「伝統的宗教行動の型に対して、新たな型（タイプ）を打ち出した」ことにより「世俗的領域における行動様式に転化翻訳され、またこれまで知られていた政治的・社会的な観念枠組に新たな生命をふきこむ役割を果たした」鎌倉仏教であったが、「〝原型〟」（古層）の制約を受けて変質し、先に述べた「本来の宗教改革としての面目を弱めていった」（『講義録』④二九四）。封建時代の農民は苛烈な搾取によって追い詰められ「絶望的に」立ち上がっても、その闘争はかつてのように信仰に根ざして身命をも捨てるというようなエトスに裏づけられたものではなくなっていた。「いいかえれば、下層民衆はもはや直接的におのれの上に君臨する世俗的権威を超えた普遍者にアピールする途を閉ざされたのである」。江戸時代の開幕は「秩序の価値の優位」をもたらし、「世間内の具体的共同体の倫理」が最高価値となって、「超越的普遍者（人格的創造神、彼岸的救済者、永劫不滅なる理、イデア）が見失われ、内在的普遍者（〝人類〟の理念、自由・平等・博愛の普遍的道徳、やや不徹底だが、自然法〔天道〕と同化した不変の五倫五常の道）が、世間的秩序との緊張関係を失って、内在化する」。すなわち「天下泰平」という秩序維持をいうとき、「世間的秩序とか天下はどこまでも特殊主義的（particularistic）な集団であって人類ではない」、すなわち「家、組、村（部落）共同体、株仲間、お家（藩）、幕府」といった「閉鎖的＝特殊主義的性格」の上下を貫通する構造が席巻するのが幕藩体制である。かくして儒教的世界像はたんなる権力による正統教学としてだけでなく、社会全体の「基本的な視座構造」となり、（本来）普遍主義に依拠する（はずの）学問・宗教・芸術は、「特殊集団への所属とそれへの奉仕によってのみ意味づけられる」。この「集団的功利主義」により「俗権への文化の従属」が行われていく（『講義録』④三一三〜三一四）。

「特殊集団を基盤とし、対内的にその集団における諸社会的価値の位置づけと配分形態を権威的に決定することを目標とする」政治的価値は、「秩序的価値」と「正義価値」（カント）を構成要素としている。その「秩序価値だけが一方的に強調されれば、革新のエネルギーは実現の場を見出しえないからして、天下泰平はまもなく天下停滞（固定化）に堕してしまう*」。この「徹底した particularism の体制」を維持するための〝鎖国〟が破られ「開国」によって体制自体も揺さぶられるが（『講義録』④三一四）、その後については別途論文でも克明に分析され、すでに本書でみてきたとおりである。

＊すでに飯田泰三も指摘しているように（「解題」『講義録』④三四二〜三四三）、丸山は前述の加藤周一との対談のなかで、加藤の「超越的世界観が日本に浸透したのは鎌倉だけ」で「同時に、個人が出てくる」という発言を受けて、このように述べている。「ただ、鎌倉以後の超越者の感覚の希薄化過程についてはね、ぼくは一種の二段階説なんです。（中略）超越性と普遍性とを区別すると、江戸時代でも天とか天道とかいうセンスがあるでしょう。あれはやはり経験的感覚的実在をこえているという意味では普遍性の感覚ですね。だけど、儒教的で、儒教は徹底的に現世的だから、内在的普遍性なんですね。だから「天下泰平」という秩序の価値観の優位と結びつく。「正義行なわれよ、たとえ地球は滅びるとも」という意味での徹底した正義価値は、キリシタンを絶滅させ、仏教を完全に俗権に従属させたあとでは、存立の場がなくなってしまう。江戸時代の「近代化」が同時に「古層」が

> せり上ってくる過程だと解説でいったのも、それと関係があるんです。ですから、政治的な次元ではその過程のクライマックスが、かたや「尊王論」と王政復古、かたや「公議輿論」あるいは文明開化との結合になって現われる。ところが、さらに明治時代もすすむにつれて、儒教的な天とか天道の感覚も減退する――つまり超越者どころか、普遍者の意識もうすれるから、日本の国体をこえた「道」がなくなり、普遍というのは、「そと」の地域のことか、でなければ哲学的な思弁でしかなくなる。感覚としては〝なりゆき〟と〝いきほひ〟の世界だけになってゆく……」(「歴史意識と文化のパターン」『座談』⑦)。

## 正統と異端――天皇制との格闘――

丸山は、「執拗低音」を説明するなかで、このようにも述べている。

> つまり日本思想史はいろいろと変るけれども、にもかかわらず一貫した云々――というのではなくて、逆にある種の思考・発想のパターンがあるがゆえにめまぐるしく変る、という事です。あるいは、正統的な思想の支配にもかかわらず異端が出てくるのではなく、思想が本格的な「正統」の条件を充たさないからこそ、「異端好み」の傾向が不断に再生産されるというふうにもいえるでしょう(「原型・古層・執拗低音」『集』⑫)。

ここに明らかなように、正統と異端の問題も、丸山の論文のキーワードでいうならば、「開国」「古層」と不可分であった。

筑摩書房の『近代日本思想史講座』は、全八巻の企画で一九五九年に刊行案内が発表され、同年から一九六一年にかけて第二巻「正統と異端」を除く七巻が刊行された(→第五章)。第二巻が未完に終わった事情については、「正統と異端」刊行をめざして最後まで丸山と共同研究を行っていた石田雄が書き残した「『正統と異端』はなぜ未完に終わったか」（初出は『みすず』一九九八年九・一〇月号、石田『丸山眞男との対話』二〇〇五年、みすず書房）で詳細を知ることができる。以下にそれを一つの導きの糸としながら、丸山が追究しつつも完成にいたらなかったこの問題を丸山の思想史研究の枠組みのなかに位置づけてみたい。

第二巻の当初の計画は、

一　天皇制的正統の確立（丸山眞男・藤田省三）　二　異端の諸類型とその展開（神島二郎）　三　交錯と矛盾―正統性の解体過程―（石田雄）

となっていたが、一九七二年に『講座』が重版されることになった際の広告では、

一　日本における正統性の成立（丸山眞男）　二　異端の諸類型とその展開（藤田省三）　三　交錯と矛盾―正統性の解体過程―（石田雄）

と変更され（石田前掲書、四四）、その後の停滞を経て、一九八〇年代から石田と筑摩書房編集部を交えて研究会が行われるようになった。

そもそも正統（Orthodoxy）と異端（Heresy）とは、「実はヨーロッパ語で考えている」といい（「正統と異端についての研究ノート（研究会）」一九八八年五月二六日『別集』④）、随所に言及があるとおりキリスト教に由来するものであった（「闇斎学と闇斎学派」一九八〇年三月『集』⑪[*]）。そのキリスト教も含めて、「具体的には異端が出てきてはじめて正統を確定する必要ができてくるというのが、

ほとんど共通した思想史的な順序」であるため（「Ⅳ　江戸時代における異端類型化の若干例」一九八七年七月二九日『別集』④）、まず「異端」とは何かを問うことになる、というのは丸山が繰り返し述べていることであった。＊＊

＊丸山によれば、「世界宗教のなかでも典型的な正統・異端の基盤」はキリスト教であった。それは一神教であることと救済宗教であることによるもので、マルクス主義もそうなりやすいのは、「ある意味で一元論的真理」であり「プロレタリアート救済」という救済宗教であるからであった（「Ⅲ　当初の基本的視点／思考パターンの発生条件」一九八九年五月一日『別集』④）。

＊＊その典型例は「寛政異学の禁」であり、「儒教が幕藩体制によ《〔と〕》って正統教義であったといえるかというと、必ずしもはじめからそうではなかった」。しかし「幕府のはじめから朱子学が正学であるという建前で、「寛政異学の禁」がなされていることもまた否定できない」のであり、「これがまさに「はじめに異端ありき」」であるという（「Ⅳ　江戸時代における異端類型化の若干例」『別集』④）。丸山はそれを、実ははじめから正統だったと認識させる「遡及《さつきゅう》傾向」があると指摘している（「Ⅲ　当初の基本的視点／思考パターンの発生条件」『別集』④）。また「はじめに異端ありき」の一般命題はヨーロッパ社会主義にもあてはまり、「修正主義という異端」、すなわちカウツキーやローザ・ルクセンブルグが出てきてはじめて「何がマルクス主義の正統であるかという問題が提起される」にいたったとする（「Ⅴ　闇斎学派の内部抗争」一九八七年一〇月二一日『別集』④）。

一九六六年以後七〇年代前半までに書かれたと推定される（中田喜万「解説」『別集』④四四九）「正統と異端」論文の草稿断片が残されており、その説明はわかりやすく、のちの「闇斎学と闇斎学派」（一九八〇年三月『集』⑪）における「正統」と「異端」の定義もこれにもとづいていて、丸山の基本的枠組みは当初から変わらなかったことをうかがわせる。それによれば、「正統」「異端」はともに中国における古い歴史をもつ漢語であり、それが日本に輸入されて「特殊のニュアンスをおびた」。

すなわち、「異端」はHeresyに近いが、中国そして日本の儒学の用法では、異端のなかに儒学内部の「異端」――たとえば朱子学を「正統」とするのに対して陽明学などを異端とする――だけではなく、キリスト教がそれに対する異教をpaganismと称してきた――たとえば儒学に対して仏教――ことと区別せずに用いられており、差し当たりは「異端」のなかにHeresyの意味も内包されているとする（「学統《O》と治統《L》」（「Ⅱ「正統と異端」草稿断片三点」一九六〇年代後半から七〇年代初めと推定（丸山眞男文庫草稿デジタルアーカイブ）『別集』④）。

対する「正統」の方は、福沢諭吉が「政統」と表した政治体系を意味するものと、「ドグマ」としての「正統」があり、「一定の統治体が、一定の世界観的宗教的ドグマを正統《レジティメート》なイデオロギーとして採用することによって、ドグマとしての正統性の問題が、政治権力の正統性《レジティマシイ》根拠の問題に転化する〔O→L〕」という。丸山によれば、「漢語としての「正統」が、歴史的にOとLとの二重の意味で使用されて来た、まさにその思想的ダイナミックスのゆえに、漢語としての「正統」概念は「オーソドクシイ」よりも一層、言葉としての豊饒性をはらんでいる、ともいえる。オーソドクシイの概念は漢語にいう「正統」問題を必然的に包含しないが、逆に「正統」概念は必然的にオーソドクシイの問題を包含《インクルード》して来たからである」と（同前）。

すなわち正統概念は二つあり、「教義・世界観を中核とするオーソドキシー問題」をO正統《せいとう》、「統治者又は統治体系を主体とする正統（狭義の神皇正統記的な「正統」論に限定せず、それをも政治的正統問題への一つの解答として内包する）論議をL正統《しょうとう》と呼ぶ」（「闇斎学と闇斎学派」『集』⑪）。

石田も丸山との研究会のなかで、「私たちは「異端」と対置される概念を「O正統」、政治的正統性の根拠のほうを「L正統」として区別することを共通の了解とした」（石田前掲書、四八）と記している。O正統の方は「あらゆる宗教があるところにみんなあるので」「複数的に存在する」のであり、国体論を例に、L正統はO正統に「政治的社会的機能の上で接近するということ、しかし最後まで積極的に定義することを避ける。だから、正統なき異端になる」というのは前述のとおりである（「正統と異端についてのノート（研究会）」『別集』④）。丸山は、「教義・学説の次元でのオーソドクシイの問題がレジティマシイの問題の中にに《（ママ）》併呑されて重要性を失ったのが、明治以後の天皇制国家なのであるが、その基盤は伝統的「正統」概念のなかにすでに用意されていた」とし、「「国体」という近代天皇制イデオロギーが《（ママ）》において、OがLのなかに包含されたまさにそのゆえに、それがドグマとしての「正統」O正統の機能をも代用〔“substitute”〕したという逆説」を指摘する（「Ⅱ「正統と異端」草稿断片三点」『別集』④*）。つねに天皇制国家が念頭に置かれており、そもそもこの巻が構想されたのも、その「刊行案内」に「近代日本の行動様式を決定的に支配してきた天皇制社会の精神構造を、正統と異端のダイナミックな緊張関係に視点をすえつつ追跡する」（石田前掲書、四三）とあるように、天皇制を撃つという敗戦直後からの丸山の問題意識の延長線上にある。そしてその点でもすでに見た「忠誠と反逆」の対をなすものであった。

＊合法性が正統性的根拠とはならないという点でウエーバー批判になり、その点においては、「近代国家の正統性的基礎はたんなる合法性にあるんじゃないのであって、つまり、人民が自分がつくった法理にみずから服すると

いう、そういう意味では人民主権的正統性がその背後にある」と述べたカール・シュミットの方が正しいという（「Ⅲ　当初の基本的視点／思考パターンの発生条件」『別集』④）。

丸山は、前述の「正統と異端」の草稿断片でも強調しているように、たとえば中国思想史において「楊墨老荘が異端とされて来たという事実の上に立って、いわゆる「異端思想」を分析することができる」が、「それはあくまで、異端とされて来たもの、その対象の分析であって、中国における異端という概念それ自体の分析ではない」（「一、言葉の意味と用法」（「Ⅱ「正統と異端」草稿断片三点」）『別集』④）と述べ、自らの異端の分析の意味するところについて注意深く説明している。丸山の意図するところは、以下によく示されている。

> 「正統」・「異端」の観念それ自体の歴史、両者の相互作用に内在する一般理論を明らかにするためにも、歴史的に正統なり、異端なりとされてきた教義内容、教団の社会的政治的活動、代表的思想家の検討が不可欠である。むしろ、右のような正統と異端の一般理論は、そうした多彩な歴史を素材としてそこから一般化することによってしか導き出すことはできない。にもかかわらず、こうした一般理論を前提としないでは、何故、いかなる条件の下で嘗ての歴史的異端が正統に転化するか、また嘗ての正統が逆に異端となるか、といった問題、またおよそいかなる教義にせよ、それが正統・異端というタームで語られるようになるのは、どのような一般的条件――思想的、社会的、政治的なパターンの共通性の下においてであるか、またそうしたタームで語られる場合に、コロラリーとして、教義内容の如何を問わず、いかなる問題が発生するかというような

事柄を解明することは困難である（同前）。

個別の異端――正統の内実ではなく、それらを生み出す丸山いうところの「一般理論」、すなわち社会の構造的解明が求められているのであり、それは、「忠誠と反逆」はもとより、「古層」が頭を擡げる古代天皇制国家以来の日本社会のありようと不可分であった*。

＊丸山はこのようにも述べている。「異端論の非常にやっかいな点は、異端としてやっつけられてる対象と、対象についての研究と、異端とは何ぞやという研究とがごちゃごちゃになってる」。そしてヨーロッパでも同様だとし、「そういうもの《〔研究書カ〕》は、あんまり今ぼくらがやってる研究には役立たない。つまり異端というのは、ワルト派とかカタリ派とか、中世において異端とされたセクトの研究、それが異端史とされてる。それがなぜ異端とされるのかということが問題なんです、実際は。そこに異端の一般理論というものが成り立つんじゃないかと考えるわけですけども」（「Ⅳ　江戸時代における異端類型化の若干例」一九八七年七月二九日『別集』④）。

また他方でマルクス主義が意識されていたことは、たとえば「O正統というのはあくまで宗教があるかぎり、宗教というのはマルクス主義も含めて、みんな自分のO正統の問題を抱えている」（「正統と異端についてのノート（研究会）」『別集』④）といった発言や、「マルクス主義の正統性」として「マルクス・レーニン主義」の項目が立てられていることからも明らかである（「「正統と異端」ノート（内容目次）」一九八八年五月二六日、『別集』④「Ⅲ　当初の基本的視点／思考パターンの発生条件」『別集』④）。

こうした日本社会の根幹に切り込むべくはじめられたこの計画が未完に終わった理由について、石田は、第一に、大衆社会状況の進行のなかで、象徴天皇制が同調性に支えられる形で次第に定着し、他方で日本共産党も合法政党として「大衆路線」を打ち出して、マルクス主義は「学界におけるギルド」としてのみ存続するという状態にいたったことをあげる。そして石田自身、このような「分析対象と対抗すべき方法におけるO正統のゆらぎ」を前に「私は正直なところ当初の元気が失われていく感じを禁ずることはできなかった」と述べている（石田前掲書、五四～五五）。たしかに丸山も「対決していた当の相手が少なくもぼくの視野の中でフニャフニャになった」ために気が抜けたことを告白してはいたが（↓第五章）、基本的な枠組みや視点が変わることはなかったとみてよいだろう。丸山は、一九八九年五月の石田との対談のなかでも、「結局、なぜそういうふうにO正統をわりあい素直に、こういうふうにやる気になったかというのは、たんに勉強したってことじゃなくて、やっぱりぼくの、なんていうかな、青年のときからの生活史というのかな、そのなかでやっぱりマルクス主義と、それから国体論だな、それはもう念頭から離れないでしょう」と述べている（「Ⅲ　当初の基本的視点／思考パターンの発生条件」『別集』④）。

　石田が指摘する、一九五〇年代末頃から広がった日本社会における「異端好み」（石田前掲書、五二～五三）は丸山の視野にも入っていたし、*もともとあった社会主義における「正統と異端」という問題関心は、全共闘運動に直面するなかでそれと重ね合わされたものであったことはまちがいないだろう。しかし、そうした一連の状況の変化はこの仕事を大きく左右するところではなかったであろう。その点では石田と丸山の間に差異があり、中田喜万が、「石田は、目前の新たな問題状況にむけた批判的応答になるよう、ほぼ完成稿に近い論文（中略）を何度も書き直そうとした」のに対して丸山は、「当面の状況に逐一反応する必要を感じずに――それは自分がかつて著したものでもある程度有効であると考えていた節がある――、様々な現象の根底に共通する普遍的問題をえぐりだそうとした」（「解説」『別集』④四四三）という指摘をしている。

＊そうした「異端好み」も、自信のなさや淋しがりやであるがゆえの「共同体主義の裏返し」であるとし、「そういう異端好みは、伝統的なオーソドクシーと案外共存できるんです」と述べている（「民主主義の原理を貫くために」一九六五年六月『座談』⑤）。

ところが、丸山の一九七〇年の肝炎による入院にはじまり、さらには海外での学会報告や『日本の思想六　歴史思想集』（一九七二年、筑摩書房）、『日本政治思想史研究』の英語版（一九七四年、Princeton University Press）、『戦中と戦後の間』（一九七六年、みすず書房）の刊行が優先されてしまったことが、発刊に向けての作業の停滞をもたらした。すでに担当部分の原稿を書き終え、校正刷も出ていた石田にとっての「待ちの時期」であった七〇年代を経て（石田前掲書、六二）、藤田省三も六七年の渡英により参加が断たれ、八〇年代になってようやく石田と二人での研究会が復活する（同前、五八）。しかしその後の事情は石田が詳しく述べているように、丸山は意気ごみを見せつつも、自身の体調と抱えている仕事の優先順位との兼ね合いのなかで進めることを余儀なくされる。一九八七年七月二九日の研究会では、「江戸時代における異端類型化の若干例」の報告をはじめるにあたって、「書くのはちょっと難しいので、順不同でテープを録って、全体として「正統と異端ノート」」という形で編集部がまとめることが構想されているが（「江戸時代における異端類型化の若干例」『別集』④）、それも実現にはいたらなかった。

## 日本政治思想史の〝市民権〟の獲得

そのなかで、八〇年代の再開の発端となった「闇斎学と闇斎学派」(一九八〇年三月『集』⑪)は、『日本思想大系三一　山崎闇斎学派』(岩波書店)の「解説」としての位置づけであったが、丸山が執筆中に二度入院するほどに体に負担をかけてまで打ち込んだものであった。丸山によれば、「一つには徂徠とか福沢とか、自分が惚れている対象ばかり相手にしているのでは思想史家として十分とはいえないという考えから、江戸儒学のなかでもかねて一番きらいな崎門派ととりくんで腕だめしをしよう」としたもので(「近況報告」一九八〇年八月『集』⑪)、そこにはいうまでもなく正統と異端の視点が貫かれている。さらに一九八〇年一月一二日には「闇斎学派の内部抗争」と題して日本学士院で報告を行っている(『別集』④[*])。

＊「正統と異端」研究会において、同じ内容の報告が一九八四年三月一日と一九八七年一〇月二一日に行われており、後者の速記録にもとづく。

一九七〇年から八二年にかけて刊行された『日本思想大系』(全六七巻、岩波書店)の編者(ほかに家永三郎、石母田正、井上光貞、相良亨、中村幸彦、尾藤正英、吉川幸次郎)でもあった丸山は、その第六七巻「月報」に「偶感一束」(『集』⑫)を寄稿し、そのなかで思想史のあり方について述べている。このシリーズが仰ぐ、それぞれの学問領域に位置する「自分の専門の「席」からしてまんなかのグラウンドに降り立ち、他の専門家たちと出会う」という光景は、「むしろ思想史という学問はもともと右のようなグラウンドとしてしかありえない」。「そうでなくて、このグラウンドこそわが「専門」で、まわりの席には自分の場はないと称する人がいたら、私は躊躇なく彼を――偉大かそうでないかを問わず――ディレッタントと呼ぶだろう。思想史がこういう性質をもっている以上、各自の専門の場からこのグラウンドに降り立つ戦士たちには、自己の「植物主義的」発想（自己の「出身」に基づくドグマをいう――引用者）を禁欲することはもとより、およそ「専門」に不可避な遠近法的な展望が、他の戦士の仕事にたいする自分の評価に刻印している「偏向」を不断に自覚にのぼせることが要求される。イデオロギー的寛容と区別した、思想史研究における寛容とはそういうことではないのか」と述べる。かねてから丸山が警鐘を鳴らしてきた学問のタコツボ化の指摘につながるものといえよう。

松沢弘陽「解題」（『集』⑫）が記すように、一九八〇年代は、丸山のこれまでの仕事が改めて単行書にまとめられ、世に問われた時期であった。一九八二年には、「『現代政治の思想と行動』追補」という副題を冠した『後衛の位置から』（未来社）が、また一九八三年、『日本政治思想史研究　新装版』（東京大学出版会）が刊行された。前者に収められた「「現代政治の思想と行動」英語版への著者序文」（『集』⑫）は「夜店」と称されてきた[*]現代政治への、そして後者の方の「「日本政治思想史研究」英語版への著者序文」（『集』⑫）は「本店」にあたる仕事への丸山なりの総括であった。[**]

＊丸山は晩年、「夜店は極端な表現なんですよ」と言いつつも、「先生は夜店を出すこと自体をたのしんでいらっ

しゃるところがあるんじゃないか」という杉山光信の問いかけに、「実は、そう言われればノーとは言い切れない」と応答している。そして改めて、「ぼくの本店というのは日本政治思想史という領域で、政治学のなかでも、これ以外の領域はみんな夜店というわけです」と述べている（「夜店と本店と」一九九五年七月『座談』⑨）。
＊＊それぞれこのような形で刊行され、英語版序文として書かれるようになった事情については、松沢前掲「解題」（『集』⑫）を参照。

前者に収められた一連の仕事をふり返って、改めて次のことが指摘されている。

第一に「病理学的な」アプローチをとったことであり、それはいうまでもなく「日本をあの破滅的な戦争に駆りたてた内的な要因」を探ることにあった。その点では、戦後に「巨大な再生をみた」マルクス主義と同様であったが、丸山の場合は「より広い意味での日本の文化《カルチユア》の性格を検討し、日本人の日常の行動とその思考過程——意識的に抱いているイデオロギーのみならず、さらにとりわけ、日常生活の行為の中に断片的な仕方で現われる無意識的な諸前提や諸価値をも含めて——を分析すること」にあった。それらの論文は、「二つの主題の対位法的な合成」を示しており、一つは、その病理が「日本の政治的発展の「正常な」方向からの偶然的・偶発的な逸脱」として説明されることへの対抗であり、もう一つは、「ドグマティックな俗流マルクス主義の氾濫」への対抗であった。さらには「日本ブーム」の背後にある「日本人の「自愛」」の危うさに触れながら、「したがって、もし現在書いたとしたら私の調子はここでの論文ほどに甲高くはないにしても、私が日本社会の病理的側面への関心を、最近の出来事によって否応なく放棄するようなことはまずありえない」ことを「正直に告白して」いる（「現代政治の思想と行動」英語版への著者序文」『集』⑫）。丸山本人も語ってきたように、たえずマルクス主義を意識しながらであったことと、今なお根本的な日本社会の「病理」に対する認識は変わっていないことが明らかにされている。

第二に、「日本政治の特異性、ならびにそれを規定している文化のパターンの特異性」の強調である。丸山は、カントの自然研究者の分類を引き合いに出して同質性と特殊化のうち自身は後者に傾くとしつつ、「傲慢に排斥しあうよりも、むしろ互いに補完しあうべき」とする。日本近代の天皇制を要した「特殊性」の重要性を意味するものといえようか。

第三に丸山は、一九世紀実証主義世代の代表であった父の影響と、大学時代のドイツ観念論との出会いという自身の知的背景に触れながら、「ドイツの「歴史主義」とイギリスの「経験論」との間の中間的立場をとる思想家たち」に深い共感を覚えてきたこと、そしてこの二つのあい拮抗する要素はいずれかを全面的に受け入れることを押しとどめる役割を果たしてきたことを述べる。

丸山は、唯名論にどんなに引き寄せられても「有意味な歴史的発展」という考えを捨てるにいたらず、今もって「一八世紀啓蒙精神の追随者であって、人間の進歩という「陳腐な」観念を依然として固守するものであることをよろこんで自認する」。それとともに、「私は歴史における逆転しがたいある種の潮流を識別しようとする試みをまだあきらめてはいない」として次のように述べる。

> 私にとって、ルネッサンスと宗教改革以来の世界は、人間の自然に対する、貧者の特権者に対する、「低開発側」の「西側」に対する、反抗の物語であり、それが順次に姿を現わし、それぞれが他のものを呼び出し、現代世界において最大規模に協和音と不協和音の混成した曲を作り上げ

ている最中である。われわれは、これらの革命的潮流を推進する「進歩的」役割を、なんらかの一つの政治陣営にア・プリオリに帰属させる傾向にたいして警戒を怠ってはならない。われわれはまた、なにか神秘的な実体的な「諸力」の展開として、歴史を解釈する試みにも用心すべきであろう。けれども、われわれが言葉のプロパガンダ的な使用にうんざりするあまり、人間の能力の一層の成長を胎んでいるような出来事と、人間の歴史の「時計の針を逆にまわす」意味しかもたない出来事とを見分ける一切の試みをあきらめてしまうならば、それは情けないことではあるまいか。

そして丸山は、「本書の論文にいくらかの興味を見出してほしいと著者が望むのは、そのアカデミックな価値にたいしてでなく（中略）むしろ、戦争とその余波の波乱怒濤の時代にその全青春期を生きた一日本人の知的発展の記録としてなのである」と結ぶ（同前）。

後者の『日本政治思想史研究』の執筆の背景については、「小さなエピソード」の提示をもって「当時の研究者をとりまいた精神的状況」が述べられたあと、日本思想史の研究状況を踏まえて自らの執筆の意図が記される。すなわち第一章・第二章は「徳川時代における近代的思考様式の成熟とその程度を測ること」であり、その基底には「近代の超克」論に対する自らの専門領域における対抗があった。そしてそれは、「近代の超克」が最大課題になるほどに近代化されていないということと、明治維新以前においても伝統主義者が美化するほどの「近代」と無縁な「東洋精神」が歴史的変化から免れて持続していたわけではなく、「徳川時代の思想も、「底流」に着目すれば、近代への引続いた発展の相において（sub specie）とらえるのは可能」ということであった。そして第三章は、超克すべきほどに日本は「近代化」されてはいないことを明治以後の時代において明らかにするというものであった。

続いて丸山は、内容に踏み込んで二つの「ミニマムの注釈*」をつけており、そこでもなお徂徠学の内部構造、そのなかでの公的領域と私的領域の分岐の意味、徂徠学と国学との思想的連関――すなわち徂徠学の私的領域の解放が国学によって継承された、といった点は今後の研究の発展に活かしうるものと考えていることを明らかにしている。なお、比較という点で日本と中国が主要な視野に置かれ、朝鮮の思想史を軽視したことを「私だけでなく、日本における「伝統」思想研究に多少とも共通する盲点であった」と述べていることも注目されよう。しかし、「私の現在の立場や見解」と当時の著作との間に存在するギャップは「とうてい要約するすべを知らないほど巨大である」としつつも「こうした特定の視角から照明をあてた研究は、教科書的な一般史とちがって、著者のその後の変化にかかわらず、それ自体独立の存在理由をもつ、と私は信ずる」と述べるように、同書もまた「戦争とその余波の波乱怒濤の時代にその全青春期を生きた一日本人の知的発展の記録」であるからにほかならない（同前）。

＊一つは、社会的イデオロギーとしての朱子学の普及と「古学派」の朱子学への挑戦とは、じつは「ほとんど同時的に進行した」とみなければならないことであり、もう一つは、朱子学の日本的特性を考慮に入れず、中国からの直輸入的なものという前提で論じたことであった。

丸山は、一九八六年一月、「日本政治思想史研究における多大な業績」により一九八五年朝日賞を受賞した。その授賞式の場で丸山は、「学界以外のところで日本政治思想史というジャンルが初めて市民権を得たと理解し、うれしく思った」と述べている（「日本政治思想史というジャンルが初めて市民権を得たという思いです」一九八六年三月『集』⑯）。

### 「われわれのオーソドクシー」――「個人の基本的人権」――

一九八九年五月一日に行われた「正統と異端」の研究会（「Ⅲ　当初の基本的視点／思考パターンの発生条件」『別集』④）で、丸山は、三、四人で研究会をはじめた当初に基本的視点の一つ目に「福沢〔諭吉〕のいう文明の精神」を「われわれのオーソドクシーにする」ことをあげ、それを考えた当時をふり返りながら、具体的に七点をあげる。

その第一は、具体的には文明開化物のようなレディメード（ready-made〔でき合い〕）の輸入品である「開けた」精神ではなく「「開く」精神」であること、第二に「目に見えない普遍的真理と正義にたいするコミットメントを伴う」こと、第三に「歴史の進歩を信じること」であり、これについては、改めて「その意味は、歴史というものが人類の経験にたいする意味付与の歴史であ」り「歴史から学ぶ能力をわれわれがもっているということを提示することを通じてしか、われわれの将来はない」と注釈をつけている。換言すれば「たんなる出来事」ではなく、「過去の誤謬も含めて、それを人類の経験の蓄積として将来に活かすということ」であった。そして第四に、「人民にたいする信頼観に立つこと」であり「誤謬を通じて人民が前進するという可能性を信じないかぎり、われわれの未来はない」という。第五は「一身独立して一国独立す」の、主権国家自身が崩壊しつつある今日における意味は、「個人個人の独立の精神が、いかなる社会集団にとっても、その集団の創造的エネルギーの究極の源泉であるということの承認」にある。そして第六は「個人の基本的人権の理念の永久革命的な性格の承認」であり、「人権をどんなパブリックな名においても否定することは許されない。逆に、あらゆる政治形態、あらゆる統治の形態、あらゆる社会体制はその理念の前に相対化される」ことを確認している。

丸山が、「ここで注意しなければならないのは」とことわりながら述べるのは、「個人の基本的人権のイデー」と「いわゆる個人主義」の関係についてであった。すなわち、それは「超個人的な、個人をこえたイデー――基本的人権のイデー自身がそうだと思うんですけど、他人の権利の尊重を含むわけですから――超個人的なイデーにたいするコミットを通じて、逆に個人が自立するという、そういう構造をもっている」という。「集団を絶対化しないために、自発的集団も含めて、集団を単位としない、あくまで単位は個人である。ただそれは、いわゆる個人主義ではない」と説明を重ねている。まさにこの人権の問題こそが「われわれのオーソドクシー」の中核をなすものであったといえよう。

そして第七は、日本国憲法は文明の精神という「O正統の受肉」としてのL正統なのであり、そこには不可避的に権力の問題が発生するとの指摘である。「あらゆる権力は腐敗の傾向をもつ」にもかかわらず「政治権力なしにはおられないという、そのパラドックスを承認すること」である。丸山は、「純粋でないもののなかで堪える純粋な精神をもつということ」を受肉と称する。

一方で「純粋でないものを恐れて純粋主義に走ると、これはしばしば出発点と正反対の帰結になる」

といい、その典型をキリスト教異端のカタリ派にみる。同時に新左翼がそれと同様であり、「その悲劇は、やっぱり純粋主義が正反対の帰結になって、あの凄惨な内ゲバになる」と述べている。

大きな二つ目は「制度信仰とアナーキズム信仰」で、「制度の物神崇拝」の正反対の反政治主義をも含む政治的アナーキズムは、政治活動を人間活動の部分的な活動として積極的に承認しないがゆえに、逆に政治的なものに歯止めが効かなくなり、「自分では、主観的には非政治的と思っている活動」が「オール政治主義」に転化する。その典型として全共闘をあげている。

三つ目は、イデオロギー主義とそのアンチテーゼとしての現実主義、日常主義、世間主義、マイホーム主義であり、「この両極を排していくことに正統がある」とする。

四つ目は、文化主義、ないしは学問・芸術至上主義、そしてその対極にある文化それ自体を尊重するのではなくどういう役に立つかという点から評価をする「実用主義」をあげる。丸山によれば、ともに文化を孤立化させるものであり、その両極を排するところに「われわれの正統な態度」がある。

五つ目は、異端好みとその対極としての特定集団をオーソドクシーとすることであり、そこに「特定の集団がそのまま正統化される」大日本帝国をみる。

そして六つ目が「外なる世界主義と内なる日本主義」であり、「その両極性を排するということ」を通じて「開かれた精神」「開く精神」が確立されると述べる。

これらは戦後の丸山が一貫して追究してきたものであり、全共闘運動に直面した経験などを随所に織り込みつつ、「われわれのオーソドクシー」を変わらずに堅持していたことが確認できよう。すでに見たように、このテーマに取り組むにあたって、六〇年安保後の全共闘の台頭が意識されており、そのことは、この研究会の記録のなかに収められた石田雄との対話のなかからも明らかである。さらに丸山は、宗教とともにマルクス主義から生じる問題について、超経験的・形而上学的命題についてもそれが認識の領域に厳密にとどまっていればよいが、「対象への働きかけ、つまり広い意味での実践および価値判断を含んでくる」と、真偽だけではなく善悪正邪がそこに入ってきて、「俗にいうならば、「けしからん」という言葉で表現されるような評価を浴びることになる」と述べている。さらにはそこからドクトリン（教義）をめぐって社会集団化が起こるのであり、「けしからん」という態度を生むのも、それがゆえのことであった（「Ⅲ　当初の基本的視点／思考パターンの発生条件」『話文集』④）。そして、先に丸山が集団を絶対化せず単位は個人であることを強調したのもその問題に連なっていた。

　この「けしからん思想」は、丸山が最も危険視するものの一つであり、人権問題との関わりのなかで語った別の文脈で、次のように述べている。

　同調社会である日本ほどある。つまりノーとなかなか言えない社会。ということは、他者を他者として理解する能力が比較的乏しい社会。自分の価値判断で考えられない。だから新聞が叩くと、寄ってたかって袋叩きにする。僕がマスコミの嫌いなところは、そこだな。袋叩き、しかも少数意見がほとんどない。これは一億火の玉にいつでもなる社会です。ファッショは国家権力がだんだん肥大化していくものだなんていうのは、大間違いです。同調性がある社会は、いつでも一億火の玉になります（「人権からみた日本」一九九三年一〇月『話文集』続②）。

丸山は組織論からセクトの問題についても論及してゆく。キリスト教の回心のあり方などをしばしば参照軸におきながら、「革命的タイプ」の一例として谷川雁などにも話題が及ぶなど、新左翼におけるセクトの問題が念頭におかれていたことがみてとれる。日本には「O正統をめぐる本当の争い」というのはないと述べる際に、例外的な特殊の場合としての崎門学派をあげ、その「O正統についての熾烈な争いと、それから内部分裂がある。この非常に矮小な形態が新左翼になるんですけど（笑）」とも述べている（「Ⅲ　当初の基本的視点／思考パターンの発生条件　一九八九年五月一日」『別集』④）。

「正統と異端」と題する講義は、すでに一九五七年度講義の第三章に置かれており、その対象は、「正統的イデオロギー」である「幕藩体制下の儒学、特に朱子学的思惟」が儒学内部から揺るがせられ、また外部から蘭学、国学の登場によって挑戦を受けるにいたる様を論じたものである。ただし丸山自身が、「一般に、真理と正義との正統性と身分的独占の関係の弛緩が進むと自由な世界解釈の可能性が成熟して来るが、それはどこでも、一方では身分的に自由な知識人の形成、他方オーソドクシーから独立した思想の自由市場における競争として現われる。その条件は、維新以後はじめて社会的規模において開けてくるが、徳川時代の後半期においても、国学・洋学その他独立学派の挑戦によって正統学派の封建性は弛緩し、正統化された「真理」はそれだけ相対化されて行くのである」（『講義録』別冊②一一七～一一八*）と述べるように、そもそも「正統」と「異端」の対抗が顕著に現れるのは明治以後であり、本格的な展開はここでも述べられていなかった。

＊宮村治雄・山辺春彦「解説」（『講義録』別冊②三一〇～三一一）もこの点を指摘している。

周知のようにこの主題は未完に終わった。丸山は、「講義録」や『著作集』を編むに際しても、「自分がすると以前書いたものにいつまでも手を入れてきりがなくなるから」といい、それを松沢は「無限の討論と探求に没入しているから」と評している（「第一三章『丸山眞男講義録』をめぐって――対談と鼎談――」、平石前掲書、四二〇）。

## 普遍／他者感覚／人権

「古層」という歴史意識の問題と関連づけて丸山が発言しているのが、「他者感覚」という人と人との交わりのあり方、そして人権感覚についてであった。

　その一つが『一橋新聞』のインタビューに答えた「普遍の意識を欠く日本の思想」（一九六四年七月一五日『集』⑯）であり、そこではナショナリズムの問題を取り上げて「世界市民主義つまり普遍者へのコミットがないナショナリズムは成り立たない」といい、続く「普遍的原理の立場」（一九六七年五月『座談』⑦）においても「特殊」と「普遍」の問題について、「どんな特殊的な命題のなかにも、論理的に普遍的なものがふくまれているということを意識していればいいんですよ」と普遍意識の重要性を強調してやむことはなかった。丸山はこのようにもいう。

> 　明治以降、日本はかなりウェスタナイズされています。これだけウェスタナイズされた日本で、戦争中にあんなに荒唐無稽な考えが権力と結んでひろがると、どうしてあんなに無抵抗だった

のか。たとえば天皇機関説など多年だれも疑うものがなかったのに、天皇が機関とは何ごとだと、一度反対されると、だれも公には抗弁できなかったのです。その理由はよくわかりませんが、日本の知性は魔術的なタブーの前に実にもろい。そういったマーギッシュな考えを我々の下意識の世界から追放しなければならない。それは大変な問題です。僕がそういうと、「近代主義」といわれます。しかし僕は、そういった「近代化」のみが「永久革命」に価すると思う。社会主義が永久革命だなんてとんでもない。それは歴史的状況のもとにおける体制にすぎない。僕がいったような、普遍的なものへのコミットだとか、人間は人間として生まれたことに価値があり、どんなに賤しくても同じ人は二人とない、そうした個性の究極的価値という考え方に立って、政治・社会のもろもろの運動・制度を、それを目安にして批判してゆくことが「永久革命」なのです。
それが僕の考えです（「普遍意識欠く日本の思想」『集』⑯）。

丸山にとって社会主義は「永久革命」を実現するための階梯にある制度の選択肢の一つにすぎず、「個性への究極的価値」を承認する「普遍的人権」、それこそが「近代化」なのであった。その意味で、丸山の批判者がしばしば用いてきたような社会主義と相対立するものとして「近代主義」批判をすることは当を得ていないことも確認される発言であり、かねてからの批判への丸山の返答として受けとめねばなるまい。

丸山の希求する「普遍」はいうまでもなく、これまで述べてきた「ウチ」と「ソト」の克服を意味した。それはまた「他者を他者から理解する、他者の内側から理解する」（『集』⑪）というのは、現代の感覚を投影するのではなくたとえば「江戸時代を江戸時代として理解する」という「歴史の理解」が必要であるとともに、それだけではなく福沢諭吉がいうところの「人間の交際」の問題であり、「他者感覚がないところには人権の感覚も育ちにくい」ということなのである（「日本思想史における「古層」の問題」『集』⑪）。この点は、前掲「現代における人間と政治」（一九六一年九月『集』⑨）においても、「知性の機能とは、つまるところ他者をあくまで他者としながら、しかも他者をその他在において理解することをおいてはありえない」と述べられていたことでもあった。丸山はいう。

> 日本人はとかく自分の像を相手に投影してしまうか、でなければ「関係ないや」かどちらかです。日本の明治以来の外国認識のあらゆる間違いはそこに根ざしている。中国に対する認識が根本的に誤まっていたというのも、他者感覚がないからです。同じ漢字でしょ。「同文同種」なんて言っていた（「日本思想史における「古層」の問題」『集』⑪）。

歴史におけるナショナリズムのありようの問題も個々人のレベルも、いずれも文化接触という問題なのであり、だからこそ前述の丸山を囲むゼミナール「日本思想史における「古層」の問題」においても、「「理解」するということ」に時間を割いて語られているのである。

丸山はさらに、「他者感覚」ということから人権の問題に踏み込んでいく。一九七六年の萩原延寿との対談も、「他者との出会い」（一九七六年二月『座談』⑦）と題し「西欧の若い研究者」の問題を例にとって「日本に対する「他者」感覚が欠落しがち」であることを取り上げている。「同じ人間だ、わからないはずはない、という感覚で押しきってしまう。実際、日本の現在だけみていたら、たとえば若者のビヘイビアは西欧圏の若者たちと非常に似ている面が多い。（中略）したがって、欧米から来た学者でも、若いゼネレーションになればなるほど、自分たちはまったく違った文化圏のなかにいるという感覚が比較的ないわけです」と言わざるをえない現状を憂い、幕末維新期の日本にやってきた外交官たちには、「自分たちとまったくちがった何ものかに接している、という感覚がどうしてもあるからして、必死になってその「他なる者」を理解しようとしたのではないか」と問う。そこで丸山が重視するのは、「自分の精神の中に既存しているイメージなり考え方なりを投影しただけでは、相手のことをはわからないという自戒心がたえず働く。働かざるをえない」という点であった。

さらに丸山は、「他者感覚というのは、いわゆるエキゾティズムとはまったくちがうということ」を強調し、エキゾティズムの場合は「純粋に客体としての観察」であるため「いくら観察しても、その観察が自分自身にはねかえってくる、ということがない」「主体自身は変らない」のに対して、「自分と対等な、しかし独立の「他者」として相手を認識することが深くなるほど、その結果は自分を、自分たちの文化を相対化し、また自己批判をする目をとぎすますようになる」と述べる。「ツーツーカーカー」すなわち「他者感覚」がないことの問題は、「認識の結果が自分にはねかえってこないから」だということもつけ加えている（同前）*。

＊「他者感覚」についてまとまった文章として述べたものが、「歓迎パーティーで言わなかった挨拶」（『日本政治学会会報』第三号、一九八二年五月『集』⑫）に残されている。以下のとおり。「他者感覚——the sense of "otherness" は、異国趣味とは全く似て非なるものです。エキゾティズムはいってみればパンダにたいする好奇心と同じで

す。エキゾティックな興味はどんなに観察が微細に汎っても、観察の結果が自分自身にはねかえって来ることはありません。それにたいし、the sense of otherness をもって対象にのぞめば、その成果はたんに対象についての情報の増大にとどまらずに、観察主体にはねかえり、自分たちが自明のこととして使用していたコトバや概念装置がいかに自分たちのカルチュアによって制約されていたかを自覚させる筈《はず》です。異質的な文化間の対等な相互理解への途がこうして開かれます。世界的なコミュニケーションの発達と、とくに英語が世界語になったことによって他者感覚はどうしても希薄化しがちです。他者感覚を喪失した、どこでも要するに大同小異なんだという一種の「普遍主義」を、私は international Airport Theory と呼ぶことにしています。（中略）ツーツーカー的な普遍主義はかえって深い国際的相互理解を妨げるという逆説を私達は今日もう一度考えて見る必要があると思うのですがいかがでしょう」。

### 「近代日本の知識人」――〝開かれた〟知的共同体を求めて――

知識人論は、知的共同体の再建を希求してやまない丸山が常に追究しつづけてきた問題であり、「近代日本の知識人」と題する講演が一九七七年六月に学士会で行われ、その内容が同年一〇月に『学士会報』に掲載された。さらに一九八二年に、その際の省略部分の復活と若干の元原稿の付け加えがなされて前述の『後衛の位置から―『現代政治の思想と行動』追補―』（未来社）に収録され（「近代日本の知識人」一九七七年一〇月『集』⑩）、広く読まれることとなった。それは、「知識人とは何か」にはじまって、それを近代日本のコンテクストに即しつつその用語の変遷に注目しながら明治から戦後までの知的共同体のありようを論じたものとなっている。

丸山によれば、近代日本では「知識人が職場のちがいをこえてひとつの知的共同体を構成している

図16　『現代政治の思想と行動』『後衛の位置から』

という意識」の成熟が妨げられてきたが、そのなかでも比較的それが高まった時期が三つある。一つは「近代知識人の生誕期」である明治維新から明治二〇年代まで、二つ目は一九二〇年代以後の「思想問題」の登場、そして三つ目が敗戦直後の「大日本帝国の思想的に「閉じた」社会の厚い壁が一挙に崩れ落ち、「暗い谷間」を過した知識人たちに、三たび知性の王国への共属意識が呼び醒まされた」ときであった。

こうした三つのエポックに注目し「悔恨共同体」をキイ概念としつつ戦後を論じてきた丸山は、最後に「一つの歴史的逆説」について述べる。すなわち「身分社会」であり「閉鎖的な藩で分断されていた」江戸時代よりも、「封建的な階層制と地域的障壁が大胆にとりはらわれた」大日本帝国以後の時代の方が、「急速な官僚化と専門化がそれに代位」することによって「かえって組織への所属性の方が、知的共同体の同じ成員であるという意識よりも優先するようになってくる」というパラドックスである。

続けて丸山は、「「後ろむきの予言者」と定義される歴史家の一人として、知的共同体の今後の再建について将来の可能性と動向を卜することは、この稿では致しません。ただ最後につぎのような「問題」を提起しておくことにとどめます」とことわりつつ強い調子で述べる。

> 知識人の依ってもって立って来た普遍性の追求にたいして、そのブルジョア的な限界性とか、「ニセのヒューマニズム」とかいう告発が、ほかならぬJ＝P・サルトルをはじめとする西欧の知識人によって現在行なわれております。けれどもこの場合にも、われわれは西欧の知的配慮をもって機械的に日本のケースに適用することに鋭い警戒を働かせねばなりません。日本の「知性」にこれまで問題があったとすれば、それはすくなくも第一義的には、ヒューマニズムのブルジョワ的制約とか、普遍主義の階級的限界にあったのではないと思います。さきに一寸《ちょっと》触れた戦前日本におけるマルクス主義の、逆説的な役割にもそのことは現われております。

つまり日本ではマルクス主義を媒介することによってはじめて「ルネッサンス的普遍主義と「啓蒙」の批判精神の時代を迎えた」からである。そして次のようにいう。

> 近代日本において、ブルジョワジーはかつて一度も普遍主義やヒューマニズムにコミットしたことはありませんでした（中略）。もし日本の知性における「普遍主義」に疑問を投げかけるとすれば、それは「普遍主義」が、中国とか西欧列強とかいう、日本の「外」にある特定の国家や、文化の特定の歴史的段階――十九世紀の西欧文明といった――に癒着し、それ自体が一個の特殊主義《パティキュラリズム》に堕した、あるいは堕する傾向がある、という点にあると思います。

丸山は、戦後いまだ実現していない近代を前にその超克がありうるかと問うたと同様に、ユートピア思想すなわち「現実にたいする切迫した、またトータルな批判意識の所産」に乏しくそれに「模範国家」を代位させてきた日本社会にあって、一度たりとも「普遍主義」が実現していないのに、「普遍主義」を批判することの愚かしさを突きつけた。そして次のように述べる。

> 普遍主義が自分の、あるいは自分の国の、「外」にある何ものかであることからして、その反動は、必ず「うち」の強調として出現します。「うち」とは精神の内部ということではなく、うちの国、うちの村、うちの家です。イデオロギー的にはそれはさまざまの変奏であらわれる「土着主義」（より正確には土発主義）の基盤です。こうして「よそ」を理想化する形の疑似普遍主義と「身内《みうち》」への凝集とが悪循環をくりかえして来ました。

丸山によれば、「外国産の「イズム」から足を洗う形でおこなわれた」知識人の転向も、「日本固有のイズムへの回心というよりは、「うち」なる国民大衆という「実在」との同一化といった方がヨリ正確」なありさまであったが、求めるべき「本当の普遍主義は、「うち」の所産だろうが「外」の所産だろうが、真理は真理、正義は正義だ、というところにはじめて成り立」つのである。丸山はいう。「「よそ」「うち」思考は外来普遍主義と固有土着主義の対立という形で知識人を分断するだけでなく、そもそも「よそ」なる「外国」の領域の相違によっても分断されます」と。すなわち「模範国」を求める「外来普遍主義」は、「模範国」が分岐することにより、「当然に「普遍主義」そのものの分裂（！）となって知的共同体形成の阻害要因となる」。すなわち明治以来の「模範国」が、陸軍はプロシア、海軍はイギリスであり、自由民権の立憲主義者はイギリス、平等主義者はアメリカであったように。また戦後民主主義の「模範」もまたアメリカであったが、コミュニストにとってはソ連であり、中国であったように。

それゆえ、「ブルジョア普遍主義の克服よりも、「よそ」普遍主義と「うち」土着主義との悪循環を断ち切ることが、日本の知識人の当面するヨリ切実な課題ではないか」と問いかけて結ばれる。「インテリゲンチャの使命の自覚」については、本書第六章で述べたように、「民主主義の原理を貫くために」、つねに丸山が注視してきたところの課題でもあった。

## 『文明論之概略』に立ち返る

「正統と異端」の仕事を滞らせた要因の一つが、『「文明論之概略」を読む』の刊行であった。丸山は戦中に福沢の文明批判を読んだときの印象を、「よくまあ日本社会と日本人の思考の病理をここまで鋭くリアルに剔抉したものだという実感ですね」といい、さらにこのように語る。

> その斬新なひびきは、ほとんど今日の人には想像がつかないのではないでしょうか。それは思惟方法とか、世界観とかいった、そういう難しい次元の問題ではないんですよ。武士の権力はゴムの如く、その相接するものに従って膨張したり収縮したりする。下に、つまり弱い者に接すると大に膨張し、逆に目上に接すると頓に収縮する性質をもつ。これが昔からいう武家の威光だ、とある。これはまさに目の前の光景なんです。電車の中で参謀肩章付けた軍人が、股の間にはさん

だ軍刀の上に両手を置いてふんぞりかえっている」（「近代日本と福沢諭吉」一九八四年一一月『座談』⑨）。

このように丸山にとって戦時下を乗り切る際の光明であった福沢の『文明論之概略』は、一九七〇年代の終わりから八〇年代にかけて改めて「読書会」というかたちをとって、ふたたび取り組まれることとなった。

一九八六年一月、三月、一一月に三分冊の岩波新書として刊行された『「文明論之概略」を読む』は、その成果であった。それは、丸山自身が「まえがき」（『集』⑬）に記しているように、「日本思想大系」の編集をつうじて知り合った岩波書店編集者の伊藤修の誘いに応じて、一九七八年七月から一九八一年三月まで足かけ四年、二五回の「まったく私的な読書会」として行われた。そして、その後二年以上放置されてしまっていたその録音テープを起こした原稿に丸山が手を入れて刊行にこぎ着けたものであった。前述の「正統と異端」研究の一九八〇年代の再活性化を妨げる最大の具体的要因とされる（石田前掲『丸山眞男との対話』七五）ほどに、この刊行に、丸山のエネルギーが注がれたのだともいえよう。

ただし、福沢の思想をむろんこの書をもって代表させることはできないのは丸山も承知のことで、丸山は、「もし福沢の思想の思想の歴史的展開を論ずるならば、事を私の専門とする政治思想の領域にかぎっても、いわゆる国権論や皇室論、さらにアジア認識の問題にわたって、福沢が果たしてこの『概略』の地点から「転向」したかどうか、つまり彼の思想の生涯にわたる連続性と非連続性の問題、を避けることはできない」とことわるとともに、「すでに福沢研究に踏みこんでいる私としても、そうした問題については、既稿と一緒にしてあらためて一本にまとめたい、と思っている」と、福沢研究をまとめる意欲を示していた。以前から丸山が随所で表明してきたことではあるが、ここでも「私個人について語るのを許して戴ければ、これほど戦前から何回とかぞえきれないほど繰り返し愛読し、近代日本の政治と社会を考察するうえでの精神的な糧となったような、日本人による著作はほかになかった」とも述べている（「まえがき」「「文明論之概略」を読む」（一一九八六年一月『集』⑬）。

図 17　『「文明論之概略」を読む』

「序　古典からどう学ぶか─開講の辞にかえて─」（一九七七年七月『集』⑬）では、第一に、日本人の「古典離れ」という問題を指摘する。そしてその背景にあるものを二つあげる。

一つは、「形式」への反逆である。文化に形式性を付与してきたのは、古代では中国、近代では西欧であったことから、「外発」に反発し「内発性」を探求することに転化し、「無定形《アモルフ》なエネルギーもしくは「構成」以前の情念の流れへ行きつき、そこにお仕着せでない「本源的」なものを見よう」とすることにつながっていった。もう一つは、「不断に移ろい行く「いま」がその都度、視野の拠点となる「現在中心」志向」にあるという、これまでみてきた日本の文化接触のあり方であった。丸山はこの点について、たとえばゲーテを読んだ人たちの「どこまでその後こういう人々の身についた栄養分になっているでしょうか」と問い、「過ぎし昔を懐かしむという態度は、それだけでは、さきほど述べた「いま」中心の思考と必ずしも矛盾しないで、同じ精神のなかに共存できるし、現に共存しているのではないでしょうか」とたたみかける。

次いで、「古典とのつき合い方」について論じられる。古典というのは「歴史的条件」が異なっても「直接の対話」が可能であり、それこそが「古典から学ぶ上でのもっとも基本的な態度」であることを述べたあとに、古典とつき合う上で第一に求められるのが、「先入観の排除」であった。「先入観」にもとづく福沢批判は今なお巷に溢れているのであり、丸山はそのなかから三つをあげる。

一つは「彼は「愚民観」を脱しなかったので、民主主義者として不徹底だった、というようなイメージ」である。

そういうイメージは流通度に比例して手垢《てあか》がついて、正体不明の言語をかかえこむようになります。ですから、あなたのいう「民主主義」とは何か、愚民観の「観」とは何を指すのか、というように問い返すと、大抵は明確に定義を下すことなしに自分の思いこみを対象に投影していることがわかります。定義を下すとは同時に自己限定をすることです。私はこういう意味でコトバを使っているので、べつの意味で用いれば、またちがった帰結が出てくることを認めますよ、という留保です。そうした限定と留保なしに、銘々まるごとの「情念」をぶつけあっている不毛な論争が、なんと五月蝿《さばえ》なしていることでしょう。

そしていう。「それが結構まかり通れるのは、一見逆説的ですが、日本社会が基本のところでツーツーカーの同質社会で、他者感覚がそれだけ稀薄だからです」。「人民はそれぞれ彼等にふさわしい政府をもつ」というのは西洋の諺だが、「「だから仕方がないんだ」とあきらめるのか、それとも、だからこそ「農民の自《みず》から招く災」をはねのけるのは、「愚民」の自発の決断であり、「人民独立の気象」の確立がカナメなのだ、というのか——いずれかによって「愚民観」はまったく正反対の含意を持つことになります」。すなわち福沢は後者であるとする。ここでもふたたび「他者感覚」の重要性に言及されている。

二つ目は、「福沢が啓蒙主義的な歴史の進歩観の持主だ」という通念である。むろん丸山はその点を認めつつも、それが「無限定なのが困る」というわけである。実は、「テクノロジーの進歩によって「文明の精神」が衰弱する可能性を、福沢が戦慄に似た憂慮をこめて指摘してい」たのであり、「近代技術文明の躍進と発展とを、めでたしめでたしと手放しで謳歌する「進歩観」を福沢に帰属させるには、すくなくとも留保を要するのはあきらか」と述べる。

三つ目は、「近代日本のコースが福沢の「脱亜論」によって設定された」という「現代に有力な流通観念」である。丸山は「この観念を吟味するとなると、日本の近代史全般に話がひろがるので立ち入りません」とことわりながら、以下の点を突きつける。

ただ一言、私の単純な疑問をいえば、「脱亜」というコトバ自体が、福沢が用いて以後ほとんど廃語となり、明治後半期の「国民道徳論」から、昭和の『国体の本義』まで、支配層やそのイデオローグがくりかえし強調したのは、東西文化の「調和」とか「綜合」とかが日本の使命だという斉唱だった、という事態をどう説明するのか、ということです。日本が一貫してとってきた正統的な態度は、あの「よきをとりあしきをすてて外《と》つ国に劣らぬ国になすよしもがな」という明治天皇の歌に象徴されるような西洋文明からのつまみ食いであり、「国体論」を中核としたそういう「採長補短主義」こそ、福沢がこの『概略』のなかで鋭く批判した当の対象の一つでした。（中略）私たちは福沢より一世紀近くもあとの時代に生き、福沢が見られなかった日本と世界の出来事や推移をすでに知っております。ですから、彼に未知であったことが私たちには既知であるという自然の優越地点に立って、福沢の歴史的限界を指摘することは容易であり、私はむしろそうした姿勢のなかにも、前述した「現在主義」にもとづく、ある不遜さが潜んでいないかをおそれます。

「脱亜論」をめぐっては、当該時期に別途論じられているので、改めて取り上げることとしたい。

### 「議論の本位を定る事」

「古典とのつき合い方」の問題の第二が「「早呑込み」の危険性」である。そのことばで丸山がいわんとするのは、「価値判断の相対性」、すなわち福沢のいう「軽とは重よりも軽し、善とは悪よりも善しと云ふことにて、此と彼と相対せざれば、軽重善悪を論ず可らず、斯《かく》の如く、相対して重と定まりたるものを議論の本位と名づく」と述べたまさに『概略』第一章「議論の本位を定る事」であった。丸山は、「「議論の本位を定る事」の論旨が、どういう意味で本書の全体を貫く執拗低音として流れているか、（中略）すくなくも価値判断の相対性という、一見何でもないテーゼが、あれも結構これも結構といって態度をあいまいにするオポチュニズムとか、どうせどっちに転んでも大したちがいはないや、といった傍観あるいはシラケ相対主義とは正反対の意味合いをもっている」ことを力説する。

　丸山によれば、「議論の本位を定る事」は「執拗低音」であり、言い換えれば、これを理解せずして福沢の理解に到達できないというほどのものであった。それは、のちにも述べられているディレンマの意識にも通じるものであり、福沢のいう「時節の選択」は、「国の独立」と「文明」の保持という二つの課題の前の「緊迫した危機意識」に立脚したものにほかならなかった。その危機意識が次のように説明される。

> 　この終章には、当面の状況にたいする危機感が、福沢の所論のなかでも珍しいほどのパセティックな文体となって随所に溢れ出ていますが、そうした緊迫した危機意識がまさに、一切をつつみ込む全体論的《ホーリスティック》思考の断念と、自己の視角の相対化の論理とを内面的に支えているところに、本書のミソがあるといっても過言ではありません。危機だけれども価値判断を絶対化するな、というのではなくて、危機だからこそ目的―手段の多層性に不断に眼をくばり、「楯の半面」への想像力を保持することが大事だ、というのです。

だからこそ丸山は、「序」においてはこの書物を歴史的状況のなかに置くよりはむしろ「直接対話」すべきことを説いたが、「それでもやはり、ある程度は歴史的背景のなかで考えてみないとわかりにくい」と述べて、「歴史的文脈の関連」で見ることを怠ってはいない*。

＊平石直昭『福澤諭吉と丸山眞男—近代日本の思想的原点—』（二〇二一年、北海道大学出版会）は、「むしろコンテキスト、つまり歴史的な文脈のなかで、福澤の書いたものを系統的に読んでいくことを考えました」（四）と述べるように、その点を、論理構造の内在的理解を明らかにする上にも重視して論じた研究である。詳しくは、書評（『歴史評論』第八七四号、二〇二三年二月）で述べた。

以上は、一般的な古典の読み方の案内ではなく、丸山もまた「緊縛した危機意識」のなかで『概略』に立ち返って述べたものであった。

## 我々の「原論」として

第一講「幕末維新の知識人—福沢の世代—」は、文字どおり福沢に即しつつ、「近代知識人の誕生」から筆を起こしている。それは幕末維新期に焦点を当てながらもコンパクトにまとめられた丸山の知識人論にほかならない。

丸山によれば近代知識人というのは、身分的＝制度的な錨付《いかりづ》けからの解放と、オーソドックスな世界解釈の配給者という役目からの解放という二重の意味で「自由な」存在であることを意味し、明六社はまさにそれを代表するものであった。

日本を含む東アジアの知識人が固有に直面したのは、これ以前から丸山が論じてきたモチーフである「開国」すなわち文化接触という問題であった。そのなかで福沢は、「ヨコのもの」（西洋文明）を「タテにする」（翻訳・伝播）ために大奮闘した思想的先駆者として位置づけられる。何故に福沢が秀でているかといえば、「ヨコのものをいかに自家薬籠中のものとしてタテにしたか。そこに思想のオリジナリティがあった」（傍点――引用者）からである。「思想史というのはすべて、従来の思想を読み替え、読み替えしてゆく歴史なのです。昔の思想を読んで読んで読みぬいて、それを新しく解釈したり、新しい照明をあてていく。そういうことの歴史にすぎない」が、そのなかにあって「文化の伝統の深さの理解と異質性の意識が翻訳家にあるかどうか、さらに、それをいかに自家薬籠中のものとしたかどうか」によって真価が決まる。加えて、ヨーロッパ思想の駆使が日本の直面する課題を解決するための手段として行われる場合と、たんに西洋崇拝によってなされる場合との違いも重要とされる。

　そうした課題に応えるために知識人は「万能人」であらねばならず、それを可能にしているのは「儒教の読書人の伝統」であり、「幕末維新における日本の近代化の切羽《せっぱ》詰った要請」であった。「後進」国ゆえに余儀なくされる「目的意識的近代化」ゆえに直面することになるディレンマが以下の点に整理される。

　一つは、伝統と欧化ないし近代化の問題であり、丸山によれば『概略』もまた、「いかにして日本はなお日本であり続けるのかというディレンマ」に対する一つの試みなのである。二つ目は、「制度的な革命と精神革命の間の問題」であり、福沢いうところの文明開化の進展と独立自尊のディレンマである。三つ目は、「国内の改革と対外的独立の確保のあいだのディレンマ」、すなわち民権と国権の問題である。これは維新期における切迫した問題であり、『概略』の柱をなすテーマでもあった。四つ目は、民主化と集中化、すなわち平等の達成や分権が唱えられる一方で、幕藩体制への忠誠心の打破のためにも、また対外的独立のためにも「政令の帰一」が必要とされるというディレンマである。

こうした近代日本が内包するディレンマに向き合うために「議論の本位を定る事」、すなわち「何を何より先に解決しなければならないか、何が現在の切迫したイッシュであるか、をまず明らかにするということ」が求められるのであり、丸山は、「逆に何がそこでのテーマでないかを知ることによって、対象をより鮮明に浮び上らせることができる」という。「議論の本位を定る事」というのは、それの意味するところの理解に到達することは容易ではないが、福沢が、そして近代知識人が直面したディレンマを前に、「不毛な議論」を排して「生産的な議論」をする上で最も重要な前提なのである。そうであるがゆえに「第二講　何のために講ずるのか」は、『概略』第一章「議論の本位を定る事」の解説に当てられる。

『概略』が書かれた維新期は「政治的社会的なアナーキーということに尽きない、精神的アナーキー状況」にあったため、一つは「議論の交通整理」が必要であり、二つには「異説をすぐけしからんといって天下の議論を統一しようとする傾向にたいするたたかい」（傍点——引用者）が求められる。そうしたなかにあって福沢が「根本命題」としたこととして丸山が強調するのが、「どんな純良な説でも、単一な説の支配は必ずその社会を堕落させる」という点であり、だからこそ「人事の進歩は多事争論の間に在り」を思い起こす必要があり、その前提が「議論の本位を定める」ことにほかならない。具体的には、ことがらの軽重是非を問うことの困難性と重要性、「期待過剰」が「オール否定」に転じないために求められる「他者感覚」、他人の説を批判する場合にそれを極端にまで押しつめた場合を創造して攻撃する「極端主義」への警鐘、「両眼主義」つまりそうすることにより長短背中合わせにくっついている物事が立体的に見えてくるという「政治的に成熟した思考法」といったことである。そしてそれらを可能にするのが、「うち」と「よそ」を超えた、「アカの他人との付き合い」すなわち「人間交際」であり、それは「片眼でしか見ないとか、極端主義とかいった不毛な議論の混沌状態を脱して、ディスカッションを「弁証法的」に発展させる」ものなのである。

丸山は、福沢の「議論の本位を定める」ことは、「この書物の問題意識について、自己限定することであって、決してこの書物の議論で画一化してしまおうというのではない、その点が大事なのです。ただ、ここでの自分の議論の本位は文明に向って進むか、それとも文明から退くか、これなのだ、というのです」と述べる。その前提となる「「今の時に当りて」とはどういう時か」というのは、「自分の意見を押しつけないで、「もしあなた方が進もうというのであれば」という前提」のもと、「保留されていて出てこない」というわけである。それとは逆に、福沢いうところの「惑溺」は「内在的価値を無批判に信仰すること」、つまり「その働き如何にかかわらず、それ自身価値があると思いこむ考え方」である。＊

＊丸山が「惑溺」について詳しく述べたものとして、「福沢における「惑溺」という言葉―日本学士院論文報告―」

（一九八四年四月『話文集』④）がある。

これらはいずれも、これまでに述べてきたように、丸山が戦後の日本社会に向き合って持論を述べる際に留意し、その重要性を強調してきたことにほかならない。いうなれば『概略』を読むという試みは、福沢が生きた時代に場を変えてそれを述べたことになろう。

『概略』第二章の「西洋の文明を目的とする事」では、福沢は「civilization をでき上がった一定の形態としてでなく、まさに civilize してゆくことというふうに、動詞の名詞化としてとらえているのが、看過してはならない点」だといい、さらには福沢が西洋文明について、「一方において、西洋文明至上主義、つまり西洋文明を絶対視する見方、他方において、限界があるからダメだとする見方、その二つにたいして、いわば二正面作戦を展開する」点に着目する。それは、「文明」を「近代」に置き換えるならば、そのまま丸山に対して投げ掛けられてきた批判である。いうまでもなく、丸山が目指してきた近代は既存の西洋近代ではなく、また不断の精神革命に支えられた近代は固定的なものではない。

「結び──「緒言」と本書の位置づけ──」（一九八六年『集』⑭）のなかで丸山は、福沢の有名な言葉「一身にして二生を経るが如く、一人にして両身あるが如し」を取り上げて、「実は福沢は「既に体を成したる」西洋近代文明にすっぽりとつつまれているその中の住人たちの目には見えてこない、現在の文明の真実をも洞察できる観測地点に俺たちは立っているのだぞ、と「西洋の学者」たちにたいして胸を張りたかったのではないでしょうか」と述べ、福沢にとって西洋文明が絶対的なものではなく、定められた「議論の本位」に即してその機能も変換するのだということを確認したあと、すかさず続けてこのようにいう。

> けれども福沢の「緒言」におけるこの宣言は、何という危い「賭け」の上に成り立っていることでしょう。なぜなら、もし「純然たる日本文明」をすでに自分の魂のなかに実感できない世代が成長してそれを「憶測推量」するようになるならば、またもし西洋文明にたいするみずみずしい感受性と混沌としたものへの冒険の精神が失われ、「既に体を成したる」文明の「内に居る」住人のつもりで日本の歴史的現実を言挙《ことあ》げするようになるならば、福沢が保証したような日本学者の認識の客観性の根拠は足許から崩れ落ち、たちまちにして「西洋の学者」よりさらに甚だしいハンディキャップの谷に落ちこむことになるからです。これは福沢が彼自身にたいして課した「賭け」であるだけでなく、後進の学者に向けられた「賭け」でもあるわけです。

戦後を生きる「後進の学者」への、なんと厳しくも鋭い問いかけとして受けとめられていることであろうか。しかし、そのことが「後進の学者」にどれほど理解されているであろうか。

丸山は、『概略』は「福沢思想について私たちにのこされた唯一の体系的原論である」と言い切る。『学問のすゝめ』は『概略』をより平易に解き明かしたものと考えられがちだが、丸山によれば「構成上の体系性を欠いている」ということであり、「その意味で、たとえ部分的にどんな卓抜な見解を含んでいても、原理論としては『概略』の補助的位置を占める」。

丸山は、本書を終える一九八六年ごろの状況を見据えつつ、次のように結ぶ。

> 私たち日本人は、西欧が数百年を要した経験を何段とびかの離れ業で、とびこしました。その意味ではすくなくも国家レヴェルにおいて日本は「一身にして数生を経」たともいえます。けれども、サミットの開催国であることを誇る今日の日本も、他面では依然として「国際人の養成」といった意味不明の言葉が通用するほど、精神的鎖国から抜け出しておりません。果して私たち日本人は、破綻に直面した現在の世界秩序にたいして新しい構想を「始造」する実験に堪え、それにふさわしい想像力を駆使できるでしょうか。天上の福沢の霊は静かにそれを見守っているように思われます。

「精神的鎖国」から抜け出していないという危機感ゆえに、『概略』は我々にとっても「原論」として活きつづけるのである。

## 歴史のディレンマ——「脱亜論」批判をめぐって——

『概略』が福沢の唯一の「原論」であることをいうために、福沢の他の著作がそれにはあたらないことが丁寧に論じられる。そのなかで、「一回載ったきりの社説」で「時事論であることは明白」としつつも取り上げられたのが「脱亜論」（一八八五年三月一六日『時事新報』社説）であった（「結び」『集』⑭）。「脱亜論」が福沢の「原論」とはまったく異なるものであることをいうために、その背景がこのように説明される。

福沢は、これら金玉均ら朝鮮開化派の動向に、思想的にだけでなく、ある程度実践的にも早くからコミットしていた。それだけに、甲申の政変が文字通りの三日天下に終わったときの、福沢の失望は甚大であり、またこの事件の背後にあった日本及び清国政府と李氏政権とが、それぞれの立場から、政変の失敗を日和見主義的に傍観し、もしくは徹底的に利用した態度は福沢を焦立たせるに充分であった。「脱亜論」の社説はこうした福沢の挫折感と憤激の爆発として読まれねばならない（「「福沢諭吉と日本の近代化」序」一九九二年一〇月『集』⑮）。

丸山は、一九八四年一一月、「近代日本と福沢諭吉」と題して行われた座談のなかで、「天は人の上に人を造らず」と並んで「もう一つの今非常に流行している通念は「脱亜論」ですね」「福沢と言うと「脱亜論」とくる」（『座談』⑨）と言う。その理由について、一九九二年にすでに福沢の肖像が一万円札に刻印されるようになっている段階でも実は「福沢思想の真の意味での普及からは遠かった。むしろ、極言するならば、戦前日本にあった歪められた福沢イメージの消滅にかわって、戦前にはほとんど存在しなかった新しい——しかし歪んでいる点では同様な——イメージが急速に流通し始めた、というのが、事の実相とさえ言える」と説明される。「福沢思想の均衡のとれた理解にとって妨げとなっている」その「福沢イメージ」を代表するものが「脱亜論」にほかならない（「「福沢諭吉と日本の近代化」序」『集』⑮）。

まず丸山が福沢に関わって随所で指摘するのは、先にもみたように「「脱亜」という言葉は『時事新報』のある日の社説の題目にたった一度使っただけですし、「入欧」という言葉は福沢は使っていない」（「近代日本と福沢諭吉」『座談』⑨）という点である。

この点は二つの問題につながる。一つは、「脱亜入欧」ということばで近代日本の歩んだ道程を示すのは現実に合っていないということである。丸山は問う。「「大日本帝国」の精神的支柱をなして来た「国家神道」」すなわち「国体」は果たしてその言葉で表現し尽くせるのか、と。また戦時下の「興亜奉公日」や「大東亜共栄圏」にどこに「入欧」意識があるのか、と。そしてもう一つは、「脱亜入欧」が福沢の思想とどこまで関連しているか、という問いである。そもそも福沢が「脱亜」を論説の標題や社説の内容に用いたのは「脱亜論」が唯一のケースであり、「ということは、少なくも、「脱亜」という言葉が（中略）福沢のキー・ワードでなかったことを物語っている」と（「「福沢諭吉と日本の近代化」序」『集』⑮）。

そもそも福沢の「脱亜論」に対する批判にはそういう問題があることに加えて丸山が提出するのは、福沢を批判する人たちに、帝国主義の矛先が極東に集中しようとしている「歴史的状況の下で、日本の独立を確保するために、一体福沢たちの考え方にたいするどういう代案（オルターナティヴ）がありえたのか」という問題である（「近代日本と福沢諭吉」『座談』⑨）。当該時期の「冊封体制」と「近代的な国際法の国際秩序」に即して、歴史のディレンマ、そしてそこでいかなるオルターナティヴがありえたのかについて具体的に語ったものが「福沢諭吉の「脱亜論」とその周辺—日本学士院論文報告—」一九九〇年九月（『話文集』④）である。丸山は、「「脱亜論」あるいはそれ以後の福沢の「行きすぎ」の言動があって一番歴史的にはマイナスの面」であることを認めながらも（「近代日本と福沢諭吉」『座談』⑨）、以下のようにいう。

〔福沢は〕開化派が天下を取っているときには、非常にそれに対して積極的な見解をとっている。そして、今度は事大派が天下を取っているときには、非常にペシミスティックになる。〔朝鮮〕国内におけるどういう勢力が力を得つつあるか、あるいは、それが失脚したかということによって、福沢の対外政策は、まるで変わるわけです。それとの関連で見ないで、現在の国際関係を見る目で、侵略だとか侵略じゃないとか言うと、私はこれは歴史的事実としては、必ずしも正確じゃなくなると思うんです。（中略）

冊封体制というものを考慮に入れないで――東アジアの、現実に支配していた国際関係を考慮に入れないで、日清関係および李氏朝鮮との関係は論じられないんですけれど、特に朝鮮の場合――今度の戦争中の中国の場合もそうですけれども――日本の侵略という動かすべからざる事実〔がある〕。しかも〔それは〕国際法で或る種の戦争が違法とされていることが明白になって以後の時代に起こったことです。その後始末を――戦後につけるべき後始末を――つけていない、そのツケが今日いろいろ来ていると私は思うんですが、それはやっぱり日本政府の責任だと思います。しかし、その今日の問題を歴史的認識と見て、朝鮮に対する日本政府の政策は、日韓併合を目的として、初めから着々と侵略的に進んだとか〔いうのは〕、日本政府は非常にオポチュニスティック〔日和見主義的〕ですけれど、日本政府に対する見方としても、そういう目的論的な見方は、歴史的認識としては正しくない。

いわんや福沢――思想家である福沢のように、〔朝鮮〕国内がどういう情勢で、どういう勢力

——開化派が、独立派が、どういう状況にあるのかということとの関連で、その態度が決まるという場合には、これ〔を直ちに〕対外侵略とか、和平論とかと言うことは、非常に理解を誤るものではないか（「福沢諭吉の「脱亜論」とその周辺」『話文集』④）。

丸山は、「「脱亜論」についても、当時の日本のディレンマ状況の認識なしには分からないと思うんです」と述べた上で、「戦後民主主義にまずい点があるとすれば、出発点でこういうディレンマの認識がなくて、大東亜共栄圏から急にアメリカデモクラシーとか平和主義万々歳になっちゃったことです」と述べる（「近代日本と福沢諭吉」『座談』⑨）。それについては、「では、何故に一九五〇年代以後の日本に、急激に「脱亜入欧」の成句が、多くの場合、否定的評価を伴って、福沢の名と結びつけられるようになり、かくも広く福沢イメージとして流通するようになったのか。これを問うことは、それ自体、戦後日本の思想史のきわめて興味あるテーマであり、別個の研究の出現を俟《ま》つほかない」（「「福沢諭吉と日本の近代化」序」『集』⑮）と課題を投げ掛けるのみで、この文脈のなかで具体的に開陳されてはいないが、「リベラリズムとナショナリズムとのディレンマ」とたえず向き合ってきた（「日本の近代と福沢諭吉」『座談』⑨）福沢を理解できないことが、そのままリベラリズムとナショナリズムが分離していった戦後民主主義の問題点を映し出しているとの認識であろう。

すでに述べたように、丸山が論じた「国家理性」は、戦後の冷戦下でアジアを考える際にも重要な拠り所としてあった。ふたたび「近代日本思想史における国家理性の問題」（『展望』一九四九年一月『集』④）に立ち返ると、そこでは、日本が近代国民国家となり、国際社会のなかで「国家理性」に目覚めながら華夷観念から国家平等の観念へと視座構造の転換を遂げていく過程が説明され、権力政治（power politics）がはらむ危険性は「けっしてたんなる抽象的思弁の問題ではな」く「大日本帝国」が犯した現実であり、「しかも悪夢のような第二次世界大戦が過ぎ去っていくばくもない現在、世界は「冷たい戦争」という新しい夢魔に悩まされている」ことが突きつけられる。そしていう。

> この冷厳な現実から目をそらして、ユートピアの世界に逃避することも、あるいは、どうせ国際関係などというものは、いつでも、どこでも、力ずくめだ、といったシニシズムに居坐ることも、ともに容易である。しかしその両者いずれの態度にも甘んじない者は、ここで近代国家と近代国際社会の今日まで発展して来た過程をもう一度ふりかえって、現在の世界の歴史的境位を誤りなく見定めることの必要を痛切に感ずるであろう。そうした場合、近代国家の国際行動が担って来た国家理性の理念を省みることは、近代国際社会の社会的地盤の分析とともに不可欠ではないかと思われる。

まさに丸山がこの論文を執筆しながら向き合っていたのは、戦後の冷戦に突入する状況そのものであった。竹内好からも「日本人の中国観」（一九四九年九月『竹内好全集』第四巻）などで批判を突きつけられるなかで、中国をはじめとするアジアの問題は避けることのできないシェーマであった。『回顧談』（下）でも、「太平洋戦争を省みる」なかで中国や朝鮮についての認識に話題が及んでおり、戦争責任を考えるなかでアジアの問題は、歴史のディレンマをつきつけるものとして丸山のなかでごく自然に存在していた。戦後、ナショナリズムとデモクラシーのディレンマのなかでその結合を求めて格闘してきたのは、丸山自身であった。

敗戦のころの孫文との〝出会い〟について、丸山はこのように語っている。「やはりいちおう読んだと言えるのは、梁啓超と孫文ですね。孫文には感心した。ナショナリズムとデモクラシーの結合は孫文から学びました。左翼文献の勉強からはナショナリズムの契機は出てこないのです」。そのようななかで孫文の三段階論（軍政・訓政・憲政）は、「第三世界に通じる革命の発展過程」であり、「伝統的な考え方をどう利用するかということ。その点では福沢の面白さと共通するところがある」。むろん「中国革命史のなかでは、西欧派」であり、「ぼくもそうだから、孫文などの前に挫折している土着派の革命家たちのものはあまり読まなかった」という（『回顧談』（下）一四二～一四三）。

丸山が、明治国家は「集中と拡大」の二つの要素の対立と統一という課題をたえず孕むと見ていた（「明治国家の思想」一九四九年三月『集』④）ことはすでに述べたが、「政治的集中という契機は、マルクス主義の立場からは、絶対主義という捉え方だからマイナス・シンボル」であり、「マルクス主義には、ナショナル・レボリューションという範疇がない」（『回顧談』（下）一四一）、すなわち福沢評価にしてしかりであり、それゆえに戦後の冷戦を見つめながらナショナリズムとデモクラシーのディレンマの欠落に警鐘を鳴らしてきたのであった。

一九五〇年代の「アジア民族の勃興」（『集』⑥）に際しては、諸論文のなかでそれを論じてきたばかりでなく、東京大学における一九五六年、五九年の日本政治思想史の講義でも、東洋とは、オリエントとは、アジアとは、というところから日本の位置を問い直すことにはじまり、「近代帝国主義がはじめてアジアの連帯性〈統一性〉の意識をよびおこした」が、「日本と中国、さらに東南アジアのように、近代国家としての成立時期のズレが甚だしいので、〈統一意識は〉漠然たる観念にとどまっていたし、いまでもある程度はそうである」ということの自覚の上にアジア諸国のナショナリズムに向き合っていった（『講義録』別冊①）ことはすでに述べた（→第五章）とおりである。

# 八　「国家」を問う（一九八四～一九九六年）

## ――「戦後民主主義の空洞化」と社会主義国家の崩壊を見つめて――

### 究極の価値としての「個人の基本的人権」

丸山は、結核の後遺症による呼吸不全と肝炎を抱えながらの日々となり、一九八四年一〇月二二日から一一月三日まで国立療養所中野病院に入院を余儀なくされた。しかしそれを挟んで、一九八四年八月一九日から一九九五年八月三一日まで、「丸山先生を囲む会」が、『丸山眞男著作ノート』（一九六四年、図書新聞社）の編者である今井壽一郎*を中心に、一四回にわたり開かれてきた。その第三回が、入院の翌年一二月二二日に学士会館で行われ、そこで丸山は、「病院と軍隊と刑務所は似ているの。連帯意識がある」と述べてそこに正負のさまざまな共通性を見出し、入院経験を踏まえながら社会の構造的矛盾に思いをいたらせてゆく（「丸山先生を囲む会」『手帖』七〇、二〇一七年一一月五日）。

＊今井の丸山との出会いについては、今井「押しかけ弟子と丸山先生」（『集』⑫「月報」）に詳しい。

丸山によれば、今の日本の階級構造は提灯型で真ん中が膨れているため一億総中流などといわれるが、「下の方に行くほど極端に狭くて」、さらにその下の「全くネグレクトされている」最下層こそが問題だという。「実際は学校だけでなくて〔社会的にも〕落ちこぼれがすごいです。生活保護を受けてぬくぬくと暮らしているのがいると言って美濃部〔亮吉〕都政の悪口を言うけれど、一遍結核の中野病院に行ってご覧なさい。本当に悲惨です。（中略）病院に入ることもなかなか大変。生活保護を受けている、実に悲惨な患者がいる。そういうことは新聞にも出ないしテレビも報じない」。労組の役員が「労働貴族」になり「革新もバカなんだ」と嘆く。スピーディーな近代化から取り残される社会の最底辺を見よというのは、丸山が以前にも警句を発していたことであった（→第五章）。

一方で中国の文化大革命をどう思うかと問われた丸山は、「価値判断以前に、日本の歴史というのは中国を誤解してきた歴史」すなわち「大国のロジックを全部見誤っている」ことを指摘し、「あんなにインテリが特権を持っていたら少々やられてもしょうがないぐらい」に思っていて「割合シンパシーを持っていた」ことを明かしつつも、「武闘があれだけひどいというのは想像を絶する」と述べている。

議論は現実の社会主義国家の問題に及び、丸山は改めてマルクス主義における「国家の死滅」という前提を確認する。「やっぱり、マルクスは国家の死滅を前提にしているんですね。社会主義というのは国家の死滅を前提にしないと、官僚主義と同じことになっちゃう」「社会主義と言いながら、実際にやっているのは、みんな国家社会主義なんですよ」。そして社会主義国家が実は「国家を第一」にしていて、社会主義の原点であったインターナショナルが西欧社会以上に失われていることを慨嘆する。さらに「悪しき資本主義の方が、悪しき社会主義よりいい」とさえいい、どれほど社会主義国家が行き詰まっているかを日本社会党などは真剣に考えなくてはならないと述べる。またそうした社会主義国家のありように対する認識は、自民党は圧力団体からなる派閥の集合体だがそれでもその自民党の方が「右派と左派のイデオロギーの幅は社会党よりはるかに広い」という評価にさえつながっていく。

そのようななかで「本音主義」から「偽善」を橋渡しにしながらどのように「善」につないでいくか、すなわち社会主義のイデオロギーが否定する「私《わたくし》」からエゴだけはない「公《おおやけ》」という意識をいかに目覚めさせるかに議論が及んだ。その念頭には、「滅私奉公」が席捲した大日本帝国、そしてそれが解体しても「大小集団の無数の大日本帝国に転化した」にすぎない日本社会という認識があった。戦後も「かつて大日本帝国に忠誠を尽くした如く、みな各企業に滅私奉公」をしており、「そうすると大日本帝国以上のインターナショナリズムは出てこない」との困難にぶち当たるのであった。

そのなかでやはり丸山が強調するのは究極の価値としての「個人の基本的人権」であり、「それを相対的にどういう制度がより多く保障するか。そこで制度の価値が初めて決まってくる」のであって、それを踏まえず民主主義、社会主義、資本主義といった制度の是非を問うのは「非常に虚しい」というのが丸山の基本的姿勢であった。民主主義は「多数の圧制」をも招きかねない――文化大革命の問題の一つはそこにあるという――のに対して、「個人の尊厳」こそは「手段」と化すことのない絶対的価値にほかならない。そしてその「個人」をめぐって、敬愛するフルトヴェングラーの「ひとりで立つことは死である」ということば（「フルトヴェングラーをめぐって―音楽・人間・精神の位相―」

一九八三年五月『座談』⑨参照）を引きながら、「孤立した個人主義は成り立たない」こと、「個人が個人の連帯を通じて個人を生かす」「連帯から切り離された個人は死への道しかない」こと、すなわち「私から公への通路」が追求されねばならないことが力説される（「丸山先生を囲む会」『手帖』七〇）。

### 社会主義、人権、民主主義を問い直す――「天安門事件の後に」――

一九八九年六月四日の天安門事件は、丸山にとって改めてそうした問題に向き合うことを余儀なくさせたできごとであった。

一九八八年に国際文化会館の支援により中国人留学生による学術研究会が結成され、そのメンバーのひとりである區建英《おうけんえい》＊から申し出を受けた安東仁兵衛の仲介によって、同年一〇月、丸山との座談会が実現した。そして天安門事件からまもない八九年六月二六日、ふたたび安東の仲介によって開かれた中国人留学生との会合の記録が公開されている。当日司会を担当した區のメモには、「丸山先生は悲憤と焦燥の中にある中国の若者たちを気にかけられ、六月二六日に吉祥寺のあるレストランでささやかな会合を設けてくださいました」とあり、さらに命を落とした学生と市民への黙祷のあと、「中国の問題について現実と一歩距離を置いて、学問や思想の高いレベルから討論を行」ったことが記されている（「天安門事件の後に　一九八九年六月―中国人留学生の質問に答える　第二回―」『話文集』④）。

＊一九八六年に来日し、東京大学で日本思想を研究。丸山の著作の中国語への翻訳や数々の丸山に関する論文が

ある。丸山の福沢研究関係の論稿を『福沢諭吉と日本の近代化―丸山眞男論文集―』と題して公刊している（「「近代日本日本思想史における国家理性の問題」補注」『集』⑮一七二）。

会合では「現実と一歩距離を置いて」討論が行われたので事件そのものについてはほとんど語られていないが、*六月二〇日、區に宛てた丸山の書簡に次のように記されている。

見事な非暴力抵抗運動があれだけ長くつづいたことのおどろきの反動として、第二のおどろきが来ましたので、それだけショックが大きかったのです。第一のおどろきについても、こんどお会いした時に、御意見を伺いたいと思いますが、中国の近代史では未曾有のことです。ガンジーの（独立）運動と、マーティン・ルーサー・キング牧師の（黒人）運動とにつづく、二十世紀の最大規模の非暴力抵抗運動であって、これだけでも今回の学生・市民運動は永久に歴史に刻まれるでしょう。けっして結果（現在の！）からして失敗と断じてはなりません。もし、あれが――どんなに大規模のものであっても――暴力闘争であったなら、世界の世論はこれほどには浮き立たなかったでしょう。ゲバと呼ばれる暴力的学生運動を一九七〇年前後に教師として経験した私にとっては、ほとんど奇跡に近い思いで、天安門のデモを毎日ＴＶで見ておりました。どこから中国の学生と市民はあれほど持続的な非暴力抵抗運動のパターンを習得したのでしょうか。この運動の評価が、現在の、一時的な現象と結果だけで左右されることを私はなによりおそれます。

丸山は、この持続的な非暴力抵抗運動の行く末を、固唾を呑んで見守っていたのである。前述したように究極の価値は個人の人権であると考えていた丸山は、「デモの旗の中に「天賦人権」の文字を見たときに、私はわが目をこす」ったという。日本の自由民権運動が「近代中国の原点」である五・四運動に引き継がれ、ここに結実していることを確信したのであった（區建英宛、一九八九年六月二〇日『書簡集』④）。

＊丸山は、六月二六日の会合に際しても「密告者」の可能性に警告を発しており（同前）、「現実と一歩距離を置いた議論に終始したのはその点への配慮に因ったものと思われる。それと同時に、「一時的な現象と結果だけで左右されること」をおそれるがゆえにそれに加担するような議論をすべきでないという思いがあったと考えられる。

別の会合で投げかけられた中国の感覚は日本と異質という感じがするかとの問いに対して、「そう思っていたから、僕は革命的な変化が起こったと思った、ここ四、五年。彼らが言っているのは、人権なんです。中国の伝統からは何ら出てこない」と丸山は答えている。だからこそ幟旗に「天賦人権」とあったのは、ヨーロッパに発生したフランス革命を起源とする人権意識が中国にも定着したと丸山には映ったのである。それは胡適《こてき》、五・四運動まで遡り、その「革命的な変化」が一時的に挫折していたものと受けとめられた（「天安門事件と人民解放軍、近代日本の立憲主義」一九八九年七月『話文集』続④）。

それゆえまず丸山は、「新中国については基本的に素人です」とことわりつつ、五・四運動や一九一五年ごろの陳独秀による雑誌『新青年』の刊行、胡適の白話運動にこそ、君主制を倒した辛亥革命を社会・文化の領域に広げたという点で「本当の意味の文化大革命」を見出す。つづく一九四九年の革命については、竹内好から得た示唆の上に、「国民的統一と国民的独立、つまり帝国主義を全部はね除けた」「ナショナリズムの革命」と評する。その上で、「社会革命」に共通する「制度が変革しても制度における精神がなかなか変革しない」ために農村レベルの意識変革が後れたことをあげ、文化大革命も「不幸にして文化大反動だったと思いますけれど」と言いつつも（三〇二）、「それを進めようとした面もあるのではないか」と語る（「天安門事件の後に　一九八九年六月―中国人留学生の質問に答える　第二回―」『話文集』④）。

天安門事件もその延長線上にあって、中国は、「日中戦争以後、引き続いて戦時共産主義のただ中にあると思うんです。そう思わないと、今度のような武力弾圧は僕には理解できない」といい、「戦時共産主義」という理解は、カンボジアのポル・ポト政権についても同様であった。文化大革命については、「やはり日本の全共闘と似ていると思うんだ――無限の、あの時の言葉で言うと「ハプニング」になるんです。（中略）その時々の瞬間の力関係で決定される。（中略）法の支配と人の支配との最大の区別は、法の支配は、人間の直接関係を否定する、人間の直接のコネ関係を否定することにあるわけです。コネが支配しているということは、法が行われていないということなんです」と述べて、全共闘運動に対してその渦中で投げ掛けていた批判が堅持されている（同前）。

丸山によれば革命というのは一世紀近くかかるもので、「日本でいうと、自由民権運動の時に主張していたことで、今度の敗戦で初めて実現できたということが、かなりあ」る。それは、法の支配を重んじ、かつ精神の変革を伴った革命を志向するがゆえの認識といえよう。革命をそのように考えるとき、ロシアという「ブルジョワ自由主義と民主主義を知らない国で、最初のプロレタリア革命が起きた」というのは「本当の悲劇」以外のなにものでもなかった。一九世紀終わりまでは民主主義と社会主義は同義であったのが、いちばん立憲主義、自由主義、民主主義の伝統がなかったところに起こったロシア革命を機に、両者が切り離されていったのである（同前）。

なお、天安門事件への日本政府の対応については、フランス政府が「原則ははっきりさせた」のと対極にあるとして次のように述べる。

> 日本政府は、例えば、中国とは特別の関係にあるからと言うでしょ。あれは実際滑稽なんで。つまり態度としては、日中戦争を侵略戦争とあえて言わないで（中略）韓国と中国から文句が出て、大騒ぎして初めて侵略というのを認め、それから後でも、後世の歴史家に任せるとか、竹下〔登〕が。ああいう曖昧な言い方をしているでしょう。侵略戦争だとはっきりさせるのを避けたことと、今度のはっきりとは弾劾しないこととは、基本的に共通している。中国は特別の関係にある、西欧と違って迷惑をかけているのだから配慮する、というのは大ウソなんだ。精神的な配慮としては実に共通していると思う。基本的な価値判断は避けるの（「天安門事件と人民解放軍、近代日本の立憲主義」『話文集』続④）。

さらにこのようにもいう。

> 「六〇年安保の時は、今度の中国と非常に似ているんです。（中略）その全く無防備のところへ、まあ戦車じゃないからまだいい、というだけのことであって、機動隊がぶつかってくる。同じなんですよ。それに対して、七社共同宣言というのが出て。七社共同宣言は、われわれは暴力を排

除すると言ったんです。僕は、最近の新聞は何を言っているのかと思った。」

「要するに、議会の中でこちょこちょやっているのが議会政治で、大衆が動くこと自身が議会政治のルールに反するという、驚くべきセンスなんだな、民主主義というものの、理念と運動の面を全然考えない。制度の面しか考えない。」

すなわち天安門事件は、安保闘争で直面した日本政府のあり方が根本において変わっていないことをまざまざと見せつけられた事件でもあった。だからこそ丸山は、「全共闘の学生と大いにやりあった時に、戦後民主主義なんていうのは、と言うんで、戦後民主主義とは何を言うのかと聞いてみると、現実の日本の政治そのものを戦後民主主義と言っているんだ。現実と違う理念という発想がない」ということを繰り返さねばならなかった（同前）。

## 理念と現実——社会主義と資本主義——

文化大革命につづく社会主義国家の崩壊、そして天安門事件は、丸山をして改めて社会主義と資本主義という問題に向き合わせることとなった。丸山は、「現実的に見ると、世界中のいまの経済体制は、ミックスト・エコノミー、混合経済なんです」とした上で、「資本主義が学んだように、社会主義国は資本主義から大いに学ぶべきであり、利潤動機、あるいは経済的インセンティブというものをもっと尊重すべきです」という。しかし天安門事件以前の座談でも語られていたように、けっして資本主義を無条件に是とするのではなく、「僕は、戦争中のファッショを体験しているから、資本主義に自由があるとは思わないな」といい、資本主義と自由が結びつくのは余裕のある先進国のみであり、日本にしても「儲けるためには何をしてもいい」という資本主義であると語る（「天安門事件の後に」『話文集』④）。

社会主義についてはそれ自体の内包する問題をみてとりながらも、「社会主義の滅亡」や「没落」を声高にいう日本のマスコミへの批判、そしてそれが資本主義、そして現体制万能の方向に機能してしまうことへの危機感の方が強くあった（「秋陽会記―主権国家・世界秩序・二一世紀の人権問題―」一九九一年一一月『話文集』④）。後述するように、マルクス主義は「ブルジョア的自由平等はみんな歴史的に発生したものであって、ブルジョアジーのためのものだと力説するわけ」で、「自然権としての自由権なんてない」ことも憂慮すべきことではあった（「天安門事件と人民解放軍、近代日本の立憲主義」『話文集』続④）。しかし、社会主義の問題は、戦後民主主義をめぐって丸山が繰り返し述べねばならなかったと同様、受けとめる側に「理念と現実の単純な区別がない」すなわちレーニン主義とソ連の現実の区別がないことであり、「レーニン主義というものはマルクス主義の必然の、それ以外にあり得ない発展なのか」という問題であり（「天安門事件の後に」『話文集』④）、社会主義の理念への期待はつながれていた。

ちなみにここでも戦争責任が忘却されるという話題に関わって、マルクス主義は「支配階級が悪くて、民衆は搾取されていて、イヤイヤながら引っ張られた、という側面を強調するし、中国やなんかは一貫してそうですね、悪いのは軍閥で国民はよかった、という。ある意味での二分法なのです。それがかえってよくない。本当は自己批判です」と述べている（「『著作集』と『講義録』、社会連帯主義、ガン患者として―丸山先生を囲む会の最後の記録―」一九九五年八月『話文集』続④）。かつての丸山の論文「超国家主義の論理と心理」は、国家の構成員一人一人に自己批判すべきことを突きつけたものであった。

丸山はここでも、社会主義に対して述べたのと同様、あくまでも理念と現実を混同すべきでないことを語らねばならなかった。「戦後民主主義ナンセンスなんていう人がいますが、僕等から見ると逆にそれこそナンセンスです。そこでいっている民主主義というのは制度のことです。甚だしきは戦後政治の現実を戦後民主主義といっている。現実がどこまで民主主義といえるか、という「問い」が欠けている点で皮肉にもいわゆる新左翼と政府自民党の定義とが一致していたんです。理念と運動という民主主義の持っているもう二つの側面がまったく欠落している」。そして、「民主主義というのは理念と運動と制度の三位一体で、制度はそのうちの一つにすぎない。理念と運動としての民主主義は、何十年も前にいったことをくりかえすのは気がひけるけれど、「永久革命」なんですね。資本主義も社会主義も永久革命ではない。その中に理念はあるけれども、やはり歴史的制度なんです。ところが、民主主義だけはギリシャの昔からあり、しかもどんな制度になっても民主主義がこれで終わりということはない。絶えざる民主化としてしか存在しない」と述べている（「戦後民主主義の「原点」」一九八九年八月『集』⑮）。「高度成長的な発達をした時代は、実際は民主主義がだんだん空洞化していった時代」であった（「『著作集』と『講義録』、社会連帯主義、ガン患者として」『話文集』続④）。

一九九一年、当時現代の理論社代表だった安東仁兵衛のなかだちで、安東と恒成和子（アムネスティ日本支部会員）、間宮陽介（神奈川大学教授）の三人が聞き手となって座談が行われた。間宮は、「誰かがちょっとした質問をすると、堰を切ったように言葉があふれ出す。その話がまたとても面白いものだから、われわれは勢い聞き役に回ることになる。三時間余りをほとんど先生が一人でしゃべったのでは、と思われるくらい、よくしゃべった。しかもたえずユーモアを湛えて……」と記している（「丸山先生の「おしゃべり」を聞く」『出版ダイジェスト』第六四〇号、一九九七年、「秋陽会記」『話文集』④）。

そのなかで丸山は、「大事なことは判断力をつけることです。何が正しく、何が間違いかという判断力をつける。（中略）たとえば、自由とは何か、平等とは何かとは、永久に答えは出ません。しかし、自由についてはこういう考え方と、こういう考え方があります、そしてこういう考え方のマイナスはここにあります――そういうことを知っているのと知らないのとでは、問題に直面した時に、処理の仕方がまるで違う」（「秋陽会記」『話文集』④）というところから説いてゆく。

「国家」から憲法九条にも話題が及ぶ。「国家がなくなるのではないけれども、今まで国家主権といわれていたものの内容が大幅に縮小される。経済がいちばん進んでいて、すでにそうなっている。政治がいちばん遅れているわけです。その大きな流れの中で憲法九条は前衛的意味がある。つまり、今までの主権国家を前提にするならば、清水〔幾太郎〕さんが正しい。「日本よ、国家たれ」というのは正しい。従来の伝統的定義からすれば、国家じゃないんです、これ〔日本国憲法〕は。日本の行き方からすれば、国家の定義を改変するか、それとも国家じゃないと言うか。二者択一なんですね。憲法九条を変えないかぎり。残念ながら、第九条擁護派にもその厳しさが欠けています」（同前）。すなわち国家は武力を備えているということを前提とするのであれば非武装をうたう憲法九条は成り立たないというところにまで踏み込んでおり、丸山は改めて根源的に「国家」を問うた。前章で述べたように、丸山が戦後民主主義にまずい点があるとすれば、ディレンマの認識を欠いて、大東亜共栄圏から急にデモクラシーや平和主義万歳になったことだと述べているのも、そうしたことと正面から向き合ってこなかったことを念頭に置いているのであろう。

## ホッブズに立ち返って——自然権としての自由権——

福沢諭吉が「人権」を絶対不可侵と考えていた（「近代日本と福沢諭吉」一九八四年一一月『座談』⑨）と同様に、そのようななかで丸山が強調してやまなかったのは普遍的人権であった。丸山は、「個別的な「権利」と「人権」とはやはり区別しなければいけないと思います。（中略）人権についての共通の了解があって、その上に個別的条項を加えるということなんですね。やはり普遍的な理念としての人権がなければ話にならないと思う。だんだんそれが追加されていく一方とは思いません」（傍点——引用者）と述べて、「普遍的人権」がなににもまして不可欠であることを説く（「秋陽会記」『話文集』④）。

「平和」や「国家」を冠した本はあっても「人権の思想」といったタイトルのものがないという発

言に応答して、かねてからの考えをここでも開陳している。

ないですね。一つはそれが、僕に言わせれば、日本のマルクス主義のまずい点なんですね。なぜかというと、階級とかプロレタリアートとか人民とか、みんな集合概念ですね。ところが人権とはあくまで個人なんです。でも個人でいうと、ブルジョア的と言ってやられますよ。（中略）本当は横の関係が基礎なんですね。縦の関係は後なんです。（中略）縦の関係だけだったら、自民党がよく言っているように、「国家・社会のために」と一緒になっちゃうのは、当たり前なんですよ。だから非常に変なかたちで、左派の団体主義的な考え方が日本の伝統に接ぎ木されたと思うんです。マルクス主義だけじゃないんです。一九世紀のコレクティビズム——集団主義というんですが——、「個人主義から集団主義への時代」と。ヨーロッパの中で一九世紀をそう言うんです。その中で社会主義も出てくるわけです。だから労働組合とか、先ほど言った集団の噴出の時代ですから、すべてを理性を持った個人を単位に考えていたが、それでは割り切れなくなってしまった。そもそも個人主義の伝統がないところへ、そういうものが接ぎ木されると、いつまでたっても個人は出てこないのです（同前）。

丸山はかねてから、「人権」ないし「私権」の観念が不足していることが自由民権運動の思想における「最大の弱点」であると称し、「国会にしろ、行政府にしろ政権はどんなに集中しても人権は不可侵なものだ、という思想は、今の日本でさえ定着していないんじゃないですか」と問うていた。「政治形態の問題」ではなく「およそいかなる政治権力であろうと踏み込んではならない領域という思想」、「これが、おどろくほど日本にない」という指摘を繰り返すとともに、福沢を引き合いに出しつつ、「思想・宗教・教育・学芸みんなそういう領域です。福沢が、今の民権論者が権力を取ったら薩長政府と同じように官尊民卑になり、むしろ人民の政府という大義名分で何でもかんでも干渉してくるだろう、というのはそれなんです」と述べている（「近代日本と福沢諭吉」『座談』⑨）。

基本的人権の意識が根づかないことへの危機意識は、丸山をしてホッブズに立ち返って説き起こさせることとなった。丸山はいう。「社会契約を解除されたら自然状態になるというのがホッブスの説なんです。絶対個人主義の基礎の上に、あの国家絶対主義ができているんです。（中略）あれは近代国家の基礎なのね。国家主権の絶対と個人主義の原則をはっきり出したのはホッブスが初めてなんです」と。さらには、社会契約説は「自然権としての自由権」からはじまっており、「そもそも個人が社会を契約で作る」「基礎に個人がある」ということを確認する。そしてそれは制度化された「実定法的な権利」にとどまってはならないものであった（「天安門事件と人民解放軍、近代日本の立憲主義」『話文集』続④）。

丸山の話題は、「派閥」からなり「対立意見」を経ない日本の政治――多事争論の対極――のあり方、ひいては「政局の不安定が即政治的不安定になる」という「自民党および既成事実に慣れてしまった国民の間の一つの神話」を生み出していること、などにも及んだ（同前）。

## 集団と個人

一九九三年一〇月二〇日、丸山は、アムネスティ・インターナショナル日本の求めに応じて「人権からみた日本」（一九九三年一〇月『話文集』続②）と題する対話に応じている。

そこで重要なことは、インタビュアーがぶつける難民問題などを、「あなたが悩んでいることは、決して日本政府の問題じゃないです。われわれの意識の問題です。日本政府もそれを反映しているに過ぎない」（傍点——引用者）と切り返していることにある。それは、福沢いうところの「この国民にしてこの政府あり」を意味する。そして「われわれの意識」というのは、つまるところ「ウチとソトという区別」にほかならず、丸山は徹底して「われわれの意識」を問うてゆく。そして「ウチとソト」を超えるためには、「ただの人間」という普遍主義的概念に到達することの重要性から説き起こす。日本には「特殊主義」が根強いという

図 18　**この頃の丸山**（「ポンヌフにて　1993年7月31日」との裏書き，丸山彰氏提供）

のはこれまでにも述べられてきたことだが、ここではアメリカン・デモクラシー——現実にやっていることとは別——やプロテスタントとカトリックの争いをとおして獲得されたキリスト教などにみられる寛容という考え方の大切さが強調されている。そしてその背後に、「自分の憎む思想に対する自由」を認められない思想として、「自由に反対する自由」すなわち共産主義を許容しないマッカーシズムとともに、日本では新左翼も含めてそれがないことの問題が意識されていた。

ここでは質問に答えながら人権に関して広範に述べられており、そのなかで丸山が強調する点の一つが、自由も平等も民主主義も実際にはその言葉に酔っていることが多く、「自分の実感」すなわち「内発的、自分の内側からでたものになる」のは容易ではないという覚悟をもたなければいけないということであった。丸山はそれを自身に即して、「僕にはマイノリティという意識がいつもあります。だけど、一〇〇年後、二〇〇年後にはもう少しわかる人が増えるかもしれないと思っています。だから僕は、褒められたものも含めて批評は全然気にならない。その訓練はしました」という。また丸山は、「集団の権利と個人の権利との関係をどう考えるのか」を論点とし、「集団と個人はいつも一致するという考えは、戦前の日本がそうでしたけれど、嘘です」、「民族が個人を抑圧しないという保障は、どこにありますか。基礎は個人の人権。（中略）民族自身に固有の権利があるというのだったら、それは人権とは言えない」と述べて、「集団自身の固有の権利」というのは成り立たず、「結局、ぎりぎりのところは個人の権利」であることを強調する。それほどに、個が立っていない日本社会では集団主義に流れやすい危険を意識していたということであろう。[*]

＊次のような説明も加えている。「いわゆる社会権の担い手は、個人。それはもちろん組合も社会権の担い手だけれど、その組合は個人の自発的集団として考えられる。だけどそれは個人のメカニックな集団じゃないっていう意味では、組合自身の権利があります。しかし、価値的に個人から独立したまったく不可侵の権利を団体が持つとしたら、これは人権と矛盾しますね。すると、属している個人に対して何をしてもいいということになりますから。侵すべからざる権利という場合には、必ず個人になると。どんな社会でも」（「人権からみた日本」『話文集』続②）。

戦後初期に竹内好から突きつけられた中国の近代化、そしてナショナリズムの問題も終始意識されていたであろう。「帝国主義によって植民地化されていた人が、個人の人権より民族の権利を重視することは、心理的にわかる。しかし心理的にわかるということと、議論として矛盾があるということとは別問題。いかに歴史的、心理的に了解できても、その議論には難点がある。それは他人《ひと》を非難するだけで、同じ論点が自分にかえってくるということがないんですよ」と投げかけ、「ほとんどの反ヨーロッパ思想は、ヨーロッパの人権思想なり自由・平等思想を武器にして、ヨーロッパに対して対抗している」のであり「本来のヨーロッパ思想は普遍性を持っているから、それを武器にして」、ヨーロッパやアメリカに対しても「「お前のやっていることは何だ」と言える」、すなわち「西欧の生んだ精神の普遍思想を示す」ことで西欧の現実を撃つことができるというわけである。一貫して、「特殊」ならざる「普遍」の追求であった。

もう一つは、「差別と区別の区別がなくなっている」という問題であった。「大学紛争の時、よく学生とやりあったんですが、教授と学生とは違うんだと言うと、学生はそれを差別だと言うんです。そ

図19　**妻・ゆか里の誕生日**（1994年9月14日，丸山彰氏提供）

れでは無差別ということは、全部同じなのかということなんです。それぞれに、区別があって、それを価値的に違って位置づけるということとは別です。日本では差別反対ということで、ほとんど画一化しちゃうんです。どうしてこんなに日本で画一化が進むかというと、差別と区別の区別がついていないから。全部同じになっちゃう」と述べるように、改めて「差別と区別の区別」を持ち出す背景には大学紛争の記憶があった。「個性というのは区別を認めること」なのである。

一方、人権や民主主義、自由などは「強い個人」を前提にしているという意見もあるが、という問いかけに答えて丸山が強調したのは、それでは共同体を絶対化することにつながるのであり、「コミュニズムの現実の失敗は、人間性をあまりに高く評価したこと」だという。そもそも利潤動機によらなければ人間は働かないという共産主義に向けられた攻撃に対して、「人間というのはもっと利他的なもので、人のために喜んで働くようになる、そういう性質を持っているとコミュニズムは考えた」、その失敗だという。「人間性はそれほど高尚じゃない」、「恥ずべきは人間性のほうであって、主義のほうじゃないと。主義に間違いがあるとしたら、それは人間性を高く見過ぎたということ」というわけである。それは「自由・平等・博愛・人権」についても同様で、やはり「人間性を高くみている」のでありそれを実現している社会は世界中どこにもない、しかしそれが「理想」あるいは「理念」でありうるのは、「それを目指さなければいけないという方向性にあるから」なのである。そして丸山はいう。

> どうせ現実の状態がそうだから、貧富の差がいくら大きくても仕方がないと黙っているのか。差別があってもしょうがないからと黙っているのか。どんな遠い理想であろうと、どんなに現実に人間がそれから遠くても、それを目指すことによって、一歩でも二歩でもそれに近づき得るのか。そうしたらそこに寝そべっちゃうよりいいじゃないかと。僕は現実に寝そべるよりは、理想を求めたほうがいいということ以外に言えないです。

「高いところにあるものを取ろうとする」ことに対して、「寝ていて、あんな格好してバカだなぁと言っている」、「所与の現実をただ絶対化する」、それが「日本の現実主義」だと述べる。「民主主義の虚妄」に賭けるといった、永久革命としての民主主義が貫かれている。

それからまもない一九九三年一二月九日、丸山は肝臓ガンに侵されていることが判明し、それ以後、たびたび東京女子医科大学消化器センターへの入院を余儀なくされた。しかしその間も、一九九五年八月一三日に行われた「丸山眞男先生を囲む会」など有志の懇談会等への出席をはじめ、さまざまな活動が続けられてきた（「『著作集』と『講義録』、社会連帯主義、ガン患者として」解説『話文集続④）（「年譜」）。

## 横につきあう

丸山が、「他者感覚がないところに人権の感覚も育ちにくい」と述べて、民主主義の根幹をなすものとして「他者感覚」に注目してきたことは前章で述べた*（「日本思想史における「古層」の問題」『集』⑪）。人権とは他人の問題を自分こととして考えられること、すなわち「ウチとソト」を打破した普遍主義でなければならない。「ウチとソト」の弁別を不可避とする閉鎖集団では、「よそ者」に対するふるまいと内の仲間のモラルとが使い分けられ、内の世界では人びとは一致している——ある問題や目的に応じて一致するのではなく全人間の一致が前提とされる——のが本来であるとのたてまえのもとに、対立・抗争を「それ自身何か悪いことである」とみなす。行動の規範を個人の内面に持たない人びとは、集団の閉鎖性が揺らぎ、集団内部の規範だけで行動できなくなると、それを「外」に求める。すなわちしきたりや世間への適合だけがその基準になる（「内と外」一九六〇年一一月『別集』②）。それゆえにこそ丸山は、普遍主義による「開いた社会」を求めて、「千万人といえども我行かん」という気魄に満ちた自立した個人、その上になる自由な討議、個人と個人の「横」のつながりによるアソシエーションをつくることを説き、そこから真の市民を創出することを展望したのである。

＊石田雄「丸山眞男との未完の対話を持続するために——「他者感覚」の意味を中心に——」（前掲『丸山眞男との対話』）は、丸山の「他者感覚」に着目し、「「丸山の永久革命としての民主主義」という考え方が、永遠の課題としての「他者感覚」と不可分の関係にある」ことを論じている。一九六〇年代半ばごろの丸山の発言に、意識的にそれについて語ったものがみられる。

ここにも明らかなように、かねてから丸山はけっして孤立した個人を想定していたわけではないが、いっそう「横」のつながりを強調するようになったのは、オウム真理教事件の衝撃によるところが少なくなかったと思われる。

オウム真理教の信者が引き起こした事件の一つである一九九五年三月の地下鉄サリン事件のあと行われたいくつかの座談会の記録が残されており、東大法学部研究室で丸山に指導を受けたメンバーが毎年集まっていた「丸山眞男先生夫妻を囲む会」の最後となった一九九五年一二月の場でも、丸山の最後の言葉は「皆さん、どうか、横につきあっていただきたい」であった（「皆さん、横につきあってください」一九九五年一二月『話文集』続④）。オウム真理教による一連の事件が起こった年のことであり、丸山はいう。「一言で言えば、あれが、何か非常に変わったものとか、自分たちと縁がない、どうしてあんなものが生まれたのかと思う方が少なくないようですけれど、私は他人事とは思えません」と。丸山が青年時代を過ごした戦争中は、「日本中オウム真理教だったんじゃないか」といい、このように述べる。

> 日本の外に出れば全然通じない理屈が、日本の中でだけ堂々と通用して、それ以外の議論は全然耳にもしないし、問題にしない。もしそれを問題にする人があったら、捕まったり、非国民と言われたり、それは散々なものです。（中略）九九パーセントの日本人が、全くわれわれから見るとおかしなことを言い、信じ、かつそれを疑わない。これは、われわれの方がどこかおかしいんじゃないかという、それぐらい多数からの孤立感というのは、怖いものです。

そしてその「世間からの孤立」は国家権力による追及よりも「はるかに怖い」という。オウム真理教のなかにいる人びとは、外との交流がなかったがゆえに、中だけでまかり通ることを疑わなかったのである（「皆さん、横につきあってください」『話文集』続④）。

丸山は、「日本文化の中にある要素、例えば、自閉性、自閉的な集団、ウチとソト、内輪の人間とソトの人間の峻別」の凝縮をオウム真理教にみる。そしてそれと並んで、「日本で増幅されている現代文明の病理」をもそこにみる。すなわち「何が現実かという、感覚がなくなっちゃう」「ヴァーチャルリアリティ」をあげる（「『著作集』と『講義録』、社会連帯主義、ガン患者として」『話文集』続④）。

そのような危機感のもと、改めて丸山が着目したのが個人のエゴの問題であった。丸山はこのようにいう。「私はよく個人主義者だと言われるけれど、個人主義の最大の盲点として、エゴをどうしたらいいかという問題があるのです。アダム・スミスをはじめ、十八世紀の思想家がいちばん苦労した問題が、人間の本性としての利己主義と利他主義との関係です。啓蒙合理主義の「個人」は、理性でもってエゴをコントロールする理性的個人なのですが、結局、内面的規範意識をもった個人とエゴの個人とを区別する基礎づけに成功しなかった。だから個人というと、エゴ万能ということになりかねない」（「夜店と本店と―丸山眞男氏に聞く―」一九九五年七月『座談』⑨）。以下に見る「連帯」を考える際に、「利己主義と利他主義の関係」、すなわちエゴのコントロールの問題は避けて通れないものとしてあったといえよう。*

＊この「利己」と「利他」の問題に着目したのが、松本三之介『「利己」と他者のはざまで―近代日本における社会進化思想―』（二〇一七年、以文社）であった。それについての私の書評（『歴史評論』第八三三号、二〇一九

年九月）がある。

丸山に見られる変化の二つ目は、社会連帯を前面に打ち出すようになったことである。丸山は、「根本改組をするしかないですね。一方ではプルーラルな社会団体の、国家からの自主性を強化し、他方で国家を媒介としないで直接に国際的に結合して地域社会の構成員になるようなシステムを考えるほかない。（中略）ですから、残るは社会主義だけということになる。まあ社会連帯主義といってもいい。かつての一九二〇年代の多元的国家論*など、再考の余地があります」と述べている（「夜店と本店と」『座談』⑨）。また、ここで「社会連帯主義」という発言をしたことについて別の座談の場で説明を求められ、「プルーラリズムということを言いたいため」だとしてこのようにいう。

「国家だけが人を殺すということを正当化できる、そういう制度をやめようじゃないか。国家であろうと何であろうと、人を殺すのはいけない。ということは、国内的には死刑制度の廃止、国際的にはもちろん戦争の放棄。これはパラレルだと思うんだ。」

「刀狩りで、日本くらい民衆が非武装化されている国家はないんですね。アメリカが銃社会であるというのは、アメリカが民主主義国家であるということと同意味であるということ。その逆の意味です、いま言われているのは。国家だけが武器を持っていて、人民が無抵抗でいいのかということです。国家に対する反逆は武器をもってやる。個人の武装権です。」（「『著作集』と『講義録』、社会連帯主義、ガン患者として」『話文集』続④）

天皇制国家とそれを支えるナショナリズムに向き合ってきた丸山が最後に問うたのもやはり国家で

あった。

＊日本では、一時期の大山郁夫（『政治の社会的基礎―国家権力を中心とする社会闘争の政治学的考察―』一九二三年、同人社書店、『現代日本の政治過程及びその将来への展開』一九二五年、改造社）や長谷川如是閑（『現代国家批判』一九二一年、弘文堂書房、『現代社会批判』一九二二年、弘文堂書房）等に見られる。

結局、ぼくは個人主義ということだけだと、個人が世界を直接構成するのは無理じゃないかということと、個人の秩序に対する侵害と、そうじゃない行動とを、その個人が弁別するというのでは、それほど個人を信頼できるかということで。結局テメエの利害になっちゃうのじゃないか。その上級のものとして、社会というものを認める、国家じゃなくて。それは、社会がたくさんあって、そのチェック・アンド・バランセズなんですね、社会のルールの関係は。チェック・アンド・バランセズと同時に連帯です。基本は個人です。基本的人権です。基本的人権が中心の社会連帯主義。基本的人権は個人ですが、個人の基本的人権の主張だけになると、基本的人権同士の衝突をどうするかという問題が出て来ます。そういうことは今後ますます増えていく（「『著作集』と『講義録』、社会連帯主義、ガン患者として」『話文集』続④）。

あくまでも個人を基本としつつ、国家に代位する社会連帯が求められていったのである。丸山は、「国連という名前をやめて、グローバル・オルガニゼーション、地球組織、と言うんです。ネーションが集まったものじゃなくて、グローバルな組織を作る」、「それには、メンバーがみんな国籍を離脱した世界人にならなければ、自国の利害を代表していることになりますから。武力による紛争解決を

図 20　**丸山眞男の訃報記事**

できるだけ避けることはもちろんだけれど。最後の手段として、武力による国際紛争の解決。それをいまのように国家に委ねない、ということなんです」とも述べている（同前）。国家を俎上に載せつつも、これほど具体的に国家の代替が提示されたことは今までなかったのではないか。

そのようななかで丸山は、改めて日本社会における「他者感覚のなさ」を指摘し、「他者感覚というのは、反対するという意味じゃないんです」「違った考えの人と話をする」と、あるいは違った角度からの「照明の当て方」とも言い換えながらその必要を繰り返しており、「他者感覚」を持つために、職場のような縦の関係ではなく、「皆さん、どうか、横につきあっていただきたいと」訴えるのであった（「皆さん、横につきあってください」『話文集』続④）。それは「外側内側の問題性」を免れるために、丸山が一九五〇年代末からくり返し唱えてきたことであった（↓第六章）。

一九九六年八月一五日、丸山は進行性肝臓癌のため八二歳の生涯を閉じた。日本の敗戦の日であり、母の命日でもあった。

# あとがき

私がこれまでに丸山眞男について書いたものは、以下のとおりである。本書はそれらを一部ベースにしているが、すべて書き下ろしである。

「丸山眞男における「精神の革命」と「大衆」」（赤澤史朗・北河賢三・黒川みどり編『戦後知識人と民衆観』二〇一四年、影書房）

「丸山眞男における「開かれた社会」―竹内好との対話をとおして―」（『思想』第一一一五号、二〇一七年三月）

「三　鹿野思想史と丸山政治思想史―ドレイ性の剔抉―」（赤澤史朗・北河賢三・黒川みどり・戸邉秀明編著『触発する歴史学―鹿野思想史と向きあう―』二〇一七年、日本経済評論社）

「部落《むら》共同体との対峙―丸山眞男における一九五〇年代後半から六〇年代―」（北河賢三・黒川みどり編『戦中・戦後の経験と戦後思想―一九三〇―一九六〇年代―』二〇二〇年、現代史料出版）

大学生になってまもなく、私は、大学生協の書店売り場に平積みになっていた丸山眞男の著作を、手に入る限り買って読んだ。まだマルクス主義者にあらずんば人にあらずという空気が残っていた

――どこまで人びとの内面にまで達していたかは別としても――歴史学界のなかにあって、一方で丸山は、私にとって燦然と輝く存在であった。

学部四年生の一九八〇年秋、大山郁夫生誕一〇〇年記念の講演会が早稲田大学大隈講堂で行われ、丸山が登壇することを知って私の心は躍り、いち早くハガキを出して参加の申し込みをした。のちに私は大山郁夫を論じるが（『共同性の復権』二〇〇〇年、信山社）、そのときは大山を研究対象にするとはまったく考えておらず、私が卒業論文のテーマにしていた水平社運動との関わりから、労農党委員長を務めた大山にもいささか関心があった程度で、私の主たる目的は丸山の謦咳に接することであった。事前申込みまでしていたおかげでかなり前の方の席に座ることができ、今なら無許可の録音はありえないが、丸山の話を繰り返し聞きたいと思いカセットテープ・レコーダーに録音した。それが知人を介して、丸山眞男手帖の会を主催してこられた川口重雄氏の手に渡り、『話文集』①（「大山郁夫・生誕百年記念に寄せて」一九八〇年一一月）に収まったものと思う。そのときが一聴衆としてではあれ、私が直に丸山に接した唯一の機会であった。

こうして私はすっかり丸山眞男の虜になっていたが、研究を部落解放運動史から出発させた私にとって、丸山の思想学問に学んだことを自分の研究にうまく活かしきれず、もどかしさを感じる日々が続いた。徐々に接合できていったのは、私の部落史研究が、部落問題をつくり出してきた社会のありようを問う方向にシフトしていったころだったように思う。

丸山の思想については本論で詳述してきたので改めて繰り返すことはしないが、丸山が一貫して追究してきたのは、精神構造としての天皇制であった。「超国家主義の論理と心理」で格闘した天皇制は、当時から丸山も繰り返し述べていたように、けっして過去のものではなく、丸山が求める不断の精神革命／永久革命としての民主主義の実現を阻む存在として今もわれわれの前にたちはだかっているのである。

私がとり組んできた部落史研究との関わりに立ち戻るならば、部落差別と天皇制は強い相関関係にあると私は考えている。それは、しばしば部落問題と天皇制の関連を問う際に念頭に置かれる制度としての天皇制を意味するのではない。しかし、精神構造を問うならば、私は部落解放と天皇制の両立はありえないと考える。

丸山が述べているように、天皇制は「非政治化」されて保守主義と結びつき、戦後もそれと結びついた政治権力の中枢が「非政治的」なものとして発現してきた。したがって、体制からの逸脱を恐れて「政治的中立」を求めることは時の権力の中枢に搦めとられることにつながる。それゆえにこそ丸山は、戦後初期には国家秩序との内面的つながりをもった政治的主体としての「国民化」を求め、あるときは「伝統的人間関係への郷愁」を断ち切ったところに存在する「自立化」志向の個人たりうることを促したのであった。

本文でも引用したように、丸山は、「ほんとうの内から湧いて出た強さというものは、個人的な、また集団的な力関係を絶対化するのでなく、そうした力関係の根底に何かある普遍的な規範が冥々の裡に作用しているという信念から生れるものだと思う」といい、孟子の「千万人といえども我行かん」

ということばを引きながら、ひとりでも「ノーといえる精神」の重要性を説いた。これこそが丸山の希求する「デモクラシーの精神」の根幹をなすものであった。

そのような観点から丸山は、「共同体信仰」を粉砕し労働運動や学生運動などにもしばしば苦言を呈した。しかし丸山が問題にしているのは、資本主義国家か社会主義国家かといった制度の問題ではなく、ましてや現実に存在する国家の是非ではない。社会主義国家の崩壊、そしてオウム真理教の事件などを目の当たりにした晩年近くの丸山は、あくまで個人に立脚しながら、個人と個人の横のつながりによる「開かれた社会」のもとでの普遍的人権を希求していった。

私は、こうした丸山の思想に差別からの解放の道筋が示されていると考えている。いうまでもないことだが、直截に被差別部落や民族、ジェンダーなどの問題に論及したか否かが問題ではない。その点は、丸山が多くを学んだ福沢諭吉——片言隻句をとらえてしばしば差別者と称される——にして然りである。社会とつながりつつ個が自立した「開かれた社会」の希求こそが差別からの解放につながるのであり、「閉じた社会」の根幹にある精神構造としての天皇制を崩さないかぎり、差別からの解放もありえない。丸山はそのことを教えてくれているのであり、私の差別問題論の原点はここにある。

本書刊行に際して、多くの方々のお力に負うている。

生い立ちから生涯をとおして論じるという方法は、学部時代から教えを受けてきた鹿野政直氏から学んだものである。「思想形成から論じなさい」という大学院時代に接した氏の言葉は今も耳に焼きついており、氏からいただいた数多くの教えを思い起こしながら丸山と格闘してきた。

丸山眞男を研究対象とすることに背中を押してくださったのは、北河賢三氏であった。また氏が主催されてきた日本現代思想史研究会の方々、ならびに同会に一時期参加していただいた松本礼二氏には、丸山の特に政治学に関してご教示をいただいた。

松本三之介氏、松沢弘陽氏、平石直昭氏、古矢旬氏には、長らくさまざまな機会をとおしてご教示をいただいてきた。丸山を私のように評価することは歴史学会のなかでは孤立無援に近いような状況にあって、いただいたお励ましの数々は大きな支えであった。

また平石氏と山辺春彦氏には、丸山眞男のご子息丸山彰氏をお訪ねするために、仲介の労をおとりいただいた。丸山彰氏は快くお迎えいただいて貴重なお話をお聞かせくださり、また本書で用いた丸山の写真の数々をご提供くださった。その際に、牛田尚子氏にもご同席いただき、たいそうお世話になった。川口重雄氏には、丸山の被爆に関わる資料のご提供をいただいた。

内藤湖南に始まり、竹内好等のアジア主義にとり組んできた近現代日本アジア認識研究会でも発表の場を与えられ、ご教示を得た。

有志舎を立ち上げられる以前からお世話になっている永滝稔氏には、今回も私の希望を快く受け入れていただき、予定枚数の超過にも目をつぶってくださって存分に書く場をお与えいただいた。部落史にはじまり、竹内好、そして今回の丸山眞男と私の問題関心にご理解を示してくださっていることをありがたく思う。

最後になったが、『評伝 竹内好』（二〇二〇年、有志舎）の共著者であり一二年間私の同僚でもあった山田智氏は、私の伝えたいことを最もよく理解し、その上で率直に批判もしてくださるかけがえのない存在である。先にも述べたように丸山を理解し評価する人が歴史学にも部落問題の研究者にも皆無に近いなかにあって、私は氏に自分の考えをぶつけ氏の意見を聞かせていただくことで、ともかくもここまでたどり着くことができた。山田氏の存在があってこそ今の私の研究があると思っている。丸山が竹内好を〝親友〟と称したように、私にとっての山田氏にはその言葉がふさわしい。丸山彰氏の御宅で写真をスキャンしていただいたのに加えて、丸山の著作などの撮影も含めてすべて本書の写真の手筈を整えてくださったのは、ほかならぬ山田氏である。

　ほかにも、個々にはお名前をあげないが、多くの方々のお世話になっている。以上の方々に心よりお礼を申し上げる。

二〇二三年九月二〇日

黒川みどり

著者紹介
**黒川みどり**（くろかわ　みどり）
早稲田大学第一文学部日本史学専攻卒業、早稲田大学大学院文学研究科博士後期課程満期退学　博士（文学）
現在、静岡大学名誉教授
主要著書：『共同性の復権』（信山社、2000 年）、『描かれた被差別部落』（岩波書店、2011 年）、『差別の日本近現代史』（共著、岩波書店、2015 年）、『創られた「人種」』（有志舎、2016 年）、『評伝 竹内好』（共著、有志舎、2020 年）、『被差別部落認識の歴史』（岩波現代文庫、2021 年）、『増補　近代部落史』（平凡社ライブラリー、2023 年）、『被差別部落に生まれて』（岩波書店、2023 年）

評伝　丸山眞男――その思想と生涯――

2024 年 3 月 10 日　第 1 刷発行
2024 年 6 月 20 日　第 2 刷発行

著　者　黒川みどり
発行者　永 滝　　稔
発行所　有限会社　有　志　舎
〒 166-0003　東京都杉並区高円寺南 4-19-2
クラブハウスビル 1 階
電話　03 (5929) 7350　FAX　03 (5929) 7352
ＤＴＰ　言 海 書 房
装　幀　折原カズヒロ
印　刷　モリモト印刷株式会社
製　本　モリモト印刷株式会社



ISBN978-4-908672-72-9